Pfusch am Kind

Claus-Dieter Weiß

Pfusch am Kind
Die Bildungstäuscher und Bildungsfälscher

© Format Verlagsgruppe
07546 Gera

Gesamtherstellung: Format Verlagsgruppe, Gera

Bibliographische Information der Deutschen Bibliothek
Die Deutsche Bibliothek verzeichnet diese Publikation in der
Deutschen Nationalbibliographie; detaillierte bibliographische Daten
sind im Internet über http://dnb.ddb.de abrufbar.

ISBN 978-3-946964-40-7
Printed in EU
1. Auflage, 2020

Inhalt

Die 10 Grundfragen der Elementarpädagogik auf einen Blick 7

Vorwort, ein paar Worte vor den Worten 11

Einleitung 13

Grundfrage 1: Offenheit 35

Grundfrage 2: Menschenbild..................................... 77

Grundfrage 3: Bewegung 115

Grundfrage 4: Gruppenräume 129

Grundfrage 5: Spielen 135

Grundfrage 6: Loslassen/Festhalten 161

Grundfrage 7: Eltern und Fachkräfte 171

Grundfrage 8: Verantwortung 207

Grundfrage 9: Transparenz 223

Grundfrage 10: Veränderungen 227

Wie wirklich ist die Wirklichkeit?
Oder das dicke Ende! 233

Was ein Kind den Erwachsenen zu sagen hat 253

Literaturliste ... .256

Die 10 Grundfragen der Elementarpädagogik auf einen Blick

Grundfrage 1: Offenheit ...

Will ich offen sein oder lieber geschlossen, mich öffnen und etwas von mir preisgeben oder lieber nicht? Ist Offenheit meine Grundhaltung? Habe ich das tiefe Vertrauen, dass alle in der Kita mitarbeitenden Personen, in gleicher Weise, das bestmögliche hier vor Ort mit Kindern, Eltern, Kollegen/innen und Träger verwirklichen möchten? Bin ich mir über die Bedeutung dieser Grundhaltung im Klaren? Und bin ich bereit an meiner Offenheit zu arbeiten? Bereit, Einblicke in meine Handlungen, Haltungen und Einstellungen zu geben? Eltern jederzeit Einblick bekommen können in die gesamten Abläufe einer Kita?

Grundfrage 2: Menschenbild ...

Welches Menschenbild habe ich? Gibt es ein gemeinsames Menschenbild in unserer Einrichtung? Gibt es ein gemeinsam erarbeitetes Menschenbild, aller Personen, die in dieser Kita zusammentreffen? Sind die uns anvertrauten Kinder noch unfertige Wesen, denen wir helfen müssen sich zu entwickeln? Oder sind Kinder kompetente Wesen, die ihre Entwicklungsarbeit zu einem großen Teil selbst verwirklichen wollen und können? Kinder konstruieren sich die Welt, ebenso die Erwachsenen. Kenne ich das Menschenbild meiner unmittelbaren Kollegen/Innen? Habe ich selbst überhaupt ein gültiges Menschenbild? Menschenbild bedeutet auch einen eigenen Entwurf vom Menschsein zu haben. Welche Werte und Haltungen offenbare ich in dieser Einrichtung? Welche gemeinsamen Werte wollen wir hier an diesem Ort entwickeln und verwirklichen?

Grundfrage 3: Bewegung ...

Wenn Bewegung die Voraussetzung für die gesamte Entwicklung der Kinder ist, welche Bewegungsformen möchte ich dann hier in der Kita realisieren?

Mit den Kindern? Mit den Kollegen/Innen? Will ich vom Sitzkindergarten hin zum Bewegungs-Kindergarten? Und wie könnte dies dann aussehen? Welche Rolle spielt die Bewegung für mein Leben? Gibt es ein gemeinsames Bewegungskonzept in unserer Einrichtung und auch ausreichend Bewegungsangebote sowie Möglichkeiten, und dies zu jeder Zeit? Drinnen und draußen?

Grundfrage 4: Gruppen(t)räume

Sind die Gruppenräume von den Kindern mitgestaltet worden? Können alle Gruppen immer wieder flexibel umgestaltet werden? Wer entscheidet über den Gruppenraum und die Gruppengestaltung? Gibt es ein gemeinsames Raumkonzept? Bin ich offen für veränderte Räume? Bin ich bereit mein Raumkonzept den Ideen der Gemeinschaft und der Kinder unterzuordnen? Passen sich die Räume den unterschiedlichen Bedarfen der Kinder und Zeiten an?

Grundfrage 5: Spielen ...

Welche Rolle spielt das Spiel? Welche Bedeutung und welchen Stellenwert hat es in unserer Einrichtung? Welchen Stellenwert hat es ganz persönlich für mich? Wie sieht es mit meiner eigenen Spielfähigkeit aus? Welche Spielfähigkeiten sind wichtig für die Kinder? Hat das Kind die freie Wahl, Spielmaterialien, Spielpartner, Spielorte und Spielräume jederzeit aufzusuchen? Sind Kinder Spielexperten für uns Erwachsene? Und können und wollen wir uns auch von den Kindern dabei führen lassen? Wollen auch wir Lernenden der Kinder sein und uns von ihnen führen lassen?

Grundfrage 6: Loslassen/Festhalten ...

Will ich die Kinder meiner Gruppe loslassen? Will ich es zulassen, dass die Kinder ihre eigenen Entscheidungen treffen und womöglich sich für eine andere Person täglich neu entscheiden? Für eine andere Kollegin und das jeden Tag neu? Will ich die Kontrolle behalten? Habe ich Vertrauen gegenüber meinen Kollegen/innen, das sie alles genauso gut machen wie ich selbst? Welches Selbstbild und Fremdbild gibt es in meiner Einrichtung von mir und meiner Erzieherpersönlichkeit? Stelle ich mich einer gemeinsamen Reflektion gegenüber meinen Kollegen/Innen und dem gesamten Team? Sind die Entscheidungen der Kinder auch eine Entwicklungsmöglichkeit für die Erwachsenen?

Grundfrage 7: Eltern und Fachkräfte

Will ich mit oder ohne Eltern den Kita-Alltag gestalten? Oder sehe ich die Eltern lieber von hinten als von vorn? Sind Eltern für mich Berufskollegen/-innen? Sind Eltern Erziehungsexperten oder unfertige und verunsicherte Erwachsene? Habe ich die Wertschätzung gegenüber den Eltern, auch wenn diese sie mir gegenüber nicht haben? Ist Elternarbeit ein wichtiger Grundpfeiler meiner Arbeit in der Kita? Will ich mich der Kritik der Eltern stellen? Der Kollegen/Innen? Und das jeden Tag immer wieder neu? Welches Bild vom Kind haben die Fachkräfte?

Grundfrage 8: Verantwortung

Vertraue ich auf die Selbstorganisation der Kinder, auf ihre Kompetenzen und ihre eigene Verantwortung? Oder habe nur „ich" die Verantwortung? Ist meine Ordnung der Maßstab für alle Abläufe in der Kita? Haben meine Ordnung, mein Ordnungssinn und Struktur den Hintergrund meine Macht zu stärken? Bedeutet mehr Verantwortung auch immer gleich mehr Arbeit? Bedeutet für mich Verantwortung auf jeden Fall der „Bestimmer" zu sein und auch zu bleiben? Weiß ich um die Bedeutung der Kommunikation in voller Gänze? Verstehe ich die höchst subjektive Kommunikation eines jeden Menschen?

Grundfrage 9: Transparenz ...

Will ich allen Mitarbeitern/innen und Eltern gegenüber offen darlegen, wie ich arbeite und welche Entscheidungen ich getroffen habe und warum? Will ich absoluten Einlass gewähren, in mein Tun und auch nicht tun? Will ich Kompetenzen und Verantwortung gleichermaßen teilen? Will ich eine offensive Öffentlichkeitsarbeit realisieren? Bin ich bereit mit den Kindern, Kolleginnen und Eltern konsequent, partizipatorisch zusammen zu arbeiten? Bin ich bereit Einlass zu gewähren in meine Handlungen, Entscheidungen und Arbeitsweisen jedem gegenüber? Und bin ich bereit auch meine Fehler offen und ehrlich zuzugeben?

Grundfrage 10: Veränderung

Will ich alle nötigen Veränderungen beginnen, auch wenn es bedeutet von bisherigen Dingen, Sichtweisen und Haltungen Abschied zu nehmen? Will ich auch Veränderungen hinnehmen, die durch Mehrheitsentscheidungen getroffen wurden, aber nicht meinen Bedürfnissen entsprechen? Bin ich bereit im Konsensverfahren Lösungen gemeinsam zu erarbeiten damit jede und jeder die Chance bekommt wirklich mitzuwirken und mitzugestalten? Nehme ich auch Entscheidungen der Kinder hin und helfe ihnen ihre Entscheidungen auch umzusetzen? Bin ich bereit als „Übersetzer" für die Kinder zu arbeiten und primär immer zunächst ihre Entscheidungen zu akzeptieren? Bin ich bereit Veränderungen anzunehmen ohne sofort in Widerstand zu gehen? Bin ich bereit jedwede Veränderungen wohlwollend zu prüfen und gemeinsam zu entscheiden in einem Konsensverfahren, demokratisch und gemeinschaftlich?

Diese 10 Grundfragen können als Gradmesser und Grundbetrachtungen aller Kindertagesstätten angesehen werden. An diesen Fragen können Eltern, Fachkräfte, Trägervertretungen sowie kommunale Finanzgeber ermessen, inwieweit „ihre" Kindertagesstätte auch wirklich „Kindzentriert" gestaltet wird. Also die Sichtweise der Kinder immer und immer wieder überprüft und anerkannt wird. Natürlich gibt es mittlerweile zertifizierte Kindertagesstätten, die in aufwendigen „Audits" von Erwachsenen geprüft und dann für gut befunden wurden. All diese Überlegungen versuchen eine Erwachsenenzentrierte Kindertagesstätte mit einem Gütesiegel zu versehen, das dann von allen anderen Erwachsenen somit für gut befunden werden soll. Aber ist dies überhaupt möglich? Wie können allein Erwachsene dies entscheiden? Müssten nicht viel mehr die Kinder dies entscheiden? Nach ihren Bewertungsmaßstäben, die sicherlich ganz andere sein werden als unsere. Auch die momentane Miteinbeziehung scheint eher einer Alibifunktion zu entsprechen. Eine echte, auf Augenhöhe gewollte Beteiligung gibt es leider bis heute nicht. In keiner der zertifizierten Kindertagesstätten. Dafür sorgen schon die Bildungstäuscher und Bildungsfälscher.

Vorwort, ein paar Worte vor den Worten

Unglaublich aber wahr...
 Die Kindertagesstätten in Deutschland sind schlecht. Ich bin vor Ort. Ich bin mittendrin und erlebe es hautnah. Wie sie aussieht, unsere Wirklichkeit für unsere Kinder in unseren Kitas. Erfahre, höre, sehe, erlebe und betrachte die Situation aus verschiedenen Blickwinkeln: als Vater, als Gruppenerzieher, als stellvertretende Leitung, als Kita-Leitung, als Fachberater, als Fortbildner, als Teamentwickler und Coach, und nicht zuletzt, als Kind, das ich mir bewahrt habe. Ein Buch über die Situation von Kitas, von Kindern in Kitas ist keine reine Bestandsaufnahme der letzten 2, 3, 4 oder 25, 30, 35 Jahre, sondern ist ein langer Weg der Beobachtung, Beschäftigung und Begleitung. Ich bin ehrlich. Dieses Buch ist keine leicht verdauliche Kost, nicht mediterran. Es ist unglaublich, provokativ und ich werde kein Blatt vor den Mund nehmen. Denn in Wahrheit ist es noch viel schlimmer. Schlimmer als sie es sich vorstellen könnten. Kindertagesstätten in Deutschland sind schlecht. Und gerade jetzt beginnen die unterschiedlichen Landesregierungen mit neuen Kita-Gesetzen und Zahlenspielereien die Menschen für dumm zu verkaufen. All die Millionen kommen letztlich beim konkreten Kind überhaupt nicht an. Mit anderen Worten, neue Gruppen werden gebaut, die Ausstattungen verbessert, die Eltern mit verminderten Beiträgen entlastet, aber das einzelne Kind durch einen verbesserten Personalschlüssel bleibt unbeachtet. Ja, jetzt gibt es doch den 2,0 Personalschlüssel, aber dafür werden die Vorbereitungszeiten wieder gekürzt. Und was bleibt? Es wird geblendet auf Teufel komm raus und während sich alle die Augen reiben, voller Verzückungen, erkennt kaum einer die Wirklichkeit. Am 11.09.2019 berichtete der WDR in seiner Sendung Markt, das 95 % aller Kindertagesstätten in NRW permanent unterbesetzt sind. Für Schleswig-Holstein gilt dies ebenso und viele andere Länder ebenfalls. Dieser Personalnotstand hat vielerlei Gründe, diese werden jedoch seit Jahren weder wirklich realistisch betrachtet noch werden Gegenmaßnahmen in adäquater Weise entwickelt und umgesetzt. Dies bereits seit über 30 Jahren. Ist das zu glauben? Zwar werden jetzt statt 5 Krankheitstage jetzt 15 Krankheitstage pro Mitarbeiter berechnet, unbe-

rücksichtigt bleiben aber nach wie vor die individuellen Problemlagen der jeweiligen Kitas. Liegt die Einrichtung in einem Wohngebiet wo viele Einfamilienhäuser gebaut wurden und die klassischen Mittelstandfamilien zu Hause sind? Oder liegt die Einrichtung in einem sozialen Brennpunkt, mit vielen unterschiedlichen Kulturen, auffälligen Kindern und hoch anspruchsvoller Elternarbeit? Da nützt es auch nicht wenn kommunale Mitarbeiter/Innen behaupten, dass alle Einrichtungen gleich seien.

In keinem anderen Bereich wird so sehr gelogen und betrogen, werden Wahrheiten verkauft die es gar nicht gibt, immer da wo Gelder für solche Einrichtungen insbesondere bereitgestellt werden müssten. Solange Reggio Emilia und Sozialer Konstruktivismus, das eine als italienisches Nudelgericht und das andere als politische Partei angesehen werden, von den sogenannten Fachkräften und kommunalen Geldgebern, solange sieht es ebenfalls schlecht aus in der momentanen Kita-Pädagogik. Unsere Kinder sind für die Erwachsenen Mängelexemplare. Für die Fachkräfte und verschiedenen Träger aber oftmals noch viel größere. Das kompetente Kind ist bekannt aber in kaum einer Kita erkannt, geschweige denn entsprechend gefördert oder gar gewollt. Das mag provokant klingen und sicherlich ungeheuerlich erscheinen. Aber Zahlen lügen nicht und die vielen Aussagen der Wohlfahrtsverbände und Gewerkschaften die bereits seit Jahrzehnten darauf hinweisen, mit aller Dringlichkeit, werden nicht ernst genommen. Vielleicht können wir aber dennoch gemeinsam Lösungen erkennen, finden und zum Wohle der Kinder auch umsetzen. Und natürlich gibt es diese ganz besonderen Inseln in Kindertagesstätten, in denen sie einerseits Kind sein dürfen und andererseits gleichberechtigt mitentscheiden können was, wo und wie in ihren Entwicklungsräumen passieren darf und was nicht. Diese Inseln werden aber immer wieder beherrscht durch die Machtansprüche der Erwachsenen. Um dies einmal zu durchbrechen, provozierend aufzurütteln, den Finger in die Wunde zu legen und unumwunden zuzugeben, dass wir Erwachsenen und insbesondere die Fachkräfte den eigentlichen Pfad der Erkenntnis bereits verlassen haben, ist eine Aufgabe dieses Buches. Eigentlich sollten wir doch die Anwälte der Kinder sein. Warum lassen wir dies aber dann so zu? Hierzu haben sich diese 10 Grundfragen der Elementarpädagogik entwickelt. Aus vielen Gesprächen mit Fachkräften, Eltern, Träger, Kommunen und den Kindern selbst. Ein Kinderparlament könnte durchaus gewichtige Entscheidungen treffen, wenn wir dies zulassen würden. Oder gar ein Kindergericht mit allen Entscheidungskonsequenzen, auch für die Erwachsenen.

Einleitung

Wie also solch ein Buch beginnen? Wie viele Möglichkeiten gibt es? Wie könnte ich den geneigten Leser und die geneigte Leserin dazu ermuntern sich genau mit diesem Buch zu beschäftigen? Vielleicht mit einer einfachen aber gleichzeitig sehr provokanten Aussage?

„**Die Kindertagesstätten sind schlecht!**"

Und doch gibt es Hoffnung!

Die Kindertagesstätten in Deutschland sind schlecht! Schlecht ausgestattet, schlecht fortgebildet, schlecht motiviert, schlecht strukturiert, schlecht gestaltet, schlecht verwaltet, schlecht personell ausgestattet, schlecht vorbereitet. Die Kindertagesstätten sind die Stiefkinder der Nation. Die Bildungsleitlinien und Bildungsprogramme täuschen die Öffentlichkeit über die Realität hinweg. Niemand will wirklich wissen wie es zurzeit, ganz konkret aussieht in den Kitas von Deutschland. Da kann selbst ein aktueller Forschungsbericht keine neuen Erkenntnisse bringen, so krass diese auch sein mögen. Das in allen Einrichtungen, und das sollten sie voll umfänglich verstehen, dass in allen Einrichtungen nur knapp am Mindeststandard und oftmals darunter, gearbeitet wird. Gearbeitet werden muss, da Leitungen und Trägervertreter/Innen nicht bereit sind Auseinandersetzungen mit Kommune, Kreisen oder anderen entscheidenden Geldgebern zu führen. Es wird für die Personalberechnung immer wieder von Kindern ausgegangen die vielleicht einem Ideal entsprechen aber nicht der Wirklichkeit. Was dies konkret für sie und ihre Kinder bedeutet werden wir später noch sehen. Niemand will wissen was die wirklichen Sorgen und Nöte der unermüdlichen Mitarbeiterinnen und den wenigen Mitarbeitern sind. Gerade der Forschungsbericht vom 30.09.2016 über Personalausfälle in Kindertageseinrichtungen in Schleswig-Holstein macht deutlich, das in keinem Bundesland der Personalschlüssel den Anforderungen, die sich aus Forschungsergebnissen und Längsschnittstudien zu den Entwicklungsverläufen von Kindern ergeben haben, wirklich ausreichend ist. (DISW

Deutsches Institut für Sozialwirtschaft, Forschungsbericht, 30. September 2016, Seite 5, Einführung).

Überlastungsanzeigen der Mitarbeiter/Innen bleiben unbeantwortet, oder werden erst gar nicht gestellt (weil sie sowieso nicht beantwortet werden). Und niemand will Konsequenzen ziehen und wirklich Geld in diesen Bereich investieren, der allerorten als der Grundpfeiler unseres Landes gesehen wird. Die ganzen Zahlenspielereien von den angeblichen Millionen die zusätzlich investiert werden gehen hauptsächlich in die Ausstattung, Umbau und Errichtung von Gebäuden. In erster Linie geht es um die Befriedigung der Quantitäten, dem Ausbau von Plätzen und nicht um die Qualität der bereits vorhandenen Plätze. Oder die Eltern sollen befriedet werden mit verminderten oder gar ganz weggefallenen Kita-Gebühren. Lediglich ein Hauch dieser Gesamtsummen wird für personelle Aufstockungen zur Verfügung gestellt und dann oftmals mit schwer nachvollziehbaren Auflagen. Bildung sei ja das Kapital für unser aller Zukunft. Die Wissensgesellschaft unser Heilsbringer. Aber wie können wir diesen Auftrag ausführen wenn nicht ausreichend Personal (Fachkräfte) dafür eingerechnet und auch wirklich eingestellt wird? Der gesamte Bereich der Kindertagesstätten wird und wurde immer wieder zum Zankapfel aller Politiker, aber wirkliches Interesse gibt es bis heute nicht. Zahlenspielereien werden dem Volk vor die Füße geworfen und sollen über die Defizite hinweg täuschen. Defizite in der personellen und materiellen Ausstattung sowie Fort- und Weiterbildung der dort tätigen Mitarbeiter/Innen. Das größte Manko allerdings ist der überwiegende Teil der Fachkräfte selbst (s. hierzu Kapitel Beruf und Berufung). Die Haltung, Einstellung und Entscheidung dieser Fachkräfte sind das wahre Dilemma in dem sich die Kindertagesstätten bereits seit Jahrzehnten befinden. Aber kein Wunder, schließlich werden die Fachkräfte auch allein gelassen. Permanente Fort- und Weiterbildungsangebote die von den Leitungen und Trägern auch konsequent eingesetzt werden fehlen. Täglich versuchen sie alle diesen Anforderungen gerecht zu werden. Insbesondere sei hier die Verantwortung der Leitungen und des Trägers genannt, auf die wir auch später noch zurückkommen werden. Wobei hier festgestellt werden kann, dass viele Leitungen überhaupt nicht mit ausreichend Zeiten ausgestattet werden. Und auch das neue Kita-Gesetz dies nicht entsprechend berechnet hat. Unser tägliches Geschäft sind Bindungen und Beziehungen, diese können aber nur wirksam gestaltet werden wenn auch wirklich und verlässlich Bindungspersonen zur Verfügung stehen.

Und wenn dies so ist, warum schweigen dann alle Tätigen in diesem Bereich? Alle Fachkräfte? Alle Träger? Alle Eltern? Vor allem die Kinder, die sich immer wieder neu damit arrangieren müssen. In sozialen Brennpunkten und besonderen Stadtteilen sollen die Kinder gemäß den standardisierten Berechnungsgrundlagen für Personal auch entsprechen. Die Fachkräfte schweigen und halten letztlich durch. Seit vielen, vielen Jahren.

Die Fachkräfte vielleicht aus Angst heraus ihren Job zu verlieren? Oder aus der Unkenntnis und einem großen Desinteresse den Kindern und ihrem Job gegenüber? Aus Resignation und Frustration? Aus unendlich vielen Gesprächen die sie geführt haben, und die doch nichts gebracht hatten? Die Träger und Kommunen aus Angst mehr Geld in diesen Bereich investieren zu müssen als eigentlich geplant wurde? Die Eltern aus Angst Position beziehen zu müssen und sich diesen Konfliktfeldern zu stellen? Besser diesen Kita-Platz als gar keinen? Unendlich viele Gründe finden wir Menschen immer dann wenn wir etwas nicht tun wollen. Der hauptsächliche Grund allerdings ist, man hat sich bereits seit vielen Jahren mit den Verhältnissen arrangiert. Und Kinder haben bei den Erwachsenen keine Stimme. Sie haben keinerlei Chance ihre Rechte überhaupt einzufordern, wenn nicht mutige Erwachsene ihnen dabei helfen. Alle haben sich damit abgefunden. Idealismus und Veränderungswille, fehlt am Platze. Wir wollen es nicht wirklich wissen! Denn dann müssten wir Konsequenzen ziehen.

So sei die Frage erlaubt, sind es uns unsere Kinder nicht wert?

Nein, ganz einfach. Das scheint ein harter Satz zu sein. Nein, unsere Kinder verschwinden in der Masse, sie werden zum Objekt oder besser gesagt zum Kostenfaktor. Und viele andere Bereiche scheinen uns immer wieder wichtiger zu sein. Wir haben noch keine Balance gefunden zwischen den Ausgaben für unsere sozialen Sicherungssysteme auf der einen Seite und den Ausgaben für Bildung auf der anderen Seite. Somit entsteht ein Spannungsfeld zwischen einem klaren Ja und Nein, wir wollen nur einfach nichts verändern was uns Wählerstimmen kosten würde. Denn jede Veränderung würde Konsequenzen nach sich ziehen. Genau dies aber wollen alle Beteiligten lieber nicht. Der Erzieherdienst ist zum Frondienst geworden. Perspektivlos, veränderungsresistent, frustrierend und angstbesetzt. Die Fachkräfte haben aufgegeben, haben schlicht resigniert. In unendlich vielen Gesprächen habe ich immer wieder gehört, „wir können ja leider nichts tun" oder ebenfalls sehr einfallsreich, „das haben wir schon immer so gemacht!" Und sie glauben ihren Aussagen. Die Fachkräfte haben aufgegeben, aber nicht nur weil sie am Ende sind, sondern weil es auch bequem ist sich nicht diesen ewigen Auseinandersetzungen immer wieder stellen zu müssen. Was ich durchaus verstehen kann. Denn dies kann anstrengend und zermürbend sein. Beispielhaft seien hier die Erfahrungen von Kita-Leitungen erwähnt, die ich immer wieder einfließen lasse. Eine vakante Stelle wurde dem Träger mitgeteilt. Der Geschäftsführer informierte sich, der Stellenplan wurde durchgesehen, 19,5 Std. waren tatsächlich nicht besetzt worden, der Geschäftsführer markierte sich auf dem Stellenplan die offenen Stunden und wollte umgehend einen Antrag bei der Heimaufsicht und zuständigen Kommune für die Besetzung dieser Stelle umsetzen. Dies war Anfang September. Im November fragte die Kita-Leitung nach. Der Geschäftsführer konnte sich nicht mehr erinnern dies so abgesprochen zu haben. Er brauchte die Gruppenliste, die allerdings der Leiter bereits damals schon dem Geschäftsführer zugesendet hatte. Diese Mail sei aber nicht angekommen. Im Mailverkehrsnachweis war allerdings dies belegt. Bis zum Sommer des nächsten Jahres wurde diese Stelle weder ausgeschrieben noch besetzt. Das macht mürbe. Und ist nach meinem Kenntnisstand über 1 ½ Jahre nicht besetzt worden. Diese Lücke mussten dann die vorhandenen Mitarbeiterinnen auffangen. Ein Schachzug der Bildungsfälscher.

„Wir wollen unsere Ruhe, unseren Frieden und die Kinder, Eltern und Kollegen/Innen sollen uns in Ruhe lassen, uns unsere Arbeit so gestalten lassen, wie wir es für richtig halten. Denn das haben wir schon immer so gemacht!"

Solche Äußerungen kommen nicht nur von den Fachkräften sondern durchaus auch von Trägervertretungen. Jeder mittelbare oder unmittelbare Einfluss bedeutet Veränderung und diese Veränderungen sind verhasst. Die Erzieher/Innen haben Angst vor jedweden Veränderungen. Vor der Einflussnahme von Eltern oder anderen Erwachsenen die ihnen vielleicht bei ihrer Arbeit über die Schultern schauen und erkennen wie sie wirklich arbeiten. Und es besteht die riesengroße Angst vor der Mitentscheidungsgewalt der Kinder.

Welche Kindertagesstätte ist denn nun wirklich gut für mein Kind, wenn „alle" so schlecht sind? Was bedeutet dieses „schlecht" und „alle" konkret? Dass die Fachkräfte letztlich gar nichts verändern wollen ist unter anderem auch dem momentanen Zeitgeist geschuldet, der sich allerdings aus den bestehenden Verhältnissen ergibt. Aller Orten haben die hier Tätigen keine Zeit, keine ausreichende Vorbereitungszeiten, keine verlässlichen Vertretungsregelungen und keine Energie mehr um sich mit den Inhalten einer Pädagogik wirklich zu beschäftigen. Der Forschungsbericht über die Personalausfälle in Kindertageseinrichtungen in Schleswig-Holstein, Kiel/

Hamburg vom 30. September 2016, macht ganz aktuell auf diese Brisanz aufmerksam. Das Deutsche Institut für Sozialwirtschaft stellt unmissverständlich klar:

„Die Grundausstattung der Kindertageseinrichtungen mit Personal bleibt von vornherein hinter den Standards zurück, die für eine gute Erziehung, Betreuung und Bildung der Kinder notwendig ist und wissenschaftlich empfohlen wird.

Ausfallzeiten werden nicht regelhaft in der Personalbemessung berücksichtigt.

In mindestens jeder fünften der befragten Kindertageseinrichtungen sind Stellen unbesetzt. (Anmerkung des Verfassers: jede zweite Einrichtung ist realistischer).

Die Zahl der AU-Tage in den befragten Einrichtungen liegt mit durchschnittlich 17,2 Tagen deutlich über den offiziellen Statistiken kalkulierten 13 Tagen (Anmerkung des Verfassers: Es gibt Kreise die lediglich nur 5 Tage hierfür anrechnen und nicht bereit sind dies anzupassen).

Vertretungskräfte stehen nicht regelhaft zur Verfügung, bzw. werden nicht überall bzw. nicht in ausreichendem Maße finanziert und vorgehalten.

Bei mehr als 70 Prozent der Einrichtungen wäre eine Schließung schon einmal geboten gewesen."

Nur einige der Erkenntnisse dieser Studie. Auch wurde hier deutlich wie wenig die Einrichtungen den Mut hatten wirklich einmal die Gruppe oder die ganze Einrichtung zu schließen, da nicht ausreichend Personal zur Verfügung stand. Bei genauerer Recherche wurde sehr deutlich zu welchem Preis die Einrichtungen offen gelassen wurden. Die Mitarbeiter/Inne haben bis zur Erschöpfung und oftmals bis zum persönlichen „Burnout" ihre eigenen Belastungsgrenzen weit überschritten, zum Wohle der Eltern. Nicht jedoch zum Wohle der Kinder, die wieder einmal einen geplanten Ausflug oder eine geplante Veranstaltung ausfallen ließen, da zu wenig Personal vorhanden war. Was für ein hoher Preis für die Mitarbeiter/Innen, der weder finanziell noch durch Anerkennung oder Wertschätzung des Trägers, des Kreises oder der Stadt (Kommune) ausgedrückt wird. Obwohl der Träger ausreichend Personal zur täglichen Arbeit zur Verfügung stellen müsste. Dies ist vertraglich so geregelt.

Es hat mittlerweile ein Kampf um die Eltern begonnen. Man will gut dar stehen, will aufmerksam machen auf die vermeintlich gute Arbeit. Und genau hier setzen die Kitas an. Sie bieten eine Schau der Superlative.

Sie bringen Programme und Projekte hervor die alle Eltern und die Öffentlichkeit erstaunen lassen, die in ihrer Substanz jedoch für die Bildung der Kinder überhaupt keine Bedeutung haben. Einmalige „Luft, Erde oder Wasser" Projekte, oder sonst welche Themen sagen nichts über die Qualität einer Kindertagesstätte aus. Geschweige denn über Lerninhalte oder Bildungsqualitäten. Die Kindertagesstätten, oder besser gesagt die Leitungskräfte und Mitarbeiterinnen glauben, dass die Eltern und die Öffentlichkeit so etwas sehen und hören will. Die Kindertagesstätten brauchen anscheinend eine Vielzahl von Modellen und Projekten um von der Wirklichkeit abzulenken.

Was für eine gewagte Behauptung! Doch ich möchte sie einladen in diese Welt mal hineinzusehen, hineinzuhören und vor allem hineinzuleben, wie es denn nun wirklich ist. Wenn Sie es denn auch wirklich wollen? Vielleicht wird jetzt schon so mancher dieses Buch bei Seite legen oder sogar ärgerlich in die Ecke pfeffern. Aus Empörung, aus Wut und Ärger, vielleicht aber auch aus einer Verletzung heraus. Insbesondere die vielen „Fachkräfte" und „Kita-Leitungen". Nun mal nicht so zimperlich. Widerstand, das wussten die Psychologen schon immer, könnte ein wichtiger Hinweis darauf sein, dass etwas nicht stimmt. Und stimmt was nicht? Alle diese Reaktionen könnten vielleicht einen Hinweis darauf geben, dass meine Aussagen durchaus auch zutreffend sein könnten? Vielleicht spreche ich nur etwas aus, was seit vielen Jahren unterschwellig gedacht aber nicht formuliert und schon gar nicht öffentlich genannt wurde. Oder nicht genannt werden durfte, also absichtsvoll totgeschwiegen wird? Vielleicht ist es auch zu brisant, da es Konsequenzen einfordern würde, die von den zuständigen „Menschen" nicht erbracht werden wollen. Und von den Erwachsenen auch nicht für wichtig erachtet werden. Immer wieder höre ich von Millionen von Euro die doch in den Kita-Bereich investiert werden. Die Zahlen lügen doch nicht, oder?

Carl Friedrich von Weizsäcker sprach in seinem Buch „Im Garten des Menschlichen" von dem Raum einer Wahrheit. Für jeden Menschen gäbe es immer nur eine Wahrheit und somit einen Raum der Wirklichkeit. Mit anderen Worten, wir definieren und bewerten etwas höchst subjektiv und meinen damit dies auch auf andere übertragen zu können, so dass die anderen es in gleicher Weise bewerten, sehen, empfinden und beurteilen können und sollen. Gerade hier wird es problematisch oder besser gesagt ganz real und wirklich. Denn jeder Leser kann sich nur zu einem gesagten oder geschriebenen Wort in Beziehung setzen (s. hierzu auch das Kapitel Kommunikation). Was ist dann aber wahr und wirklich, wenn alles so individualistisch und nur höchst subjektiv gesehen werden kann? Das mag für viele Bereiche in unserem Leben eher zweitrangig sein und bleiben. Für die Erziehung, Begleitung, Förderung und Bildung unserer Kinder sollte dies allerdings so weitestgehend wie möglich definiert und konkretisiert sein. Ist es aber leider nicht und schon gar nicht verlässlich. Aber halt, da gibt es doch die Bildungsleitlinien des Landes (aller Länder) und diese sorgen doch für eine qualitative Bildung unserer Kinder? Dort ist doch festgeschrieben, in Hochglanzbroschüren und genau definiert, wie und was getan werden muss um unsere Kinder gut zu bilden! Die Kindertagesstätten sollten doch die Treibhäuser unserer Zukunft sein (ein entliehener Begriff aus der Schulpädagogik von Reinhard Kahl). Und die individuellen Kita-Konzeptionen, in liebevoll gestalteten Broschüren mit lachenden Kindern und fröhlichen Erwachsenen, sie alle wollen uns doch zeigen wie schön alles hier ist? Sind sie das aber wirklich? Oder sind es eher vergessene weiße Flecken auf der Landkarte unserer Bildung? Denn wer kontrolliert nun die Qualität in den Kindertagesstätten? Der Träger? Ein klares NEIN. Die Leitungen? Ein klares NEIN. Die Fachberatungen? Ein klares NEIN. Die Eltern? Ein klares NEIN. Die Heimaufsichten der jeweiligen Länder und Kommunen? Ein klares NEIN. Elterninitiativen? Ein klares NEIN. Also was bleibt dann noch übrig? NICHTS. Es gibt keine verlässliche Institution die die Qualität von Kindertagesstätten beobachtet, bewertet und begleitet. Ein Gremium aus verschiedenen Fachdisziplinen die unabhängig diese Qualität überprüfen, und das regelmäßig. Natürlich gibt es einige wenige Kindertagesstätten die sich tatsächlich immer wieder und jeden Tag aufs Neue mit Inhalten und Qualitäten in ihrer Kita auseinandersetzen. Auch gibt es mittlerweile aufwendige Zertifizierungsverfahren und Audits um die Qualität von Kindertageseinrichtungen festzuschreiben. Aber es sind aus meiner Sicht und Erfahrung leider nur sehr wenige. Und es bleibt auch sehr fraglich ob diese Qualitätsstandards der Wirklichkeit entsprechen (s. hierzu die QM Maßnahmen und Veröffentlichungen im Pflegebereich der Altenheime oder Seniorenresidenzen deren Aufzeichnungen selten bis gar nicht der Wirklichkeit entsprechen, trotz QM-Maßnahmen, Schulungen und Handbüchern). Wie oft wird hier etwas beschrieben das weit von der Wahrheit und Wirklichkeit entfernt liegt. Wir Menschen belügen uns immer wieder wenn es um unser Selbstbild geht. Aber unsere Sprache verrät uns, wenn wir zum Beispiel immer und immer wieder von Mindeststandards im Kita Bereich sprechen. So sagen wir letztlich: Dieser MINDESTSTANDARD ist ausreichend für die Bildung, Betreuung und Erziehung unserer Kinder. Mehr müssen wir nicht, mehr wollen wir nicht, mehr sind uns die Kinder nicht wert. Wenn sie uns mehr wert wären würde es keine Mindeststandards mehr geben sondern echte Standards den neuesten Forschungsergebnissen entsprechend angepasst. Und wir hätten einen realistischen Personalschlüssel den Einrichtungen angepasst, den wirklichen Bedarfen damit entsprochen. Ausreichende Vertretungskräfte wären fest eingestellt in Brennpunkt-Kitas, egal in welchem Stadtteil sie auch liegen mögen.

Alles beginnt in unserem Erwachsenen-Denken erst mit der Schule. Die Schulen sind die eigentlichen Orte unseres modernen Menschen, wo unsere Kinder nur dort das erlernen können was einen erst zum richtigen Menschen macht? Für die meisten Erwachsenen beginnt der Ernst des Lebens in der Schule und nicht im „Kindergarten". Ein Raunen mag vielleicht durch die Köpfe einiger gehen und sie denken; „die Kindertagesstätte ist doch die erste Stufe in unserem Bildungssystem". Aber ist dies die Wirklichkeit? Wenn also die Kindertagesstätten wirklich die erste Stufe im Bildungssystem sein sollen, warum werden die Mitarbeiter/Innen dann so schlecht ausgebildet und bezahlt? Warum werden Lehrer, die erst Jahre später, (prägende Jahre später) die Kinder in ihre Obhut bekommen, immer noch besser bezahlt als Erzieher/Innen, die quasi in Vorleistung mit den Kindern gehen müssen? Die Erzieherinnen sollen alle Kinder „rittersportmäßig", quadratisch, praktisch und sozialverträglich machen, für die Schule. Und die Eltern müssen viel Geld für ihre Kita ausgeben ohne eine wirkliche Leistung abrufen zu können, oder zu wollen. Die Schule, die später kostenfrei ist, stellt dann freimütig fest: „ Oh man, was hat die Kita doch alles vergessen, vermasselt, verbrochen, verbogen, verhunzt, vermurkst und vieles andere mehr." Aber keine Fachkräfte in der Kleinkindpädagogik bekommen so viel Vor- und Nachbereitungszeiten sowie Zeiten für Elterngespräche zur Verfügung gestellt wie es die Lehrer zurzeit bekommen. Und entsprechende hohe Vergütungen, von denen die Erzieherinnen nur träumen können. Ist es also doch in Wirklichkeit nur die Schule, die aus unseren Kindern einen gebildeten Menschen macht? Lehrer bekommen eine ganz andere Entlohnung. Aber warum? Vielleicht weil nur die Schule ja eine geordnete und strukturierte Bildungsoffensive unserer Gesellschaft bietet? Hier beginnt endlich unsere nächste Generation ein wichtiger und funktionierender Mensch für unsere Gemeinschaft zu werden. Dies ist doch die Wirklichkeit? Oder? Wie ernst wird letztlich der Kita-Bereich genommen? Können sie darauf eine befriedigende Antwort finden? Würde man eine aktuelle Meinungsumfrage machen, in dem die angesprochenen Passanten sagen sollten wie sie die Arbeit und die Bedeutung einer Kindergartenbetreuung sehen und bewerten? Was glauben sie würde dabei herauskommen? Noch immer gilt im Volksbewusstsein, der Kindergarten ist die Spielzeit des Lebens. Hier können die Kinder spielen, malen, toben und lernen. Sie sollen hier primär vorbereitet werden für die Schule. In einigen Privatschulen gibt es mittlerweile, wie früher altershomogene Gruppen. Da finden sich die 5 bis 6 Jährigen zusammen um auf die Schule vorbereitet zu werden. Ebenso die unteren Altersgruppen. Keine Altersgemischten Gruppen mehr. Es leben die 50iger und 60iger Jahre der Pädagogik.

Allerdings verkennen dabei viele immer noch, dass die Kindertagesstätten einen ganz eigenen Erziehungs-, Betreuungs- und Bildungsauftrag haben oder zumindest einmal hatten (s. hierzu Kapitel zentrale Aussagen der Pädagogik). Die Geschichte des „Kindergarten" ist ein Beweis für die immer dem Zeitgeist entsprechende Institution gewesen. Wir können auf eine sehr lange Tradition der Formung, Förderung und Schulung unserer Kinder zurückblicken. Und wir wollten unsere Kinder schon immer zu einem konformen und angepassten Wesen erziehen. Nicht aus böser Absicht, nein wir glaubten wirklich daran, dass wir damit unseren Kindern einen besseren Start ins Leben ermöglichen würden. Die Tradition dieser „Formungen" unterlag aber auch etlichen Irrtümern und Täuschungen, Fehlern und kleinen sowie großen Katastrophen. Zurzeit wird diese Katastrophe allerdings totgeschwiegen. Anerkannte Forschungsbereiche wurden und werden heute immer noch ausgegrenzt oder für nicht so wichtig erachtet. Kaum eine Kita-Belegschaft hat umfangreiche Kenntnisse der unterschiedlichen Wissenschaftszweige oder gar der verschiedenen pädagogischen Ausrichtungen. Selbst die Kita-Leitungen verfügen nach neusten Studien nur etwa 16 % über einen Hochschulabschluss (Kita Aktuell, 05.2016, S. 5). Natürlich sollte man einen Hochschulabschluss nicht zu hoch bewerten. Allerdings macht es sehr eindrücklich deutlich, welche Voraussetzungen lediglich gebraucht werden um hier tätig sein zu können. Kindergärtnerinnen in Kittelschürzen sitzen zusammen und spielen mit den Kindern. Schauen Sie doch einmal neugierig in die Bücherregale einer Kita, irgendeiner Kita und Sie werden überrascht sein, wie wenig aktuelle Fachliteratur dort stehen wird. Kein Interesse! Keine Zeit! Keine Energie! Während man damals nur schwerlich auf die neuesten Erkenntnisse der Entwicklungspsychologen, der verschiedenen Lerntheorien, der Sozialwissenschaften, der Hirnforschung, Bildungsforschung, Säuglingsforschung und vieler anderer Fachdisziplinen zurückgreifen konnte, ist dies heute eigentlich ein Kinderspiel, dank des World Wide Web. Die ersten 50 Jahre des 20. Jahrhunderts blieben im Kita-Bereich fast unberührt von den neueren Erkenntnissen dieser Fachdisziplinen. Jetzt im 21. Jahrhundert beschleunigen sich zwar die Erkenntnisse und die sich daraus resultierenden Ergebnisse und notwendigen Veränderungen, aber sie werden immer noch nicht verstanden, geschweige denn in adäquater Weise in den Kindertagesstätten implementiert und nutzbar gemacht. Vor über 25 Jahren begann die Partizipationsbewegung in Kindertagesstätten. 25 Jahre später begannen die Kindertagesstätten dies flächendeckender umzusetzen und mittlerweile gehört dies zum Standard jeder Kita. Allerdings auch nur auf dem Papier. In erster Linie wird dies immer noch nicht von den Kommunen und Trägern wirklich verstanden. Das würde nämlich bedeuten, wesentlich mehr Zeit (Verfügungszeiten) und Geld in die Kindertagesstätten zu stecken, als dies bisher der Fall ist. Und das wollen wir alle, wir als Gesellschaft auf gar keinen Fall. Wir wollen billige Arbeitskräfte zur Beaufsichtigung unserer Kinder. Wir wollen keine Fachkräfte oder gut ausgebildete Mitarbeiter/Innen. Obwohl einige wenige Einrichtungen stets darum bemüht sind einen hohen Standard in ihren Einrichtungen zu implementieren. Allerdings fehlen auch hier die Fachkräfte. Denn das würde uns ja Geld kosten. Wir wehren uns mit Händen, Füßen und tausend anderen Prioritäten. Straßenbau, Umweltschutz, Verteidigungshaushalt, Energiewende, Mülltrennung und vieles andere mehr ist uns wichtiger, als der gesamte Bildungsbereich im Elementar- und Kleinkindbereich. „Die spielen ja nur!" Ist eine durchaus tatsächliche Aussage vieler. Die meisten glauben wirklich im „Kindergarten" wird „nur" gespielt und gebastelt. Welche wichtigen Prozesse hier eigentlich stattfinden, forciert und gefördert werden ist kaum einem Erwachsenen ernsthaft klar und wichtig. Bis heute habe ich weder Eltern noch Kommunalpolitiker, noch Trägervertreter/Innen getroffen die wirklich in aller Ernsthaftigkeit an einem fachlichen Diskurs interessiert waren. Die wirklich wissen wollten wie Bildungsprozesse in der jeweiligen Einrichtung geschehen. Was dafür gebraucht wird und was diese Prozesse behindert oder gar verhindert. Schauen sie einfach mal ins Netz und informieren Sie sich, wie viel wir im Gegensatz zu anderen Ländern in unsere Bildung investieren? Wieviel wir aber dagegen in die sozialen Sicherungssysteme stecken, anstatt ein Gleichgewicht zur Bildung herzustellen. Nun will ich Sie nicht mit ermüdenden Zahlenbeispielen langweilen. Dennoch bleibt ein entscheidender Fakt, dass andere vergleichbare Länder mindestens doppelt so viel ausgeben, für die Bildung der Kinder, als die Bundesrepublik Deutschland dies zurzeit aufwendet. Dies ist die momentane Wirklichkeit. Auch hierbei werden mir etliche Politiker ganz andere Zahlenbeispiele vor die Füße werfen. Das ist ja ihr Lieblingssport. Zahlen die Lügen. Und die Fachkräfte selbst? Sie zweifeln oder verzweifeln an sich oder überschätzen ihre Fähigkeiten, Kenntnisse und Fertigkeiten. Genau diese Ambivalenz führt zur Lähmung und oftmals Selbstaufgabe der hier tätigen Fachkräfte. Gerade der Fachkräfte-Mangel und die dramatische Personalsituation von Fehlzeiten, Ausfällen, Langzeit-Erkrankten und vielen anderen Gründen zeigt ihre Wirkung.

Heute haben wir zwar einerseits einen sehr hohen Wissenstand, in vielen Bereichen der Wissenschaft und Forschung erreicht und wir wissen letztlich was wir alles für eine optimale Förderung in der Kleinkindpädagogik bräuchten und für deren Umsetzung einsetzen müssten, andererseits sind wir nicht bereit sowohl finanzielle, personelle und materielle Voraussetzungen dafür zu schaffen. Dieses Wissen wird in gleicher Weise wie damals, zu Beginn der Elementar- und Kleinkindpädagogik (vor gut 150 Jahren bereits), boykottiert, verleugnet, verlacht und diskriminiert. Vor allem aber wird gelogen das sich die Mini-Lückkästen verbiegen. All jene, (Länder, Träger, Kommunen, Kreise) die Geld investieren müssten und sollten und sowie all jene, die ihre Haltung und Einstellung radikal verändern und somit ihre bisherige Macht abgeben müssten, (Erzieher/Innen, Kita-Leitungen, Fachkräfte) tun nichts. Auseinandersetzungen in diesen Bereichen kosten Zeit, Kraft und Energie, die wir nicht mehr aufbringen können oder wollen. Ich erinnere mich noch sehr genau daran wie eine Ministerin ganz entrüstet den kommunalen Vertretern und Vertreterinnen erklärte, das niemand sich an die Mindeststandards halten müsste und jede Kommune selbstverständlich darüber hinaus mehr Geld für Personal oder andere wichtige Dinge ausgeben dürfte. Der Einwand der Kommunen dann aber kein Geld mehr für andere Dinge im Gemeinwesen zu haben, entgegnete die Ministerin mit Kopfschütteln. So schob eine Seite der anderen Seite den schwarzen Peter hin und her. Aber niemand übernahm wirkliche Verantwortung.

Die Entwicklung unserer Kinder haben wir fast endgültig durchschaut. Wir können auf ein gesichertes Wissen zurückgreifen wie keine andere Generation vor uns. Alle tummeln sich auf diesem frischen und neu gewichsten Boden einer völlig neu renovierten Kindheit. Pädagogen preisen uns, alles sei besser, schneller, schöner, richtiger und vor allem langanhaltender, effektiver und sinnvoller. Ein Ruck ging durch unser Land. Noch nie haben Kinder so viel Aufmerksamkeit bekommen wie es zurzeit den Anschein hat. Berichte von Helikopter-Eltern werden herausgegriffen um der Öffentlichkeit zu zeigen, wir Erwachsenen zeigen bereits zu viel Interesse an unseren Kindern. Nur ist dieses Verhalten sehr Selbstbezogen und in keiner Weise auf den Gemeinschaftssinn ausgelegt. Eine Kita im sozialen Brennpunkt und eine Kita irgendwo auf dem Lande haben solch unterschiedliche Bedingungen die einfach nicht vergleichbar sind aber nach demselben Personalschlüssel berechnet werden. Eine Berechnungsgrundlage die vor rund 50 Jahren gemacht wurde und seitdem nicht verändert wurde. Auch das ist unglaublich aber wahr. Anstatt jährliche Qualitätskontrollen im Kita-Finanzierungssystem einzubauen wurde dieser Bereich sich selbst überlassen. Und erst jetzt, ganz plötzlich, scheinen sich die Erwachsenen für die Entwicklung der Kinder zu interessieren. Weil damit Wählerstimmen gewonnen werden könnten.

Die Spielzeugindustrie jubiliert, Fachverlage sprießen aus dem nahrhaften Boden und bringen eine Vielzahl von neuen (alten) Spiel- und Beschäftigungsmaterialien heraus. Autoren/Innen preisen die neue Kindheit und überschwemmen den Buchmarkt mit neuen (alten) Erkenntnissen der Pädagogik. Unendlich scheinen die Perspektiven und Möglichkeiten für unsere Kinder. Gebetsmühlenartig, einem Mantra gleich setzend, flüstern diese Pädagogen/Innen: „hört, hört, Kinder lernen von ganz allein, sie bilden sich selbst, sie konstruieren sich die Welt, gleich so wie sie ihnen gefällt, so wie sie diese verstehen und öffnen ganz individuell ihre Entwicklungsfenster." Dies tun sie fortwährend, aber nicht weil wir es gerade wollen. Sie machen sich die Welt, gleich wie es ihnen gefällt. Das, ist ihre Bestimmung und ihre Natur. Aber dies können sie auch nur wenn sie den nötigen Freiraum der eigenen Entscheidungen bekommen sowie die Räume und Materialien die sie dafür brauchen und jene Menschen die sie dabei begleiten ohne sie zu bevormunden. Wenn sie als hoffentlich kritischer Leser und Informant sich einmal durch dieses Dickicht gekämpft haben, bleibt oft das „wesentliche" verborgen, nämlich das Kind. Wo ist das Kind? Was ist das Kind? (s. hierzu Kapitel Ein Kind ist ein Kind). Wurde je ein Kind nach irgendwelchen Programmen gefragt? Wer hat denn über die Köpfe der Kinder hinweg entschieden? Genau jene Menschen die die Kinder eigentlich bei ihrer Entwicklung begleiten sollten aber nicht über sie und ihre Entwicklung allein bestimmen und entscheiden dürften. Welche schlauen Köpfe meinen es wirklich gut und ernst mit unseren Kindern? Allerdings ohne Profitdenken? Ohne Macht und Anspruchsdenken? Ohne sie manipulieren zu wollen?

Natürlich gibt es durchaus zaghafte Bemühungen etwas partizipatorisch zu arbeiten. Und Kindern das Wort zu geben und sie auch wirklich mitentscheiden zu lassen. Bei genauerem Hinsehen erkennt man aber sehr schnell, wie auch hier getrickst, getäuscht und geblendet wird durch die Fachkräfte. Ja, sie haben richtig gelesen. Geblendet, getäuscht und getrickst, und das vom allerfeinsten. Da ich selbst in der Fort- und Weiterbildung tätig bin und als Moderator für Partizipation, vom Land Schleswig-Holstein zertifiziert, in vielen Einrichtungen und Leitungskreisen gearbeitet habe, kenne ich all die Lügengerüste dieser Einrichtungen. Kein anderes Wesen auf dieser Erde kann sich so sehr selbst aktiv belügen wie der Mensch, keine andere Spezies auf dieser Welt. Der/die Pädagogen/Innen und Erzieher/Innen bilden dabei keine Ausnahme. Obwohl die Trägervertretungen und Kommunalvertreter/Innen hier anscheinend dies noch toppen können und wollen. Alibieinrichtungen versuchen unsere Gemüter zu beruhigen. Modelleinrichtungen preisen den richtigen Weg, ohne Konsequenzen für all die anderen Einrichtungen. Da wird mit Trägervielfalt, Zeit und Kosten argumentiert, warum man nichts tun könne. Aber niemand stellt sich die Frage, wie können wir dies dennoch erreichen und verändern? Wie können wir gute Kitas gestalten? Welche Bedeutung hat hierbei die Personalausstattung und das Personalmanagement?

Kindertagesstätten sind schlecht! Schlechter als ihr Ruf! Und viel schlechter als Sie denken. Mit diesen Aussagen würden mich sicherlich viele Kolleginnen und einige wenige Kollegen steinigen. „Der weiß doch gar nichts über uns!" Und ich muss ihnen antworten: „Ich weiß leider zu viel!" Weiter würden sie schreien, dass ich keine Ahnung hätte. Und genau das ist das Problem. Sie selbst wissen oftmals gar nicht, wie schlecht, wie unglaublich schlecht, missachtend, diskriminierend und misshandelnd sie mit den ihnen anvertrauten Kindern umgehen. Welche Strukturen sie selbst schaffen und aufrecht erhalten, welche Verhinderungen sie bereits seit Jahren pflegen anstatt sie zu verändern. Weil ihre Angst und Unsicherheit der Gewissheit gewichen ist, lieber so als gar nicht. Und noch viel seltener erkennen sie wie gut sie arbeiten könnten. Wenn sie sich auf den Weg machen würden. Wenn sie eine Kind zentrierte Sicht einnehmen würden. Und das nicht nur als Lippenbekenntnis sondern als grundlegende Haltung und Forderung dem Träger gegenüber. Leider gehen die Fachkräfte, Leitungen und Trägervertreter/Innen nicht in eine andere Einrichtung, hospitieren dort, prüfen die Arbeitsabläufe und nehmen gute Ideen und Ansätze mit. Oder laden andere Kolleginnen in ihre Einrichtungen ein, bewaffnen sie mit Papier und Stift und bitten darum ihre Eindrücke zu Papier zu bringen um dann gemeinsam diese Aussagen und Feststellungen kontrovers diskutieren zu können. Im Sinne einer echten kollegialen Beratung. Es gibt keinen echten Austausch der Einrichtungen untereinander, es herrscht ein Krieg um die Gunst der Eltern. Auch fachlich gesehen passiert wenig in den Kita-Teams. Ich durfte viele Jahre Leitungskreise besuchen, nahm teil an Leiter/Innen Arbeitsgruppen die oftmals regelmäßig einmal im Monat stattfanden und von einer Fachberaterin dabei begleitet oder sogar organisiert wurden. Mit den Jahren habe ich mir diese Treffen gespart. Sie dienen oftmals lediglich zur Selbstdarstellung dieser Fachberatungen ohne jedwede Substanz. Eigentlich erzählen dabei die Leitungen jedes Jahr das Gleiche. Anstatt das nun die Fachberatungen diese Aussagen nutzen um politisch aktiv zu werden, um Veränderungsprozesse anzustreben oder mehr. Die Leitungen dabei zu unterstützen die Mindeststandards zu hinterfragen und entsprechend zu ändern, sie dabei den wirklichen Bedingungen anzupassen. Also ganz konkret politisch zu handeln. So geschieht nichts, außer das alles schön säuberlich zu Papier gebracht wird. Ich habe erlebt wie Fachberatungen mehr die Interessen der Träger als jene der Leitungen vertreten haben. Und manchmal sogar gegen die Leitungen gearbeitet haben. Oftmals gehen die bereit gestellten Fortbildungsgelder einer Kindertagesstätte im Haushalt fast unberührt wieder zurück. Sie wurden nicht gebraucht. Sie wurden nicht benötigt. Die Mitarbeiterinnen hatten keine Zeit (ein Grund die vielen Krankheitsausfälle der Kolleginnen), keine Lust, kein Interesse sich in ihrem Bereich weiter zu entwickeln. Deshalb so viele Projekte und Programme. Sie sollen die Eltern täuschen. Das höre ich seit über 25 Jahren. Von wenigen guten und vielen schlechten Einrichtungen gleichermaßen. Beim Thema Partizipation zum Beispiel höre ich immer wieder: „aber das machen wir doch schon alles!" Und sie glauben sich und ihren Aussagen wirklich. Noch sehr lebhaft erinnere ich mich an eine Fortbildung im Osterberg Institut, in der Nähe von Plön, im Jahr 2015. Man hatte mich engagiert, weil 18 Kita-Leitungen sich mit ihrer Fachberaterin diesem Thema stellen wollten. Zumindest dachte ich dies. So kann man sich irren. Erstaunlicherweise waren es teilweise auch ältere Leitungskräfte, die seit vielen Jahren bereits ihre Kita leiteten und die ich teilweise noch aus anderen Bezügen her kannte. Und die ich durch etliche Leitungskräfte-Arbeitsgruppen nun wieder neu erleben durfte. Damals war ich als erster Mann in ihre Domäne eingebrochen. Das war für viele Leiterinnen nicht einfach. Es kam wie es oft kommen musste. Alle waren sich am Ende dieser zwei Tage einig. Sie meinten einhellig, sie würden doch tatsächlich bereits „partizipatorisch" arbeiten und den Kita-Alltag danach ausrichten und gestalten. Und sie waren der festen Überzeugung die Kinder auch wirklich zu beteiligen. Das wären doch nur neue Worte für bereits bestehende Handlungsweisen. Und sie waren sich weiterhin darin einig, inklusiv ihrer Fachberatung, sie seien alle auf dem richtigen Weg. Dass dies eine Sackgasse, ein Holzweg, gar ein Irrweg sein könnte, wollten sie mit aller Kraft nicht einsehen. Mit Händen, Füßen und ihren Kopf in den Sand steckend, blendeten sie immer wieder aktiv ihre Unkenntnis und ihren Widerwillen aus. Obgleich sie im selben Atemzug in offener Runde erkannten, nach dem sie eine kurze Ist-Analyse für ihre Einrichtungen am Anfang machen mussten, dass sie bei keinem einzigen Punkt, die Kinder weder beteiligten und schon gar nicht allein entschieden ließen. Partizipation und Beteiligungsbereitschaft nicht vorhanden. Wenn sie dann gemeinsam mit mir reflektierten, kam ihr Lügengerüst ins Wanken. Sie stellten sich taub und blind. Sie wollten nichts verändern, weil es an ihre Substanz gehen könnte. Am Ende waren sie wirklich der festen Überzeugung, sie würden vieles doch schon immer so machen. 18 verschiedene Leitungen aus 18 verschiedenen Kindertagesstätten aus ganz Norddeutschland. Können sie dies glauben? Wollen sie dies glauben? Kita-Leitungen sind sich sicher, sie wissen was gut und richtig für die Kinder ist. Sie bestimmen das Milieu, die Ausrichtung, die Art und Weise, die Kultur der Einrichtung. Statt „Kind zentriert" wird Land auf und Land ab eher „Erwachsenenzentriert" gearbeitet, gedacht, gelenkt, gewirtschaftet, gebildet und gestaltet. Immer wieder überschwemmen dann neue pädagogische Ergüsse die Kita-Landschaft. Damit sich niemand mehr mit der Wirklichkeit auseinandersetzen muss. Einige Beispiele für diese Orientierungslosigkeit:

Spielzeugfreie Gruppen, (Weil diese Arbeitsmaterialien den Erwachsenen suspekt und sie damit überfordert sind. In welche Verzückungen fallen die Mitarbeiterinnen, wenn sie erleben wie Kinder auch ohne Spielzeug sich zu beschäftigen wissen. Nur weil die Fachkräfte mit den Spielsachen der Kinder immer weniger anfangen können).

Kinder mit ADS und sogar ADHS (wir brauchen medizinische Erklärungen wenn wir nicht mehr weiter wissen) und Kinder einen Anstrengungsgrad erreicht haben, dem wir nichts mehr entgegen setzen können oder wollen. Wenn diese ewig anstrengenden Jungen die ganze Gruppe aufmischen und wir mit unserem pädagogischen Latein am Ende sind. Ein Gedanke um das Ringen nach Geschlechteridentität wird dabei oftmals überhaupt nicht berücksichtigt.

Englisch von Anfang an (auch wenn die Eltern kaum ihre Muttersprache richtig beherrschen, egal ob es deutsche oder Kinder mit Migrationshintergrund sind. Wir stürzen uns auf die Sprache der Kinder. Die Sprache sei der Schlüssel zur Welt und schon sei alles möglich. Was für ein Irrtum).

Der Bewegungskindergarten (sollte doch selbstverständlich den primären Bedürfnissen der Kinder entsprechen). Die Erwachsenen, die Fachkräfte und Eltern, sie kapitulieren vor den Bewegungsbedürfnissen der Kinder. Sie kommen nicht mehr mit, ganz einfach. Und die Alterspyramide der Fachkräfte sowie die körperlichen Beeinträchtigungen der Mitarbeiterinnen (egal welches Alter sie auch haben) tragen ebenfalls dazu bei. Bewegungs-Kitas rücken als ganz neue Idee der Erwachsenen in den Mittelpunkt und werden besonders beachtet. Aber brauchen Kinder wirklich eine Bewegungs-Kita? Ist nicht gerade Bewegung der Normalzustand eines Kindes? Oder haben wir unsere Kinder schon sozialisiert zu Bewegungsmuffel? Sind all die anderen Kindertagesstätten keine Bewegungs-Kitas? Könnte das vielleicht ein versteckter Hinweis darauf sein wie unbeweglich letztlich all die anderen Kindertagesstätten sind, wenn sie keine Bewegungs-Kita sind?

Gesundheitsbewusste Tage und Wochen in der Kita, die eigentlich jeden Tag, solange sie in der Einrichtung sind, stattfinden sollten werden auf Projekttage im Jahr beschränkt. Und diese sind nur schwerlich durchsetzbar wenn die Fachkräfte kein gemeinsames Gesundheitskonzept in der Kita leben und jeder sowieso seine ganz eigene Art den Kindern vorlebt.

Bildungsleitlinien (die die Mitarbeiterinnen teilweise gar nicht verstehen, geschweige denn umsetzen könnten. Oder sie überhaupt den Bedingungen ihrer Kita anpassen könnten) helfen den Fachkräften oftmals nicht in ihrem Kita-Alltag. Sportprojekte (von Mitarbeiterinnen die viel lieber mit ihrem Kaffee oder Tee auf Stühlen, Heizungen oder sonst wo sitzen, auch weil sie nicht mehr können und die Alterspyramide auch in den Kitas seine Spuren hinterlässt) können auch nur dann umgesetzt werden wenn das eigene Bewegungsbedürfnis nach Bewegung ruft, was leider oftmals nicht der Fall ist.

Gewaltpräventionsprojekte (weil Erzieherinnen sich ohnmächtig fühlen wenn ein Dreijähriger die ganze Gruppe aufmischt) wünschen sich viele Fachkräfte um endlich wieder die Oberhand zu gewinnen.

Suchtprojekte (irgendeinen Grund muss das ganze doch haben) dienen zur Erklärung der vielen Ausdrucksweisen und Verhaltensweisen der Kinder um nur nicht selbst tätig zu werden und an der eigenen Haltung und Eistellung vielleicht etwas zu verändern.

Sprachprojekte (durch Reime brauchen wir nicht mehr miteinander zu sprechen) sind zwar wichtig und die Sprache ist der Schlüssel zur Welt.

Aber wer überprüft das Sprachverhalten und den Ausdruck der Mitarbeiter? Wie viele Migrantinnen arbeiten mittlerweile in den Kindertagesstätten, beherrschen aber oftmals selbst nicht die deutsche Sprache, sind aber gleichsam Vorbilder. Hier sollte unbedingt darauf geachtet werden einen sprachlichen Ausgleich in jeder Gruppe und in jeder Kita verlässlich zu gewährleisten.

Spielprojekte (weil wir schon lange verlernt haben zu spielen), und vieles andere mehr täuschen manchmal die Öffentlichkeit. Denn die wenigsten Erwachsenen lassen sich wirklich ein auf die Spielwelt der Kinder.

Sonnen, Wasser, Erde- und Luft Projekte, damit Kinder die Welt besser verstehen und umweltbewusste Lebewesen werden. Dabei sind sie dies bereits von Anfang an, wenn man sie nur lassen würde.

Diese Liste könnte ich weiterführen, aber sie würde den Leser und die Leserin nicht weiterbringen. Diese Programmvielfalt könnte doch aber ein Hinweis auf die Orientierungslosigkeit der hier Tätigen sein. Wenn immer mehr, immer schneller, immer neue Programme auf den Markt geworfen werden, ist diese Vielfalt in Wirklichkeit dann eher eine Einfalt? Doch zurück zum Ausgangspunkt meiner Überlegungen. Was ist also wahr und wirklich? Oder etwas genauer gefragt, was macht denn nun eine wirklich gute Kindertagesstätte aus? Diese vielfältigen Programme können es wohl ganz offensichtlich nicht sein. Bildungsrahmenpläne ohne Kontrollmechanismen oder Kontrollorgane und verlässlichen Qualitätsstandards ebenfalls nicht. Selbst zertifizierte Kitas werden dann nach 5 Jahren erneut geprüft und zertifiziert (in dieser Zeit kann aber die Hälfte des Teams ausgetauscht und ebenfalls eine neue Leitung eingestellt worden sein). Das hat oftmals zur Folge das bestehende Absprachen, Regelungen und Vereinbarungen nicht mehr gelten. Weder für die Kinder noch für die Fachkräfte und die Träger sich selten bis gar nicht mehr dafür interessieren. Eine bundesweite, einheitliche Verlässlichkeit, wie beim TÜV gibt es leider nicht. Sie blenden den wachen Verstand aus, sie täuschen uns eine Kindheit vor, die so nicht funktionieren kann und wird. Bedeutet also Kindheit im 21. Jahrhundert etwa nur das Abarbeiten von Programmen zur Bedürfnisbefriedigung und Seelenmassage der Erwachsenen? Insbesondere der erwachsenen Fachkräfte, Träger und Kommunen? Die dann in aufwendigen Zertifizierungsverfahren und Audits möglichst „objektiv" als gute Kita bewertet werden (von Erwachsenen, nicht von den eigentlichen Kunden). Damit die Erwachsenen ein gutes Gefühl haben, unabhängig vom realen Gefühl der Kinder? Ist das nicht mehr als sonderbar? Wieder geht ein Raunen durch die edlen Hallen der Pädagogik. Wie könnte ich es also positiver schreiben? Ein Kind ist ein Kind, ist ein Kind, ist ein Kind! Nicht mehr und nicht weniger. Was dieses Kind nun ausmacht, was es braucht für seine ureigene Entwicklung liegt ganz offenbar im Auge des subjektiven Betrachters, des erwachsenen Betrachters und der „Fachkräfte". Der radikale Blickwinkel der Kinder wird selten bis gar nicht in den Mittelpunkt einer Kindertagesstätte gestellt.

Aber was zeichnet denn nun eine gute Fachkraft aus? Und was eine gute Kita-Leitung? Welche Ausbildung, Profession, Zusatzqualifikationen sollten unbedingt vorhanden sein? Nach meinen Recherchen reicht bisher oftmals die Erzieherinnenausbildung aus. Kann dies wirklich ausreichend sein? Richtig, armes Deutschland, werden Sie jetzt denken oder vielleicht sogar mutig aussprechen. Wie bei allen Dingen, die wir beobachten und begreifen zu versuchen, bildet der Kontext unsere Bezugsquelle. In welchem Kontext also betrachten wir unsere Kinder? Ich möchte mit dieser „Streitschrift" oder „Aufklärungsschrift" ja nicht nur provozieren sondern auch aufklären, anregen, aufregen und Sie somit anspornen, nicht alles für wahr und richtig hinzunehmen, was Ihnen die derzeitigen Kindertagesstätten alles zu verkaufen versuchen. Prüfen Sie mehr als kritisch das Produkt dieses Dienstleistungssektors. Seien Sie ein wachsamer Kunde, Sie vertrauen dieser Dienstleistungsgemeinschaft Ihren kostbarsten Schatz an. Oftmals bezahlen Sie auch noch horrende Summen für dieses „NICHTS". Und gehen Sie in die Kitas, verbringen Sie so viel Zeit wie möglich dort. Beobachten Sie die Haltungen und Einstellungen der dort tätigen Fachkräfte. Begegnen ihnen Menschen mit echtem Lachen oder nur gespieltem Interesse an den Kindern? Sie werden es sofort merken, glauben sie mir. Gerade Mütter haben eine sehr intuitive Wahrnehmung die oftmals genau den Punkt trifft. Machen Sie sich Notizen und stellen Sie Fragen wenn Ihnen etwas auffällt, das Sie nicht verstehen. Sprechen Sie alles an, was für Sie missverständlich, seltsam, komisch oder was auch immer erscheint. Ihre Wahrnehmung ist gefragt und Sie sind der „Kunde" und der sollte in einem guten Geschäft auch wirklich „König" sein.

„In der Gemeinsamkeit liegt Stärke. Dazu brauchen wir Verantwortungsgefühl, Fairness, Empathie, Ehrlichkeit, ein verlässliches Wesen – kurz: Die Kunst, ein freundlicher Mensch zu sein. Deshalb besitzen wir eine natürliche ethische Intelligenz. Wir müssen sie nur zulassen und trainieren. Das ist nicht immer leicht. Aber wir können lernen, uns von ihr leiten zu lassen." Dies schreibt Stefan Einhorn in seinem sehr lesenswerten Buch „Die Kunst ein freundlicher Mensch zu sein!"

Verantwortungsgefühl scheint hier ein entscheidendes Bindeglied für eine gute Kindertagesstätte zu sein. Sowie Empathie und Ehrlichkeit. Verantwortung bedeutet aber letztlich vieles. Für christliche Einrichtungen wäre es immer der Maßstab im Sinne der Person Jesus zu handeln und sich vor Gott zu verantworten. In allen anderen Einrichtungen müsste der Träger diese Verantwortung nach einer guten Kita übernehmen. Erstaunlicherweise haben sogar viele andere Träger ihre Postulate, Präambeln und sogar manchmal eigene Kita-Verfassungen. Letztlich ist aber allen gleich, es sind Worte auf dem Wüstenplaneten der tausend Worte. Ohne Substanz, ohne wirklichen Inhalt ohne echtes Interesse. Ohne Kontrolle. Verantwortung bedeutet unter anderem sich einzumischen, seine Meinung zu äußern, Missstände erkennen und anzumelden, nicht für alle Fragen immer gleich eine Antwort parat zu haben, sondern die Kinder und Eltern auch immer wieder in diesen Prozess nach einer guten Kita mit einzubeziehen. Alleine können wir nicht wissen was gut, richtig oder besser laufen könnte, wenn wir nicht die Sichtweisen der Menschen in unserem Kontext mit einbeziehen. Und wieder schaue ich auf die momentane Kita-Landschaft und frage mich wirklich, wie verantwortungslos die Erwachsenen zurzeit den Kita-Alltag gestalten. Wie Träger wegschauen oder nicht genau hinsehen, es soll alles funktionieren, wie ein Getriebe. Allerdings ohne ausreichende Schmiermittel dafür bereit zu stellen.

Ich darf mich dann auch nicht wundern, wenn viele Affen hier herumlaufen, wenn ich nur mit Bananen bezahle.

Gute Fachkräfte mit entsprechenden Ausbildungen und Zusatzqualifikationen kosten Geld, ganz einfach. Gerechter Lohn für eine gerechte Arbeit ist zwar oft in aller Munde aber dennoch wird nicht danach gehandelt, geschweige denn danach bezahlt. Wenn es uns allen wirklich etwas „Wert" wäre, müssten wir es dann nicht auch entsprechend entlohnen? Drücken wir Menschen nicht gerade durch unsere monetäre Bewertung aus, was uns dieses oder jenes Wert ist? Bei unseren Autos scheint dies kein Problem zu sein. Suchen wir mit den Eltern einen gemeinsamen Dialog über die Bewertung unserer Arbeit?

Eltern werden lieber von hinten als von vorn gesehen (s. hierzu Kapitel Eltern). Und wie sehen die Fachkräfte die Kinder? Die Fachkräfte versuchen durch geschickte Möblierungen die Meute der Kinder in Kleingruppen aufzuspalten. Da verhindern Möbel in den Gruppen geschickt das natürliche Bewegungsbedürfnis der Kinder (s. hierzu Kapitel Bewegung und Kapitel

Gruppen(t)räume). Da zwingen 20 kleine Stühle die Kinder jeden Tag aufs Neue sich auch darauf zu setzen, auch wenn sie viel lieber auf dem Boden ihre Erfahrungen sammeln möchten. Ich erinnere mich noch sehr lebhaft an eine Kollegin die jeden Tag den „Stuhlkreis" abgehalten hat. Dieser war immer mit viel Stress verbunden. Die Kinder mussten die Stühle in einem Kreis zusammenstellen (was natürlich nie auf Anhieb klappte und somit immer wieder korrigiert werden musste), die Kinder konnten natürlich auch nicht die ganzen 30 Minuten auf den Stühlen sitzen. Sie hampelten herum, kippelten oder ärgerten ihre Nachbarn. Da entscheiden die Erwachsenen nach ihren Bedürfnissen, wann und wie laut die Kinder sein dürfen. Wer wann, wie und wo sich zu bewegen hatte. Welche (stumpfsinnigen) Bilder gerade jetzt auszumalen sind und welche (blödsinnigen) Schneideübungen in diesem Moment gemacht werden müssen, obwohl der kleine Stefan gerade in diesem Moment auf dem Bauteppich eine heftige Auseinandersetzung mit Marianne hatte, die dadurch nun unterbrochen wurde, damit wieder Ruhe einkehre (s. hierzu Kapitel Spielen). Derer Aufzählungen könnte ich unendlich viele machen, denn die Sitz-Kopffüßler (Fachkräfte) entscheiden immer wieder über die Kopf-Bewegungs-Füßler (Kinder). Von 25 Kindertagesstätten gibt es nach meiner Einschätzung vielleicht 1 Einrichtung die weitestgehend Kind zentriert arbeitet. Im Sinne der 10 Grundfragen der Elementarpädagogik sind es vielleicht noch weniger.

Als ich vor über 17 Jahren eine neue Leitungsstelle angenommen hatte, besuchte mich die zuständige Fachberaterin für diesen Bezirk. Voller Enthusiasmus zeigte ich ihr meine Ideen und Konzepte zu einem eigenen Evangelischen Bildungsrahmenplan, in dem ich eine mögliche Chancengleichheit sah und erklärte welche pädagogische Richtung ich gern hier einschlagen würde, unter Anderem, den Kind zentrierten Ansatz. Für mich war klar, dass Lernprozesse einerseits individuell passieren, andererseits aber der gleiche Freiraum, die gleichen Bedingungen auch entsprechende Räume und Materialien vorgehalten werden sollten, damit auch wirklich alle Kinder gleiche Möglichkeiten und somit gleiche Chancen bekamen. Dafür musste eine Beteiligungskultur aufgebaut werden. Außerdem war mir wichtig das christliche Profil als ein Qualitätsmerkmal herauszustellen. Zum einen meinte die Fachberaterin, dies würde keiner brauchen und zum anderen meinte sie, das sei auch nur eine Modeerscheinung die bestimmt wieder vergehen würde.

Der Grundgedanke im Kind zentrierten Ansatz, möglichst alle Entscheidungen der Kinder aus der Kinder Perspektive, im Sinne von dem Kind aus gesehen, und somit seiner Entwicklungsbedürfnisse sehr nahe stehend, zu erkennen, zu handeln und zu unterstützen wurde von dieser Fachberaterin nicht gesehen. Außerdem waren mittlerweile einige Bundesländer dabei Bildungspläne zu entwickeln. In Europa wurden diese bereits getestet (Schweiz, Österreich). Von diesen Entwicklungen wusste die Fachberaterin leider auch nichts. Nur zwei Jahre später gab es mittlerweile einige wenige Publikationen dazu und schon wurde es zu einem wichtigen Thema bei einer der nächsten Leitungstreffen, den diese Fachberaterin organisierte. Der Begriff Fachberatung bedeutet also nicht unbedingt auch fachlich versiert zu sein.

Ich habe hier etliche Augen zugedrückt. Also einen wohlwollenden Blick auf die Einrichtungen geworfen. Wenn ich von einem Verhältnis 1 zu 25 spreche. Erinnern möchte ich an dieser Stelle an die dreijährige Forschungsarbeit dreier Bundesländer die gemeinsam etliche Kindertagesstätten besucht, dokumentiert und untersucht hatten. Fachleute wurden mit Videokameras bewaffnet, dokumentierten und begleiteten Erzieherinnen bei ihrer täglichen Arbeit in den ausgewählten Kindertagesstätten. Ein wesentliches Ergebnis dieser Langzeitstudie. „Alle Mitarbeiterinnen navigieren im fachlichen Blindflug in den Kindertagesstätten". Was für eine Aussage? Das muss man sich noch einmal auf der Zunge zergehen lassen. Hm, schmecken sie dies? Drei Bundesländer hatten sich zusammengeschlossen (darunter auch Schleswig-Holstein) und wollten tatsächlich mehr über die Arbeit in den Kindertagesstätten erfahren und dies wissenschaftlich begleitet aufarbeiten. Der Verband Evangelischer Kindertagesstätten hatte federführend daran mitgewirkt und man musste schon bei den Formulierungen genau nachspüren wie auch hier etwas möglichst positiv beschrieben wurde, dass eigentlich jeden Leser erschaudern lassen würde. Da hätten Politiker ihre Freude daran gehabt.

Dennoch bleibt die große Frage, wie können Kindertagesstätten also besser werden, wenn sie es denn auch wirklich wollen? Und dieses „Wollen" gilt es aufzuspüren. Wo gibt es diesen freien Willen noch? Der freie Wille, sich diesen Anforderungen zu stellen. Hierbei habe ich in all den mittlerweile über dreißig Jahren meiner Berater- und Fortbildungstätigkeiten verschiedene Grundfragen immer wieder als Rückmeldungen der Mitarbeiter/Innen, der Fachkräfte und Kita-Leitungen bekommen. Grundfragen in der Elementarpädagogik deren gemeinsame Beantwortung in einem Team Veränderungsprozesse angeschoben haben, die letztlich den Kindern zu Gute kamen. Diese Auseinandersetzungen waren immer zutiefst spannend und lehrreich für alle Beteiligten und sie haben eine Qualität entstehen lassen. Eine zutiefst menschliche Qualität. Diese

Fragen haben die Erwachsenenzentriertheit und dessen Haltung immer wieder radikal hinterfragt und eine „Kind zentrierte" Sicht möglich gemacht. Daraus haben sich diese Grundfragen in all den Jahren ergeben. Am Ende dieser 10 Grundfragen möge nun jeder sich selbst prüfen, inwiefern seine Arbeit, seine Kindertagesstätte und sein Bild vom Kind neue Perspektiven und Möglichkeiten aufzeigen, die ihre Arbeit freudvoller und sinnvoller machen. Darüber hinaus vielleicht aber sogar entspannter und leichter. Hierbei möchte ich keinesfalls meine Sichtweise als die Wahrheit deklarieren. Es ist halt wie bereits weiter oben erwähnt, der Raum einer Wirklichkeit und Sie entscheiden ob diese Wirklichkeit sich mit ihren Wahrnehmungssinnen deckt und entspricht oder auch nicht. Und bleiben Sie immer kritisch. Glauben Sie nicht alles was ihnen die Elementarpädagogik und Kleinkindpädagogik (Krippe) zu verkaufen versucht. Vergessen Sie niemals, Sie als Eltern sind und bleiben die Erziehungsexperten. Alle Kita-Mitarbeiter/Innen können oder dürfen Sie dabei begleiten. Auch die Fachkräfte sollten stets ihre Meinung gegenüber ihren Kolleginnen, Trägern oder sonstigen Menschen äußern wenn sie etwas erleben das wenig mit einer Kind zentrierten Haltung zu tun hat. Die Fachkräfte müssen so professionell wie möglich ihre Arbeit leisten, denn dafür zahlen Sie, die Eltern. Mit Euro und Vertrauen. Fachkräfte dürfen nicht schweigen oder verstummen, sie sind die Anwälte der Kinder. Sie müssen die Rechte der Kinder beachten und fördern. Denn darum haben sie ja einmal diesen Beruf gewählt, als Anwälte der Kinder tätig zu werden. Vor allem sie gegenüber den Erwachsenen zu verteidigen.

Ganz aktuell aus Schleswig-Holstein: Auf der heutigen Kabinettssitzung (10.09.2019) wurde die dringend notwendige Anpassung des Gesetzestextes im Hinblick auf die Verbesserung der Qualität (insbesondere bei den Verfügungszeiten und Leitungsanteilen) bislang nicht aufgenommen. So schreibt der Verband Ev. Kindertagesstätten an seine Mitglieder v. 10.09.2019.

Die Entscheidungsträger wollen und werden anscheinend nichts ändern.

Ich wünsche anregende Momente beim Lesen und natürlich freue ich mich auf vielfältige Rückmeldungen Ihrerseits.

Böklund 1994   Elmshorn 2019

Claus.Dieter.weiss@web.de

Grundfrage 1: Offenheit

Wie offen bin ich selbst?
Mir selbst und anderen gegenüber?
Offen oder geschlossen gegenüber anderen Meinungen, Personen, Sichtweisen, Konzepten und Dingen? Offen für Kritik der anderen? Offenheit für meine Arbeitsweisen mit all ihren Unzulänglichkeiten? Will ich offen sein und transparent arbeiten, jedem gegenüber? Offensive Teamarbeit gewünscht? Ist offensive Elternarbeit gewollt? Will ich Einblicke in meine Arbeit, Haltung und Arbeitsweise geben? Will ich eine offene Kommunikation leben?
Die Offenheit ist ein Grundzug des Menschen. Unser „Neugierstreben" hat die Menschheit entwickeln lassen. Dadurch haben wir Kontinente überquert und neue Länder und Kulturen entdeckt. Die Wissenschaften sind voll mit Menschen die neugierig sind, die Ursachen ergründen möchten um die Zusammenhänge unseres Kosmos und Universums zu verstehen. Wir können anderen Menschen, Situationen oder Orten offen begegnen. Wir können unsere Arme weit öffnen und andere in den Arm nehmen. Wir können unsere Herzen öffnen. Wir können anderen Meinungen und Sichtweisen sowie anderen Kulturen offen begegnen. Bei so viel Offenheit bleibt die Frage auch im Kindergarten im wahrsten Sinne des Wortes offen, ob der Kindergarten, die Kindertagesstätte eine offene Pädagogik realisieren möchte? Und was ist eine offene Pädagogik mit allen daraus resultierenden Konsequenzen? Und schon leuchten die Alarmglocken der Fachkräfte auf. Was könnte passieren? Was könnte ich verlieren? Angst statt Offenheit. Vorsicht statt Forscherwille. Widerstand statt wissenschaftliche Neugier.

Schieben sie diese Irrungen und Wirrungen einfach zur Seite. Auch wenn es noch so schwer fällt. Mit dem ersten Schritt beginnt auch eine neue Erfahrung. Das setzt natürlich auch eine eigene Offenheit voraus, sich selbst nicht zu belügen und sich selbst kritisch zu hinterfragen. Ist die momentane, gelebte und praktizierte Pädagogik in der Kita in der ich tätig bin überhaupt noch dem Wissensstand entsprechend ausgestaltet, organisiert und mit den Kindern, Eltern und allen Beteiligten abgestimmt?

In einem Team eine Atmosphäre zu schaffen in der jeder seine ureigene Meinung äußern kann und sie nicht irgendwelchen Bewertungskriterien der Anderen zum Opfer fallen, ist eine große Herausforderung. Es gilt die Achtung vor der Äußerung eines Jeden, eine gemeinsame kritische Prüfung der neuen Sichtweise unter der Zuhilfenahme wissenschaftlicher Instrumentarien wie Systematik, Literatur, Methodik und Didaktik, interner Beratung durch eine neutrale Person (Teambegleitung, Coaching oder Supervision), Hospitation und Austausch mit anderen Einrichtungen). Dazu gehören auch umfangreiche Kenntnisse über Kommunikationsprozesse. Dies sind einige äußerst wirksame Methoden und Hilfsmittel um eine echte Offenheit anzustreben. Gerade am Beispiel des Offenen Kindergarten wurde mir deutlich wie sehr, ungeachtet der objektiven Kriterien, die subjektive Wahrnehmung Gewalt ausübt. Nach einer kurzen Beschäftigung mit der offenen Arbeit erkannten viele, das machen wir doch schon, wir sind ja schon eine offene Einrichtung, seit Jahren. Das ist ja nichts anderes als unser Konzept. Sofort wurden Grundprinzipien individuell umgenutzt und einverleibt, den bestehenden Verhältnissen gnadenlos angepasst und nach außen hin proklamiert.

Die Wirklichkeit sah und sieht aber ganz anders aus. Ich erinnere mich immer noch mit leichtem Schmunzeln daran, bei einer meiner Fortbildungen, wie eine Mitarbeiterin mir in vollem ernst erzählte, sie habe sich sehr lange mit der offenen Arbeit beschäftigt und viel darüber gelesen, außerdem mit vielen Kolleginnen darüber gesprochen die alle ihrer Meinung waren, das die offene Arbeit doch nur eine Modeerscheinung sei, wie viele andere auch und das die Regelgruppenarbeit sich bewährt habe und darum auch nichts zu verändern wäre. Außerdem schlussfolgerte sie, es sei sowieso überhaupt nicht ihr Ding, damit war es für sie klar und für mich auch. Die Fachkräfte wollen ihre wohlgelebten Abläufe und Sicherheiten nicht aufgeben. Sie wollen die Oberhand behalten und weiterhin machtvoll die „Bestimmer" sein. Hier galt es also Aufklärung zu betreiben und offensichtliche Wissenslücken zu schließen. Mir wurde aber auch klar, dass der offene Kindergarten letztlich zu viele Möglichkeiten offen ließ, die eine eindeutige Arbeitsweise und Arbeitshaltung deutlich machen würde und sie somit nicht klar zu definieren sein konnte. Bei aller Offenheit brauchen wir Grenzen, Einfriedungen und Rahmen um uns in Sicherheit bewegen zu können. Dies brauchen Erwachsene ebenso wie Kinder. Der „offene Kindergarten" wird diesen Rahmen in seiner Überschrift nicht bieten können. Deshalb entschied ich mich damals für eine Kind zentrierte Kindergartenpädagogik, die die offene Arbeit mit einbezieht aber nicht die alleinige Grundlage bedeutet, da sie vielleicht andere Richtungen ausgrenzt, so wie die oben erwähnte Mitarbeiterin dies tat. Ich suchte nach einer Begrifflichkeit die einerseits, bestimmte Kriterien vorgab, wie zum Beispiel: viel Raum für Bewegung, freie Wahl von Spielort, Spielzeit und Spielpartner, Mitbestimmungsrechte der Kinder, Geschlechtergerechte Förderung, sowie die Bildungsrahmenpläne mit einbezieht und andererseits aber die Vielfalt der Pädagogik ausschöpfen und die unterschiedlichsten Richtungen in das Modell der jeweiligen Kindertagesstätte mit einpassen würde, eine zentrierte Sicht auf das Kind mit all seinen Entwicklungsmöglichkeiten.

Wie lernt ein Kind? Was braucht ein Kind dafür? Wie begreift ein Kind die Welt? Welche Menschen sind hierbei wichtig für das Kind? Welche Regeln und Grenzen braucht es dafür? Können Kinder dies alles mit uns Erwachsenen aushandeln? Wo ist der Ort für solche Absprachen in einer Kita? Wer überwacht diese Prozesse ohne Partei zu ergreifen? Hierbei entstehen eine Vielzahl von neuen Fragen, die der Erwachsene allein nicht mehr beantworten kann und auch nicht sollte. Der Begriff „Kind zentrierte Kindergartenpädagogik" ist von Prof. Dr. Sigurd Hebenstreit geprägt worden (s. gleichnamiges Buch). Letztlich glaube ich an einen Methodenmix der die Erkenntnisse vieler Richtungen miteinander verbindet und sie für die Kinder nutzbar macht. Dies machen sicherlich auch einige Kindertagesstätten bereits, aber es sind sehr fragile Gebilde die noch lange nicht von allen Erwachsenen akzeptiert und getragen werden.

Es geht um die Offenheit für die Einzigartigkeit eines jeden Kindes. Offenheit für jeden individuellen Entwicklungsprozess. Offenheit für Veränderungen in der Pädagogik und damit gleichzeitig Offenheit für die theoretischen, praktischen und Kind zentrierten Ansätze in der Pädagogik. Offenheit für manchmal radikale Veränderungen in der Kindertagesstätte. Offenheit für gemeinsame Veränderungen im Team. Offenheit für eine indirekte und direkte Mitarbeit der Eltern auch in der Pädagogik. Offenheit für die Selbstorganisation des Kindes. Offenheit für Partizipationsmodelle von Kindern im Kindertagesstätten Bereich. Offenheit für die Mitbestimmung der Kinder auf Augenhöhe. Offenheit für die Meinungen anderer, ohne dabei die Kind zentrierte Sicht zu verlieren. Offenheit bedeutet für mich flexibel, lebendig und manchmal evolutionär miteinander ins Gespräch zu kommen. Offenheit für die eigenen Lernprozesse die sich manchmal viel zu langsam und manchmal viel zu schnell entwickeln. Offenheit für die vielfältigen Formen der Kommunikation, verbaler und nonverbaler Art. Der Begriff „kindzentriert" fokussiert unseren Blick nicht nur auf das Kind sondern fordert uns heraus die Perspektive des Kindes immer wieder einzunehmen. Im Permanenten Wechsel zwischen unserer Erwachsenen Wahrnehmung und Bewertung und jener Perspektive derer wir bereits seit vielen Jahren herausgewachsen sind.

Der Offene Kindergarten könnte hierbei der erste Schritt zur positiven Veränderung im Team sein. Gemeinsam mit einer kindzentrierten Haltung könnten völlig neue Erfahrungen gesammelt und für die Praxis nutzbar gemacht werden. Der Offene Kindergarten ist zwar manchmal noch ein Reizwort aber oftmals bereits eine konzeptionelle Weiterentwicklung die überzeugt.

„Offene Gruppenarbeit? Mit uns nicht!" ist eine durchaus häufige Aussage vieler Erzieher/innen. „Da laufen die Kinder ohne feste Bezugspersonen in den verschiedenen Funktionsräumen umher, ein permanentes Chaos überfordert Kinder und Mitarbeiter/innen und letztlich weiß keiner so recht was der andere macht. Die Kinder sind die Leidtragenden, sie gehen dabei verloren."

Solche Aussagen höre ich immer wieder. Vielleicht ist es an dieser Stelle wichtig noch einmal die wesentlichen Aussagen der Offenen Arbeit, damit mögliche Missverständnisse gleich zur Seite geschoben werden können, zu erläutern. Auch darüber gibt es mittlerweile eine Menge von Fachliteratur. Leider beschäftigen sich immer noch zu wenige der Fachkräfte mit dieser Thematik. Hier also nur eine kurze Zusammenfassung.

Die Kinder lernen ein wesentlich komplexeres Lernverhalten kennen. Die Selbständigkeit, das Kommunikationsvermögen, das sich ein- und unterordnen sowie das mitteilen und durchsetzen, Selbstbewusstsein und Selbständigkeit, Konzentrationsfähigkeit, Sozialverhalten werden gefordert und gefördert. Die Selbstorganisation des Kindes wird gefördert und die Lebensbezüge werden direkt und unmittelbar erlebbar gemacht. Autonomie und Integration stehen im Vordergrund.

Die Kinder sollen Spaß am Lernen haben. Selbständiges Lernverhalten und positive eigenständige Lernerfahrungen stärken das Kind.

Die Praxis hat gezeigt, dass das Recht des Einzelnen sein eigenes Lerntempo entwickeln zu können Grundvoraussetzung ist für die Lernmotivation. Selbstwirksamkeit in jeder Lebenstätigkeit fördert die komplexen Hirnstrukturen und baut vielfältige Verbindungen auf, sie stabilisiert die gesamte Persönlichkeit des Kindes.

Die klare Raumstruktur gibt den Kindern die Möglichkeit eine gewisse Arbeitsatmosphäre entwickeln zu können, indem nicht laute und leise Tätigkeiten in einem Raum stattfinden sondern von ihrer Qualität, ihrer

Abläufe sowie ihrer Struktur gleiche Bereiche möglich sind. In einem Essraum wird nicht getobt. In einer Turnhalle wird nicht gegessen. In einem Bastelraum oder einer Werkstatt findet kein Rollenspiel statt. Dies nur einige kleine Beispiel für eine Zuordnung. Wobei hierbei die Ideenvielfalt und Lebendigkeit der Kinder nicht eingegrenzt werden sollten. Natürlich kann ein König auch mal in die Werkstatt gehen und selbst Hand anlegen.

Die Kinder entscheiden über Spielort, Spielzeit und Spielpartner primär. Durch Projekte werden Verbindlichkeiten eingefordert die ein wichtiges Lernverhalten fördern. Dem Kind wird zugetraut seine ureigenen Wachstumsschritte gehen zu können. Es ist selbst verantwortlich auch für seine Unzufriedenheit. Das Spiel wird als Arbeit des Kindes betrachtet und geschätzt.

Das hört sich sicherlich einerseits einfach an und bestimmt werden jetzt auch wieder viele sagen, so machen wir das doch auch bereits seit vielen Jahren. Das machen wir doch schon immer so, oder das haben wir immer so gemacht. Doch bleiben sie selbstkritisch und betrachten sie ihre gesamte Einrichtung, ob wirklich alle in dieser Art und Weise Kinder betrachten. Gerade in größeren Einrichtungen, die sich „offen" nennen, machen die jeweiligen Erzieherinnen in ihren Gruppen heimlich ihren Dienst nach alten Mustern. Sie wollen keine Veränderungen. Und sie glauben gar nicht wie trickreich die „Fachkräfte" dann sein können. Ein Gruppenerzieherin erzählte mir ihre Kinder könnten alles selbst entscheiden, was sie spielen wollen und mit wem und wo. Bei meiner Beobachtung stellte ich allerdings fest, dass die Kinder bei Allem um Erlaubnis fragen mussten, selbst wenn sie auf die Toilette gehen wollten. Selbstwahrnehmung und Fremdwahrnehmung liegen manchmal Kontinente entfernt voneinander. Nur um auf gar keinen Fall etwas an sich verändern zu müssen. Mein Eindruck, die Fachkräfte wollen ohne jedwede Veränderungen die Kita-Zeit überstehen. Zusammenfassend kann gesagt werden, ist die Offene Arbeit an den Entwicklungsbedürfnissen der Kinder orientiert.

Dabei gilt es ein weitgefächertes Netzwerk mit anspruchsvoller Kommunikation und klaren Regeln zu installieren die unerlässlich sind für das möglichst reibungslose Funktionieren in der Kindertagesstätte. Auch hier ist wieder die dialogische Haltung, das Wissen um die Kommunikation und der Wille um Verständigung die Voraussetzungen für ein wirkliches Miteinander. Die Bedeutung des Spiels wird hierbei klar und eindeutig als wichtig erachtet und geschätzt.

Immer wieder erlebe ich wie das Spiel von den Fachkräften herabgesetzt und für nicht so wichtig erachtet wird. Nicht aus Böswilligkeit oder mangelndem Interesse. Das Kinderspiel wird aus der Distanz betrachtet und bewertet. Die Erwachsenen haben diese Verbindung verloren oder auch ganz bewusst gekappt. Hier sind Leitungen gefordert diese Spielfähigkeit im Team zu fordern und zu fördern.

Die Zeitstruktur sollte sich primär nach den Bewegungsbedürfnissen der Kinder richten. Die Raumgestaltung ist veränderbar aber möglichst eindeutig (Kunstraum, Bewegungsraum, Ruheraum etc.) Mitbestimmung und Partizipation sollten demokratische Grundregeln sein die von allen geachtet werden. Projektarbeiten stellen hierbei eine besondere Herausforderung dar.

„Erziehung ereignet sich immer als Begegnung zwischen den Generationen. Einerseits wollen Kinder auch das mitmachen und schließlich beherrschen, was die ‚Großen' tun können. Andererseits ist es das Bestreben der Erwachsenen kulturell notwendige, wichtige und wertvolle Erfahrungen weiterzuvermitteln, um die Kinder in ihrem jeweiligen Umfeld handlungsfähiger zu machen und darüber hinaus gute Grundlagen für das spätere Leben aufzubauen. Angebote sollten von diesem Bestreben geleitet sein, immer in Bezug zur Situation und den Bedürfnissen der Kinder." (Kindergarten heute 3/92)

Unsere Kinder brauchen vielfältige Herausforderungen und Möglichkeiten zum Experimentieren. Dazu benötigen sie manchmal viel Zeit, viel Ruhe, viele Kinder, einige Erwachsene, damit sie ihren Bildungshunger stillen und die Welt sich erschließen können. Der Offene Kindergarten kann hierfür eine Möglichkeit für einen Entwicklungsrahmen bedeuten, der Kindern helfen kann bei ihrem Selbstwerden und das in allen Lebensbezügen die sich im Alltag stellen. Nur die Selbstwirksamkeit kann wichtige neuronale Netzwerke entstehen lassen. Der sozialpsychologische Aspekt wird neu gewichtet und bewertet und in das jeweilige Verhältnis des Kindes gestellt um seine individuelle Entwicklung zu unterstützen.

„Kinder sollen im Offenen Kindergarten eigenständig und selbstbestimmt ein Mehr an Fähigkeiten und Kompetenzen erwerben, von ihrem jeweiligen Handlungsniveau aus aktiv sein können, sowohl in der Aneignung der dinglichen Welt als auch in der Kooperation und im Zusammenleben mit anderen Kindern und mit Erwachsenen. Sie sollen dadurch lebenstüchtiger werden, bezogen auf unsere soziokulturelle Lebensweise, und sie erwerben dadurch Grundlagen, auf denen die Schule aufbauen kann, um den Bildungsauftrag für Kinder weiterzuführen." (Kindergarten heute 3/92)

Natürlich bedeutet eine so geartete Pädagogik die eine deutliche Betonung auf die Autonomieentwicklung des Kindes legt, das eine Vielzahl von Widerständen bei den Fachkräften provoziert werden. Denn sie müssen ihre machtvolle Position verlassen und sich zu dem Kind hin bewegen. Eine dienende Haltung einnehmen, um dem Kind bei seiner Entwicklung zu unterstützen. Aber nur dann, wenn das Kind es auch wirklich will. Ohne eine ordentliche Portion von Autonomie kann heute niemand mehr sein Leben gestalten und bewältigen. Das setzt eine permanente Standortbestimmung meiner Pädagogik voraus. Und das scheint unendlich schwierig zu sein, weil es uns permanent herausfordert.

Habe ich noch eine Kindzentrierte Sicht? Betrachte ich die Kinder oder die Situation jetzt aus der Erwachsenenperspektive? Kann ich jederzeit diesen Perspektivwechsel vornehmen um mir eine größeres Bildungsverständnis zu erschließen? Diese Fragen sind anstrengend und im Kita-Alltag durchaus manchmal überfordernd. Dies gilt es zu verstehen und nicht gleich zu bewerten.

„Die Kind Zentrierung als zentraler pädagogischer Ansatz. Wenn Kindern ein Lebensraum zugemutet wird, der sie zur Selbstgestaltung ihrer Entwicklung herausfordert, sind wir im Zentrum dessen, was die Bewegung „Offene Arbeit" kennzeichnet. Dabei setzt sich immer mehr ein Menschenbild durch, das beinhaltet, dass das Kind (der Mensch) Akteur seiner Entwicklung ist. Das bedeutet, das nicht wir Erwachsenen das Kind formen, sondern es die gewaltige Entwicklungsarbeit von Anfang an selbst leistet." (Kindergarten heute 9/97)

Der Offene Kindergarten wird zunächst einmal als ein besonderer Lebensraum verstanden. Und Bildung geschieht hier als Konstruktions- und Selbstbildungsprozess. Dieser Selbstbildungsprozess bedeutet einen Aufbau von Lebenswissen und Weltwissen. Das eine schließt die Persönlichkeitskompetenz mit ein und das andere eine Handlungskompetenz. Beide Kompetenzbereiche sind miteinander eng verbunden. Ein wesentliches Grundprinzip der offenen Arbeit ist statt reine Vorschularbeit und Lernprogramme abzuarbeiten den Kindern ständige Herausforderungen zur Selbsttätigkeit, Selbstorganisation und Selbständigkeit zu bieten, beziehungsweise dies überhaupt zuzulassen. Unsere Angebotsstruktur sollte vielfältig und kindgerecht sein. Dabei geht es oftmals auch darum Kindern jederzeit, egal welches Wetter auch gerade herrscht (Hagel, Sturm oder Schneegestöber) ihnen diesen Zugang zu ermöglichen. Wir müssen keine hochtrabenden von speziellen Pädagogen entwickelten Spiel- und/oder Beschäftigungsmaterialien dafür anschaffen, sondern uns an unsere eigene Kindheit erinnern. Mit was oder wen haben wir als Kinder langanhaltend gespielt?

Das reicht oftmals schon.

Heute wird von den Kindern eine wesentlich umfassendere Bildung als früher gefordert und gebraucht, damit sie in dieser schwieriger werdenden und hoch komplexen Welt handlungsfähig bleiben, sodass sie die kulturellen und sozialen Veränderungen bewusst wahrnehmen und begreifen und teilhaben können an der Mitgestaltung einer friedlicheren und menschenwürdigeren Welt. Deshalb die „Offene Arbeit" sie bietet eine Vielzahl von Möglichkeiten und Betätigungsfelder für die Kinder, aber auch für die Erwachsenen.

„Wir setzen in dem offenen System auf Lernen durch Nachahmung, durch Versuch und Irrtum und durch Zusammenleben. Die Vorbildfunktion, besonders die des Erwachsenen, hat einen hohen Stellenwert. Erwachsene sind ein Teil der fördernden Umwelt durch ihr eigenes Beispiel. In der Anfangsphase wird auf das „Vertraut werden" mit den Räumen und den darin enthaltenen Möglichkeiten ein besonders großes Gewicht gelegt. In den Angeboten hat das anleitende Tun entsprechend den individuellen Handlungsmöglichkeiten ein besonderes Gewicht, wobei auch Kinder und Personen von außerhalb Angebote machen können. Wichtig ist, dass komplexe, lebensbedeutsame Handlungsfelder arrangiert werden, die Wahrnehmungs- und Bewegungsaktivitäten auslösen und soziale Prozesse fördern. Es gibt Kinder, die besondere Förderansprüche signalisieren oder in den Kindergarten mitbringen, dies sollte bei den Angeboten berücksichtigt werden, sie sind ggf. Anlass für eine Therapie, die dann in den Kindergartenalltag integriert werden sollte. Eine Zusammenarbeit mit Eltern, Erziehern/innen und Therapeuten ist hier besonders geboten. Therapie wird im Sinne von Milani Comperetti verstanden: „Nicht gegen die Behinderung eines Kindes, sondern für seine Normalität arbeiten."

Ohne dieses Methodenkonzept der Handlungsforschung ist die pädagogische Arbeit im offenen Kindergarten nicht zu leisten. Dieser Ansatz gewährleistet, dass die anstehenden Praxisprobleme, die sich aus der Wahrnehmung des Entwicklungsgeschehens der einzelnen Kinder und aus der Lebenssituation außerhalb des Kindergartens ergeben im Probehandeln einer kindgemäßen und zeitgemäßen Lösung zugeführt werden. Das erfordert wache, fragende und zur Kooperation bereite pädagogische Mitarbeiter/innen, die sich täglich zum Gespräch zusammenfinden." (Kindergarten heute 3/92, S. 44)

In der Gemeinschaft lernen die Kinder Selbstverantwortung, Mitverantwortung und Mitwirkung, aber auch nur dort wo sie auch wirklich mitwirken dürfen und Erwachsene diese Offenheit besitzen. Echte und gelebte Partizipation, Mitbestimmung der Kinder die verpflichtend geregelt und organisiert ist, dürfte in keiner Kindertagesstätte mehr fehlen. Denn Partizipation ist ein elementares Bildungselement und fördert demokratisches Verhalten. Aber die Demokratie fällt nicht vom Himmel, sie muss kennen gelernt und somit erlernt werden. Und es muss den Kindern dieses Recht festgeschrieben und transparent vermittelt werden. Kinder haben dieses Recht und das in jeder Einrichtung in der sie wirken können, sollen und wollen. Deshalb muss mit frühen Erfahrungen begonnen werden, wenn der Mensch später eine demokratische Grundhaltung bekommen soll. In der Demokratie darf das Recht auf Beteiligung keine Frage des Alters sein. Vergessen wir nicht, dass gerade die frühe Kindheit eine intensive Lern- und Entwicklungszeit ist. Kinder brauchen recht früh die Erfahrungen und Anerkennung der Teilhabe und Mitbestimmung. Nur so können sie eine konstruktive Mitgestaltungskultur und Streitkultur entwickeln. Ein tolerantes Miteinander über alle kulturellen Grenzen hinweg könnte der Grundstein für ein friedvolleres Zusammenleben sein. Dies ist natürlich eine große pädagogische Herausforderung, Demokratie erlebbar und nachvollziehbar für alle Kinder (auch die Kinder unter drei Jahren) so zu gestalten, dass sie demokratische Handlungskompetenzen erwerben können und Beachtung (Achtung) erfahren ihrem jeweiligen Entwicklungsstand entsprechend. Dass dies mittlerweile in vielen Gesetzen fest verankert ist vergessen die Fachkräfte oftmals oder sie haben es ganz einfach nicht gewusst.

„Kinder lernen Demokratie, wenn sie ihre Lebenswelt gestalten und mitbestimmen, in ihrer Eigenverantwortlichkeit gestärkt werden, ihre Gemeinschaftsfähigkeit entwickeln, konstruktiv Konflikte lösen und so Selbstwirksamkeit erfahren. Um Kindern diese Chance zu geben, ist es wichtig, Grundwerte demokratischer Kultur in Kindertageseinrichtungen zu integrieren, Alltagssituationen zu beleuchten und detailliert zu hinterfragen. Durch kollegialen fachlichen Austausch und in der Diskussion zu Fragen der Mitbestimmung und Partizipation von Kindern erhalten Pädagoginnen und Pädagogen die Chance, ihre persönliche Haltung zu reflektieren und durch mehr Demokratie den Kita-Alltag zu bereichern." (Demokratie von Anfang an, Arbeitsmaterialien für die Kitapraxis, Deutsche Kinder und Jugendstiftung, 1. Auflage 2010, S. 5, 4. Absatz)

Der Offene Kindergarten, so wie ich ihn verstehe, möchte ein Lebens- und Erfahrungsraum zum Wohlfühlen aller (Kinder, Eltern, Mitarbeiter, Trägervertreter und Öffentlichkeit) sein. Damit es ein gemeinsames Verstehen dazu gibt ist es unerlässlich sich gemeinsam darüber zu streiten welche Prämissen hier umgesetzt werden sollten. Im Konsensverfahren können wir jede Idee und jeden Blickwinkel miteinander verbinden. Die verschiedenen Erlebnisbereiche führen dazu, dass die Kinder mit viel Eigenständigkeit ihre Ich-, Wir- und Sachkompetenzen entwickeln und damit ihren Lebensalltag selbst gestalten können. Wir unterschätzen immer noch das Expansionsbedürfnis des Kindes und seinen Forscherdrang diese Welt, also jeden Winkel einer Kindertagesstätte zu entdecken und zu erforschen und seinen ureigenen Raum zu finden in dem das Kind Welt erforschen darf ohne Zwang und Erwachsenenforderungen. Eigentlich sollte jede Einrichtung selbstverständlich dieses Angebot jedem Kind machen. Eine Kindertagesstätte oder ein Kindergarten ist schließlich primär eine Einrichtung für Kinder, eine Welt für Kinder mit ihren Gesetzmäßigkeiten, Regeln und Verständnissen. Und wir sind die Gäste in diesem System, die durchaus eine Vielzahl von Angeboten und Begleitungen initiieren dürfen. Aber wir sollten ebenfalls respektieren das Kinder auch uns vieles lehren können, wenn wir bereit sind die Kompetenzen der Kinder zu respektieren. Hier nun könnten wir unseren „Beteiligungsauftrag" erfüllen und Bedingungen den Kindern ermöglichen, dass sie ganz selbstbestimmt entscheiden wie „unsere Beteiligung" überhaupt aussehen soll und kann. Inwieweit dürfen wir teilhaben an den Spielen des Kindes, an seinen Erfahrungsräumen und Gestaltungswillen? Wo sind wir das „Material" für die Kinder auf das sie zurückgreifen können, sofern sie es auch wirklich benötigen? Wo stehen wir parat, nur dann einzugreifen wenn sie es auch wirklich wollen? Die Fachkräfte sind der festen Überzeugung im Sinne der Kinder zu handeln ohne sich täglich darüber zu vergewissern. Und die Eltern akzeptieren dies. Die Träger akzeptieren dies. Alle Erwachsenen akzeptieren dies. Für mich eine traurige Realität die den Kindern aktiv etwas wegnimmt was ihnen aber gehört. Die Achtung vor ihren Entscheidungen und eigenen Erfahrungsräumen, die Achtung vor ihren Fehlern.

Im Spiel erfahren sie Räume, draußen und drinnen, sie erforschen, experimentieren und entdecken eine Welt die von uns schon lange entdeckt wurde. Wir sollten eine Kinderkultur ermöglichen die uns Erwachsenen die Lernkultur der Kinder wieder näher bringt. Und das bedeutet immer wieder, Mitbestimmung und Beteiligung auf gleicher Augenhöhe und somit Machtverlust für die Erwachsenen ohne sich der Verantwortung zu entziehen. Denn die bleibt erhalten und kann nicht an die Kinder abgegeben werden. Das bedeutet unter anderem auch sich vom Bildungshunger der Kinder mitreißen zu lassen und auch die Kinder Inhalte und Durchführung bestimmen zu lassen. Gerade die Reggio-Pädagogik bietet hierbei

Grundfrage 1: Offenheit

einen reichen Erfahrungsschatz für jeden Pädagogen und jede Pädagogin. Durch ihre eigenen Beobachtungen, Kontrollen und Reflektionen gestalten die Kinder ihren Kindergartenalltag und bringen es zu erstaunlichen Ergebnissen die vielerorts schon bestaunt werden konnten in unterschiedlichen Ausstellungen und Fortbildungen. Siehe hierzu die Reggio Pädagogik. Die Rolle der Erzieher/innen gilt es neu zu überdenken und die Grenzen der Erwachsenen kritisch zu betrachten. Wir sollten einen Raum für wirkliche Gleichberechtigung, die nicht nur in den Köpfen lebt sondern im Kindergartenalltag wie selbstverständlich realisiert werden, schaffen. Autonomie kann sich letztlich nur in Freiheit entwickeln und entfalten. Das setzt wiederum selbst eine freie Persönlichkeit voraus. Hierbei spielt immer auch unser Verhältnis zur Arbeit, unseren Kollegen/innen, den Eltern, zur Gemeinde oder Kirchengemeinde eine große Rolle, inwieweit wir selbst offen sind und sein wollen und wir eine ehrliche Verbundenheit anstreben in der alle ein Stück Mitverantwortung übernehmen für die jeweilige Einrichtung. Diese gemeinsame Mitverantwortung wird zur „Gretchenfrage" denn hier wird oftmals sehr deutlich was wir wirklich denken und meinen über die Kollegen/-Innen, Vorgesetzte, Eltern und Träger. Wie wir diesen Kita-Alltag nach „unseren" Bedürfnissen gestaltet werden. Und niemand ist wirklich so hoch selbstreflexiv wie es erforderlich sein sollte, die wenigsten Menschen können dies, wollen dies, werden dies umsetzen. Hier besteht für mich eine große Qualitätslücke. Eine externe, permanente Begleitung für eine bestimmte Zeit wäre sehr hilfreich. Niemand könnte sich ausgrenzen oder andere ausgrenzen, denn alle wären gefordert immer wieder einen Konsens für „ihre" Einrichtung zu finden und zu erarbeiten. Dabei entstehen natürlich Konflikte. Und ebenfalls natürlich ist es nicht immer einfach mit ihnen konstruktiv und förderlich damit umzugehen. Konflikte sind weder wünschenswert, noch notwendig, sie sind einfach unvermeidbar. Konflikte in der Wirtschaft verursachen jährlich Milliardenschäden. Was für Schäden verursachen die Fachkräfte in den Kindertagesstätten? Beschädigtes Humankapital ist kostbarer als irgendwelche Fertigungsgegenstände. Durch Fehlzeiten, innere Kündigung, Dienst nach Vorschrift, Lähmungen von Gruppen, ganzer Abteilungen bis hin zur Sabotage, verursachen manche Mitarbeiter diese Schäden. Kennen sie solche Äußerungen? Begegnen Ihnen nicht genau jene Konfliktfelder wie oben beschrieben? Die Fachkräfte, Kita-Leitungen, all jene die in einer Kindertagesstätte arbeiten oder sich dafür verantwortlich zeichnen tragen diese Verantwortung. Jede Partei, jeder Mensch geht zunächst einmal davon aus, dass er/sie im Recht ist und sich dadurch natürlich auch fair verhält. Die „Anderen" sind schuld und sollen schließlich den ersten Schritt in die richtige Richtung einschlagen. Wenn dies nicht gelingt wird der „Andere" verunglimpft, herabgesetzt, als Bösewicht bezeichnet oder gar ausgegrenzt. Genau diese Konflikte entstehen in den Kindertagesstätten. Hier werden Kolleginnen ausgegrenzt, verunglimpft, herabgesetzt und letztlich ins Abseits gedrängt. Solche Haltungen müssen aber von den Kita-Leitungen erkannt und verändert werden. Und wenn Kita-Leitung die Verursacher/Innen sind müssen Träger dafür sorgen, daß es Kontrollmechanismen oder ein Beschwerdemanagement auch für Mitarbeiter gibt. Sie müssen dafür Sorge tragen ein harmonisches Miteinander als Grundsatz anzustreben. Kriegsführende Staaten sind immer davon überzeugt im Recht zu sein. Konflikte begegnen uns also überall. Immer wieder erleben wir den Zusammenprall von Interessen, Werten, Aktionen oder Richtungen. Somit brauchen wir gerade in einer Kindertagesstätte ein funktionierendes Konfliktmanagement. Verantwortlich dafür ist zunächst einmal die Kita-Leitung im Verbund mit dem Träger der jeweiligen Einrichtung. Um jeden Konflikt konstruktiv lösen zu können. Dies können nach meinen Beobachtungen und Erfahrungen die wenigsten Kita-Teams oder Leitungen und noch viel weniger der übergeordnete Überbau, auch Träger genannt. Unprofessionell, menschenverachtend und tief verletzend wird auf den Entscheidungsebenen mit Mitarbeitern/-Innen und Konflikten umgegangen. Bei Konflikten untereinander bricht die Machtgier und der Machthunger des Menschen hindurch. Dann geht es nicht um gemeinschaftliche Lösungen sondern nur um Kampf und Sieg. Ich habe erlebt wie einer Kitaleitung mit Kündigung gedroht wurde um dann nur ein paar Minuten später gemeinsam mit dem Vorstand das Vaterunser zu beten. Eine durchaus groteske Situation. Statt gemeinsamen Gebeten hätte der Vorstand sich christlicher Verhalten sollen, als sich solch plumper Geste zu bedienen. Deshalb der Vorschlag, für eine bestimmte Zeit Jemanden zur Seite eines Teams stellen. Und dies immer wieder, wenn umwälzende Dinge passieren (die Hälfte des Teams wird erneuert oder ausgetauscht, ein neuer pädagogischer Weg soll eingeschlagen werden, eine neue Leitung soll die alteingesessenen Mitarbeiter/Innen mitnehmen). In guten, gewinnmaximierenden Unternehmen legen die Chefetagen großen Wert auf solch ein harmonisches Miteinander. Dort gibt es eigens angestellte Psychologen oder Therapeuten die jederzeit abrufbar und zur Verfügung stehen, wenn Konflikte innerhalb einer Abteilung passieren. Wie wichtig wäre dies in all jenen Bereichen in denen wir es mit Menschen zu tun haben. Und noch viel wichtiger wäre es aus meiner Sicht, wenn solche Beratungen für die Kita-Mitarbeiter/Innen jederzeit zur Verfügung stehen würden. Dann würden Lehrende zur Lernenden. Sie könnten verstehen lernen welche Verantwortung sie selbst haben an den unterschiedlichen Konfliktfeldern. Und sie könnten verstehen was für Veränderungen sie allein umsetzen könnten. Welche Folgen dies zur Zeit hat, weil es diese Begleitungen in nur sehr seltenen Fällen gibt, oder erst dann zum Tragen kommen wenn das Kind bereits in den Brunnen gefallen ist möchte ich anhand einiger Konfliktsignale nochmals deutlich machen und sie können entscheiden welche dieser Aussagen auf Ihre Kita zutrifft, oder ihr Team.

Deshalb das Kapitel über Sprache und Kommunikation. Dieser Überblick kann hilfreich sein, sich wieder daran zu erinnern wie Kommunikation zwischen uns abläuft und wie wir diese vielleicht sogar besser gestalten können.

Kollegen/Innen werden herabgesetzt, man hört nicht mehr richtig zu, einige Kolleginnen schweigen nur noch, statt reden wird alles nur noch aufgeschrieben, statt Zusammenarbeit entstehen kleine Fürstentümer (meine Gruppe), Cliquenwirtschaft und Grüppchenbildung, Dienst nach Vorschrift, unehrliche Höflichkeiten die dennoch spürbar sind. Einige Mitarbeiterinnen bekommen keine Informationen mehr oder falsche Informationen. Absprachen werden immer wieder nicht eingehalten oder ganz anders verstanden, absichtsvoll und vieles andere mehr. Na, kommen ihnen einige Sachen bekannt vor? Unsere Lebensumwelt ist natürlich anspruchsvoller geworden, die unserer Kinder ebenfalls. Wir sind gefordert uns diesen Problemfeldern zu stellen. Vom Kind aus betrachtet bedeutet dies:

„Kinder sind in ihrer Subjektivität als eigenständige Persönlichkeiten wahrzunehmen. Dem besserwisserischen Fürsorgegedanken ist der Boden zu entreißen und Demokratie ist als Lebensform sehr ernst zu nehmen. Es bedeutet aber auch meine eigenen Verhaltensweisen immer wieder zur Disposition zu stellen und gemeinsam im Kollegium zu reflektieren.

Junge Menschen sind in ihrer körperlichen, geistigen und sozialen Individualität sowie im Kontext ihrer Gruppe der Gleichaltrigen zu betrachten. Hier ist Achtsamkeit gegenüber ihren Wünschen und Möglichkeiten gefordert.

Nicht die Erwachsenen – ob bezahlt oder ehrenamtlich – erklären ihre Vorstellung von richtig und falsch, von nötig und unnötig bei einer Angebotsplanung, sondern Erwachsene und Kinder/Jugendliche treten gemeinsam in den Dialog über das Nötige und Sinnvolle. Hiermit verbunden ist, die kindlichen Perspektiven und Dynamiken einzubeziehen sowie die Mädchen und Jungen zur Eigenständigkeit zu ermutigen und zu befähigen." (Kinderschutz Aktuell 2.15, S. 11)

Immer wieder stehe ich mit offenem Mund Aussagen gegenüber, die von Pädagoginnen in aller Ernsthaftigkeit geäußert werden und die allen Ernstes davon überzeugt sind, damit ganz bei den Kindern zu sein, sich mit ihrer Haltung, Einstellung und Meinung für das Kind einsetzen und in Wirklichkeit meilenweit davon entfernt sind. Sie reden über die Kinder anstatt mit ihnen. Sie proklamieren irgendwelche Wahrheiten gegenüber den Eltern und Kolleginnen, dass dieses Kind so oder so sei, ohne es wirklich einer kritischen Prüfung zu unterziehen. Es überrascht mich nach über 25 Jahren immer noch, wie Fachkräfte über Kinder denken und urteilen. Kinder sind immer noch die unfertigen Wesen, die nur durch die Erzieherinnen endlich zu einem fertigen Menschen werden. Kinder werden dabei oftmals als schlagendes Argument gewählt um jeden guten Gedanken für immer von diesem Planeten zu verbannen. „Das können die Kinder noch nicht!" oder „Das ist nicht gut für das Kind!" oder „Die Kinder sind damit überfordert!" oder „Ich kenne meine Kinder, und das können sie nicht leisten!" oder „Das ist doch bloße Theorie, in der Wirklichkeit funktioniert das doch gar nicht!" oder „Wir kennen das Potential unserer Kinder" oder „Kinder mit Migrationshintergrund sind ganz anders!" Diese Aufzählungen könnte ich nun unendlich weiterführen. Allen diesen Aussagen ist etwas gemeinsam, sie sagen in erster Linie etwas über den Menschen aus, der solche Aussagen tätigt. Und sie machen sehr deutlich wie wenig wir bereit sind unsere bisherige Arbeit zur Disposition zu stellen. Die Fachkräfte sind nicht bereit ihre vorgefassten Urteile über die Erfahrungspotenziale der Kinder einmal zu hinterfragen. Einen Raum der Möglichkeiten zu eröffnen in denen die Kinder uns zeigen, was vielleicht doch alles möglich ist, wenn wir sie nur einfach mal lassen würden. Es gibt keinen kollegialen Austausch über die unterschiedlichen Sichtweisen der Fachkräfte über dieses eine Kind. Es werden blitzschnell Annahmen getroffen. In der Psychologie sprechen wir von „Übertragung" oder „Projektionen". Denn genau dies ist es was hier täglich passiert. Ohne es zu merken übertragen und projizieren die „Fachkräfte" ihre Persönlichkeitsstruktur auf die Kinder. Ihre Ängste, Unsicherheiten und Prägungen werden als die der Kinder verkauft. Und nicht eine dieser Fachkräfte würde auf die Idee kommen und sich selbst fragen, was hat diese Aussage mit mir als ganze Person zu tun. Bevor ich überhaupt die Annahme treffen könnte, dass diese Aussagen unter Umständen, unter ganz bestimmten Umständen, vielleicht auch auf dieses oder jenes Kind zutreffen könnte. Die ganze Person der Erzieherin wirft sich über das Kind und betrachtet seine eigenen Probleme und unterstellt diese den Kindern. Diese permanenten Projektionen und Übertragungen finden täglich in allen Einrichtungen statt. Und es fehlen die kritischen Stimmen die diese Verhaltensweisen einmal radikal in Frage stellen würden.

Wieder eine ungeheure Behauptung, oder? Nein, dies ist wirklich so. Die Fachkräfte haben es nicht gelernt eine „dienende Haltung" anzunehmen. Eine demütige, sich selbst zurücknehmende und letztlich wirklich dienende Haltung gegenüber dem Kind. Es fällt den Fachkräften schwer Ihre gedankliche Wirklichkeit zu überprüfen und sie einem Auditorium zu stellen. Fachkräfte sind sich sicher. Fachkräfte wissen was sie tun. Fachkräfte wissen es besser. Fachkräfte handeln professionell. Und sie haben auch gar keine Zeit dafür. Zeit um solche kritischen Analysen und fachlichen Diskussionen zu führen.

Natürlich gibt es ebenso unermüdlich bemühte Pädagoginnen die jeden Tag aufs Neue versuchen die Kinderseelen zu begreifen und entsprechend zu handeln. Dennoch einen fachlichen, selbstreflektierenden Exkurs darüber gibt es oftmals leider nicht. Es fehlt leider auch oftmals die Zeit dafür, keine ausreichenden Vorbereitungszeiten zollen ihren Tribut. Die Fachkräfte rasen durch die Kitas ohne inne zu halten. Und anscheinend sind weder die Leitungen noch die Träger daran wirklich interessiert, geschweige denn dafür ausgebildet, da dies Konsequenzen einfordern würde zu denen sie nicht wirklich bereit sind.

Die Lebensumwelt der Kinder hat sich rapide verändert und ist mit unserer selbst erlebten Kindheit kaum noch zu vergleichen. Dieser Wandel geschieht permanent und wird wohl nie aufhören. Viel befahrene Straßen und wenig Freiräume für ungefährliches und freies Spiel und das trotz oftmals dörflicher Strukturen. Immer weniger Naturerfahrungen sind möglich auf Grund der zubetonierten und gepflasterten Straßen und wenigen restlichen Grünflächen. Das Stillsitzverhalten der Kinder durch die Erwachsenen eingefordert und durch die Medien weiter geprägt (Computerspiele, Fernsehen als Erzieher, Videos, Playstation, Handys usw.) verstärkt diese Fehlentwicklung. Den Kindern wird ein Leben aus der Konserve vermittelt wo alles möglich erscheint und alles erreichbar ist, ohne sich viel zu bewegen. Und die Eltern leben ihnen täglich vor das dieses kleine schwarze Ding am Ohr wichtiger ist als das Kind selbst. Das Kind muss ständig mit diesem Gegenstand konkurrieren. Was das allerdings noch für

Folgen haben wird, gerade in neurologischer Hinsicht ist überhaupt noch nicht abzusehen. Mittlerweile geben die Jugendämter mit Informationsveranstaltungen für Fachkräfte einen wichtigen Anstoß zum Umdenken in vielen Kreisen und Kommunen. Umfangreiche Plakataktionen die besonders darauf hinweisen werden kreisweit veranstaltet und verteilt.

Dennoch es lebe das Internetwarenhaus, bei Wind und Wetter in heimeliger Umgebung einkaufen zu können, sofort und später zu zahlen (wenn's geht). Die restliche Freizeit wird fest verplant mit Sport, Ballett, Klavier, Förderunterricht, Verwandtenbesuche, usw. Ein Überangebot an vorgefertigten Spielmaterialien ist eine weitere Folge davon. Allein die Firma Lego, die früher nur eine bestimmte Anzahl von vorgefertigten Steinen anbot, und man nun Dank seiner eigenen Ideen und seiner eigenen Kreativität die unterschiedlichsten Dinge, wie Flugzeuge, Autos, Häuser, Schiffe usw. aus diesen wenigen Steinen konstruieren musste und dann damit intensiv spielte, bietet jetzt, so viele vorgefertigte Teile an, die lediglich mit zwei oder drei Handgriffen bereits ein fertiges Produkt entstehen lässt. Dass dann kaum noch Kreativität damit abgerufen wird, sollte jedem klar sein. Vorgestanzte Teile und aus Billigplastik produzierte Spielzeuge mit einem oftmals vorgefertigten Eigenleben und eigenen Stimmen überschwemmen den Spielzeugmarkt und die Kinder. Nach zwei Wochen jedoch bereits defekt und sofort wird ein neues noch besseres oder größeres Teil gekauft. Es ist eine Überbehütung selbst des Spielzeuges, das den Kindern wenig Raum lässt eigene kreative Spielmöglichkeiten zu entwickeln. Die Kindheit ist kommerzialisiert und industrialisiert. Kinder haben ihren Wert als wichtiger Konsument. Und ihre Entwicklung spielt dabei keine Rolle mehr. Kinder sind zu einem wichtigen Marktsegment aufgestiegen ohne wirklichen Interessen am Kind. Und Dank der viel zitierten Pisa-Studie wird jetzt den Kindern die restliche Zeit auch noch gestohlen. Mit tausenden Förderprogrammen und Fördermaterialien. Auch die bestehenden Bildungspläne der Länder täuschen den Eltern und Mitarbeitern eine Qualität vor die gar nicht greift. Vor allem beschäftigen sich die Fachkräfte kaum bis gar nicht mit all diesen Bildungsplänen weil ihnen keine Zeit dafür zugestanden wird. Aber die Erwachsenen brauchen diese Hochglanzbroschüren als Alibi für ihr „Nichtstun".

Die Studie „Schlüssel zu guter Bildung, Erziehung und Betreuung", die 2013 veröffentlicht wurde, hat unter anderem den Umgang mit den Bildungsplänen von Kita-Teams in den Blick genommen. Hierfür wurden Einzel- als auch Teambefragungen durchgeführt. Es zeigte sich, dass Kita-Teams sehr unterschiedlich an die Arbeit mit den Bildungsplänen herangehen: umsetzungsorientiert, wertekernbasiert oder distanziert. Allen gemeinsam ist, dass eine Unterstützung von „außen" (Träger) im Sinne von Supervision, Beratung, Fortbildung gewünscht und zugleich vermisst wird. Das zentrale Ergebnis der Studie sagt aus, dass die Teams unter massiven Zeitmangel leiden und somit einem Umsetzungsdilemma ausgesetzt sind." (Theorie und Praxis der Sozialpädagogik, 9 von 2014, S. 7)

Hier wurde uns Eltern viel versprochen und nur wenig eingehalten. Jedem müsste klar sein, dass Bildungspläne allein, ohne fachliche Begleitung, personelle Ausstattung und zeitlicher Ressourcen niemand diese auch nur lesen, geschweige denn umsetzen wird. Vom Verstehen einmal ganz abgesehen und dass die praktische Umsetzung ohne gleichzeitige Stundenaufstöckungen überhaupt nicht möglich ist.

„Die befragten Fachkräfte erhalten hierfür mehrheitlich keine zusätzlichen zeitlichen Ressourcen. Besonders prekär ist die Situation in den östlichen Bundesländern: Von den dort tätigen Fachkräften gab nur jede sechste (17%) an, dass ihr für Aufgaben mittelbarer pädagogischer Arbeit im Arbeitsvertrag verankerte oder zumindest mit dem Träger verbindlich vereinbarte Zeitanteile zustehen. Ein Drittel bis über die Hälfte der befragten Fachkräfte ohne diese „Verfügungszeiten" erledigt Beobachtungs- und Dokumentationsaufgaben sowie Vorbereitung von Entwicklungsgesprächen daher immer oder überwiegend zu Hause, in den Pausen oder während der Kontaktzeit mit den Kindern; Fachkräfte mit vereinbarten Vor- und Nachbereitungszeiten tun dies signifikant seltener, aber immer noch je nach konkreter Anforderung zu etwa 18 % bis 23 %." (Theorie und Praxis der Sozialpädagogik, Heft 9, 2014, S. 6)

Die Fachkräfte haben weder Zeit noch Energie diese hochtrabenden und sicherlich auch gut gemeinten Bildungspläne überhaupt in ihren Kita-Alltag zu integrieren. Dies flächendeckend in ganz Deutschland. Die Ergebnisse dieser Studie machen sehr deutlich wie dringend angemessene zeitliche als auch personelle Ressourcen den Kindertagesstätten zur Verfügung gestellt werden müssen, wenn uns die Bildung unserer Kinder auch wirklich wichtig ist. Das neue Kita Gesetz (das gute Kita-Gesetz) 2020 ist wieder solch eine Mogelpackung. Die Vorbereitungszeiten werden als Gruppenzeiten gebündelt (7,8 Std. pro Gruppe, pro Woche), dies bedeutet wenn ich drei Mitarbeiter dort eingesetzt habe müssen sich diese drei Kollegen/Innen diese 7,8 Std. teilen. Während früher pro Mitarbeiter zwischen 5 und 6 Std. Vorbereitungszeit eingerechnet wurde, nun in der Praxis diese Zeiten immer durch Krankheitsvertretungen oder Urlaubsvertretungen dahinschmolzen, ohne Ersatz. Die Verantwortlichen rechnen sich alles schön was in der Praxis überhaupt nicht ankommt. Die Bildungsfälscher haben zugeschlagen. Was also hat sich denn nun wirklich verbessert? All diese Anforderungen werden immer wieder an die Fachkräfte gestellt, aber niemanden interessiert es wie die Fachkräfte dies überhaupt umsetzen können und wollen. Die Innovationskraft all dieser Programme und Modelle kann sich nicht entfalten, wenn keine Begleitung, Förderung und Fortbildung finanziell bereitgestellt werden. Vergessen dürfen wir bei all diesen Neuerungen auch nicht, dass die Pädagogik immer im Fluss ist. Sie verändert sich und ihr Umfeld, was wieder rückwirkend Einfluss nimmt und gleichfalls neue Veränderungen bewirkt. Und bei all diesen Bildungsplänen dürfen wir außerdem nicht vergessen wie Kinder wirklich lernen, wie sie sich die Welt aneignen und dass der Start für ihre Bildung und die eines jeden Kindes, dass absichtslose „Kind sein" Voraussetzung ist und auf garkeinen Fall vergessen werden darf. Sicher ist, Lernen läuft über Beziehungen, verlässliche und sichere Beziehungen. Aber so sicher sind diese Beziehungen leider nicht. Wer einmal unter die Decke der Kitas geschaut hat, sich dort mal wirklich umgesehen hat, der wird erschüttert oder frustriert sein. Das mag jetzt sicher überheblich und arrogant klingen, vielleicht auch abgehoben. Nur möchte ich sie nicht anlügen oder ihnen eine „Wahrheit" verkaufen die es so nicht gibt.

Kindertagesstätten sind und bleiben schlecht. Solange sie nicht bereit sind, all das zu berücksichtigen, was in den vorherigen und kommenden Kapiteln beschrieben wurde und auch noch weiteres hier beschrieben wird, dann wird sich auch nichts im Kita-Bereich verändern. Denn es interessiert ja letztlich niemanden. Und die Politik sollte endlich ehrlich sein und nicht den Eltern Millionen Beträge vor die Füße werfen die keinerlei Einfluss letztlich auf die Bildungs- und Betreuungsqualitäten haben. Denn weder mehr Zeit noch de fakto mehr Personal kommt ganz real bei den Kindern an. Wer den Zahlenraum 1 bis 100 beherrscht dürfte dies schnell selbst nachrechnen können.

Die sogenannten Fachkräfte denken ebenfalls in schulischen Strukturen. Alle Erwachsenen denken in solchen Strukturen. Noch immer denken und handeln wir, in schulischen Strukturen, wollen ein schulfähiges Kind. Ein guter Schulabschluss ist für uns wichtig. Ein guter Kita-Abschluss sollte hierbei viel wichtiger sein. Dieser Übergang von der Kita zur Schule kann nur gelingen wenn Kita und Schule sich auf Augenhöhe begegnen. Auch dies trifft leider nur auf sehr wenige zu. Eine gemeinsame Offenheit von Kita und Schule ist leider auch nicht der Normalfall. Trotz unendlich vieler, schriftlicher Kooperationsvereinbarungen zwischen Kita und Schule. Aber Papier ist geduldig und Worte können viel und nichts aussagen.

Die sehr frühe Vorbereitung auf die Schule führt dazu, dass die Kinder schon vor der Einschulung unter Leistungsdruck stehen, der sie dann ein ganzes Leben lang begleiten wird. Die Kindheit ist für mich aus den Fugen geraten und immer mehr Eltern und Fachkräfte sind überfordert und mit ihrem Latein am Ende. Die Wartelisten der Erziehungsberatungsstellen und die Statistiken der Jugendämter machen drastisch deutlich wie es um unsere Kinder wirklich bestellt ist. Dieses und vieles andere mehr wirkt auf unsere Kinder und somit auf das Verhalten unserer Kinder ein. Immer mehr Kinder sind unausgeglichen und selbst heillos in dieser Erwachsenenwelt überfordert. Sie können sich äußern durch einen starken Bewegungsdrang, Aggressionen, Konzentrationsstörungen, Wahrnehmungsstörungen und einer immer niedriger werdenden Frustrationstoleranzschwelle. Haltungsschäden und Übergewicht sind einige der vielen Konsequenzen die wir Erwachsenen zu verantworten haben. Gerade der Elementarbereich und Kleinkindbereich sollte hier besonders fit sein und eine Vielzahl von Alternativen bereitstellen, um diesen Kindern neue Entwicklungschancen zu geben. Viele Kindertagesstätten sind aber von ihren Räumen her so gestaltet das Kinder zu einer Bewegungsarmut gedrängt werden die weder gesund noch gut für ihre Entwicklung sind.

„Wir sind genau in derselben Situation wie der törichte Frosch, wenn wir es nur sehen könnten. Dieses kleine Leben, das wir zu modellieren bemüht sind, braucht kein Drängen und Quetschen, kein Verbessern und Bemäkeln, um seine Intelligenz und seinen Charakter zu entwickeln. Die Schöpfung achtet auf die Kinder ebenso, wie sie dafür gesorgt hat, dass die Kaulquappe zu einem Frosch wird, wenn die Zeit dazu da ist. ‚Aber', höre ich sie sagen, ‚wollen wir die Kinder tun lassen, was sie wollen? Wie können sie wissen, was das Beste für sie ist, wenn sie keine Erfahrung haben? Und denken sie, was für kleine Wilde sie würden, wenn wir sie nicht Manieren lehrten?' Und ich würde antworten: ‚Haben sie jemals ihren Kindern auch nur an einem Tag die Chance gegeben zu tun, was sie möchten, ohne dass sie sich einmischten? Versuchen Sie es und sie werden erstaunt sein."' (Maria Montessori)

Wer heute für sein Glück sorgt, wird es morgen auch tun. Wer heute kompetent sein Leben gemeinsam mit anderen gestaltet wird es morgen auch tun. Vertrauen wir auf die Kinder, vertrauen wir damit auf Gott und die

Welt. Vertrauen wir auf unsere Sprache und Kommunikation, jene Fähigkeit die uns vom Tier unterscheidet.

Offenheit in der Sprache und Kommunikation

Die Sprache macht uns wortlos obwohl sie elementar von Bedeutung ist und unsere Welt friedfertiger gestalten könnte. Erschreckend fand ich eine Kieler Studie aus den achtziger Jahren die über 10 Jahre Menschen in Beziehungen begleitete. Es waren Ehepaare und andere Lebensgemeinschaften (Partnerschaften) die miteinander lebten und natürlich kommunizierten. Hunderte von Seiten umfassten dann die Ergebnisse die nun einer breiten Öffentlichkeit vorgestellt wurden. Sie stellten fest, dass die Lebenspartner mit den Jahren immer weniger miteinander sprachen und damit auch unfähiger wurden überhaupt miteinander ins Gespräch zu kommen. Eine gewaltige Sprachlosigkeit die Folge davon war. So wurde errechnet das das persönliche Gespräch über Gefühle, Stimmungen, Ängste, Gedanken, Träume, Intimitäten usw., von ursprünglichen 40–50 Minuten täglich (errechneter Durchschnitt), sanken diese Gespräche auf 8 bis sogar 4 Minuten am Tag herunter. Die Bereitschaft sich miteinander zu unterhalten über beziehungsrelevante Themen sank also auf ein Minimum. Und keiner machte mehr den Versuch diese Mauer des Schweigens zu durchbrechen. Weiterhin ergab die Studie, dass wenn sie noch einmal sich entscheiden könnten, in der Partnerwahl, 52 % der Ehefrauen NICHT wieder den gleichen Partner heiraten würden, während die Männer zu 84 % dies wieder tun würden. Anscheinend wird Nebeneinander statt Miteinander gelebt. Wie zwei Fremde gestalten also viele Ehepaare und Partnerschaften ihren Lebensalltag. Das war das Ergebnis einer Studie die in den 80iger Jahren (nach meinen Erinnerungen 1982/83) durchgeführt wurde. Sprachlos und Wortlos aber irgendwie selbstverständlich. Geschieht dies nicht in gleicher Weise in den Kita-Teams? Wird hier nicht ebenfalls nebeneinander gelebt, statt miteinander? Wenn ich in solch ein Team gerufen wurde, das nicht mehr miteinander sprechen konnte, wurde sehr schnell deutlich wieviel Missverständnisse sich in den letzten Wochen, Monaten oder sogar manchmal Jahren angehäuft hatten und deren Ursprung nur aus einem Versehen entstanden waren. Aus einer falschen Deutung heraus, einer Interpretation und Bewertung die überhaupt nicht der Realität mehr entsprachen. Aber sie hatten geurteilt, anstatt einfach mal nachzufragen, „wie hast du das gemeint?" oder „Habe ich dich richtig verstanden, du meinst also?" Allein diese Nachfragen hätten bereits etliche Konflikte den zerstrittenen Parteien erspart. Allerdings hatten sie dies nicht gelernt und somit nicht gewusst.

GRUNDFRAGE 1: OFFENHEIT

Auch dies ist ein Teil unseres Werkzeugs. Wir brauchen das Wissen um unsere Kommunikationsmöglichkeiten, Grenzen und Gefahren. Wir können nämlich nicht, nicht kommunizieren. Dieser Satz bedeutet, dass wir für all unsere Kommunikation Verantwortung tragen. Somit auch für das Scheitern unserer Kommunikation. Wir sind immer daran beteiligt. Um es in aller Deutlichkeit zu sagen. „IMMER!" Und dabei ist es egal ob mein Gegenüber letztlich mehr Schuld am Mißlingen hat als ich. Allein die Tatsache, dass immer beide beteiligt sind sollte deutlich machen, ich komme aus dieser Verantwortung nicht heraus, ich kann mich nicht davon stehlen. Eine befreundete Gestalttherapeutin sagte mal zu mir, willst du Recht haben oder glücklich sein? Diese banale Frage eröffnete mir eine Dimension die ich noch heute, viele Jahre danach, immer wieder in meinen Beobachtungen erlebe. Sie alle kämpfen um ihr vermeintliches Recht. Und das um fast jeden Preis. Wir wollen auf gar keinen Fall der Verlierer sein und sind es bereits, obwohl wir dies nicht wollen. Wir haben uns entschieden, für einen Weg der uns letztlich in die Irre leitet. Diese unterschiedliche Wahrnehmung macht wieder einmal sehr deutlich wie subjektiv diese ist und wie sensibel wir damit umgehen sollten. Verstehen wir unsere anvertrauten Kinder also wirklich? Wenn wir uns selbst schon so wenig verstehen? Oder interpretieren wir am Wesen des Kindes vorbei? Interpretieren wir am Wesen des Erwachsenen, unserer Kolleginnen und Eltern vorbei? Doch zurück zu den Erwachsenen, zu uns. Erkenne dich selbst scheint unsere Tagesaufgabe zu sein, zumindest in einer Kindertagesstätte.

Die bestehenden Notgemeinschaften in einer Regelgruppe wirken wie Paarbildungen aus dem frühen 17. und 18, Jahrhundert wo die politischen und sozialen Interessen der Gemeinschaft höher bewertet wurden als die Bedürfnisse des Einzelnen. Hier gemeinsam einen Konsens zu finden ist nach meinen Beobachtungen schwerlich möglich. Da die beteiligten Protagonisten fast immer alles sehr persönlich nehmen und kaum die Grundlagen der Kommunikation beherrschen, entstehen Hierachien statt Positionen auf Augenhöhe. Was auch durch die erhebliche, unterschiedliche Bezahlung nochmals untermauert wird. Wir sprechen oberflächlich und floskelhaft, wir interpretieren und fabulieren ohne den Wirklichkeitsgehalt zu überprüfen. Eigentlich versuchen wir das Unmögliche möglich zu machen und uns außerhalb der Sprache zu stellen und dennoch miteinander zu sprechen. Hier brauchen die Teams Unterstützung. Einen Coach oder gar eine Supervision könnte hier ganz viel in Bewegung bringen und sicher dabei helfen, verkrustete Denkweisen und Strukturen aufzulösen und in die unendlichen Weiten des neuen Denkens einzutauchen.

Was wir wirklich beherrschen in unserer Sprache sind die zahllosen, gestaltlosen Gespräche über uns selbst aber in seinem Wesenskern ohne uns selbst. Wir reden nicht miteinander sondern immer über etwas das meistens außerhalb unseres Selbst existiert. Wir sagen „man" statt „ich". Wir sprechen von sollte, könnte, müsste anstatt von ich will, ich möchte, ich werde dies so oder so machen. Ein kleines Beispiel aus dem Kita-Alltag die Alltagssprache einer Erzieherin. „Wir wollen jetzt aufräumen, wir wollen jetzt rausgehen, wir wollen jetzt basteln!" Aussagen die zweifelsohne weder im Sinne der Kinder noch mit ihnen besprochen wurden. Die Erzieherin hat entschieden, jetzt wird aufgeräumt, teilt dies aber nicht den Kindern mit, anstatt ehrlicherweise im Sinne von „Ich möchte jetzt, dass ihr aufräumt oder wir gemeinsam aufräumen!" Statt mit den Kindern zu sprechen werden Forderungen versteckt deklariert. Im Sinne von einem nebulösen „Wir" das die Kinder überhaupt entrechtet. Die Sprache wird mehr zur Benennung irgendwelcher Vorgänge, Gegenstände oder Beschreibungen benutzt, zum Einteilen, klassifizieren, ordnen und organisieren aber nicht zum Berühren der Person. „Peter, Sabine und Achim ihr räumt jetzt den Bauteppich auf. Und Frederike, Susanne, Fenja, Rolf und Kevin die Puppenecke!"

Diese Klarheit fehlt. Oder wenn dies dann dennoch geschieht dann eher im negativen Sinne.

Und wir Erwachsenen sind hypersensibel wenn es um uns selber geht und wir etwas aufräumen sollen oder hier etwas nicht ganz sauber gemacht haben wie wir es eigentlich selbst zu Hause immer machen. Wenn eine Kollegin etwas äußert, beziehen wir dies zunächst einmal auf uns selbst und reagieren entsprechend übellaunig oder sogar aggressiv ohne uns überhaupt vergewissert zu haben ob der Absender dies so gemeint hatte. Eigene Betroffenheit anstatt sich erst einmal zu vergewissern. Diese Nachfragen würden aber gleichfalls etwas über uns aussagen. Davor haben wir anscheinend Angst, Etwas nicht richtig verstanden zu haben, oder vielleicht zu blöd zu wirken oder gar zu sein, da wir es anscheinend nicht verstanden haben und extra nachfragen müssen, während die Anderen nichts dazu sagen? Wir reagieren und reden übereinander anstatt miteinander. Wir beschweren uns dann bei Kollegen darüber, was der andere da über uns gesagt hat und erwarten solidarische Zustimmung. Anstatt offen und ehrlich direkt nachzufragen entscheiden wir bereits über diese Aussage und bewerten sie und damit unser Gegenüber ohne sich wirklich eingelassen zu haben. Sich also anfassen zu lassen durch die Worte unseres Gegenübers ist wohl einer der schwierigsten Erfahrungen. Immer wieder habe ich erlebt, dass es ein schwieriger und meistens schmerzlicher Prozess ist, sich dabei zu öffnen und sein Unvermögen in andere Hände zu geben. Glücklicherweise konnten diejenigen, die es dann gewagt und riskiert haben bisher immer eine positive Erfahrung sammeln. All ihre Ängste und Vorbehalte trafen nicht ein. Leider sind nur wenige zu solch einem Prozess bereit, der eigentlich Voraussetzung für diesen Beruf sein sollte. Wir sind nicht perfekt und wir machen Fehler. Nicht einmalig sondern immer und immer wieder. Seien wir ehrlich und wohlwollend uns und anderen gegenüber. Ein Stück Selbsterfahrung ist hilfreich und wichtig. Denn so unterschiedlich in unseren persönlichen Problemlagen sind wir Menschen gar nicht. Wir stehen uns oftmals näher als wir es je glauben würden.

Die Ordnungen und Gesetzmäßigkeiten der Sprache, die Grammatik und der Satzbau, die Betonung und vieles das die Sprache erklärt, haben wir gelernt, also die Funktionen und Auswirkungen und dabei versuchen wir uns sogar außerhalb der Sprache zu stellen was uns aber nie gelingen wird. Sprache ist untrennbar mit Begriffen wie Selbstsein, Bewustsein, Wahrnehmung, Wille, Freiheit, Verantwortung und Entscheidung, Reflektion und Nähe verbunden und verwurzelt. Jedes gedachte oder gesprochene Wort bedeutet gleichzeitig die Konsequenzen des miteinander zu tragen. Selbstwirksamkeit ist hierbei zentral. Ein Beispiel seien unsere vielen Versprechungen unseren Kindern gegenüber, dass wir dieses oder jenes tun werden sobald diese nebulöse Zeit dafür da ist. Leider erleben und erfahren Kinder immer wieder, dass diese besondere Zeit irgendwie nicht auf diesem Planeten landen wird. Dann haben wir uns halt versprochen und so lernen Kinder sehr früh, dass Worte oftmals ohne jeglichen Inhalt sind. Wie oft versprechen wir Kindern gerade in einer Kita was wir heute nicht schaffen dann aber morgen zu machen. Wenn dieser Morgen kommt sind aber bereits tausend Dinge passiert, die es uns anscheinend unmöglich machen unser „Versprechen" von gestern heute noch einzuhalten. Oftmals liegt es an der ungenügenden Vertretungsregelung in der Kita. Die Krankzeiten und Fehlzeiten der Mitarbeiter/Innen in den Kindertagesstätten haben sich in den letzten Jahren drastisch verändert. Früher ging man von 3 bis 5 Tage (Krank) pro Jahr für eine Mitarbeiterin aus. Heute stehen dem 17, 20 bis 30 Tage Fehlzeiten pro Jahr und pro Mitarbeiter gegenüber (nach Berechnungen unterschiedlicher Krankenkassen). Und oftmals sogar erheblich längere Fehlzeiten. Wenn man dann den Urlaub noch hinzurechnet, dann kann es sein, dass eine Mitarbeiterin ein halbes Jahr allein eine Gruppe betreuen muss. Dies ist gängige Praxis in unzähligen Kindertagesstätten unterschiedlicher Träger. Die Trägervielfalt ist hierbei sehr einfältig und überall gleich, kostensparend werden hier Mitarbeiter/Innen eingesetzt und keinesfalls sofort und unmittelbar für Ersatz gesorgt. Weiterhin gibt es durchaus absurde Vertretungsregelungen die mit der Kommune oder dem Kreis vereinbart wurden. So zum Beispiel in einer Stadt, egal welche, das es erst eine Vertretungskraft gibt, wenn die Krankzeiten 6 Wochen überschreiten. Mit anderen Worten fast alle Mitarbeiterinnen müssen bis zu 6 Wochen allein in einer Gruppe arbeiten, egal ob es eine Elementargruppe mit 20 Kindern ist und vielleicht drei heilpädagogischen Maßnahmen in dieser Gruppe aufschlagen oder auch eine Familiengruppe, in der 10 Kinder ab drei Jahre und 5 Kinder unter drei Jahren betreut werden müssen. Wenn allerdings eine Putzfrau mal krank wird, dann kann sofort und unverzüglich eine Vertretungskraft eingestellt werden. Hygiene vor Bildung. Das ist die Realität in Deutschland. Im europäischen Standard wird eine Fachkraft-Kind-Relation von 1:3 bei unter 3-jährigen und von 1:8 bei den 3–6-jährigen Kindern angegeben. Dies hat nach meinen Beobachtungen keine Einrichtung die ich kenne. Denn dann müssten im Krippenbereich mindestens 3 Fachkräfte (statt 2,0) und im Elementarbereich 2,5 Fachkräfte (statt 1,5) Mitarbeiter/Innen berechnet werden. Das mag jetzt absurd und völlig unrealistisch klingen ist aber eine seit vielen Jahren gelebte und vor allem praktizierte Realität. In vielen Städten oder Gemeinden. Wir versprechen unseren Kindern immer sehr viel und können es schon rein aus personaltechnischer Sicht niemals erfüllen. Denn diese verloren gegangenen Zeiten können gar nicht wieder aufgeholt werden. Wir verschwenden Leben- und Lernzeiten der Kinder und verursachen Kosten um diese dann später in Maßnahmen zur Integration und Förderung dieser bisher benachteiligten Kinder zu investieren. Lieber Geld in die sozialen Sicherungssysteme stecken als in die Prävention und so rennen wir unserem Bildungsauftrag hinterher. Den Kindern und ihren Entwicklungen laufen wir hinterher und erreichen sie nicht mehr. Diese Chance vertun wir immer wieder.

Doch zurück zur Sprache. Viele haben sich in der Literatur auch mehr mit den Funktionen der Sprache beschäftigt und auseinandergesetzt und nur wenige mit dem Wesen und Charakter der Sprache, Martin Buber sei stellvertretend an dieser Stelle erwähnt. Er betrachtete Sprache als göttliche Verbindung zwischen uns Menschen und dem in der Welt sein. So scheint es unerlässlich zu sein sich immer wieder mal neu mit der Sprache zu beschäftigen, auch wenn der eine oder andere glaubt bereits alles darüber zu wissen. So möchte ich es nicht versäumen grundsätzliches über die Kommunikation noch einmal zusammenzufassen damit ein allgemeines Verständnis zur weiteren Beschäftigung möglich wird. Denn Sprache und Kommunikation sind der Schlüssel unseres Verstehens. Der Schlüssel zur Welt. Erkennen wir die Möglichkeiten und Grenzen der Sprache und Kommunikation, dann sprechen wir nicht mehr aneinander vorbei. Werfen keine Worthülsen dem anderen vor die Füße sondern bemühen uns unser Gegenüber wirklich zu verstehen, zu erfassen und zu begreifen. Im wahrsten Sinne des Wortes.

Vom Kind aus betrachtet wirkt unsere Kommunikation noch viel verstörender und undurchschaubarer. Von einem Kind aus betrachtet wirkt diese Welt riesig, viel zu groß und nicht überschaubar. Alles ist viel zu schnell, die Worte und dessen Bedeutungen, der Straßenverkehr, die Bilder der Medienwelten und vieles andere mehr. Eine rasante Welt umspült unsere Kinder und auch unser Leben. Und dann sollen Kinder mit gut drei Jahren bereits Rad fahren und den Straßenverkehr überblicken können? Ist das aber wirklich realistisch? Die Unfallstatistik lehrt uns etwas Anderes. Diese Welt ist zu laut und manchmal ist sie schier zum Verzweifeln oder verrückt werden. Diese Welt ist geformt und gemacht für einen gut funktionierenden, flinken und schnellen und meistens sogar eher männlichen Menschen, am Besten noch multitasking Qualitäten anstatt einseitige Konzentration. Diese durchaus urtümliche Grundfähigkeit, sich auf nur eine Sache zu konzentrieren wird heute eher als negativ bewertet. Wir sollen schon so früh wie möglich „Alleskönner" sein. Immer wieder sollten wir aber trotz aller Anstrengungen versuchen diese Welt aus der Kind Perspektive zu betrachten. Entschleunigung könnte uns und unseren Kindern dabei helfen. Gehen sie in die Knie und krabbeln sie einmal durch Geschäfte, Räume und auch den Straßenverkehr, also zwischen parkenden Autos herum. Was können sie sehen und wahrnehmen? Was können sie aber alles gar nicht sehen und wahrnehmen? Kaum ein Erwachsener macht sich diese Mühe, versucht auch nur für einen einzigen Tag lang die Perspektive eines Kindes einzunehmen. Oder halten sie mal ihren rechten oder linken Arm immer hoch, so wie es Kinder täglich tun müssen wenn wir sie an unsere Hände nehmen. Unsere Kinderspielplätze werden ebenfalls von Großen entworfen, gestaltet und gebaut. Von Kindern als Berater oder Mitgestalter keine Spur. Sprache und Denken gehört aber immer zusammen und unsere Erfahrungswelten müssen immer in diesem Kontext gedacht und vor allem überdacht werden. Warum nehmen wir die Kinder mit all ihren bereits vorhandenen Kompetenzen nicht ernst? Warum haben wir sie soweit aus unserem Bewusstsein entfernt? Wieso haben wir diesen Kontakt verloren? Verfolgen wir aber weiter diesen Gedanken, vom Kinde aus gesehen diese Welt zu verstehen und ihre Sprache, dann wird es erst richtig schwierig und kompliziert. Aus dem vorherigen ist uns ja klar, wie komplex unsere Kommunikation ist, schon allein zwischen uns Erwachsenen. Denken sie an das letzte Streit- oder Konfliktgespräch mit ihrem Partner oder ihrer Partnerin, ihrer Kollegin oder ihrem Vorgesetzten. Wie viele Worte und Erklärungen, Deutungen und Erläuterungen haben sie gebraucht um sich einigermaßen verstanden zu fühlen. Dann übertragen wir dies auf unsere Kinder. Wenn wir ganz ehrlich sind haben wir nur unsere Vermutungen, was denn im Kopf der Kinder vorgehen mag. Was sie denken oder fühlen? Was sie gut oder schlecht finden? Warum sie in jener Situation genau so handeln und nicht anders? Immer dann wenn ein Kind ausflippt oder total frustriert brüllt oder schreit oder auch schlimmeres äußert kommen wir an unsere Grenzen des Verstehens. Wir geben ihnen nicht die Gelegenheit selbst zu entscheiden was sie jetzt gerade hier und heute, in dieser Situation für ihren nächsten Entwicklungsschritt benötigen. Wir machen endlose Vorgaben. „Geh mal zu Sabine zum Spielen!" oder „du brauchst jetzt mal eine Pause, setz dich dort hin und mal ein Bild aus!" Um nur einige, kleine Beispiele zu nennen. Tag für Tag bestimmen die sogenannten Fachkräfte über die Entscheidungsohnmacht der Kinder. Und gleichfalls wollen alle Erwachsenen, selbständige und selbstsichere vor allem kompetente Kinder. Nur so wie bisher funktioniert dies nicht.

Die Pädagogik hat aber im Brustton der Überzeugung bereits verkündet sie würde die Kinder verstehen. Durch intensive Beobachtung. Die Pädagogik würde die Interessen, Wünsche und Bedürfnisse schon erkennen und entsprechend berücksichtigen. Ein großer Anspruch der selten auch eingelöst wird. In der klassischen Regelgruppenarbeit schon gar nicht. Wir treffen immer wieder auf eine Grundproblematik, das Kind. Von welchem Kind aus, sehen und betrachten wir das Denken? Von welchem Kind aus, bewerten wir Handlungen und Wirkungen? Von welchem Kind aus, verstehen wir, also höchst persönlich, diese Welt? Aus der Ableitung eines Kindes was uns sehr nahe steht? Dem eigenen gar? Oder irgendeinem anderen Kind aus unserer Familie, Freundes- oder Bekanntenkreis? Jedes Kind ist anders, ist ein Individuum. So gibt es keinen Prototyp eines Kindes. Lediglich eine von vielen Möglichkeiten. Und egal welcher Forschungszweig uns weiß machen möchte, genau das Denken der Kinder am ehesten ergründet zu haben, so ist diese Erkenntnis lediglich ein Puzzlestein eines Millionenpuzzles. Und weil dies so unglaublich schwierig ist vermeiden die Pädagogen/Innen in der Praxis zunächst einmal diese mühevolle Aufgabe. Die Biografie des Kindes, seine Herkunftsfamilie, seine Geschichte, Tradition und Historie sind zwar hilfreich aber auch nur Puzzlesteine im Leben des Kindes. Das Kind steckt in vielfältigen Beziehungen, zur Familie, zum Umfeld wie Kita, Nachbarn, Schule oder andere Peergroups. Kinder sind eingebettet in ihre sozialen Verhältnisse und gesellschaftliche Gegebenheiten. All diese Eindrücke müssen aufgenommen, verstanden und noch viel schwieriger auch verarbeitet werden. Während Kinder in all ihren Spielen immer wieder eintauchen in diese Erlebniswelt ihrer Spielpartner (egal ob realer oder phantasievoller Präsenz), sie vollziehen dabei immer wieder einen Perspektivwechsel, den wir gar nicht erst versuchen zu verstehen oder nachzugehen. Dieser aktive Rollentausch ist aber Voraussetzung für ihr einfühlsames Spiel und Ausleben von abenteuerlichen Geschichten die sie täglich erspielen. Können wir dies ebenfalls?

Das Hineintauchen in andere Lebewesen (Monster, Dinosaurier, Fantasy Figuren, Computerlebewesen u.v.a.m.) geschieht mit einer Leichtigkeit die wir bereits verloren haben. Diesen Perspektivwechsel brauchen wir aber um die Welt und das Denken der Kinder wieder im rechten Verhältnis begreifen und verstehen zu können. Das ist kein einfaches Spiel oder Unterfangen sondern höchst komplex und Einzigartig. Selbst in unserer gelebten Partnerschaft, als Erwachsener gelingt uns dies nur sehr selten. Wir haben unseren Gedanken, unser Gefühl und unseren Kopf und der ist doch immer richtiger als der unserer Partner. Hierbei nützen uns nicht immer all die Erkenntnisse unserer Erfahrungen, der Wissenschaften oder irgendwelcher Lehrbücher. Wir müssen Entscheidungen treffen und immer wieder abwägen, was wir wie miteinander verknüpfen und verbinden wollen um den nächsten Gedanken überhaupt zuzulassen. Ehrlichkeit sollte uns hierbei leiten. Kennen wir wirklich gerade in diesem Moment den Gedanken eines Kindes? Warum es dieses oder jenes gerade jetzt so und nicht ganz anders getan hat? Natürlich versuchen wir durchaus als Pädagogen/Innen ihren Bedürfnissen auf die Spur zu kommen. Wollen die Kinder verstehen und scheitern immer wieder an unserem Erwachsenendenken. Partizipation könnte hier ein wichtiger Schlüssel zum Erfassen der kindlichen Gedankenwelt sein. Wenn wir Kinder ganz real und echt beteiligen am Alltag in der Kita oder in der Schule, dann erfahren wir wirklich ihre Gedankenwelt. Ihre Teilhabe an Entscheidungsprozessen würde unseren Horizont erweitern. Aber trotzdem würde immer ein Rest von Unsicherheit bleiben. Interpretationsspielräume werden immer bleiben. Deshalb sind der Austausch und die Kommunikation der Erwachsenen untereinander so wichtig. Kommunizieren wir echt und kongruent erschließen wir uns die Möglichkeit ganz neuer Verständigungen und vor allem verstehen wir letztlich wirklich mehr „das Kind".

Unser Bild vom Kind ist eingeschränkt und oftmals eher beschränkt. Wir verstecken uns hinter Floskeln und Halbwahrheiten wie; Ein Kind ist wertvoll und einzigartig, hat eine eigenständige Persönlichkeit, ist bereits ein vollständiger Mensch, die Kinder sind unsere Zukunft derer Aussagen gibt es viele,

„Doch wir erkennen in ihnen auch die Gefahr einer „pädagogischen Provinz" (Goethe), einer Abschottung kindheitsorientierter Pädagogik von den Wirrnissen gesellschaftlicher Wirklichkeit und der Brutalität mancher Aufwachsbedingungen. Nicht das bereits im Kindergarten die Ellenbogengesellschaft Einzug halten soll! Aber umgekehrt erscheint die Erwartung, dass Kinder als unsere Zukunft die Gesellschaft besser machen können, ein wenig naiv." (Kinderschutz aktuell 2.15 S. 7)

Wie im Kapitel der Entwicklung unserer Kitas beschrieben ist die Reformpädagogik stets bemüht gewesen die Interessen und Bedürfnisse der Kinder zu verstehen und entsprechende Handlungsfelder dafür zu gestalten. Maria Montessori, Freinet, Steiner, Fröbel, Malaguzzi u.v.a.m. sie alle haben hilfreiche Erkenntnisse geliefert auf dem Weg hin zum Millionenteilepuzzle. Und natürlich haben wir dank moderner Wissenschaften (Hirnforschung, pränataler Psychologie u.a.) ein weitaus besseres Verständnis für das zu erwartende Gesamtbild unseres Puzzles. Eine tiefe Wertschätzung für die Erlebniswelt der Kinder wurde transportiert und immer weiterentwickelt. Leider ist diese Grundhaltung im Rückzug begriffen. Der Leistungsbegriff bekam mittlerweile eine Dominanz die ein *absichtsloses* „Kind sein" heutzutage kaum noch möglich macht.

„Nach solchen Einsichten wird schnell klar, dass Gesellschaft, Wirtschaft und Politik selten „vom Kinde aus" denken oder handeln- es sei denn, es gerät zu eigenen Nutzen. Sonst hätten wir längst die Kinderrechte im Grundgesetz und keine Quengelzonen mehr an den Supermarktkassen." (Kinderschutz aktuell 2.15, S. 7)

Wer also hat die Deutungshoheit im Kindergarten? Oder in der Schule? Oder in sonst einer Einrichtung der Kinder- und Jugendhilfe? Die Antwort ist ebenso Realität wie ernüchternd. Natürlich die Erwachsenen. Sind wir Erwachsenen bereit, hier und heute auf unsere Macht zu verzichten? Sind wir bereit uns auch von den Kindern leiten zu lassen? Und wollen wir eine echte Gleichberechtigung? Das mag für viele immer noch angstbesetzt sein ist aber der einzige Weg aus diesem Dilemma heraus treten zu können. Gerade in einem Bereich in dem unsere Sprache als wichtigstes Werkzeug genutzt und gebraucht wird, haben die wenigsten eine Ahnung davon wie Kommunikation funktioniert und warum bestimmte Gespräche nicht richtig laufen, oder wie man seine Kommunikation besser ausbauen könnte. Deshalb habe ich hier nochmals dieses Wissen eingearbeitet, zusammengefasst und nicht vertieft.

Wer wesentlich mehr darüber erfahren möchte kann im Anhang, in der Literaturliste weiteres entnehmen.

Kommunikation und Offenheit

In der Kommunikation spricht man von drei Ebenen die ständig angesprochen werden. Die taktile (Berührungsebene), die visuelle (Sehende) und die auditive (Hörende) Ebene. Während wir als Sprecher oder Zuhörer mehr auf die verbalen (rein sprachlichen) Aspekte achten, zu denen auch die Zeichensprache und das Schreiben gehören, „überhören" wir die nonverbalen Aspekte unserer Kommunikation oftmals. Die Gesten, Kopfbewegungen und Körperhaltungen, die räumliche Nähe und der Körperausdruck, der Körperkontakt, die Kleidung, die Statussymbole, die Mimik (Gesichtsausdruck), die Stimmhöhe, Versmaß und Tonfall sind immer an unseren Sprechakten beteiligt. Eine Vielzahl von Dingen die ganz einfach geschehen und zur Sprache dazugehören, ohne dass wir uns dessen bewusst sind. Erinnern möchte ich an Howard Cline der in seinen wissenschaftlichen Forschungen herausgearbeitet hat, wie wichtig allein schon unsere Gesichtsmuskeln beim Kommunikationsvorgang sind und das wenn diese gelähmt oder manipuliert sind die gesagten Informationen nicht mehr hundertprozentig verstanden werden können. Hier also ein deutlicher Hinweis auf die Gesamtheit unserer Kommunikation., nicht immer nur auf die Worte sondern auch auf die Gesamtheit zu achten. Tun dies die Fachkräfte in den Einrichtungen? Haben sie solch ein Bewusstsein? Beschäftigen sich die Leitungen und ihr Team mit solchen Vorgängen? Grundsätzlich dient die Kommunikation zur Affiliation (Eingliederung in eine Gemeinschaft) und um diese Eingliederung zu erreichen spielen die nonverbalen Aspekte eine entscheidende Rolle, mehr noch als die reinen Sprechakte. Unsere Rahmensignale werden dabei manchmal nicht beachtet, der Ausdruckskommentar zu einer einzelnen Äußerung des Sprechers, die prosodischen Signale; wie Versmaß (Länge), Stimmhöhe und Betonung, zeitliche Abstimmung und Lautstärke, sie alle wirken im Bereich unseres Unbewussten.

Ob nun jemand etwas spaßig, sarkastisch, zynisch, ernst, locker, leicht, schwer, trocken, lustig, fröhlich oder traurig sagt, nehmen wir zwar zunächst wahr, doch unsere ganze Aufmerksamkeit gilt dem gesprochenen Wort und dessen Rahmenbedingungen. Dabei sind wir dann verunsichert oder verwirrt, da das Gesprochene oftmals nicht mit dem Gesagten übereinstimmt. Dieses begegnende Grundgefühl der empathischen Begegnung wird sofort ins Irrationale verstoßen und die Hauptaufmerksamkeit liegt wieder beim gesprochenen Wort. Mit anderen Worten wir verdrängen aktiv unsere Gefühlswahrnehmungen bei den Sprechakten und konzentrieren uns auf das gesprochene Wort. Dies tun wir nicht im Sinne einer Entscheidung. Dies tun wir, weil es uns antrainiert wurde. Uns sagt jemand es gehe ihm gut und wir spüren für einen Bruchteil von Sekunden das Gegenteil aber reagieren sofort auf das gesprochene Wort. Es scheint uns unsagbar schwer zu fallen unsere eigene Wahrnehmung ernst zu nehmen. Weil es natürlich ein ganz bestimmtes Verhalten inkludiert. Dieses Verhalten wollen wir aber nicht einsetzen. Diese Offenheit macht uns verletzlich. Der Grund dafür könnte in unserer eigenen Unsicherheit liegen. Weder in der Schule noch im späteren Leben lernen wir die Grundzüge der Kommunikation im Rahmen eines theoretischen Unterrichts. Wir müssen uns dies selbst beibringen, es selbst ausprobieren und unsere eigenen Erfahrungen hinzufügen. Dies wird aber leider kaum reflektiert. Die Nonverbale Kommunikation beinhaltet die Unterstützung der Sprache und manchmal sogar deren Ersatz. Aber wir reagieren nicht mehr darauf.

Erinnern möchte ich an die bereits weiter oben erwähnte Kieler Studie über zwischenmenschliche Kommunikation. Ich glaube schon dass wir eigentlich vielmehr in unserer Kommunikation wahrnehmen, aber mit zunehmender Zeit dessen Bedeutung unterschätzen oder sogar für völlig unwichtig bewerten. Es scheint als hätten wir das verlernt. Aber über 60 % der Kommunikation geschieht nonverbal und nur 40/35 % sprachlicher, verbaler Art. Einige sehr radikale und auch neuere Autoren gehen sogar von einer 80 zu 20 Größe aus. Mit anderen Worten wir kommunizieren hauptsächlich nonverbal, bis zu 80 %. Diese Zahlen schwanken zwar je nach Autor und Untersuchungen. Einig sind sich alle, dass der wesentlich größere Anteil unserer Kommunikation im nonverbalen Bereich liegt. Dabei sind genau diese Bereiche verantwortlich für unseren gesamten Ausdruck von Emotionen und überhaupt wichtig für die Erkenntnis der gesamten Person. In Zeremonien, Riten, der Werbung, Demonstrationen, den Künsten usw. überall spielt gerade die nonverbale Kommunikation eine wesentliche Rolle. Dies sollten wir nicht vergessen. Denn ansonsten verstehen wir nicht wie sie zur Manipulation, dem Ausnutzen der Konsumvorgaben und unseren Konsumbedürfnissen benutzt werden. Und das gerade diese, mittlerweile immer weniger beachteten Bereiche, bis ins perfide benutzt und ausgenutzt werden. Da ich selbst einige Jahre in der Werbung gearbeitet habe, weiß ich um die Manipulationen dort. Darüber hinaus begegnen wir dieser Manipulation aber auch alltäglich beim Zeitungslesen oder irgendwelcher Zeitschriften die uns Wahrheiten verkaufen wollen. Sowie den zahllosen Politikerreden die diese hohe Kunst der Manipulation beherrschen und extra Leute dafür engagieren die ihnen die Texte für ihre Reden schreiben. Fake News sind ebenfalls eine neue digitale Realität die selbst erfahrene Journalisten glauben und selten hinterfragen. Es ist eine hohe Kunst sich dessen wieder bewusst zu werden und entsprechend die Kommunikation danach wieder auszurichten. In den Kindertagesstätten erleben wir hautnah diese ursprüngliche Form der Kommunikation. Die Kinder kommunizieren nämlich mit ihrem ganzen Körper und ihrem ganzen Sein. Oftmals sind wir von dessen Sprachlichkeit sogar ergriffen und staunen vielfach über dessen Konsequenz. Wie müssten wir dann mit diesem Wissen künftig miteinander sprechen? Würde sich unser Kommunikationsverhalten verändern?

„Beide Seiten erleben und verstehen die Welt auf jeweils ihre Weise. Deshalb muss jeder in der Verständigung mit dem Anderen sein Gegenüber für sich ‚übersetzen', die Botschaften bzw. das Gemeinte und Gewollte müssen ‚entschlüsselt' werden. Missverständnisse bleiben da nicht aus, gerade weil Kinder ‚von sich aus denken' und mit der ihnen eigenen Logik die Welt konstruieren. Das kann in völligem Kontrast zur erwachsenen Sinnhaftigkeit stehen." (Kinderschutz Aktuell 2.15, S. 8)

Die meisten Erzieher/Innen sind sich ihrer Kommunikation und dessen Wirkung überhaupt nicht mehr bewusst. So kann es passieren, dass auch Worte verletzen können. Oder das die Haltung bei der Begrüßung dem Kind bereits zeigt, ich bin hier nicht wirklich erwünscht. Und das Worte etwas auslösen, was ich eigentlich gar nicht gemeint hatte, ist ebenfalls Alltag zwischen uns Menschen. Wir können zwar versuchen all unsere Schauspielkunst aufzubringen um dem Angesprochenen etwas vor zu machen. Letztlich funktioniert es nicht. Wir Menschen sind höchst sensibel und reagieren unmittelbar auf unehrliche Worte, Aussagen, Sprechakte und Mitteilungen. Deshalb hier nochmals der Ablauf: Ein Sprecher gibt eine Mitteilung dem Angesprochenen, dieser erfährt Ähnlichkeit in der Aussage, es bilden sich Verständigungen, Vorhersagbarkeiten, Zuwendung, Aufmerksamkeit, Nähe und daraus womöglich Sympathie. Dieses verstehende Zusammentreffen nennt man Sprachkonvergenz. Trotzdem kommt es immer wieder zu Sprachbarrieren und Verständigungsschwierigkeiten. Da bestehen nämlich unterschiedliche Kenntnisse von Zeichen und Regeln. Kaum ein Wort füllen wir mit dem gleichen Inhalt wie unser Gegenüber. Allein das Wort Liebe wird so vielfach interpretiert und fünfzig Erwachsene würden mindestens fünfzig bis fünfhundert verschiedene Bedeutungen diesem Begriff zuschreiben. Durch unsere Sprache übermitteln wir zunächst etwas kodiert. Der Empfänger versucht nun diesen Code zu dekodieren, ihn zu verstehen. Die Regeln, Wörter, Gebärden und Bilder mit denen Menschen sich verständigen, bestimmen mit darüber, wer mit wem Kontakt pflegen kann und wer nicht. Verständliche Mitteilungen sind nur dann möglich wenn alle am Kommunikationsvorgang Beteiligten den Sinn der Zeichen (des Codes) auch kennen. Hier beginnt schon einmal die erste Schwierigkeit. Jeder von uns hat sein eigenes Sprachvermögen, welches aus seiner ureigenen Sozialisierung entstanden ist. Dieses Sprachvermögen wird aber bei den anderen vorausgesetzt. Zwei Gesprächspartner verfügen aber leider selten über das gleiche Sprachvermögen. Wir haben oft unterschiedliche Meinungen, Ansichten und über die Benennung und Bewertung von Zeichen. Zum Beispiel Worte und Begriffe wie Freiheit, Ehrlichkeit, Offenheit, Intimität, Freundschaft, jeder dieser Begriffe hat für zwei Personen die miteinander reden zwar im gegenseitigen Austausch ähnliche Bewertungen, allerdings nur in der Schnittmenge können wir uns wirklich verständigen. Und hier kommen wieder die Kita-Pädagoginnen ins Spiel. Nicht nur die Kommunikation untereinander sei hier erwähnt, sondern auch die Kommunikation der Kinder untereinander und zu den Erwachsenen. Wissen wir wirklich was Kinder bewegt, beschäftigt, berührt und besonders herausfordert? Verstehen Kinder uns? Was wir meinen, wollen und denken? Wie transparent arbeiten wir mit den Kindern im Dialog? Visualisieren und symbolisieren wir Dinge damit Kinder sie auch wirklich verstehen können? Und das täglich? Wie Kinder unsere Welt wahrnehmen und verstehen und wie sie sich in der erwachsenen Normalität darstellt, können und werden immer zwei ganz verschiedene Welten sein. Hier könnten Modelle wie Kindertageszeitungen eine hilfreiche Möglichkeit sein. Auf einer Info Wand im Flur, in Kinderhöhe sind die jeweilige Tage der Woche abgebildet und speziell der heutige Tag ist genauestens beschrieben mit Zeichen und Bildern sowie Fotos. Welche Erzieher/Innen sind heute in welchem Raum, zu welcher Zeit und mit welchem Angebot vertreten. So können die Kinder bei Ankunft sehen und ihren Eltern erklären was sie heute machen werden oder was sie auf gar keinen Fall machen wollen. Die größeren Kinder nehmen die kleineren Kinder an die Hand und erklären ihnen diese Informationen und begleiten diese auch bei ihren Entscheidungen. Ein Modell was wirklich funktioniert. Aber nur wenn alle Erwachsenen auch wirklich dies wollen. Ansonsten wird bereits mit dieser wichtigen Tafel das Chaos vorprogrammiert.

Umso schwieriger ist es in einer Kindertagesstätte wo die Kommunikation in erster Linie von den Erwachsenen abhängig ist, den Erzieherinnen und Kita-Leitungen und sie die Verbindung zur Kommunikation zu den Kindern verloren haben, oder vielleicht auch nie wirklich hatten. In vielen Kindertagesstätten scheint eine klare Kommunikation gar nicht mehr möglich, da sie einerseits um all diese Mechanismen nichts wissen, sich auch nicht beschäftigen wollen und andererseits etliche Kinder oftmals ohne jegliche Sprachkenntnis, der deutschen und manchmal sogar der eigenen Muttersprache, die Kitas besuchen. Man kann es an dieser Stelle nicht oft genug sagen, darüber hinaus haben Mitarbeiter/Innen überhaupt kein Interesse mehr an offener Kommunikation, an einem wirklichen verstehen untereinander. Dies ist ein Stück Wirklichkeit. Mitarbeiter/Innen können und wollen gar nicht mehr in Beziehung treten oder miteinander reden. Sie denken, nein, ich will mit Person A oder B nicht mehr sprechen. Geschweige denn zusammen arbeiten. Wir müssen hier arbeiten und gut. Und sie vergessen wie sehr die Kinder dies alles spüren und wahrnehmen. Solch eine Atmosphäre ist bedrückend für die Kinder. Aber sie können es nicht mit dem gleichen sprachlichen Ausdruck mitteilen, sondern sie reagieren, handeln, drücken mit all ihren Sinnen aus was sie gerade erleben und das kommt oftmals „gewaltig" bei den Erwachsenen an. Und die Fachkräfte reagieren dann auf diese Handlung und dieses Verhalten, verstehen aber nicht die Ursache dafür. Sie erkennen nicht ihre Erwachsenen-Anteile an diesem Dilemma.

Die Realität mancher Orte sieht auch folgendermaßen aus. Man stelle sich eine Gruppe von 20 Kindern vor im Alter von 3 bis 6 Jahren. Vielleicht gibt es glücklicherweise sogar ein ganz normales, deutschsprachiges Kind? Darüber hinaus jedoch 19 andere Kinder aus 15 verschiedenen Herkunftsländern mit entsprechendem Sprachhintergrund. Das ist die Realität einer Kindertagesstätte in einem sozialen Brennpunkt. Dennoch kommunizieren sie alle miteinander, auch ohne viele Worte. Erstaunlicherweise verstehen und verständigen sich die Kinder nach relativ kurzer Zeit miteinander. Der permanente Personalmangel erschwert auch hier die Aufmerksamkeit und Kommunikation mit den Kindern. Die Kinder schaffen es dennoch, immer und immer wieder miteinander zu spielen und zu kommunizieren. Und sie verstehen sich sogar, aber Bildungsprozesse wie vieler Orten beschrieben und proklamiert, werden hier selten in der Form stattfinden, wie sie in vielen Bildungsplänen beschrieben werden. Nur dort wo wir den gleichen Haushalt an Wortbedeutungen haben, können wir uns wirklich verstehen. Vielleicht wird an dieser Stelle deutlich, wie differenziert wir letztlich miteinander kommunizieren und wie wichtig eigentlich der Austausch darüber sein sollte, wo wir wirklich einen gleichen Vorrat an Sprachvermögen besitzen um uns wirklich zu verstehen und nicht immer nur etwas voraussetzen was gar nicht möglich ist. Verbindliche Sprachfachkräfte, die permanent in jeder Einrichtung die Kinder beobachten und begleiten. Die Kinder fördern, sowohl in der Gruppe als auch in einer Kleingruppe oder in Projekten. Dies sollte Standard in jeder Einrichtung sein. Als zusätzliche Fachkraft mit ausreichenden Zeitanteilen für Vorbereitung und Durchführung. Das haben die Politiker mittlerweile erkannt und bereits seit 2011 Sprach-Kitas gefördert durch eine halbe Stelle pro Kita. Im Jahr 2020 läuft dieses Programm nun endgültig aus. Und jetzt? Natürlich sollen jetzt möglichst alle bisherigen Mitarbeiter/innen in diesem Bereich sich fortbilden oder geschult werden. Somit können dann alle alles und es wird wieder einmal eine Menge Geld eingespart. Wir Erwachsenen sind so gut im Unterschlagen von Möglichkeiten für unsere Kinder. Weil sie es für uns ganz einfach nicht wert sind.

Kein Mensch sagt nur so etwas, nur so einen Satz. Spätestens seit Freud wissen wir, dass jede Äußerung etwas aussagt über die Person die spricht und über die angesprochene Person. Selbst der unscheinbarste Satz offenbart dem aktiven Zuhörer mit wem er es hier eigentlich zu tun hat, ohne dass dieser wissentlich etwas von sich preisgegeben hat. Selten jedoch bemühen wir uns darum unser Gegenüber auch wirklich zu verstehen. Unserem Gegenüber vielleicht mitzuteilen, dass diese oder jene Äußerung etwas bei uns bewirkt hat. Diese Aussagen uns verletzt, enttäuscht oder gar verärgert haben. Viel seltener noch äußern wir uns wenn die gesprochenen Worte uns berührt, erfreut oder gar glücklich gemacht haben. Dann müssten wir nun uns äußern um dies zu klären. Unsicherheiten und Ängste bestimmen unser Leben anscheinend, und das gerade in diesem wichtigen Lebens- und Lernbereich. Leider fragen wir sehr selten nach, ob unser Gegenüber dies wirklich so oder so gemeint habe. Wir nehmen es blitzschnell an. Wir entscheiden über den Aussageinhalt und bewerten es gleichfalls blitzschnell. Ohne uns jemals wirklich vergewissert zu haben. Genau dieses Verhalten aber verursacht langanhaltende Missverständnisse und Verletzungen vielfältigster Art.

Wir können noch tiefer in die Sprache eintauchen. Damit kommen wir zu den weiteren Funktionen und den verschiedenen „Seiten" der Kommunikation. Auch diese sollten verstanden werden. Wie gesagt, es ist nichts Neues. Es sind alt bekannte Modelle, alt bekannte Erkenntnisse. Hierbei halte ich mich an die bekanntesten Modelle von Friedemann Schulz von Thun. Er unterscheidet zwischen der Sachseite, der Verhältnisseite, der Appellseite und der Selbstoffenbarungsseite. Hier möchte ich kurz die wesentlichen Unterschiede etwas näher erklären. Vielleicht wird der eine oder andere Leser jetzt genervt sagen, dass wissen doch die meisten und Punkt. Leider sieht die Realität in 90 % aller Kindertagesstätten ganz anders aus. Deshalb also hier nochmals die Wiederholung oder auch neue Erkenntnis, gleich so wie es jeder für sich brauchen sollte. Natürlich können sie auch einfach zum nächsten Kapitel weiter blättern. An dieser Stelle sei nochmals ausdrücklich darauf hingewiesen, wenn wir die Kommunikation nicht beherrschen, dann beherrscht sie uns und wir können nur noch die Wunden verarzten die durch uns verursacht wurden.

In der Sachseite dient die Sprache als Mittel zur Darstellung, zur Information, wie der Wetterbericht oder einem Referat, zur allgemeinen Information. Eine Situation, ein Problem, eine Sache oder ein Vorgang werden beschrieben oder über ein Ereignis wird berichtet. Zunächst enthält jede Nachricht eine reine Sachinformation.

Die Verhältnisseite spiegelt demgegenüber meinen Ausdruck und mein Verhältnis wieder, gegenüber den Dingen, Personen oder Situationen. Für diese Nachricht hat der Empfänger ein besonders empfindliches und empfängliches Ohr. Denn hier fühlt er sich als Person in bestimmter Weise behandelt oder misshandelt. In der gewählten Formulierung, im Tonfall und all den anderen sprachlichen und nonverbalen Begleitsignalen kommt dies zum Ausdruck.

Bei der Appellseite dient mir die Sprache als Mittel um, wie das Wort bereits sagt, einen Appell zu führen. Ich bitte jemanden um Verständnis oder Hilfe. Ich rufe jemanden zur Handlung auf, eine direkte oder indirekte Aufforderung oftmals versteckt in meiner Aussage. „Wir könnten mal wieder in die Berge fahren!" Ist ein typischer Appell ohne direkt das eigene Bedürfnis geäußert zu haben. „Ich möchte gern mal wieder in die Berge fahren!"

Mit der letzten Seite der Sprachfunktion verbindet sich eine Vielzahl von Problemen. Die Selbstoffenbarungsseite wird mehr zur Selbstverbergungsseite. Hier verschleiern wir, versuchen uns zu verbergen. Wurzelt das gesagte also im eigenen Erleben, Denken und Fühlen? Kommt es sozusagen von innen oder handelt es sich nur um ein Plapperwerk ohne selbst bezogenen Inhalt? Bei der Selbstoffenbarungsseite, offenbare ich mich im wahrsten Sinne des Wortes. Hier stehen wir in der Sprache und hier werden Wort und Tat deutlich im Angesicht unseres Gegenübers. Im Sinne Martin Bubers, meine Wesensstat, indem ich die Grundworte spreche, Ich und Du. Hier trete ich wahrhaftig in Beziehung. In diesem Bereich werden die salbungsvollsten Worte zur Heuchelei wenn die anstehende Handlung dann das genaue Gegenteil zu Tage bringt. Oder das Gesagte gefühlsmäßig ganz anders übertragen wird bzw. empfangen wurde.

Natürlich werden wir durch eine Vielzahl von Spannungsfeldern beeinflusst die bei der Kommunikation ihre Wirkung entfalten. Sympathie und Antipathie, Nähe und Distanz, Vertrauen und Misstrauen, festhalten und loslassen, Erwartung und erwartungslos. Wir können diese Empfindungen manchmal gar nicht genau erklären, warum wir diese oder jene Empfindungen plötzlich haben und wir damit Personen bewerten und über sie urteilen ohne sie wirklich zu kennen. Immer wieder urteilen wir in Bruchteilen von Sekunden über unser Gegenüber. Dabei unterscheiden wir uns in vielen Bereichen überhaupt nicht von unserem Gegenüber. Wir haben trotz unserer Individualität vieles gemeinsam, auch und gerade in der Sprache. Insbesondere unser Ausdruck und unsere besondere Mimik. Zum Beispiel gibt es sieben Ausdrucksmöglichkeit die auf der ganzen Welt menschlich identisch sind. Egal zu welcher Kultur, Rasse, Region, Religion oder Tradition wir Menschen auch angehören. Manfred Clynes, ein Musikwissenschaftler spricht hier auch von der Gleichheit der Gefühle, der „Sentik-Fühlkunde". Er untersuchte wie Testpersonen bestimmte Gefühlszustände, wie Liebe, Hass, Ehrfurcht, Wut, Angst, Kummer und Ekel ausdrücken. Die Stärken und Richtungen hat er gemessen und stellte dabei fest, dass jedes Gefühl eine charakteristische Kurve aufzeigt, die zwar nicht völlig identisch ist aber von Mensch zu Mensch eine unverkennbare Ähnlichkeit aufzeigt. Er untersuchte Mexikaner, Japaner, Amerikaner und Balinesen. Die Berührungsmuster blieben immer gleich. Ein weiteres Ergebnis dieser Untersuchung war, dass die verschiedenen Berührungen, das liebevolle, wütende oder traurige Anfassen wurde von den anderen Personen sogar richtig verstanden. Umso richtiger, je besser der andere wiederum selber seine Gefühle ausdrücken konnte und somit einen guten Zugang zu sich selbst hatte. Das ist doch mehr als erstaunlich, oder?

Zusammenfassend möchte ich noch einmal hervorheben, viel wichtiger als das bloße Wort, die Art des gesagten, ist der Ton, die Gefühlskommunikation zwischen uns Menschen. Und genau diesen Ton, diese ganz besondere Art des miteinander, beachten wir nicht mehr. Genau diesen feinen Ton hören und verstehen aber insbesondere die Kinder. Sie haben ihre Wahrnehmung darauf geeicht. Sie spüren ganz genau was wir wann wie wirklich meinen. Sprache und Lebenswirklichkeit sind untrennbar miteinander verbunden, nur wir versuchen ständig eine Spaltung vorzunehmen. Nicht immer bewusst aber dennoch kaum bemüht den anderen wirklich zu verstehen. Diese Trennung vermitteln wir leider auch immer noch den Kindern. Natürlich nicht absichtsvoll und auch nicht planvoll. Es geschieht weil die Fachkräfte leider zu wenig Zeit dafür aufbringen können sich dieses Wissen umfänglich anzueignen. Oder auch keine Zeit finden solche Gespräche einzuüben durch Rollenspiel oder Anleitung. Die Vorbereitungszeit dafür ist nicht vorhanden. Ich denke auch hier müsste neue Wege gegangen werden. Zunächst einmal bei der angemessenen Berechnung dieser Vorbereitungszeit. Hierbei muss jede Kita individuell betrachtet und bewertet werden. Eine Kita mit vielen Sprachunterschieden wird mehr Zeit für Eltern- und Entwicklungsgespräche benötigen wie eine andere Kita in der hauptsächlich hochdeutsch gesprochen wird. Weitere Kriterien sind Familiäre Hintergründe und soziale Gegebenheiten (Kita im sozialen Brennpunkt). Als Beispiel könnte eine Erzieherin eine Vorbereitungszeit in solch einer Einrichtung von 6 bis 8 Stunden pro Woche benötigen und bekommen. Eine Erzieherin einer Kita auf dem Dorf wo nur einheimische Kinder aus Familien des Mittelstandes kommen vielleicht nur 3 bis 4 Stunden ausreichend sind. Aber wie bereits mehrfach gesagt, dass sind uns uns unsere Kinder nicht wert.

„Die Sprache ernährt viele Grammatiker, aber alle Grammatiker zusammen ernähren die Sprache nicht. Wir übersetzen ohne den Urtext zu haben. Wirklichkeit und Sprache – damit stehen wir schon mitten in der Problematik, denn eines ist so fragwürdig geworden wie das andere. Die heutige Wirklichkeit ist unübersehbar komplex, zu einem Netz schwebender Beziehungen, in steter Umwandlung begriffen, ihr Grund ist fließend geworden: kurz, diese Wirklichkeit hat ihre Stabilität eingebüßt und dynamischen Charakter gewonnen. Und darum ist sie nicht mehr wie ehedem gleichbedeutend mit einer Welt, die einmal unmittelbar mit Auge und Ohr zu fassen, die fraglos beschlossen und aufgehoben war im reiche unserer vertrauten Sinne. Eher könnte man sagen, das die gültige, die entscheidende Realität unserer Tage geradezu in einen unruhevollen Widerspruch geraten ist mit unseren gewohnten Menschensinnen, wie zum Beispiel das Atomgeschehen." (Emil Pretorius 1959)

Nur wer den Anfang der Sprache wahrgenommen hat und sich in der Bewegung zu sich selbst dem anderen begegnend, dabei loslassend und fast verlierend in der Hingabe an unser Gegenüber begibt, der wird sich wieder findend in der Beziehung erleben. Voller Staunen, ehrfürchtig bewegend in der Sprache, als Teil der Sprache, als lebendiges und leibhaftes Wort, als Sein im Sinn, überströmend. Fassbar, greifbar und erlebbar, so wie in einem Traum, wir unsere Hand aufs Herz legen und das Schlagen der ganzen Welt wahrnehmen. Dann werden wir berührt werden vom Höchsten und Tiefsten zugleich und wir beginnen zu verstehen.

„Im Anfang war das Wort, und das Wort war bei Gott und Gott war das Wort, dasselbe war im Anfang bei Gott."

Besser hätte man die Bedeutung unserer Sprache nicht ausdrücken können, als im Johannes Evangelium, der Bibel. Erinnern möchte ich daran, dass wir nicht „nicht" kommunizieren können und somit also wir immer Verantwortung tragen im Miteinander. Dazu müssen wir um all die Aspekte der Sprache und Kommunikation wissen. Und sie können es glauben oder nicht, aber die wenigsten Mitarbeiter/Innen in diesem Berufsfeld haben dieses Wissen. Kennen sich aus mit ihrer Kommunikationsfähigkeit oder Unfähigkeit. Sie sprechen mit ihren Kolleginnen und verletzen sich, diskriminieren sich, erniedrigen sich und versuchen nicht sich wirklich zu verstehen. Aussagen werden interpretiert und nicht hinterfragt. Vorwegnahmen und Irrtümer sind die Folge.

Wie können solche Mitarbeiterinnen die Kinder verstehen? Haben sie jemals diesen Zusammenhang gesehen? Ist ihnen diese Bedeutung im vollen Umfang klar? Auch dies will niemand wissen. Interessiert niemanden. Und niemand überprüft die Kommunikationsfähigkeit jedes einzelnen Mitarbeiter oder jeder Mitarbeiterin im Elementar- und Kleinkindbereich. Sofort rufen sie mir entgegen, der Träger sei doch auch noch da! Das würde allerdings bedeuten, dass die Personen des Trägers ebensolche tieferen Kenntnisse besitzen. Nach meinen Erfahrungen ist dies leider nicht der Fall. Gerade in sozialpädagogischen Arbeitsfeldern gehört dieses Wissen zum Standard. In einer Kindertagesstätte, nach meinen Erfahrungen, leider nicht.

Nun werden sicherlich viele fragen, wozu und warum diese Grundfragen? Hauptsächlich haben sich diese 10 Grundfragen immer wieder aus den vielen Gesprächen in Fortbildungen und Teambegleitungen ergeben. Sie bilden einen gewissen Grundstock der keinerlei Forderung aufstellen möchte, dass nur diese Fragen von Bedeutung seien. Sie spiegeln vielmehr das Bedürfnis nach gewissen allgemeinen und zusammenfassenden Fragestellungen wider, die für ein Team, Eltern, Träger und die Kinder von Bedeutung sind oder sein könnten. Dahinter steckt die Sehnsucht, allgemein gültige Kriterien zu haben die von allen gleichsam geachtet werden und damit eine verbindliche Struktur vorgeben, die jedem die Sicherheit geben in gewisser Weise am gleichen Strang zu ziehen. Wenn sich nämlich große Unterschiede in der Beantwortung dieser Fragen ergeben, ist oftmals die Grundlage für eine zufriedene und effiziente Zusammenarbeit nicht gegeben. Wenn das Kita-Team das Thema „Offenheit" ganz unterschiedlich sieht und bewertet. Die Gestaltung der Räume und Abläufe ebenfalls, sowie Elternarbeit aber genauso individuell gesehen wird wie Eltern halt auch sind. Einerseits kooperativ, jederzeit einladend, mitmachend und partnerschaftlich und andererseits die Eltern so wenig wie möglich in das Gruppengeschehen und deren Abläufe in der Kita beteiligt werden sollen, dann entsteht ein höchst explosives Gemisch von Absprachen, Vereinbarungen und Haltungen die für Eltern und Kollegium spürbar, erfahrbar und erlebbar sind. Zufriedenheit und Wohlfühlen sind letztlich elementar wichtig für eine gute und „kindzentrierte" Arbeit. Das Humankapital welches an vielen Orten erwähnt, bedeutet nichts anderes, als das unsere Arbeitskraft im Einklang mit unserem subjektiven Wohlfühlen stehen sollte. Das Humankapital ist der Einsatz unseres Lebens für die eine oder andere Sache. In diesem Fall für diesen Beruf und dessen Berufung. Um dies zu erreichen ist es unerlässlich gemeinsame Fragestellungen vorab zufrieden stellend „Offen" gemeinsam beantworten zu können. Dies machen aber leider immer noch viel zu wenige Teams, weder solche die bereits seit Jahren zusammenarbeiten, noch solche die ganz neu sich zusammen finden und somit eine große Chance hätten einen gemeinsamen Grundstock ihrer Pädagogik zu schaffen. Das Mitarbeiter/Innen vielleicht einer gleichen Kirche, einem gleichen Glauben oder einer politischen Orientierung angehören, sagt nichts über die unterschiedlichen Bewertungen von pädagogischen Haltungen und Einstellungen aus. In jedem anderen Arbeitsbereich ist es unerlässlich zu Beginn die Regeln, Auffassungen, Sichtweisen und vor allem die Ziele festzulegen. Nur im Kita-Bereich kann jeder anscheinend weiterhin jeder so arbeiten wie er oder sie es für sich am besten empfindet und bewertet. Keine Allgemeingültigkeit in diesem so wichtigen Bereich. Da helfen auch keine noch so salbungsvollen Präambeln. Und auch keine QM Regularien. Papier ist geduldig. Und wie so oft in vielen Lebensbereichen, Papier ist geduldig. Aber warum ist es in diesem Bereich denn überhaupt so wichtig? So elementar von Bedeutung wie wir miteinander kommunizieren. Angesprochen werden, angesprochen sein ist unser täglich Brot in diesem Arbeitsbereich. Unsere tiefe Lebenseinstellung, unsere

Haltung und unsere Bewertungen prägen unseren Umgang im täglichen Miteinander. Prüfen wir dies nicht mehr kritisch, so vergehen wir uns am gegenüber, egal ob es ein Kind oder ein Erwachsener ist. Weil es Erwachsenen anscheinend sehr schwer fällt sich in ein Kind wirklich hineinzuversetzen, wie ich es in vielen Fortbildungen zum Thema Partizipation selbst erleben durfte, ist es unerlässlich hier vielfältige Schulungen und Fortbildungen dafür anzubieten oder bereit zu stellen. Einen Perspektivwechsel hin zur Optik, zur Sichtweise des Kindes ist eine große Herausforderung. Und dies kann und sollte man lernen. Alle Menschen haben permanent Erwartungen. Erwartungen an das Kind, den Kolleginnen, dem Partner gegenüber und nicht zuletzt sich selbst gegenüber. Die Erwartungen der Erwachsenen auf der einen Seite und die kognitiven Fähigkeiten der Kinder auf der anderen Seite bedeutet sich darüber im Klaren zu sein das hier Schluchten zu überwinden sind die oftmals tiefer liegen als der Grand Canyon. Kleine Kinder zum Beispiel können noch gar nicht lügen, nicht bewusst lügen, weil ihr Gehirn für diesen durchaus taktischen Denkprozess noch gar nicht „freigeschaltet" ist. Ihre kognitiven Fähigkeiten müssen diesen Zusammenhang erst lernen. Da können Eltern noch so vorwurfsvoll ihr Kind anbrüllen, dass es die Wahrheit sagen soll und die Eltern nicht anlügen darf. Aus der Sicht eines Kleinkindes lügt es aber nicht. Denn Wunschdenken und Wirklichkeit sind zwei nebeneinanderliegende Realitäten die das Kind erst erlernen muss zu unterscheiden. In der Vorstellungskraft eines Kindes gibt es diese feinen Unterschiede noch gar nicht. Und erst viel später entdeckt das Kind die Macht der Lüge. Entwicklungspsychologen sprechen sogar dann von einem wichtigen Entwicklungsschritt. Aber ich kenne keine Eltern die dies so positiv sehen und bewerten können. Selbst die Fachkräfte verstehen dies nicht und fordern oder verlangen von den Kindern eine Art von Kommunikationsverständnis welches sie gar nicht aufbringen können. Ich erinnere mich daran wie ein Junge der einen Spielzeugtiger (eines bekannten Spielzeugherstellers) in seinen Händen hielt mir in aller Ernsthaftigkeit erklärte das der Tiger mit seinen Krallen einen Teil meiner selbstgebauten Burg (aus Styropor, Kleber, Holzstücken und Farbe) zerstört hatte. Er habe seine Krallen gewetzt und dabei seien die Holzstücke eben abgegangen. Es war der Tiger. Erst als ich ihn direkt fragte wer denn den Tiger gespielt habe musste der Junge nachdenken und man erkannte an seinem leichten Schmunzeln das er nun eine Verknüpfung hergestellt hatte.

Wie viele Eltern Maßregeln ihr Kind wenn es dann mal die Wahrheit spricht. Onkel Hubert stinkt, Tante Elfriedes Küsse sind ekelig, der Nachbar ist zu laut usw. Bei all diesen Situationen erwarten wir von den Kindern eine Lüge und nicht diese glasklare unverstellte Wahrheit. Die Eltern lehren ihre Kinder zu lügen. Weil unsere Kinder oftmals Wahrheiten aussprechen zu denen wir noch nicht stehen können oder wollen.

Aus einer großen „Konfliktscheuheit" heraus umgehen wir klärende Gespräche. In all diesen Situationen, wo die Erwachsenen dies so mit ihren Bewertungen betrachten, vergeuden sie gleichsam heilsame Kommunikation. Nun bedeutet es allerdings nicht, jetzt unbedingt mit jedem Menschen klar kommen zu müssen und jedem gegenüber mit Sympathiebekundungen zu begegnen, oder gar absolut dieser Haltung des Anderen konform zu entsprechen und immer und überall alles zu sagen. Es bedeutet vielmehr, einen offenen gemeinsamen Konsens in den Ausgestaltungen, Haltungen, Meinungen und Einstellungen zu finden und in der Pädagogik der jeweiligen Einrichtung diese zu einem gemeinsamen Gut werden zu lassen. Wir brauchen die Sichtweisen der Anderen, die Bewertungen der Anderen, die Entscheidungen der Anderen. Um dann gemeinsam der ursprünglichen Kommunikation sich wieder zu nähern. Nur im Miteinander können wir all jene Schnittmengen erarbeiten die wir für das gemeinsame Verständnis untereinander benötigen.

Hierbei ist es durchaus hilfreich sich „Offen" zu zeigen, sowie noch einmal kurz die Geschichte der Pädagogik und ihrer wichtigsten Vertreter und Vertreterinnen und ihrer zentralsten Aussagen Revue passieren zu lassen. Denn auch hier gibt es feine Unterschiede die zunächst einmal verstanden werden müssen um sie dann entsprechend zu verinnerlichen, zu verwenden, zu nutzen, zu verändern oder gar abzulehnen. Wir brauchen dieses profunde Wissen der unterschiedlichen Ansätze und Möglichkeiten in der Pädagogik. Nur dann können wir auch eine gute Wahl treffen. Eine einheitliche Pädagogik ist sinnvoll und wichtig, damit die Kinder und Eltern wissen auf was sie sich hier an diesem Ort einlassen. Dazu bedarf es vieler Erkenntnisse, Gespräche, Exkursionen und lebendigem Wissen und Austausch. Hier schließt sich das gemeinsam erarbeitete Menschenbild an, ohne dem wir nicht sinnvolle Pädagogik gestalten können.

Grundfrage 2: Menschenbild

Wie sieht es aus mit unserem Menschenbild als Erzieher/in, als Fachkraft, als Kita-Leitung und als Eltern? Gibt es einen gemeinsamen Konsens und eine selbstkritische Sicht? Welche Sichtweise habe ich in meinem Berufsalltag, auf meinen Berufsalltag und nach welchem Menschenbild gestalte ich meine Pädagogik oder die Pädagogik der gesamten Einrichtung? Habe ich überhaupt ein Bild vom Menschsein? Ein gemeinsames, erarbeitetes Bild von unserem Sein in diesem Berufsfeld?

Allein das Wort Menschenbild beinhaltet zwei Betrachtungsweisen, der Mensch und dessen Bild. Also äußere Erscheinung und Wirkung sowie die innere Einstellung und Wirklichkeit. Sie bedingen sich gegenseitig, sind abhängig von einander und ergeben nur zusammen ein Bild in dem jeder versucht seinem Bild entsprechend zu handeln. Das setzt natürlich voraus selbst ein Bild, vor allem ein wirklichkeitstreues Bild von sich zu haben. Hierbei kann es vorkommen, dass dieses Selbstbild gegenüber der Fremdwahrnehmung, also dem Bild das andere von mir haben demgegenüber durchaus große Unterschiede bestehen. Mein Menschenbild erwächst nicht nur aus meiner Biografie und Lebensgeschichte, sondern auch aus dem täglichen Miteinander, den Erfahrungen und der Historie sowie aus meinen Haltungen, Einstellungen und subjektiven Bewertungen heraus. Als autonomes Wesen beggenen wir anderen autonomen Wesen, die mit gleicher Inbrunst ihr Leben und ihren Berufsalltag gestalten wollen. Nun können die einzelnen Menschenbilder aber sehr verschieden sein, und dies kann somit immer wieder zu Missverständnissen und Ärgernissen führen. Vielleicht auch deshalb, weil wir gar kein eigenes Bild haben und nur übernommene Bilder leben, die wenig mit uns als Person zu tun haben. Wir brauchen aber Identität und unser eigenes Bild. Sonst werden wir zu einem fremdbestimmten Wesen. Die Suche nach unserem Bild kann dabei durchaus bedeuten sich auf einen Weg des Suchen und Finden zu begeben. Manchmal kann dies sogar ein Leben lang dauern. Aber gemeinsames Suchen würde festgefahrene und hinderliche Strukturen aufbrechen und lösen. Es gilt also Identität zu gewinnen und die baut sich auf Resonanz auf. Resonanz bedeutet aber sich einzulassen auf das was mich umgibt.

Auf meine Tätigkeit und Arbeit, die Kinder und Kollegen/innen, die Leitung und den jeweiligen Trägervertretern/innen, den Eltern und auch der Öffentlichkeit zum Beispiel, in einer Kindertagesstätte. Erziehen ist ja eine Lebensaufgabe, bei der man nicht ewig das Gleiche tun kann oder muss. Ein afrikanisches Sprichwort besagt, dass es ein ganzes Dorf braucht um ein Kind zu erziehen. Dies sollten alle Erwachsenen in ihren Hinterköpfen bewahren. Schließlich macht solch eine Aussage deutlich wie unsagbar anstrengend und vielfältig Erziehung damals wie heute ist und welche Verantwortung wir dabei tragen. Es geht auch darum einen sich verändernden Sinn, eine neue Aufgabe, eine Kind zentrierte Sicht der Welt sich selbst anzueignen und immer wieder kritisch zu hinterfragen. Dieses wache Suchen bedeutet seine eigene Motivation zu gestalten. Ein kleines Beispiel möge den Aspekt dieses sich Einlassens etwas besser verdeutlichen.

In einer x-beliebigen Einrichtung werden wir immer mit einem Lächeln empfangen. Die Mitarbeiter/innen sind hilfreich beim Öffnen von Brotdosen und wieder verschließen, geben Anweisung beim Pinsel auswaschen und beobachten die Kinder bei ihrem Tun. Draußen stehen sie da und unterhalten sich mit ihren Kollegen/innen während die Kinder mit einer Praktikantin fangen spielen oder verstecken. Die Erwachsenen beobachten und haben alles im Griff. Sie haben sich aber nicht wirklich eingelassen, sie sind außerhalb der Welt des Kindes. Sie toben weder draußen mit, noch sitzen sie beim Malen selbst ganz vertieft vor ihrem eigenen Bild und versuchen einen Gegenstand oder ein Phantasiebild herzustellen. Auch basteln sie keine eigenen Sachen, sondern geben nur Hilfestellungen. Sie haben keinen Ehrgeiz selbst etwas Schwieriges zu basteln. Sie sitzen auch nicht auf dem Bauteppich und sind versunken in einem Spiel und geben damit Kindern, die vielleicht Schwierigkeiten mit ihrer Spielfähigkeit haben, und das sind immer mehr Kinder, eine neue Möglichkeit durch aktives Vorleben, einen neuen Zugang zum Spiel zu bekommen. Sie bleiben trotz der körperlichen Nähe auf Distanz, einer inneren und daher verborgenen Distanz zu den Kindern. Erwachsene behalten die Oberhand. Ihre Hingabe ist kontrolliert und rein kognitiv gesteuert. Natürlich brauchen wir eine professionelle Distanz. Wir brauchen gelebte Verantwortung. Dennoch brauchen wir ebenso unmittelbare Nähe und Kongruenz in all unseren Handlungen.

Ist das die Realität? Wie ist es wirklich? Also welches Bild von uns selbst, unseren Kollegen/innen und unserer Pädagogik haben wir? Leben wir nach dem alt bewährten Motto, **das haben wir immer schon so gemacht?** Hat die Betriebsblindheit unser kritisches Bewusstsein abgelöst? Und wird dieser Prozess nur noch durch neue Mitarbeiter/innen, Praktikanten/innen oder persönliche Lebenserfahrungen unterbrochen? Aber nicht durch uns selbst? Oft leiten gerade berufsbiografische Lernprozesse eine Veränderung ein. Das kann sogar ein Buch, ein Gespräch oder eine Fortbildung sein. Meistens sind es überwiegend Begegnungen mit anderen Menschen die uns beeindrucken, anregen, aufregen und auffordern unser bisheriges Bild neu zu überdenken. Vielleicht gehört dieses Buch auch dazu? Dann gilt es Informationen zu sammeln um mehr darüber zu erfahren. Erziehen sollte vielmehr wissenschaftlich betrachtet, mehr als ein Forschungsauftrag gesehen werden bei dem es darum geht ein gemeinsames Bild zu entdecken das zeitgemäß und kindgerecht, zukunftsweisend und visionär allen mehr Zufriedenheit gewährleistet. Den Kindern und den Fachkräften. Gemeinsam ein Forschungsmodell suchen, dieses als Erziehungsmodell ausprobieren und reflektieren immer in Beziehung zur Wirklichkeit des Kindes. Solange ausprobieren und reflektieren bis es der Wirklichkeit der ihnen anvertrauten Kindern entspricht. Es gibt ja keine Erziehung ohne die Vorstellung eines bestimmten Menschenbildes. Grundannahmen zum Menschen, zum Kind leiten schließlich unser pädagogisches Handeln. Sehen wir das Kind als eigenständiges Wesen, als Subjekt und Akteur seiner eigenen Entwicklung oder sind wir Erwachsenen dazu berufen Kindern diese Entwicklungen erst zu ermöglichen? Tragen Kinder den Willen und die Kraft in sich ihre eigene Entwicklung durch eigene Aktivitäten zu vollziehen oder können die Kinder nur durch unsere vorgedachten und vorgefertigten Materialien, Methoden und Anweisungen diese Entwicklung überhaupt erst entstehen lassen? Ganz einfache Fragen die aber jeder sicherlich ganz unterschiedlich beurteilen und bewerten wird. Vielleicht treffen wir sogar gleiche Wortwahlen, aber mit ganz anderen Inhalten füllen wir diese dann aus. Wir wissen oftmals gar nicht ob wir über den gleichen Inhalt sprechen. Wir nehmen es an. Ein Austausch also über ein gemeinsames Menschenbild ist unerlässlich und sollte bei jeder Neueinstellung und jedem Teamprozess immer wieder neu definiert werden. Vergessen sie niemals die großen Schwierigkeiten in unserer Kommunikation. Zu erwähnen sei an dieser Stelle das Buch von Jesper Juuls, „Das Kompetente Kind" und die erweiterte Neuauflage „Dein kompetentes Kind". Dort sind einige Beispiele für unsere Interpretationen. Die heutige Pädagogik ist zwiespältig. Einerseits wird der Autonomie des Kindes in vielen Beiträgen großen Raum gegeben, andererseits ist in der Praxis dafür wieder wenig Raum und Platz. Das Kind wird immer noch allzu oft als Objekt für das erzieherische Handeln betrachtet und nicht als Lebenspartner. Hier ist dann der Erwachsene der Akteur und verantwortlich für die Entwicklung des Kindes. Der Erwachsene formt und bildet das Kind nach seinem Bilde und die Autonomie oder eigene Entwicklungs-Geschwindigkeit wird anhand von Normenblättern überrannt. Die meisten in der Erziehung tätigen handeln im guten Glauben nach diesem Muster. Sie haben vergessen dass sie selbst solch eine Lern- und Lebensgeschichte bereits hinter sich haben. In der Praxis spielen immer noch entsprechende Lernzielkataloge eine sehr gewichtige Rolle. Und in der Erzieher/innen Ausbildung haben sie immer noch eine große Dominanz. Erzieher/innen definieren in diesem Zusammenhang ihre Berufsrolle und das Gelingen ihrer pädagogischen Arbeit danach, wie weit es gelingt, Ziele für Kinder festzulegen und mittels geeigneter Methoden auch zu erreichen. Ziele verweisen aber immer auf die Zukunft und diese kann man ja nur formulieren wenn man auch etwas in der Gegenwart verändern möchte. Was aber gehört zur Zielformulierung? Zunächst eine gewisse Klarheit über das was wir künftig verwirklichen wollen, was wir anstreben und realisieren möchten. Eine klare Vorstellung und ein lebendiges Bild davon, welche Werte und Fähigkeiten, sowie welche Fertigkeiten ein Kind benötigt und womit es ausgestattet sein sollte um in dieser Welt klar zu kommen. Fähigkeiten und Fertigkeiten die ebenso ein Erwachsener braucht und die unser Leben bereichern und uns helfen in diesem Leben uns gut zurechtzufinden.

Wir benennen, bewerten und definieren bestimmte Dinge wie Selbstsicherheit, Selbstbewusstsein, Konfliktfähigkeit, Teamgeist- und Fähigkeit, Kommunikationsfähigkeit, sich durchzusetzen und gleichfalls zurücknehmen können, sich einordnen, eine Frustrationstoleranz herausbilden können, die Spielfähigkeit fördern, die Autonomie und Kreativität entwickeln, geschlechtergerechte Förderung, kindgerechter Umgang mit den Medien, kindgerechte Sexualerziehung, Förderung von Konzentration und vieles andere mehr. Dennoch werden alle Mitarbeiter/innen bei jedem dieser Begriffe ganz eigene und vielleicht auch andere Inhalte und Schwerpunkte, Definitionen und Bewertungen vornehmen als sie selbst es tun.

Und jetzt geht es darum eine Annäherung zu erreichen, die allen die Möglichkeit gibt sich selbst in diesem System wieder zu finden. Es geht darum, eine gemeinsame Lebensplanung für Kinder mit den Kindern zu entwerfen, die nicht statisch fest steht sondern der jeweiligen Zeit angepasst werden kann und muss. Wir müssen Abschied nehmen von der alten Pädagogik die geprägt ist davon, den Lebensalltag und die „Lebensbewältigungen", sowie die Lebensäußerungen der Kinder als defizitär, als noch nicht gesellschaftsfähig, nicht reif, nicht erwachsen, nicht perfekt, mit einem Wort nicht in unser Schema passend, dahin zu bewerten. Nicht wir machen aus den Kindern ordentliche Menschen, sondern sie sind es bereits und wir Erwachsenen haben eher die Macht dieses Gut zu verhindern oder gar zu zerstören.

„Da eine so begründete Pädagogik davon ausgeht, dass Kinder nicht (oder nicht das Lebensnotwendige) lernen wollen, setzt sie Lernziele und Lerninhalte fest. Aus Lernereignissen werden so von Erwachsenen geplante und kontrollierte Lernprogramme. Für die Einbindung der Kinder in diese Vorhaben sorgt die Motivationspädagogik, die einen von außen gesetztem Lernprogramm zum inneren Anliegen der Kinder zu machen versucht. Lernbegeisterung und Neugier von Kindern wird didaktisiert, d.h. durch methodische Vorgaben strukturiert und verfremdet. Aus Lernereignissen werden standardisierte, von Erwachsenen gesteuerte und bewertete Lernanlässe und- Programme. Lerninhalte und Sinnzusammenhänge, die die Kinder beschäftigen, werden teilweise nicht zugelassen, sondern durch als „pädagogisch wertvoll" definierte Angebote ersetzt, deren Auswahl die Erwachsenen treffen. Eine so organisierte Pädagogik verändert die Qualität von Lernen; opfert lebendige, Interessen geleitete Erfahrungen und Erarbeitungen fremden Zielorientierungen und Erwartungen, zwingt in Formen, die instrumentalisieren; Lernen erfolgt an abstrakten Kategorien und Modellen, die Alltagsbezüge verdrängen und Sinnzusammenhänge verändern. Sinn herrscht dann als vorgegebenes Prinzip und nicht als von Kindern gefundene und artikulierte Bedeutung. Lernen wird Kindern als Einkauf von Wissen präsentiert, als konsumierbare Ware, deren Wert Pädagogen/innen nach eigenen Kriterien bestimmen. Lernen in diesem Verständnis geschieht abgetrennt von sozialer und individueller Verantwortung, die die Kinder im Lernprozess übernehmen könnten und wollten. Dabei geht Verantwortung der Kinder für ihre eigene Lebensgestaltung verloren. Lernen in diesem Sinne vollzieht sich unter der Kontrolle von Erziehern/innen, als Zuteilung von schrittweise gereichten Häppchen und erzieht Kindern das Bedürfnis an, belehrt zu werden. So verliert Lernen allerdings auch jeden Reiz gegenüber Medienangeboten, die freier verfügbar sind und „auf eigene Kosten" angeeignet werden können. Die Schere zwischen Lernveranstaltung und Alltagslernen hat die Pädagogik so selbst initiiert. So umgeformtes Lernen geschieht für alle Kinder gleich und negiert unterschiedliche Neigungen, Erfahrungen und Kulturen." (Kindergarten heute, 6/93, S. 4, Pädagogik im Wandel von Erika Kazemi-Veisari).

Viele pädagogische Lernangebote richten sich meistens auf einzelne Fertigkeiten bzw. Defizite der Kinder die schnellstmöglich behoben werden sollten. Die ganze Person bleibt unbeachtet und viele schlummernde Ressourcen bleiben unerkannt. Heutige Pädagogen/innen müssen aber Verhältnisse der Kinder aufspüren die diese heute besonders prägen, sowie die Andersartigkeit heutiger Kinder und Kindheiten begreifen und Rückschlüsse zur eigenen Kindheit wach werden lassen. Das setzt immer wieder die eigene Offenheit voraus. Aber noch immer machen wir den Kindern deutlich was sie alles noch nicht können aus unserer Erwachsenenperspektive heraus betrachtet. „Das kannst du noch nicht!" ist ein durchaus normaler Satz in einer Kindertagesstätte. Dieser Satz ob ausgesprochen oder in unserem Kopf permanent befindlich prägt unser Bild vom Kind. Zuviel Zweifel und Besorgnis aber, auch wenn sie noch so lieb gemeint sind, untergraben das Selbstvertrauen des Kindes. Durchschnittlich 32 bis 36 mal am Tag hört ein Kind durchweg positive, aufmunternde Bemerkungen: das hast du gut gemacht, keine Sorge du schaffst das schon, probiere es doch einfach mal aus, toll gemacht, schön gemalt oder gebastelt usw. Demgegenüber stehen aber, und jetzt halten sie sich gut fest, 430 bis 450 negative Äußerungen im engeren wie weiterem Sinne. Wie zum Beispiel: Pass auf, gleich passiert wieder was; das kannst du noch nicht; pass auf, du bist noch zu klein, zu ungeschickt, zu unerfahren, das geht wieder kaputt, das schaffst du noch nicht, usw.

Warte mein liebes Kind bis deine Zeit kommt und wir Erwachsenen werden dir schon sagen wann diese Zeit da ist. Natürlich machen wir Erwachsene dass nicht aus böser Absicht, aber wir denken auch nicht mehr darüber nach was unsere Sorge letztlich bei unseren Kindern bewirkt. Unbewusst pflegen wir unsere Angst und stülpen sie unseren Kindern über. Dabei übersehen wir ihren Mut und ihre Zuversicht ihren Lebensweg schon selbst durch eigene gemachte Erfahrungen zu gestalten. So gestalten wir und manipulieren, ja wir untergraben das Selbstwertgefühl unserer Kinder. Die Selbstwirksamkeit wird verhindert. Aber wie soll ein Kind Selbstvertrauen entwickeln, wenn wir es ständig unter Druck setzen, wir es gängeln, bevormunden und verbessern. Vor wirklichen Gefahren kann nur Selbstvertrauen helfen und Glück. Selbstvertrauen hat aber etwas mit Selbsttätigkeit zu tun, mit Selbstwirksamkeit. Dass Selbst eines Menschen kann sich nur in Freiheit entwickeln über das eigene experimentieren, denken und handeln. „Kinder sind Gäste, die nach ihrem Weg fragen" schrieb einmal Jirina Prekop. Ein Kind wird und muss lernen mit Krisen, Ängsten und Enttäuschungen zurechtzukommen und selbst Strategien entwickeln die ihm helfen besser klar zu kommen. Wir können Kinder nicht in Watte packen, aber wir können sie mit wachen Sinnen begleiten bei ihrer Welt Entdeckung.

GRUNDFRAGE 2: MENSCHENBILD

Bei dieser Welt Entdeckung begegnen sie anderen Kindern und hier beginnt ein weiteres Abenteuer. Inwieweit integrieren Kinder sich untereinander oder wo müssen die Erwachsenen helfend einschreiten? Trotz der Andersartigkeit eines Jeden Kindes im Aussehen oder Verhalten ist es ja eine wesentliche Aufgabe alle Kinder miteinander zu integrieren und zu interagieren. Zum Glück wird die nahe Zukunft uns die Verantwortung übergeben in inklusiven Einrichtungen Menschen aller Arten aufzunehmen und jeden Menschen mit seiner Behinderung als Bereicherung anzuerkennen und wertzuschätzen. Inklusion ist eine mächtige Bewegung die leider nur allzu langsam voranschreitet, aber sie wird uns alle erreichen, so wie den Nichtraucherschutz. Nur hoffe ich sehr, dass dies nicht ebenso, über vierzig Jahre dauern wird bis zur machbaren und wirklichen Umsetzung. Das sollten uns die Kinder in aller Welt wert sein.

Wie können wir den Kindern deutlich machen, dass wir Menschen uns brauchen und aufeinander angewiesen sind? Auch hier ist wieder „Offenheit" gefordert. Das, was wir oftmals von den Kindern einfordern, praktizieren wir selbst dann offensichtlich nicht, weil wir die oder den Kollegen/in nicht ausstehen können. Wir selbst grenzen aus. Am Anfang unseres Lebens und am Ende brauchen wir andere Menschen, sind wir auf Hilfe angewiesen. In der Zwischenzeit kümmern wir uns wenig um unsere Kollegen/innen, obwohl wir oftmals die meiste Lebenszeit auf unserer Arbeit verbringen. Der Kindergarten ist manchmal der erste Ort wo ein Kind in einer Gruppe mit annähernd Gleichaltrigen vielfältige soziale Verhaltensweisen erlebt und ausprobiert. Hier kann für das Leben experimentiert und geübt werden. Das gemeinsame Handeln vollzieht sich über das Material und im tätigen Tun, in der Auseinandersetzung mit sich, den anderen und unterschiedlichen Materialien. Es gilt sich täglich neu zu entscheiden, sich einzubringen, Bedürfnisse zu äußern und einzufordern, zurückzustecken, Kompromisse einzugehen und gemeinsame Spiele, Ziele und Projekte zu realisieren, dabei die Meinungen der anderen immer wieder tolerieren und akzeptieren. Und hier beginnt die große Schwierigkeit. Erzieher/Innen haben es nicht gelernt im Kollektiv zu arbeiten. Sie sind Einzelkämpfer/Innen. Deshalb ja auch die Unterscheidung zwischen Erst-Kraft (Gruppenerzieher/In) und Zweit-Kraft. Was sich auch in der Bezahlung wiederspiegelt. Wir brauchen anscheinend Hierarchien? Und das in der Pädagogik.

Anstatt einer interdisziplinären Zusammenarbeit und einem gemeinsamen Schauen, Betrachten, Beobachten und bewerten um dann einen kindgerechten Konsens zu finden, werden die unterschiedlichen Betrachtungsweisen als unumstößliche Wahrheiten gehandelt gegenüber den Wahrnehmungen der Kollegen/Innen. Unsere enge Sichtweise auf das Kind wird dem Kind nicht gerecht.

„Damit ergibt sich, wenn man die Erkenntnisse der modernen Hirnforschung zusammenfasst, folgendes Bild: Das menschliche Gehirn ist weitaus plastischer, als man sich das noch bis vor wenigen Jahren vorstellen konnte. Zu Beginn der Hirnentwicklung werden nicht nur viel mehr Nervenzellen bereitgestellt, sondern auch deutlich mehr Fortsätze, Kontakte und Verschaltungen zwischen diesen Nervenzellen aufgebaut als das, was davon nach der Pubertät noch übrig bleibt. Stabilisiert und als funktionale Netzwerke etabliert werden von diesen anfänglich bereitgestellten Überangeboten nur diejenigen neuronalen Verschaltungsmuster, die während der Phase der Hirnentwicklung immer wieder aktiviert, also regelmäßig genutzt werden. Was für ein Gehirn ein Kind ‚bekommt', hängt also davon ab, wie und wofür es sein Gehirn benutzt. Bestimmt wird das allerdings nicht von all dem, was ein Kind in seiner jeweiligen Lebenswelt vorfindet, sondern durch das, was ihm davon für seine eigene Lebensbewältigung als besonders bedeutsam erscheint, wofür es sich also selbst begeistert. Das ist bei allen Kindern zunächst die Steuerung eigener Körperfunktionen und Bewegungsabläufe, später die Gestaltung seiner Beziehungen zu seinen primären Bezugspersonen und erst danach die schrittweise Entdeckung und Gestaltung seiner immer komplexer werdenden Lebenswelt. Dabei macht das jedes Kind zwei Grunderfahrungen, die tief in seinem Gehirn verankert werden: Die Erfahrung engster Verbundenheit und die Erfahrung eigenen Wachstums und des Erwerbs eigener Kompetenzen. Diese beiden Grunderfahrungen bestimmen als Grundbedürfnisse seine künftigen Erwartungen." (Gerald Hüther, Was wir sind und was wir sein könnten, 2011 S. Fischer Verlag, S. 45 und 46)

Hierbei ist wieder unsere Erzieherpersönlichkeit von großer Bedeutung. Also auch die Frage, entsprechen wir unserem eigenen Bild von Pädagogik? Und die ersten Erfahrungen der Selbstwirksamkeit. Dieses Wechselspiel zwischen Selbstwahrnehmung, Selbsterkenntnis, Selbstreflektion und dem aktiven Austausch darüber kann erst ein professionelles Bild meiner Tätigkeit entstehen lassen. Gerade Fachkräfte im Elementar- und Kleinkindbereich sollten besondere Bedingungen erfüllen. Müssten sich aber auch diesen Herausforderungen stellen können. Gerade in der Sozialerziehung, im täglichen Miteinander, im eigenem Verhalten, Beispiel, im Umgang mit den Kindern und Kollegen/innen, der Gruppe überträgt sich unmittelbar unser Stil des sozialen Verhaltens im Kindergarten. Dieser be-

Grundfrage 2: Menschenbild

sonderen Verantwortung müssen wir uns immer bewusst sein. Aus diesen Gründen ist ein regelmäßiger und „offener" Austausch mit Kollegen/innen und die Zusammenarbeit mit den Eltern für die Erreichung einer Erziehungspartnerschaft von großer Bedeutung. Menschenbild, Selbstbild und Fremdbild gehören zum Allgemeingut über das wir reden und uns immer wieder „offen" austauschen müssen. Denn schließlich haben wir Vorbildfunktion, wieder ein Bild das Kinder aufnehmen oder sogar übernehmen. Achten wir darauf, dass es möglichst bewusst geschieht.

Wir dürfen nicht vergessen, dass hinter jedem Erziehungs- oder Bildungsauftrag immer ein ganz bestimmtes Bild steckt, wie wir das Kind sehen und bewerten. Welche Entwicklungsmöglichkeiten gegeben und welche Grenzen schon von vornherein gesehen werden. Im Vorfelde wird entschieden und geurteilt über das Wesen des Kindes. Ob wir nun davon ausgehen das ein Kind erst durch Anleitung etwas lernt oder durch selbständiges und selbsttätiges handeln, entdecken, erforschen und ob wir Erwachsenen es zu lassen, ob es selbst alle Entscheidungen treffen kann und die Konsequenzen auch tragen darf, sagt etwas aus über das Bild vom Kind welches wir in unseren Herzen oder meistens nur im Kopf tragen.

„Während dieser gesamten Phase der Herausbildung eines Ich-Bewusstseins ist jedes Kind emotional aufs engste mit all jenen Erwachsenen Personen verbunden, die es auf diesem Weg begleiten. Es hat also ein sehr starkes Wir-Gefühl, lange bevor es ‚ich' zu denken und zu sagen vermag. Anschließend vergehen noch Jahre, und oft erreichen Kinder das Alter ihrer Einschulung, bevor sie erstmals das Wort „Wir" verwenden, um damit zum Ausdruck zu bringen, dass sie sich einer bestimmten Gemeinschaft zugehörig, dass sie sich mit den Mitgliedern dieser Gemeinschaft verbunden fühlen. Die Herausbildung dieses Wir-Bewusstseins ist offenbar eine wesentlich komplexere Leistung als die vorangegangene Bewusstwerdung des ‚Ich'. Wenn man bei Erwachsenen aufwächst, die ein nur schwach entwickeltes Wir-Bewusstsein haben, wird es einem Kind entsprechend schwerfallen, dieses Wir-Bewusstsein zu entwickeln." (Gerald Hüther, 2011, S. Fischer Verlag, S. 27)

Zu Beginn unseres Lebens sind wir in einem sehr hohen Maße auf unsere Mitmenschen und unsere unmittelbare Umwelt angewiesen. Gerade in der Schule zum Beispiel wirkt diese „Erzieherpersönlichkeit des Lehrers" entweder aufbauend oder zerstörend. Genauso wirken Erzieher/Innen auf unsere Kinder in einer Kindertagesstätte. Ich meine hierbei den emotionalen Missbrauch, den wir manchmal unseren Kindern zumuten. Nun werden sie vielleicht fragen, wie kann das sein? Wie meint er dies? Die Mitarbeiter/Innen in den Kitas sind doch zugewandt, fürsorglich und liebevoll? Oder etwa nicht? Natürlich sind sie das. Und natürlich wollen sie auch nur das Beste für die ihnen anvertrauten Kinder. Dennoch vergessen wir nicht die unbewusste Dimension, jene Spitze des Eisberges die wir nur sehen und dessen gewaltige Größe nur unterhalb dieser Oberfläche sichtbar ist. Tauchen wir aber ab in diese Tiefen? Wollen die Eltern denn wirklich wissen wie es dort aussieht? Nach meinen Erfahrungen wollen sie dies nicht. Niemand will es wirklich wissen. Es soll alles unter einer dicken Eisschicht bleiben. Warum? Werden sie vielleicht fragen? Dann müsste ich alles Bisherige wiederholen. Natürlich bedeutet dies nicht das alle Fachkräfte eine Psychotherapie machen sollten oder anderweitige therapeutische Hilfsangebote. Vielmehr geht es hier um die absolute Offenheit, meine Grenzhaftigkeit. Ich muss als Fachkraft nicht alles können oder beherrschen, aber ich muss in der Lage sein Schwierigkeiten zu erkennen und diese auch zu benennen, sowie im kollegialen Austausch mit meinen Kolleginnen und Kollegen und der Leitung, ganz klar und eindeutig kommunizieren.

Mit zunehmendem Wachstum und der Beherrschung unseres Körpers streben wir nach immer mehr Unabhängigkeit. „Das kann ich schon alleine!" ist einer der meist gesprochenen Sätze in dieser Wachstumsphase der Kinder. Sie wollen die Welt selbst erobern. Sie entwickeln Verantwortung für ihr eigenes Leben und sie streben immer weiter zur Autonomie. Im Kindergarten werden diese Bestrebungen im günstigsten Falle gesehen und wahrgenommen, oftmals aber leider nicht oder sie werden sogar unterdrückt. Autonomie bedeutet selbständig und selbstwirksam werden und das stört manchmal die Abläufe in einer Kindertagesstätte und insbesondere die Abläufe in einer Regelgruppe. Die jeweiligen Erzieherinnen haben ja ihren Plan, wollen die Woche so abarbeiten wie sie es sich gedacht hatten. Eine Störung ist nicht erwünscht. Deshalb strahlen solche Pädagoginnen, wenn ganz bestimmte Kinder mal nicht in die Einrichtung kommen und sie wieder aufatmen können, weil dieses Kind ihnen keinen Strich durch die Rechnung macht. Jeder Mensch möchte Unabhängigkeit erreichen und seine Umwelt selbst gestalten.

Dabei handelt jedes Kind höchst sozial und berücksichtigt sowohl seine Interessen als auch die der anderen und beginnt in einer sehr frühen Form Dinge auszuhandeln. „Du bekommst das und ich dafür das, ok?" Jedes Individuum das für sich selbst verantwortlich ist, kann dann natürlich auch Verantwortung für die anderen, für eine Gemeinschaft übernehmen. Hier wieder ein deutlicher Hinweis auf die Mitbestimmung der

Kinder. Durch das getrennt sein von der Mutter, dem geborgenen Schoß und der häuslichen Umwelt, welches gerade Kindergartenkinder erleben, sehnen sie sich nach einem Ausgleich. Jeder Mensch strebt nach dieser Urzufriedenheit (wenn seine Entwicklung normal verlaufen ist), sehnt sich nach dieser Ganzheit die er ursprünglich ganz tief in seiner pränatalen Phase mal erlebte. Alles um uns herum war sicher und zufriedenstellend. Nahrung und Wärme gab es gratis und man brauchte nichts dafür tun. Jeder Mensch ist aber als lebendiges, aktives und expandierendes Wesen geboren, nichts und niemand kann sie bei ihrer ureigenen Entwicklung aufhalten. Oder doch? Ist es nicht gerade unsere bisherige Pädagogik, die im Sinne einer kollektiven Gemeinschaftsaufgabe den Menschen zunächst als einen wichtigen Teil der Gesellschaft zu erziehen betrachtet und damit absolute Anpassung und Unterordnung erwartet?

Wann hören wir endlich damit auf, immer und immer wieder so unachtsam mit den Kindern umzugehen?

Welche Art von Pädagogik wollen wir also künftig umsetzen, praktizieren und verwirklichen?

Und die entscheidende Frage: ist nicht gerade diese Entwicklung, die Kinder in ganz bestimmte, vorhersehbare und manipulierbare Richtungen zu steuern der Sinn und das Ziel aller pädagogischen Strömungen? Das angepasste Kind? Das formbare Kind, das immer wieder den Erwartungen der Erwachsenen und Lehrer entspricht? Ist es nicht gerade das Bestreben aller führenden Pädagogen/Innen einen gut funktionierenden und den gesellschaftlichen Normen angepassten Menschen zu formen? In einem guten Fachkräfte-Team sollten solche selbstkritischen Fragen zum Alltag gehören.

Und im Abgesang des deutschen Idealismus bekommt wieder das Kollektiv mehr Bedeutung als das Individuum. Aus großer Sorge geboren, diese Welt wird noch schlechter und die Bedingungen des miteinander noch komplizierter. Die Gemeinschaft soll funktionieren.

Kann das Streben nach Selbstverwirklichung und dieser freiheitsliebende Antrieb überhaupt noch in einer normalen Regelgruppe verwirklicht werden? Wo Tische und Stühle schon allein in ihrer Anzahl dem natürlichen Bewegungsbedürfnis des Kindes widersprechen, wo eine Vielzahl von pädagogischen Arrangements und Angeboten auf die Kinder lauern, die abgearbeitet werden müssen, bevor ein Kind wieder ein Kind sein kann. Wird nicht gerade in diesen geschlossenen Systemen der freiwillige Austausch mit seiner Umwelt und seinen wirklichen Bedürfnissen und ureigenen Entwicklungsschritten, dieser Weg versperrt, gebändigt und sanktioniert?

Der natürliche Bewegungs- und Entwicklungsdrang des Kindes, sein Expansionsbedürfnis wird abgetrennt und Bewegung wird nur noch zu bestimmten Zeiten in einem bestimmten Rahmen zugelassen und genehmigt. Die Entwicklungs- und Bedürfnisbefriedigung bestimmen die Erzieher/innen, die ja genau wissen, was für welches Kind zu welchem Zeitpunkt genau richtig ist. Emotionale und kognitive, soziale und somatische Prozesse sind aber aufeinander bezogen und bedingen sich immer gegenseitig, in ständigem Austausch und wir sollten uns hüten diese immer wieder aufzuspalten und sie in unsere erwachsenengerechten Häppchen zu zerstückeln. Die Körpererfahrung des Kindes muss jederzeit Raum und Möglichkeiten finden, damit Entwicklung überhaupt in seiner eigenen Zeit ungestört geschehen kann. Dazu gehört absolute Offenheit für solche Prozesse, und Möglichkeiten dies zu verwirklichen. Alle Pädagogen sind sich einig darin, die jeweiligen Entwicklungsfenster der Kinder zu beachten. Diese sind allerdings nicht offenbar und eindeutig, sie öffnen sich manchmal ganz laut oder schnell und manchmal leise und fast unmerklich. Wie also darauf reagieren? Darauf gibt es nur eine Antwort, ihnen diesen Raum und die Zeit geben, und das an jedem Tag und zu jeder Zeit. Erstaunlich finde ich, wie plötzlich Bewegungs-Kitas überall entstehen. Voller Stolz bewerben sich die unterschiedlichsten Träger dafür und wollen sehr gern die Trägerschaft für solch eine Kita übernehmen, wenn Kommunen dies ausschreiben. Für mich höchst verwunderlich, da doch eigentlich jede Kindertagesstätte ein Ort der vielfältigsten Bewegungen sein sollte. Wie selbstverständlich.

Eine weitere wichtige Voraussetzung für unsere Orientierung in dieser Welt, neben der Sprache ist die Wahrnehmung. Also die Fähigkeit unsere Sinnesreize zu differenzieren. Dabei müssen wir ständig die auf uns einwirkenden Informationen unterscheiden, bewerten und ordnen und immer wieder neu filtern was wichtig und was unwichtig, später was gut und was weniger gut ist, sowohl für uns als auch für die Gemeinschaft.

Unsere Wahrnehmungsleistungen haben eine Schlüsselfunktion für die gesamte Verarbeitung aller Informationen. Können wir dies nicht leisten, werden wir hyperaktiv oder phlegmatisch. Wenn wir nicht bereits in der frühen Kindheit die Möglichkeit haben all unsere Wahrnehmungssinne zu schärfen, sie überhaupt auszubilden, dann werden wir weiterhin abstumpfen. Und es wird sich nichts ändern. An dieser Stelle möchte ich einmal kurz zusammenfassen welche unterschiedlichen Wahrnehmungssysteme wir haben und welche Bedeutungen damit verknüpft sind.

Ich erinnere mich an einen sehr interessanten Elternabend. Zusammen mit einer Heilpädagogin bereiteten wir diesen Elternabend vor und überlegten uns wie wir den Eltern die unterschiedlichen Wahrnehmungsorgane und Systeme erklären und erläutern konnten, dabei aber nicht nur über das Reden, sondern eben über die praktische, unmittelbare Erfahrung alle Wahrnehmungssinne die wir ja kurz vorstellen wollten, erleben sollten. So zeichneten wir große Bildtafeln, erarbeiteten mit dem Team verschiedene Wahrnehmungsstationen: riechen, sehen, fühlen, schmecken und spüren. Eltern konnten nun leibhaftig erfahren was dies bewirkte wenn sie mit ihren Handflächen etwas erfühlen mussten oder ganz genau hinhören mussten beim Hör-Puzzle. Ihr Gleichgewichtssinn und ihre Balancierfähigkeiten wurden gefordert. Mit verbundenen Augen, sich nur auf ihr Gehör verlassend mussten sie in einem sicheren Kreis jemanden finden. Bei der Geschmacksstation waren wieder andere Sinne gefordert. Diese ganzen Informationen mündeten dann in einem Kurzreferat, mit entsprechenden Bildern, das all dies die Voraussetzungen seien für eine gesunde Entwicklung und damit die Voraussetzung für die Schule. Eine Vielzahl von Gesprächen und staunenden Rückfragen ergaben sich und über 50 Eltern verließen diesen Abend mit der Gewissheit und für sie neuen Erkenntnis wie wichtig Bewegung, Spielen und die gesamte Wahrnehmung für die Schule ist. Diesen großen Zusammenhang hatten sie bis zu diesem Abend nicht gesehen. Das Spielverhalten ihrer Kinder wurde jetzt in einem ganz anderen Licht gesehen. Jetzt erst konnten sie verstehen wie absurd so manche Vorschuldebatte geführt wurde und wie wichtig statt die Förderung nur des rein kognitiven Bereiches, gerade die so unscheinbaren, spielerischen Bereiche waren, damit die Kinder fit für die Schule wurden. Das Schaukeln und Balancieren, das Hüpfen, Springen und sich fallen lassen, verschiedene Schrägen hoch und runter zu balancieren, das Gleichgewicht immer wieder herauszufordern, sich permanent zu bewegen und dass bei jedem Wetter. Dies war den Eltern unglaublich wichtig, fit sein für die Schule. Fit zu sein für einen Lebensweg den die Eltern für ihre Kinder bereits vorgezeichnet hatten. Darüber hinaus sind unsere Wahrnehmungssysteme aber für unser ganzes Leben wichtig. Und jeder Erzieher und jede Erzieherin sollte sich darüber im Klaren sein wie diese wirken und funktionieren. Deshalb an dieser Stelle auch dafür eine kurze Zusammenfassung.

Unsere Wahrnehmungssysteme kurz im Überblick, damit wir uns dessen möglichst immer wieder bewusstwerden. Erkenne dich selbst bedeutet ja letztlich auch, über mich selbst sehr gut Bescheid zu wissen.

Das taktile System
In diesem sensomotorischen System beginnen wir die Welt zu erfahren. Durch unsere Haut. Und das bereits im Mutterleib, noch bevor sich unsere visuellen (Augen) und auditiven (Ohr) betreffenden Sinne entwickeln. Unsere Haut ist gleichfalls unser größtes Wahrnehmungsorgan, darüber ertasten wir die Welt und spüren Wärme und Kälte, freudigen Druck oder angstvollen Schmerz. Wir sehen die Welt zunächst mit unseren Händen.

Das vestibuläre System
Unser Gleichgewichtssinn. Im Innenohr befinden sich wichtige Rezeptoren und eine Vielzahl unser Sinne ist daran beteiligt, damit wir überhaupt aufrecht gehen können und nicht schwankend durch die Welt stolpern.

Die kinästhetische Wahrnehmung
Damit ist das Empfinden einzelner Körperteile gemeint zum Beispiel bei der ganzen Bewegung unseres Körpers. Unsere Muskeln und Gelenke teilen uns mit welche Schwierigkeitsgrade wir bewältigen müssen. Muskelanspannung oder Entspannung. Druck oder loslassen und vieles mehr bewegt unseren Körper und gibt uns Informationen damit wir uns weiter voran wagen oder lieber zurückziehen.

Gehören nun die Bewegungen zu unserem Körper und sind wir Herr über unsere Bewegungen oder gehorchen unsere Arme und Beine zum Beispiel nicht mehr unserem Gleichgewichtssinn? Immer wieder beobachte ich wie Eltern, sowohl Männer als auch Frauen, gerade bei Jungen immer wieder schnell ihr gerade erlebtes Schmerzempfinden sofort in Frage stellen, durch Äußerungen wie, das war doch gar nicht schlimm, stell dich nicht so an, nun ist aber gut usw sofort gefolgt von einer Vielzahl von Ablenkungen. Bei den Mädchen sieht das wieder ganz anders aus, hier sind die Eltern betroffener und rücksichtsvoller. Warum? Warum diese Unterscheidung? Vielleicht bringt das Kapitel über geschlechtergerechte Erziehung ein wenig Licht in diese Dunkelheit. Dazu aber später mehr. Dieses abtrainieren von schmerzhaften Empfindungen, gerade bei Jungen hat zur Folge das die Jungen umso ruppiger selbst miteinander und gegenüber anderen umgehen.

Die visuelle Wahrnehmung
Hier geschieht die eigentlich größte Überforderung der Kinder. Sie sind einer permanenten Reizüberflutung im Alltag ausgesetzt. Die Mediengewalt ist dabei unerbittlich und rücksichtslos, manipulativ und krankmachend.

Allein ein ganz normaler Zeichentrickfilm hat so viele verschiedene und schnelle Schnitte, Überblendungen und neue Szenen das die Augen ein regelrechtes Fitnessprogramm ableisten müssen um all diese Bilder wirklich verfolgen zu können und dann auch noch alles verstehen müssen. Dem aufmerksamen Beobachter wird nicht entgangen sein, dass selbst die Zeichentrickfilme in ihrem szenischen Aufbau eine große Wandlung erfahren haben. Zum Vergleich: Die Biene Maja, eine sehr beliebte Trickserie der damaligen Kinderzeit 1970 bis 2000. Die einzelnen Szenen waren lang und gleichbleibend. Lediglich der Mund oder die Augen und manchmal ein Arm bewegten sich, wenn die Figuren miteinander sprachen. Also sekundenlang die gleichen Bilder, bevor ein Schnitt erfolgte. Die Konzentration der Kinder konnte den Worten folgen, sehr alte Disney-Spielfilme haben dies ebenfalls so gestaltet. Aber die modernen Zeichentrickfilme verändern fast alle 2 Sekunden ihre Bilder und Motive. Und dies in einer fast schon gewaltigen Bilderflut die selbst Erwachsene kaum noch verarbeiten können. Aber unser Gehirn muss all diese Informationen verarbeiten und irgendwie verstehen.

Das auditive System

Wir sind vielen Geräuschen und Lauten ausgesetzt, diese Vielzahl von Geräuschen bewirkt zwangsläufig eine verminderte Aufnahmefähigkeit. Wir müssen filtern um nicht einen Kollaps zu erleben. Der Hörsturz in Verbindung mit dem Stress, verursacht durch all meine anderen Wahrnehmungsorgane, ist eine natürliche Folge davon. Ein kleines Beispiel aus der Stress-Forschung. Wie sie wissen haben wir sehr alte Gefühlsregungen in uns aus unseren Urzeiten. Der klassische Säbelzahntiger der uns angreifen will und wir uns entscheiden müssen, Angriff oder Flucht. Das hat die Stressforschung bereits vor Jahren herausgefunden. Neuere Untersuchungen bestätigen dies. Diese Mechanismen funktionieren heute so wie damals. Die gleichen Hirnareale werden immer noch beansprucht, wenn wir in solche oder ähnliche gefahrvolle Situationen kommen. Und nun passiert etwas höchst Erstaunliches in unserem Kopf. Wenn wir unseren Klingelton von unserem Handy hören dann wird das gleiche Hirnareal, mit der gleichen Intensität befeuert, als wenn uns eine große Gefahr gegenübersteht. Der Säbelzahntiger, der uns fressen wollte. Unser so heiß geliebtes Handy. Verblüffend nicht wahr? Und noch ein kleines Geheimnis aus der Hirnforschung. Insbesondere Frauen sind stolz auf ihre multitasking Fähigkeit. Männer natürlich auch. Wenn ich ihnen dann sage, dass ich sie sehr bedauere, was diese Fähigkeit angeht, fragen sie überrascht zurück, warum? Ich bedauere sie deswegen, da wir von unserem Ursprung her, dem Anbeginn der Menschheit, immer eins nach dem anderen abgearbeitet haben. Wir mussten uns von je her immer ganz auf eine Sache konzentrieren, dies war sogar überlebenswichtig. Wenn wir diese auch noch gut machen wollten oder gar unser Leben davon abhing war es von elementarer Bedeutung. Somit haben sich lebenswichtige Verschaltungen in unserem Gehirn aufgebaut und andere wurden dafür abgebaut, weil sie weniger gebraucht wurden. Die, die wir beansprucht und auch gebraucht haben, konnten somit stärker werden und haben sich perfektioniert. Das scheint uns logisch und leicht verständlich und nachvollziehbar. Wenn wir aber gleichermaßen, gleichwertige Dinge zur gleichen Zeit bearbeiten wollen, fordern wir eine zentrale Verschaltung im gesamten Bereich und das führt unweigerlich zu Überlastungen. Diese haben in der Konsequenz, dass sich bestimmte Verbindungen ablösen oder unterbrochen werden, damit andere Verbindungen dies leisten können. Diese abgeschalteten Bereiche oder getrennten Bezirke können oftmals nie wieder frei geschaltet werden und sind für immer verloren gegangen. Mit anderen Worten, wir haben uns für das dumm werden entschieden, so wie wir uns für permanenten Stress, negativen Stress, ungesunden Stress entschieden haben. Unsere Entscheidungen bewirken Gesundheit oder Krankheit. Dies gilt es sich immer wieder bewusst zu machen.

Doch nun zurück zur normalen Regelgruppe in einer Kindertagesstätte. Unter den jetzt genannten Gesichtspunkten wäre abzuwägen inwieweit die Struktur der jetzigen Regelgruppen gerade diesen oben beschriebenen Bedingungen überhaupt noch Rechnung tragen kann oder ob nicht auf Grund der bestehenden Erkenntnisse die Regelgruppenarbeit neu zu überdenken und neu zu strukturieren ist.

Autonomie kann sich nur in Freiheit entwickeln. Inwieweit kann eine vollgestopfte Regelgruppe, in der 20 bis 25 unterschiedliche Bedürfnisse aufeinander prallen, mit entsprechender Anzahl von Tischen und Stühlen, überhaupt eine gesunde Entwicklung gewährleisten? Die sensomotorischen Erfahrungen sind am effektivsten wenn sie ganz von selbst getätigt und ausprobiert werden und keine vorgegebenen Programme abgearbeitet werden müssen. Inwieweit können und dürfen die Kinder sich ihre Räume selbst auswählen oder gar selbst gestalten? Wobei ein Rahmen durchaus hilfreich und förderlich ist.

Ein Bildungsrahmenplan könnte eine echte Hilfestellung bedeuten und endlich die Gewähr den Eltern geben, dass hier eine wirkliche Bildungschancengleichheit vorhanden ist. Das dachten viele Eltern, Politiker, Bildungswissenschaftler/Innen und viele andere Erwachsene gleichermaßen. Allerdings funktioniert dies nur, wenn dieser Rahmenplan auch als „Rahmen" betrachtet wird. Dieser Rahmen gibt eine Vielzahl von Möglichkeiten vor die nun an die Realitäten angepasst werden sollte. Diese individuelle Anpassung hat aber nicht stattgefunden. Die Einrichtungen haben versucht diese wohlgemeinten Bildungspläne im Maßstab 1 zu 1 umzusetzen. Aber dies wird nicht funktionieren und hat auch nicht funktioniert. Allein der unzureichende Personalschlüssel macht diese Umsetzung unmöglich. Hier wird lediglich wieder einmal ein Papier beschrieben was die Gemüter und die Geldbeutel beruhigen soll. Wir sind alle auf einem guten Weg. Dies ist leider nur gelogen. Es ist der berühmte Holzweg. Bildung geschieht wenn Bindungen sicher aufgebaut wurden, dafür benötigen sowohl die Kinder als auch die Fachkräfte Zeit. Und es müssen überhaupt ausreichend Fachkräfte zur Verfügung stehen. Diese Zeit wird beiden Seiten gestohlen, durch die unzulängliche Planungssicherheit, verlässlicher Fachkräfte und dies an jedem Tag in der Kindertagesstätte.

Es gilt eine klare Raumkonzeption mit den Kindern zu entwickeln, worin sie ihre Sinnes- und Sinnbedürfnisse selbst wählen und ausprobieren dürfen, wenn ihre Entwicklung es verlangt. Bewegungsangebote dürfen nicht zum Zwang werden, denn das genaue Gegenteil kann die Folge werden und aus einem freudigen Bewegungskind wird ein trotziger Sitzmuffel der langsam verkümmert (leider leben etliche Erzieherinnen und Eltern ihnen genau das vor). Die meisten Kinder erleben doch bereits diese Verstümmelung in unserer kinderfreundlichen Welt. Sie werden den Medien zum Fraß vorgeworfen. Dort sollen ihre Bedürfnisse befriedigt werden, dort werden sie erzogen, aufgeklärt und aufbewahrt. Und laut Medienpressesprechern sogar gebildet. Körperliches Wohlbefinden ist die Voraussetzung für unsere Gesundheit. Aber wie viele Kindergärten praktizieren wirklich diese Freiheit der Bewegung? Überhaupt diese Freiheit der Entscheidung der Kinder? Zwar haben mittlerweile viele Einrichtungen die Flure als „Bewegungsräume" eingerichtet oder sogar wirklich einen eigenen Bewegungsraum ausgestattet, dieser darf aber dann meist nur zu bestimmten Zeiten benutzt werden. Bewegung darf aber nicht reglementiert werden, damit würde man dem natürlichen Entwicklungsbedürfnis des Kindes widersprechen. Bewegung muss eine Selbstverständlichkeit im Bewusstsein der Erwachsenen sein. Bewegung ist der Grundstock für eine ganzheitliche Bildung die Voraussetzung letztlich für die Schule bedeutet. Bewegung ist die Grundressource für unser ganzes Leben. Die Erwachsenen sind mittlerweile ganz stolz wenn sie Bewegungskindergärten konzipieren. Und das im Jahr 2017 und 2020? klingt doch irgendwie sonderbar, oder? Ganz langsam werden solche Einrichtungen umstrukturiert oder gar neu gebaut, mit entsprechender Ausstattung, natürlich von Erwachsenen konzipiert ohne das Kinder dabei mitgestaltet oder dies mitentwickelt haben.

Nun wieder ein kleiner Blick in die realen Kindertagesstätten. Wieviele Mitarbeiter/Innen können und wollen sich denn überhaupt noch bewegen oder nicht viel lieber an ihren Erzieher-Tischen sitzen oder einer Lehrerin gleich die wilde Horde beaufsichtigen. Die Kinder werden ebenfalls zum Sitzen angehalten, zum Sitzen erzogen. Sie sollen an Tischen malen, basteln, spielen. Viele Mitarbeiterinnen sind natürlich auch körperlich nicht mehr in der Lage in die Knie zu gehen oder sie haben „übergewichtige" Gründe lieber auf dem Stuhl zu sitzen als sich zu bewegen. Selbst draußen stehen die Fachkräfte herum, behalten den Überblick anstatt mit den Kindern fangen zu spielen, oder verstecken, oder Ball oder was auch immer. Kennzeichnend für diese Berufsgruppe scheint der Stuhl zu sein. Ist das wirklich so? Sind wir Sitzenbleiber? Sitzenbleiber auch im Wissen und der Reflektion?

Ein Kind ist ein Kind, ist ein Kind, ist ein Kind!
Wir Erwachsene, egal ob wir als Pädagogen/innen arbeiten oder sonst wie mit Kindern zu tun haben, wir sollten, wir müssen endlich mehr noch als vorherige Generationen die Welt des Kindes begreifen und erfassen, die Welt mit Kindersinnen erfahren und erleben, dann können wir wirklich kindgerecht und damit Menschengerecht wirken.

„Von den Kindern
Und eine Frau die einen Säugling an der Brust hielt, sagte:
Sprich uns von den Kindern.
Und er sagte:
Eure Kinder sind nicht eure Kinder.
Sie sind die Söhne und Töchter der Sehnsucht des Lebens nach sich selber.
Sie kommen durch euch, aber nicht von euch.
Und obwohl sie mit euch sind, gehören sie euch nicht.
Ihr dürft ihnen eure Liebe geben, aber nicht eure Gedanken.
Denn sie haben ihre eigenen Gedanken.
Ihr dürft ihren Körpern ein Haus geben, aber nicht ihren Seelen.
Denn ihre Seelen wohnen im Haus von morgen, das ihr nicht besuchen könnt, nicht einmal in euren Träumen.

Ihr dürft euch bemühen, wie sie zu sein, aber versucht nicht, sie euch ähnlich zu machen.
Denn das Leben läuft nicht rückwärts, noch verweilt es im Gestern.
Ihr seid die Bogen, von denen eure Kinder als lebende Pfeile ausgeschickt werden.
Der Schütze sieht das Ziel auf dem Pfad der Unendlichkeit, und er spannt euch mit seiner Macht, damit seine Pfeile schnell und weit fliegen.
Lasst euren Bogen von der Hand des Schützen auf Freude gerichtet sein; Denn so wie er den Pfeil liebt, der fliegt, so liebt er auch den Bogen, der fest ist."

(Khalil Gibran – der Prophet)

Schöne Worte die klar und deutlich unsere Grenzen aufzeigen. Gestalten wir aber in diesem Sinne unsere gesamte Kindergartenpädagogik? Wieviel ist davon wirklich? Oder sind es zwar schöne Worte die ich oft bei Erzieher/innen Fortbildungen zur Einstimmung oder zum Ausklang gehört und erlebt habe, und viele Hunderte dem zustimmten und Kopf nickend beipflichteten aber dann in ihren Berufsalltag zurückkehrten um genauso weiter zu machen wie bisher. Aus der Sicht der Kinder mag diese Erwachsenenwelt sonderbar und völlig unmissverständlich sein. Erwachsene die sich völlig mit ihrem Verstand beschäftigen, viel, viel reden und wenig mit Kindern tun. Sie beherrschen die Welt durch ihren Verstand, ihre Ratio und sie versuchen durch die Förderung des Intellekts besonders bei Kindern ihnen diese Welt näher zu bringen. Eine vom reinen Verstand geleitete Welt ist aber stumpf und leer. Und für Kinder mag es so erscheinen das die Erwachsenen mit dem eigentlichen Leben, so wie Kinder es wahrnehmen und bewerten, überhaupt nichts mehr zu tun haben. Die Erwachsenen sorgen sich um ihre Rente und sie verfolgen einen zukünftigen Plan für sich und ihre Nachkommen. Sie bauen an einem Späteren und besseren Leben für sich und ihre Familienmitglieder. So gestalten die Erwachsenen diese Welt in Vergangenheit und Zukunft, in Schwarz und Weiß. Aber wo bleibt die Gegenwart, dass viel gepriesene Hier und Jetzt, genau jene Welt die Kinder aber in ihren ersten sieben Lebensjahren in einer Kindertagesstätte erleben. Hier bleiben die Erwachsenen fern. Und wir Erwachsenen nehmen diese zukunftsweisende Weisheit der Kinder nicht mehr wahr, weil wir uns nicht zu ihnen hinbegeben. Wir ERZIEHEN, also ZIEHEN sie zu uns heran. Wir nehmen uns selbst die Möglichkeit diese Welt unmittelbarer und viel intensiver wahrzunehmen. Diese riesige Chance verpassen wir Tag für Tag immer mehr und mehr. Allein die Spielkompetenz der Kinder, die Spielfähigkeit der Kinder ist reale Lebenskompetenz die uns selbst sogar weiterhelfen würde in vielerlei Bereichen. Die Kinder planen nicht für irgendeine Zukunft, vor allem letztlich ferne Zukunft, sondern fordern die Alltagsbewältigung in Formen der Gleichberechtigung hier, jetzt und heute. Es geht letztlich im philosophischen Sinn um die Wiederentdeckung von uralten Kompetenzen. Kompetenzen die unsere ganze Menschheitskultur geprägt haben. Vielleicht erahnen sie jetzt schon was in ihnen zum Schwingen gebracht wird. Und keine noch so perfekte Ausrede von, keine Zeit, kein Geld, keine Möglichkeit kann ihre Verbindlichkeit aufheben. Die Veränderungen, die sich heute in der ganzen Welt vollziehen, der schnelle Wandel und die Vielzahl der Neuerungen sind aufregend, spannend und manchmal überfordernd. Unsere Kinder begegnen diesen Veränderungen in einer magischen Art und Weise. Können wir dies als Erwachsene ebenfalls?

„Jede Entdeckung, welche die Menschheit vorgenommen hat, entsprang der Neugier, es war eine Art Spiel. Alle Fakten der Naturwissenschaften, die zur Beherrschung der Natur durch den Menschen geführt haben, wurden bei Aktivitäten entdeckt, die man lediglich als Vergnügen begonnen hatte. Als Benjamin Franklin aus dem Schwanz seines Drachens Funken zündete, dachte er genauso wenig an den Blitzableiter wie Hertz an die Radioübertragung, als er festgestellt hatte, wie leicht die kindliche Wissbegierde beim Spiel zum Lebenswerk eines Naturwissenschaftlers führen kann, wird niemals an einer grundlegenden Ähnlichkeit zwischen Spiel und wissenschaftlicher Untersuchung zweifeln." (Peter Lorie, mit den Augen eines Kindes, Mosaik Verlag 1989)

Der Mensch ist ein freies Wesen und durch seine Freiheit kann er versuchen herauszufinden was gut oder schlecht ist und er kann sein Handeln danach ausrichten. Immer bin ich es selbst der entscheidet, auch für das weniger Gute oder unterlassene.

Aber können Kinder dies bereits auch schon? Oder nur in einem sehr geringen Umfang? Können Kinder schon differenzieren und tragfähige Entscheidungen treffen? Welche Entscheidungen begreifen die Kinder und welche nicht? Hier treffen sicherlich ganz unterschiedliche Sichtweisen aufeinander.

Kinder sind noch nicht so richtige Menschen, eher kleine Monster vor denen man sich schützen muss. Gibt man ihnen den kleinen Finger, nehmen sie gleich die ganze Hand. Sie sind egoistisch und rücksichtslos auf ihren Vorteil bedacht.

Kinder sind tolle Wesen, offen, ehrlich und spontan und dabei immer direkt. Unverfälscht sagen sie ihre Meinung. Sie haben einen Wissenshunger und erkunden die Welt. Ihre Phantasie kennt keine Grenzen.

Diese zwei extremen Blickrichtungen und Betrachtungsweisen scheinen zurzeit zu bestehen. Sicherlich auch noch viele andere, aber am „unversöhnlichsten", stehen sich diese beiden Grundsätze immer wieder gegenüber. Die Erwachsenen Fachkräfte urteilen und beurteilen die Kinder immer und überall, vergessen oftmals dabei ihre eigene Lebensgeschichte die hier auch immer mit hineinschwingt. Erzieher/innen tragen ebenfalls diese Grundstimmungen in sich. Wie viele Erzieher/innen verdrehen die Augen, wenn Kind „A" fröhlich pfeifend wieder in den Kindergarten kommt, oder machen Luftsprünge wenn „A" halt abgesagt hat und heute mal nicht die ganze Gruppe aufmischt. Die Fachkräfte haben einen Plan, meistens sind es sogar „Wochenpläne" in denen sie festgelegt haben, was sie in der kommenden Woche für „Themen" mit den Kindern gestalten und bearbeiten wollen. Ehrlicherweise oftmals ohne die Kinder wirklich mit einbezogen zu haben. Natürlich geben Pläne Sicherheit, andererseits begeben wir uns selbst in einen festgelegten Rahmen den wir ungern verlassen, auch wenn die Kinder uns direkt und unmittelbar eine ganz andere Bildungsaufgabe abverlangen. Unser Bild vom Kind entscheidet darüber was wir wann und wie machen.

Wie ist denn nun ein Kind? Unverkorkst, edel, hilfreich und von Natur aus gut? Oder bereits sozialisiert, deformiert und damit nur noch ungern gesehen? Ich glaube all diese Blickrichtungen, Sichtweisen und Erfahrungen sind durchaus eine anstrengende Realität aber sie beleuchten nur ein Puzzlesteinchen des gesamten Bildes.

„Ein Erzieher, der von der süßen Illusion ausgeht, er werde eine Miniaturwelt reiner, empfindsamer und aufrichtiger kleiner Seelen betreten, deren Gunst und deren Vertrauen so leicht zu erwerben seien, wird alsbald enttäuscht sein. Und anstatt denen zu grollen, die ihn irregeführt haben, und seine Gutgläubigkeit zu bedauern, wird er sich gegen die Kinder stellen; denn sie haben nicht gehalten, was er von ihnen glaubte. Aber sind sie denn Schuld daran, dass man dir den Reiz deiner Arbeit gezeigt, ihre dornenvollen Seiten aber verschwiegen hat?" (Janusz Korczak)

Ist das nicht das eigentliche Dilemma, das wir gar nicht mehr genau wissen was ein Kind ausmacht und wie es wirklich ist? Sigurd Hebenstreit hat hier in seinem Buch „Kindzentrierte Kindergartenpädagogik" vier Thesen entworfen was und wie ein Kind sein könnte. Diese Thesen bieten wieder eine Vielzahl von Auseinandersetzungsmöglichkeiten, dialogisch gemeinsam nach „unserem" Bild zu forschen, dass wir in unseren Herzen tragen. Das setzt natürlich wieder unsere Offenheit dafür voraus.

„Ein Kind ist ein Mensch, und das heißt, es ist so wie wir: widersprüchlich, zwischen dem Guten, das man will, und dem Bösen, das man tut, schwankend, offen und verschlossen, frei und ängstlich, phantasievoll und kleinkariert und vor allem ganz banal.

Ein Kind ist ein Kind, und das heißt, es ist ganz anders als wir: es denkt anders, weil es noch nicht weiß, das fünf gleich fünf ist, es fühlt anders, weil es die Scheidelinie zwischen seiner Innen- und Außenwelt noch nicht klar hat, und es handelt anders, weil es zwar vieles will, aber nur wenig kann und darf. Diese Andersartigkeit des Kindes ist weder etwas Phantastisches, an das man sich möglichst lange klammern, noch etwas Unnützes, das möglichst schnell vorrübergehen sollte. Denn jedes Ding hat seine Zeit.

Ein Kind ist auf dem Wege zu sich selbst, und das heißt, es kann sich nicht finden, indem es zurückschaut, in sich selbst hineinhorcht, sondern indem es vorwärts schreitet, Selbst- und Weltentwürfe ausprobiert, zurückweist und festlegt. Friedrich Nietzsche schreibt: „Dein wahres Wesen liegt nicht tief verborgen in dir, sondern unermesslich hoch über dir oder wenigstens über dem, was du gewöhnlich als dein Ich nimmst."

Ein Kind ist ein Mensch in der Entwicklung und das heißt, es ist Gefahren ausgesetzt, die Angst machen können, es bedarf der Hilfe, um ein Fundament zu finden, auf dem es stehen kann. Erst wenn es Sicherheit gewinnt, wird es selbständig und unabhängig von den Erzieher/innen erwachsen werden, aber jetzt bedarf es ihrer noch." (Sigurd Hebenstreit, Kind zentrierte Kita-Pädagogik)

Wenn wir nun diese Aussagen berücksichtigen bekommt unsere Arbeit in den Kindergärten und Kindertagesstätten eine ganz andere Gewichtung. Sigurd Hebenstreit formuliert eine „Kindzentrierte" Kindergartenpädagogik in der die Erzieher/innen aufgefordert werden ihren ursprünglichen Auftrag bewusst wieder wahrzunehmen. Denn Erziehung ist ja eine dienende Tätigkeit. Wobei die Erwachsenen dem Kind dienen, sie dem Kind Hilfestellung und Unterstützung geben und somit sich selbst zur Verfügung stellen sollen. Zunächst einmal ist dieser Prozess ganz und gar einseitig und erfordert ein Höchstmaß an Reflektion der eigenen Erzieherpersönlichkeit.

„Der Kindergarten ist eine Veranstaltung für die Kinder, ein Beitrag zu ihrer Selbstwerdung, nicht Darstellungsbühne erzieherischer Professionalität. Jedes Kind hat das Recht von seiner Erzieherin pädagogisch, d.h. nicht erdrückend geliebt zu werden. Für viele Kinder ist dies ein notwendiger Schritt der Abnabelung von ihren Eltern, für andere ein existenzieller Nachholbedarf, um zu erfahren, dass man Bedeutung hat." (Sigurd Hebenstreit, Kind zentrierte Kindergartenpädagogik) In TPS (Theorie und Praxis der Sozialpädagogik, Heft 11/2018, S. 5

„Fachkräfte sollen befähigt sein, Kinder im Prozess ihrer individuellen Entwicklung wahrzunehmen und auf dieser Grundlage ihr beziehungsmäßiges, räumliches und zeitliches Angebot zu überdenken oder auch zu verändern. Es kommt darauf an Bedingungen zu schaffen, die dazu beitragen Kindern Zugänge zu den eigenen Bildungspotentialen zu erschließen. Diese Befähigung erwerben Fachkräfte vor allem über Selbstreflexion, Selbstwahrnehmung und kollegialen Austausch."

Solch eine permanente Reflektion würde ja bedeuten, die Vorbereitungszeit zu erweitern, sich Zeit dafür zu nehmen, einen Coach an seiner Seite zu haben der das Team immer wieder über eine bestimmte Zeit begleitet und auf Dinge aufmerksam macht die im Kita-Alltag schnell untergehen können. Sozialpädagogen/Innen in sozialen Arbeitsfeldern bekommen regelmäßig Supervision, im Kita-Bereich fehlt dies gänzlich. Warum? Um einen möglichst objektiven Blick zu ermöglichen bedarf es auch unterschiedlicher Disziplinen. Der Kinderarzt, Heilpädagoginnen, Kunsttherapeuten, Eltern, andere Kolleginnen und der eigene Blick sowie möglichst eine Fachkraft von außen. Nur gemeinsam gäbe es einen objektiveren Blick und eine objektivere Aussage über das Kind. Vielleicht wird dann sogar deutlich, hier braucht es eine Supervision, da viele unterschwellige Konflikte im Team gehegt und gepflegt werden und das bereits seit vielen Jahren. Professionalität ist aber nur möglich, wenn ich auch die entsprechenden Instrumente nutze. Supervision zum Beispiel. Dies geschieht selten bis gar nicht in den Kindertagesstätten. In vielen anderen Bereichen der Pädagogik, der Sozialarbeit, der Drogenberatung und vieler anderer Fachdisziplinen gehört dies dazu. Nur die Elementar- und Kleinkindpädagogik scheint davon ausgenommen zu sein. Keine Zeit, Kein Geld und anscheinend letztlich kein Wille etwas zu verändern. Erst dann, wenn die Probleme so groß sind, dass die Erwachsenen sich selbst verletzen mit Worten, Haltungen oder Handlungen, und das ganze System nicht mehr richtig funktioniert, dann und nur dann soll dies wieder einmal jemand richten, damit alles weiterhin so glatt läuft wie bisher (habe ich als Coach in solchen Einrichtungen vielfach erleben dürfen). Die „Wahrheit" ihrer Wahrnehmung ist unumstößlich. Mit aller zur Verfügung stehenden „Gewalt" wird daran festgehalten und es wird nicht in Frage gestellt oder angezweifelt. Nicht der Hauch einer leichten Erschütterung. Die Fachkräfte sind sich sicher, absolut sicher. Die Träger sind sich sicher. Die Kommunen, Gemeinden und Städte sind sich sicher. Kein Irrtum, keine Zweifel und schon gar keine Reflektion darüber. Unsere Kinder haben in unserer Gesellschaft keinen Wert, außer dem, eines leicht manipulierbaren Konsumenten. Ansonsten haben Kinder in dem „kinderfreundlichsten Land von ganz Europa" (einer Aussage von Frau Merkel), keine Bedeutung. Es ist schlichtweg Heuchelei und Unehrlichkeit wie hier mit Doppelzüngigkeit einerseits für die Rechte der Kinder argumentiert wird und andererseits, fast gleichzeitig all jene Bedingungen dafür gestrichen und boykottiert werden. Ein neues, kleines aktuelles Beispiel dafür:

„In den Kieler Nachrichten wird heute berichtet, dass der Landtag mit den Stimmen von CDU und FDP gestern ‚eine kleine Änderung' im Paragrafen 47f der Gemeindeordnung beschlossen hat. Es wurde der Satz gestrichen in dem Paragrafen, der die Gemeinden verpflichtet, ‚ein geeignetes Verfahren' für die Beteiligung von Kindern und Jugendlichen zu entwickeln. Der CDU-Abgeordnete Werner Kalinka wird in den Kieler Nachrichten mit dem Satz zitiert: ‚Wenn Kinder und Jugendliche ein Anliegen haben, kümmert man sich darum. Dafür brauchen wir keine Vorschriften!'" (Pressemitteilung Deutscher Kinderschutzbund, Kiel 23.03.2012)

Allerdings dürfte jedem einigermaßen denkendem Menschen klar sein, dass es ohne die Entwicklung geeigneter Verfahren für die Kinder und Jugendlichen auf kommunaler Ebene kaum bis gar nicht mehr möglich sein wird, ihre Interessen zu vertreten. Auch wenn nach der UN-Kinderrechtskonvention Kinder ein Recht auf Beteiligung haben, wollen viele Erwachsene, wie im Beispiel oben (CDU und FDP), aber auch die Erzieherinnen dies in der Realität gar nicht umsetzen. Obwohl die Rechte der Kinder aber bereits vielfach verankert und verpflichtend formuliert sind.

„Kinder und Jugendliche können sich nur dann beteiligen, wenn sie über die Angebote und konkreten Mitwirkungsmöglichkeiten informiert sind. Die umfassende Information über diese Angebote ist daher besonders wichtig. Kommunen stehen vor der Herausforderung, nicht nur zielgruppenadäquate Projekte zu etablieren, sondern bereits in der Öffentlichkeitsarbeit gegenüber jungen Menschen bestimmte Bedingungen zu berücksichtigen, die sich aus der Heterogenität der jungen Generation ergeben. Der Aufbau einer Kommunikationsstrategie ist deshalb eine unverzichtbare Grundlage für eine erfolgreiche Partizipationspraxis." (Mitwirkung erleben, S. 20, Verlag Bertelsmann, 2009)

Leider wollen die meisten Erwachsenen nichts davon wissen. Und die Kinder können sich kaum darüber informieren. Da es keine geeigneten Verfahren gibt ihnen dies transparent und offen näher zu bringen. Weder in den Schulen noch in den Kindertagesstätten wissen die Kinder was ihre Rechte sind. Sie werden für dumm verkauft. Jeden Tag aufs Neue. Und das erstaunliche daran, die am stärksten Beteiligten bei dieser manipulativen Haltung, sind die Fachkräfte selbst. Sie wollen ihre Macht behalten. Die Welt gehört den Erwachsenen, sie allein bestimmen und entscheiden was gut und richtig, was besser oder schlechter, was wie, wann, mit wem, wo gemacht werden sollte.

Unser Erwachsenen-Denken hat jeglichen Zugang zu der Erlebniswelt des Kindes verloren. Wir belügen uns und unsere Kinder. Denn wir wollen keine selbständigen und selbsttätigen Kinder. Sie würden uns nur stören. Sie glauben gar nicht wie viele Gespräche, Diskussionen, Podiumsdiskussionen, Fortbildungen, Fachgespräche, Mitarbeitergespräche, Elterngespräche ich in all den Jahren geführt habe. Eines war allen gleich. Sie waren letztlich nicht in der Lage diesen Perspektivwechsel zu vollziehen, sich von ihrer Erwachsenen Denk- und Lebenswelt, ganz auf die Denk- und Kinderwelt einzulassen. Millionen von „Wenn's" und „Aber" gab es immer zu. Die Erwachsenen halten eine professionelle Distanz zu den Kindern. Weil sie Gefahr wittern. Instinktiv, intuitiv, spüren und fühlen sie einen gewaltigen Veränderungswillen. Der ihnen durchaus vertraut, aber schon seit vielen Jahrzehnten selbst abhandengekommen ist. Es ist dieses nebulöse Gefühl, eigentlich genau zu wissen, was Kinder für ihre Entwicklung brauchen und was wir ihnen dafür geben müssten. Aber wir klammern uns am „Alten" so hartnäckig daran fest, als wenn unser Leben davon abhängen würde. Und vielleicht ist das sogar der Fall. Wir haben jenen Mut verloren, den unsere Kinder von Geburt an mitbringen und täglich ausprobieren. Kinder sollen unbedingt „machtlos" bleiben. Egal welche salbungsvollen Worte, Gedanken und Inhalte verkündet werden. Dahinter steckt immer der pure Machterhalt. Unser Machttrieb ist weitaus größer und gefährlicher als unser Sexualtrieb. Machtbesessen treiben wir unser Unwesen, entscheiden über das Leben der uns anvertrauten Kinder und stören sie langanhaltend und nachhaltig. Für mich kaum auszuhalten. Deshalb dieses Buch. Deshalb dieser Ruf nach Veränderung und Erkenntnis. Obwohl ich sehr wohl weiß wie unsagbar schwer es sein wird solche „Wahrheiten" in die Öffentlichkeit zu bringen. Über zwanzig Jahre nun schreibe ich an diesem Buch. Versuche immer und immer wieder einen nach dem anderen zu überzeugen. Spreche, rede, schreibe, diskutieren und erlebe diese unglaublich große Angst der Erwachsenen etwas zu verlieren. Sie können und wollen sich nicht vorstellen, etwas zu gewinnen. Die Erwachsenen haben die Verbindung gekappt und tun dies jeden Tag aufs Neue. Das ist bitter und traurig zu gleich.

Die UN-Kinderrechtskonvention die 1989 verabschiedet und 1992 von Deutschland ratifiziert wurde sowie die Kindschaftsrechtsreform von 1997 in der auf die Aufnahme von Beteiligungsrechten in vielen Gemeindeordnungen hingewiesen wurde, machen deutlich wie wenig die „Mächtigen" daran interessiert sind dies endlich auch transparent werden zu lassen.

Sie trauen den Kindern nicht über den Weg. Und es gibt kein Kontrollorgan das diese Sichtweisen irgendwann einmal in Frage stellen wird. Die Erzieherinnen und Fachkräfte in diesem Bereich dürfen nach Gefühl und Wellenschlag arbeiten. Sie verkaufen den Eltern Professionalität in Dosen. Deren Etiketten schimmern in leuchtenden Bio-Farben und täuschen über den Inhalt dieser „Dosen" hinweg. Denn sie sind leer. Und die Eltern? Sie sind damit zufrieden, denn auch sie gehören zur Welt der Erwachsenen und wollen ebenso wenig verändern wie die Fachkräfte. Auch sie müssten an ihren Einstellungen, Haltungen und Sichtweisen etwas verändern. Ihre Einstellung den Medien gegenüber. Ihre Erziehungsstile- und Methoden hinterfragen. Ihre Meinungen über gesunde Ernährung und gesundes Leben. Ihre Haltung gegenüber den Grundfragen von Offenheit, Ehrlichkeit und Verantwortung. Auch hier könnte ich noch vieles benennen, was aber nichts bewirken würde. Die Erwachsenen benutzen Kinder immer noch als Alibi für ihr gesamtes „nichts" tun. Kinder sind nichts wert. Sie haben keine Bedeutung für die Welt der Erwachsenen. Im Sinne von Charles Darwin gehören sie zwar zu einer Lebensform- und Gattung die allerdings erst an zweiter Stelle, wenn nicht sogar oftmals an letzter Stelle der Nahrungskette gehört. Kinder stören eher die Welt der Erwachsenen. Sie stören überall. Sie sind zu laut. Zu schnell. Zu dumm. Wobei es mittlerweile sogar Gerichtsurteile gibt deren Urteile Kinder zu Störenfrieden machen. Mit anderen Worten, sie werden immer noch nicht als vollwertige Personen anerkannt.

Erinnern möchte ich an dieser Stelle: An die UN-Kinderrechtskonvention. Unter Artikel 12 geht es unter anderem um die Berücksichtigung des Kinderwillen, in Art. 13 um die Meinungs- und Informationsfreiheit, in Art. 14 um die Gedanken-, Gewissens- und Religionsfreiheit und in Artikel 15 um die Vereinigungs- und Versammlungsfreiheit, weiterhin in Art. 27 um angemessene Lebensbedingungen und Art. 31 um die Beteiligung an Freizeit, kulturellem und künstlerischem Leben. Diese Erinnerung verblasst leider immer mehr.

In der Agenda 21 steht:
In Kapitel 25 der Agenda 21 wird die Wichtigkeit der Einbeziehung von Kindern und Jugendlichen in Umwelt- und Entwicklungspolitische Entscheidungsprozesse betont. Beteiligung wird in diesem Zusammenhang als Bedingung genannt, der Agenda 21 zum langfristigen Erfolg zu verhelfen.

Weiter seien hier der Europarat, die Charta der Grundrechte, der Vertrag über die Europäische Union, das Grundgesetz, das Bürgerliche Gesetzbuch, das SGB VIII (Kinder und Jugendhilfegesetz (KJHG)), das Baugesetzbuch sowie die Länderausführungsgesetze zum SGB VIII genannt. Dort steht unter anderem:

„Kinder und Jugendliche sollen an Planungen in den Gemeinden in angemessener Weise beteiligt werden, soweit ihre Interessen berührt werden."

Wer genaueres lesen und erfahren möchte kann sich selbstverständlich selbst informieren. Nun schauen sie sich doch einmal in ihrer Gemeinde um? Wo wird dies denn wirklich umgesetzt? Wo werden immer wieder die Interessen der Kinder ernst genommen und auch wirklich berücksichtigt? Ich habe bis jetzt von keiner Gemeinde, keinem Gemeinderat oder Gemeinderatssitzung gehört wo Kinder gefragt und ihre Meinungen und Sichtweisen auch wirklich berücksichtigt wurden.

Nun werden sicherlich viele mit ernster Miene mir gegenübertreten und meinen ich würde eine viel zu düstere Wirklichkeit abzeichnen. Erinnern möchte ich an den Anfang meines Buches „Wahrheit ist der Raum einer Wirklichkeit", meiner Wirklichkeit. So erlebe ich den Bereich der Kindertagesstätten. Und sie haben richtig gelesen, so erlebe ich es immer noch. Tatsächlich erlebe ich dies jeden Tag aufs Neue. So habe ich die Kita als Vater einer Tochter erlebt, die fröhlich und glücklich zur Kita ging. So habe ich die Kita als Gruppenerzieher erlebt, als all meine Ideen von den langjährigen Erzieherinnen immer wieder boykottiert und abgelehnt wurden. So habe ich die Kita als stellvertretende Leitung erlebt und selbst als Leitung. Ich habe erlebt wie Trägervertreter, Stadtvertreter, Gemeindevertreter, aber auch Elternvertreter und viele andere die Entscheidungen zu treffen hatten, sich immer wieder für irgendwelche kostensparenden Maßnahmen entschieden, die einerseits die Gemüter und andererseits die Geldbeutel nicht allzu sehr strapazierten. Sie alle wollten einen pflegeleichten und gut funktionierenden Kindergarten, mehr jedoch nicht. „Ruhe im Karton", ist das Motto unserer Kita-Landschaft. Das ist frustrierend und traurig zugleich. Andererseits aber auch Ansporn für mich, etwas zu verändern. Die meisten Veränderungen sind eher durch Revolutionen entstanden. Das vermag ich sicherlich nicht zu leisten. Und wenn wir Deutschen mal ehrlich sind, für was gehen wir denn schon auf die Straße? Gegenüber den Franzosen, Engländern und manch anderen Nationen. Wir leben ein angepasstes und stressfreies Leben, die anderen werden das Kind schon schaukeln. Warum soll ich in die Gewerkschaft gehen, da sind doch schon andere drin die auch für mich kämpfen. Soviel zu unserem Verständnis von Solidarität. Aber vielleicht funktioniert die gedankliche Revolution. Durch Provokation und permanente In-Frage Stellung. Wie ist der Kita-Bereich denn nun wirklich? Machen Sie sich auf den Weg dies zu überprüfen. Gehen Sie in die Kindertagesstätten und hospitieren Sie einige Tage und Wochen. Nehmen Sie teil an der Tagesplanung und Umsetzung. Gestalten Sie den Kita-Alltag mit und Sie werden ihre Erfahrungen machen. Welche Einrichtungen werden dies zulassen? Wer ist wirklich so offen dafür? Wo können Kinder wirklich mitentscheiden und mitgestalten? Gibt es gar eine Verfassung, die die Rechte der Kinder festschreibt und auch wirklich umsetzt? Wer überprüft in regelmäßigen Abständen diese Verfassung? Wer stellt sich dieser Reflektion? Schon allein daran werden sie erkennen ob und wieweit sich eine Kita auf die Kinder einlässt. Denn wer nichts zu verbergen hat der kann sich auch wirklich und zu jeder Zeit offen zeigen.

Das Menschenbild und die Perspektive geschlechtsspezifischer Prägungen im Kindergarten.
Auch dies ein großes Thema dem sich die Erzieherinnen immer noch massiv verschließen. Sie wollen solch eine Auseinandersetzung nicht und wie ich bereits weiter oben beschrieben habe, boykottieren sie sogar Projekte die der geschlechtsspezifischen Dimension neue Möglichkeiten eröffnen könnten. Sie sehen überhaupt keine Verbindung zu einer geschlechtsspezifischen Sichtweise und den daraus prägenden Grundzügen.

Unter Bedingungen verstehe ich all jene Faktoren, die einen prägenden Einfluss auf die geschlechtsspezifische- und typische Konditionierung des Verhaltens des Kindes im Kindergarten haben. Die Häufigkeit und Intensität der Konfrontation mit diesen Bedingungen, sind verantwortlich für das Ausmaß und die Auswirkungen, die diese Einflüsse auf das Kind ausüben. Für Jungen ist die Identifikation ihrer Geschlechterrolle weitaus schwieriger in einem Umfeld wo überwiegend Frauen tätig sind, da ihnen die entsprechenden Vorbilder gänzlich fehlen. Zuhause, im Kindergarten und in der Grundschule begegnen ihnen zunächst einmal nur Frauen. Frauen die über ihr Empfinden entscheiden und die ihre weibliche subjektive Wahrnehmung gegenüber den Jungen zum Ausdruck bringen und gestalten. Eine neutrale Erziehung gibt es aber nicht. In keinem Bereich der Pädagogik. Sozialwissenschaftliche Forschung und die Praxis haben vor allen in den letzten Jahren belegt, wie tiefgreifend anders sich das Denken, Handeln und Fühlen von Frauen gegenüber den Männern entwickelt und darstellt. Parallel dazu haben Wissenschaftler/innen unsere kulturellen und gesellschaftlichen Strukturen aus dem soziologischen und gesellschaftspolitischen Blickwinkel analysiert. Das Geschlecht als eine der zentralen sozialen Strukturkategorien wurde herausgearbeitet. Seltsamerweise haben gerade Pädagoginnen vielerorts sich über das Verhalten gerade der Jungen beklagt, aber über eine bewusste Einflussnahme durch eine intensive Auseinandersetzung der fehlenden Männer keine Alternativen gesucht. Und sie können bis heute keine Faktoren erkennen die vielleicht gerade in diesem Zusammenhang entstehen. Wir können aber immer nur mit unserer ganzen Menschheitsgeschichte, als Frau oder Mann agieren. Dieses anzuerkennen, bedeutet seine eigenen Grenzen schon allein rein biologischer Natur zu sehen und die Hilfe des anderen in Anspruch zu nehmen oder gar einzufordern. Jungen müssen als geschlechtliche Wesen betrachtet werden, ebenso die Mädchen mit entsprechenden Ansprechpartnerinnen und Vorbildern, sie müssen verstanden und wahrgenommen werden. Sie sollen sich in ihren geschlechtstypischen Stärken und Schwächen angenommen fühlen. Hier ist Beziehungsarbeit gefordert, Beziehungsarbeit von Männern mit Jungen sowie bereits von den Frauen zu den Mädchen. Am 19.05.2015 brachte das Dritte TV Programm N3 die Sendung Panorama. Dort wurde ein sehr interessanter Versuch unternommen. In einer Kindertagesstätte sollten die Jungen und Mädchen aus Spielzeugkatalogen Spielsachen für Jungen und Mädchen ausschneiden. Ebenso Spielsachen mit denen sowohl Mädchen als auch Jungen spielen könnten. Den Erzieherinnen war nicht klar was nun dabei heraus kam. Sowohl die Mädchen als auch die Jungen wussten sehr genau welche Spielsachen für das jeweilige Geschlecht gedacht waren und beide Seiten konnten sich nicht vorstellen mit den Dingen der anderen zu spielen. Eine neutrale Zone in denen Spielsachen abgebildet werden sollten womit beide Geschlechter, also Mädchen und Jungen spielen konnten gab es überhaupt nicht. Diese Kinder waren bereits geprägt, sie hatten mit ihren drei, vier oder fünf Jahren überhaupt keine Freiheit mehr wirklich frei zu entscheiden. Ein Experte meldete sich dann noch mit den erschütternden Worten, dass diese pinkfarbene Phase ein Leben lang erhalten bleibt und diese tiefe Prägung die Mädchen als auch die Jungen bis ins Erwachsenen Alter beeinflussen wird. Die Spielzeugindustrie, die Werbung egal ob im Fernsehen, im Kino oder in Zeitschriften sowie in der Welt des World Wide Web, sie alle prägen unsere

Kinder. Sie alle manipulieren unsere Kinder. Und wenn wir, die Erwachsenen und insbesondere die Verantwortlichen in den Kindertagesstätten und Schulen sich nicht fortbilden, dann wird sich auch weiterhin ein völlig falsches Bild vom „Mann" sein und vom „Frau" sein entwickeln, dass wir letztlich bereits seit der Emanzipationsbewegung ins vorige Jahrhundert zurückgeschleudert dachten.

Warum Väter für Kinder so wichtig sind!

Erst durch die Väter-, Säuglings- und Kleinkindforschung der letzten Jahrzehnte ist deutlich geworden, wie urexistenziell notwendig der Vater für eine gesunde seelische und soziale Entwicklung der Kinder ist und nicht immer nur die Hauptlast bei den Frauen gesehen und eingefordert werden sollte. Männer müssen endlich ihre Verantwortung wahrnehmen und umsetzen. Die Erforschung der Kleinkindzeit konnte nachweisen, wie schwierig, schmerzhaft und Angst besetzt die Ablösung des Kindes aus der frühen Symbiose der Mutter ist. Es wird stark hin- und her gerissen zwischen seinen Wünschen nach Abgrenzung und eigener Identität einerseits und dem unbedingten Wunsch, die Geborgenheit der frühen Mutter-Kind-Einheit zu erhalten andererseits. Nach der Ablösung von der Mutter erfährt sich das Kind als eigenständiges Wesen. Aber was für ein Wesen? Wessen Geschlecht und welche Identität? Und damit welche Zukunft meines kleinen Ichs? In dieser Phase kommt es in den Kindergarten. Wo sind aber nun hier meine Identitätsmodelle im Alltag? Wo sind meine gleichgeschlechtlichen Ansprechpartner im Alltag? Meine ureigenen Vorbilder? Ohne ein gleichgeschlechtliches Gegenüber laufen sie meistens ins Leere. Suchend, rennend, hilflos und einsam. Je wilder sie suchen, desto störender sind sie. Ich möchte an dieser Stelle nur einen Bogen schlagen zu möglichen Verhaltensweisen die allzu schnell als Hyperaktivität diagnostiziert werden oder gar als Syndrom, die aber lediglich die natürliche Suche nach Identität widerspiegeln könnte. Unsere kleinen Helden sind ganz offensichtlich in großer Not, helfen wir ihnen damit sie lernen können was es heißt ein Mann (Mensch) zu sein. Eine Versöhnung und respektvolle Anerkennung der Grenzen und Möglichkeiten gehört dazu, sich nicht als Konkurrenten, sondern als Bündnispartner zu sehen die gemeinsam einen Bildungs- und Erziehungsauftrag haben. Diese Sichtweise ist leider bei vielen Erzieherinnen nicht vorhanden. Sie glauben tatsächlich immer noch, sie würden geschlechtergerecht wirken. Die allerwenigsten Fachkräfte können so differenziert arbeiten, oder haben solch ein differenziertes Wissen.

Vater sein darf nicht nur eine private Aufgabe sein, sondern bedeutet vielmehr diese Rolle in einem gesamtgesellschaftlichen Kontext zu sehen. Dazu müssen Frauen die Männer in ihre Kitas herein bitten, sie einladen und bei Stellenbesetzungen sich möglichst für einen Mann in der Einrichtung entscheiden. Ein sinnvoller Quotenmann ist wichtiger als gar kein Mann. Es sollten eine Vielzahl von Kooperationsbündnissen aller Erwachsenen eingegangen werden die im Sinne und Interesse unserer nachwachsenden Generationen eine Verantwortung übernehmen, für eine letztlich sicherlich friedvollere Welt. Wir brauchen Männer in den Kindertageseinrichtungen und diese gibt es durchaus im Dorf, Stadtteil oder näherer Umgebung. Deswegen das bereits weiter oben beschriebene Projekt „Papis in die Kitas". Welches „Frauen" boykottierten und Trägervertreter nicht wahrhaben wollten. Doch wir scheinen hilflos. Diese Hilflosigkeit drückt sich oftmals auch im Verhalten der Jungen aus. Sie machen ganz deutlich wie sehr sie ein gleichberechtigtes Gegenüber suchen. Ihre Äußerungen werden dann als sehr gewalttätig gesehen und bewertet.

Gewalt in Kindergärten ist mittlerweile mehr als eine Randerscheinung. Und das wurde bereits vor gut 20 Jahren festgestellt.

„20 % aller Kinder und Jugendlichen zeigen klinisch bedeutsame Verhaltensauffälligkeiten wie Ängste, Depressionen und vor allem oppositionelles Trotzverhalten und hyperkinetische Auffälligkeiten. Dabei handelt es sich oft um schwierige, chronische und bezüglich ihrer Behandlung kostenintensive Verhaltens- und emotionale Störungen, die auch mit deutlichen gesundheitlichen Beeinträchtigungen einhergehen. Insbesondere aggressives Verhalten scheint über den Entwicklungsverlauf sehr stabil zu sein." (Hahlweg 2001, Forum Kriminalprävention 5/2002)

Die Gewalt auch in den Kindergärten hat zugenommen. Ebenso die Hilflosigkeit der Erzieher/innen damit umzugehen. Sanktionen, Strafen und Ausgrenzung sind oft die Folge, die jedoch langfristig überhaupt keine Veränderungen bringen. Hier wird deutlich das vorbeugende Maßnahmen nur wirkliche Hilfe bringen würden. Alles beginnt am Anfang. Beziehungsarbeit könnte ein Schlüssel dafür sein. Aber wie sollen gerade Jungen Beziehungen aufbauen, wenn ihnen dafür nur Frauen zur Verfügung stehen, die sicherlich weiterhin tragende Funktionen haben, deren Ergänzung durch Männer unbedingt erforderlich ist, denn Frauen sind nun mal keine Männer. Die Kinder fordern eine Resonanz von einem gleichgeschlechtlichen Gegenüber. Das ist ein riesengroßes Problem, dem sich der Elementarbereich viele Jahrzehnte gegenüber verschlossen hatte, obwohl schon viele Jahre die Jungen darauf aufmerksam gemacht haben. Jungen brauchen Männer, brauchen lebendige Vorbilder, greifbare, an fassbare und spürbare Männer, die sich mit ihnen gemeinsam auf dem Weg machen, zu ihrer Geschlechteridentität. In früheren Kulturen gab es so genannte Mentoren die sich der Jüngeren annahmen um sie auf ihre Rolle vorzubereiten. Männerarbeit beginnt im Kindergarten, von Mann zu Mann. Hier sollten neue Formen gesucht, ausprobiert und gefunden werden. Denn was Hänschen nicht lernt, lernt Hans nimmer mehr. Momentan stürzen sich die Jungen auf Rollenangebote der Medien, die für sie real und greifbar sind. Es sind wehrhafte Rollenangebote einer patriarchalischen Mediengesellschaft. Sie verwandeln sich in harte, knallharte Aktion Helden, Soldaten, Polizisten und andere Helden die ihnen die Kraft verleihen die sie für den Alltag brauchen um ihre Suche und ihr Gefühl der Minderwertigkeit auszugleichen. Es ist eigentlich eine Zeit in der die Kinder und besonders die Jungen ihre Kuscheltiere brauchen und eigentlich ganz viel Vater. Aber welches Bild wird denn noch immer transportiert? Welche Folgen hat es denn nun für Jungen, per sozialer Annahme zu erfahren das sie zum überlegenen Geschlecht gehören sollten? Es ist ein Mythos von der männlichen Überlegenheit, der aber von den Medien und ihren Geschichten weiter proklamiert wird und der ebenfalls in den Köpfen von Männern und Frauen auch noch drinsteckt. Ebenso der Mythos eines angstfreien Helden. Genauso aber stellen sich die Kinder die Wirklichkeit vor und verdrängen mit der Zeit ihre empfindsamen Seiten.

„Anstatt Jungen beizubringen, das Niederlagen, Kummer und Angst auch zu einem männlichen Leben dazugehören, manövrieren viele Erwachsene Jungen lieber in Zustände vermeintlicher Großartigkeit und Rücksichtslosigkeit hinein. Oft genug schlägt diese Form der Angstbewältigung in diffuse Überaktivität und Kontrollverlust um, und ein Junge gerät so erst recht in einen hilflosen Zustand. Die Männerspiele kleiner Jungen entsprechen unserer patriarchalischen Kultur." (Dieter Schnack und Rainer Neutzling, Kleine Helden in Not, rororo 1990)

Ein Junge erobert sich die Welt. Dabei gibt es Schrammen, Blessuren und andere kleine oder große Verletzungen. Ganz Natürlich. Natürlich, die gehören dazu, macht ja nichts, das heilt ja wieder. Also aufstehen und weiter in der gleichen Art und Weise? Macht das Sinn? Oder müssen wir endlich begreifen wie Jungen besser gefördert werden können? Welche Art von Beziehungen sie brauchen? Und können wir uns das auch von den Mädchen vorstellen? Wie sieht die Realität in der Werbung zum Beispiel aus und wie könnte sie einmal aussehen? „Ein kleines Mädchen kommt mit dem Skateboard unter dem Arm und natürlich aufgeschlagenen Knien nach Hause gelaufen. Die Mutter reibt Salbe auf die Wunden. Sofort danach läuft das kleine Mädchen wieder auf die Straße, die Mutter winkt ihr strahlend aus der Tür." (PRO Jugend 3/96)

Dieses Bild aber haben die meisten nicht in ihren Köpfen. In unseren Köpfen haben wir bereits unsere Vorstellungen von richtigen Jungen und Mädchen geformt und entschieden. Ganz frei, wie wir glauben. Ein Beispiel für unsere unvoreingenommene Art sind die Verhaltensauffälligen Kinder und Jugendlichen. Diese sind meistens ausschließlich und natürlich Jungen. Sollte uns dies nicht endlich einmal zu denken geben und wir die Möglichkeit in Betracht ziehen, dass unsere Vorgaben mit dazu beitragen diese sog. Verhaltensauffälligkeiten zu Tage zu bringen?

Die Geschlechtsspezifische Erziehung und Förderung hat gerade im Kindergarten eine besondere Bedeutung. Hier werden die familiären Grunderfahrungen weiter forciert und gefestigt. Hier sollte aber einmal eine radikale In Frage-Stellung der bisherigen Normierungen vorgenommen und somit ein reger Austausch mit den Eltern gepflegt werden. Aktive Elternarbeit beginnt immer über Beziehung und dass bedeutet die unterschiedlichen Sichtweisen auch kennen gelernt und ausgetauscht zu haben. Dann kann auch ein Umlernen stattfinden von dem alle profitieren würden. Geschlechtsstereotype Erziehungsverhaltensweisen werden vielfältig vermittelt. Und eine gute Kindertagesstätte ist sich der vielen Möglichkeiten darüber bewusst um entsprechende Angebote und Informationen mit den Kindern und Eltern zu verwirklichen. Es gibt sehr viele unbewusste Meinungen darüber wie ein Junge oder ein Mädchen sein sollten. Welche Eigenschaften und Verhaltensweisen als der Norm entsprechend gelten. Die Grundannahme über das „richtige" Verhalten beeinflusst unser eigenes Verhalten gegenüber den Kindern und somit prägen wir, unbewusst im klassischen Sinne, weiter wie bisher. Diese Prägungen waren für die Vergangenheit sicherlich auch förderlich und teilweise notwendig, doch aus der heutigen Perspektive sind sie eher hinderlich als förderlich für die weitere Entwicklung der Kinder. Dabei geht es nicht darum den Blick für das einzelne Kind zu verlieren sondern im Besonderen ganz bewusst den Blick für das einzelne Kind als Junge oder Mädchen zu sehen. Hierbei kann uns manchmal der eigene Blick zurück, auf unsere Vergangenheit als Kind, als Mädchen oder Junge dabei helfen. Leider können es meistens nur die Frauen tun, da keine Männer in den Einrichtungen zu finden sind. Und damit keine Identifikationspersonen da sind die wichtig wären für ihre Entwicklung. Der Mann zu Hause reicht dabei bei weitem nicht aus, zumal immer mehr Frauen alleinerziehend sind. Männer im Elementarbereich sind Mangelware und ein wichtiger Baustein für ihre gesunde Entwicklung fehlt. Eine Alternative wäre ein regelmäßiges Angebot der Väter und Männer des Ortes für die Kinder im Sinne der Reggio-Pädagogik, Väter die bereit sind sich für die Jungen zu engagieren, mutige Männer die den Vormittag im Kindergarten verbringen und das mit ihrer ganzen Person. Den Vormittag, Nachmittag oder sogar ganzen Tag nach ihren männlichen Interessen gestalten und dies regelmäßig als verlässlicher Partner den Jungen anbieten. Das Rollenverständnis und das Rollenverhalten das sich bei den Jungen und Mädchen entwickelt ist geprägt von dem jeweiligen Erwachsenenverhalten, also von dem was wir ihnen vorleben. Vielen Eltern ist die Dimension, die Bedeutung für ihre Sprösslinge kaum bewusst und noch immer wird in weiter Lobby von den Frauen gesagt, sie könnten ebenso die Jungen fördern, was sie ja auch in der Vergangenheit gut gemacht haben. Aber sie sind keine Männer und Jungen brauchen echte Männer. Männer die ihnen nah kommen, mit ihnen spielen, streiten, toben und sich verzeihen können, wenn das Spiel mal zu schmerzhaften Erfahrungen geführt hatte. Die Realitäten und die wissenschaftlichen Erkenntnisse dürfen nicht einfach in den Wind geschrieben werden. Wir wissen jetzt mehr, wir können auf ein breiteres, gesichertes Wissen zurückgreifen wie keine Generation vor uns, und das sollten, nein müssen wir tun. Die Eltern müssen informiert werden darüber, dass auch ein Kindergarten an seine Grenzen kommen kann und die sind in so mancher Einrichtung gerade in der Jungen Förderung gegeben. Wenn wir alle mal ganz ehrlich zu uns sind, dann nehmen wir die Kinder in ihrer unterschiedlichen Geschlechterrolle überhaupt nicht wahr. Es sind halt Kinder und als solche behandeln wir sie eben. Ungewöhnliches Verhalten oder besser gesagt auffälliges Verhalten machen wir meistens an den Kindern fest und in den seltensten Fällen betrachten wir den Geschlechterzusammenhang. Erklärungsmuster für die auffälligen Jungen oder Mädchen haben wir viele, das Elternhaus, die Erziehung, die Umgebung, die Umwelt, das Fernsehen, das letzte Kindergartenjahr, die Unterforderung oder Überforderung im kognitiven Bereich usw. das Ringen nach einer evtl. Geschlechteridentität wird nicht wahrgenommen. Wenn Männer in der Kindererziehung Position beziehen oder in Erscheinung treten, dann nicht als eigenständiges, emotionales Wesen sondern als Funktionsträger, zuständig für Strafen (warte nur bis Vater kommt), oder als ausgeruhter Organisator für Sonntagsausflüge oder als Animateur für waghalsige oder sportliche und vor allem draufgängerische Abenteuerspiele. Wobei es natürlich wieder um den Sieg und keinesfalls zu

Niederlagen kommen darf, „beim Fußball musst du ihm so richtig reingrätschen!". Aussagen die ebenfalls eine Realität bedeuten.

Inwieweit gehen wir nun im Kindergartenalltag mit den unterschiedlichen Geschlechterbedürfnissen um, oder umgehen wir sie im wahrsten Sinne des Wortes? Und berücksichtigen wir auch immer das Geschlecht des Kindes bei der Arbeit? Ein schönes Beispiel war für mich die Einführung einer regelmäßigen Jungenstunde, einmal in der Woche. Die Mitarbeiterinnen waren sehr froh, das ich den Jungen dieses Angebot machen konnte, bedeutete dies doch für sie zunächst einmal Entlastung zu bekommen von diesen fordernden und ewig herum springenden und ewig balgenden Jungen die nun künftig, verlässlich einmal in der Woche aus dem Verkehr, und damit aus dem Gruppendienst gezogen wurden. Wir trafen uns im Bewegungsraum und spielten die wildesten aber auch die sanftesten Spiele. Kämpfen, Räuber, Ritter, König der Löwen, aber auch Tanzen, Meditieren, Phantasiereisen und massieren. All dies machte den Jungen sichtlich großes Vergnügen und sie achteten immer strikt darauf, dass an diesen Tagen die Mädchen aus ihrem Umfeld verbannt wurden und sie ungestört spielen konnten. Erstaunlicherweise genierten sich die Jungen im Alter von 3 Jahren schon, wenn Mädchen ihnen beim Tanzen zuschauten, sie waren also bereits geschlechtsspezifisch geprägt worden. Anfängliche Tanzmuffel wurden begeisterte Hobbytänzer, aber nur wenn die Mädchen nicht zuschauten. Die Wettkämpfe wurden mit fairen Regeln erarbeitet und trotzdem kamen etliche Tränen bei so manchen Niederlagen die doch nicht sein durften. Aber wir trösteten uns auch gegenseitig, selbst ich bekam so manchen Trost, wenn meine Spielfreunde mir in ihrem Übermut gegen das Schienbein traten oder mit voller Wucht in den Bauch oder sonst wo hinzielten. Natürlich im Spiel, ohne zu erahnen welche Kräfte in ihnen steckten. Die Mädchen steckten immer öfter ihre Köpfe in unsere Stunden und schließlich forderten sie solche Stunden auch für sich. Sie baten mich mit ihnen auch solche Stunden durchzuführen doch ich verwies sie an meine Kolleginnen. Die Forderungen wurden immer mehr und so entschied sich eine Kollegin auch Mädchenstunden durchzuführen. So wechselten wir uns 14tägig ab. Und wie sahen nun die Mädchenstunden aus? Richtig, Stilleübungen, Yoga, tänzerische Einlagen mit Tüchern und vieles anderes was halt ohne großes Gegröle oder Toben unter Kontrolle gehalten werden konnte. Aber eine Ballschlacht oder andere Raufspiele wurden bis heute nicht mit den Kindern gespielt. Frauen wissen sehr wohl um die unterschiedlichen Bedürfnislagen von Jungen und Mädchen. Aber sie sind selbst sozialisiert, geschlechtsspezifisch sozialisiert. Diesen Perspektivwechsel können oder wollen sie nicht vornehmen.

Eine kritische Selbstsicht ist Voraussetzung für eine konstruktive Geschlechterrollenidentifikation. Untersuchungen berichten immer wieder von den mutigen, starken und rücksichtslosen Verhalten der Jungen. Sie schubsen, lärmen und toben und sie kämpfen jeden Tag aufs Neue um ihre Identität. Durch die Ansprüche und Anforderungen der Erwachsenen, der Werbung und der gesamten Umwelt und Medienwelt werden sie einem Männlichkeitsideal unterworfen dem sie sich gnadenlos anpassen müssen wenn sie nicht als halbgares Weichei verschrien werden sollen. Aber sie können dieses Ideal, welches vieler orten auf sie einwirkt, gar nicht erfüllen. Kein Junge und kein Mann auf dieser Welt kann dies, aber alle männlichen Exemplare auf dieser Welt versuchen es und sie werden von ihren Stammesgenossen, von ihren anderen Männern „unterstützt". Besonders deutlich wird dies bei den Rollenspielen der Kinder. Sie spielen die Helden, Ritter und Kämpfer für die Familie oder nur für sich allein.

Sie übernehmen wie selbstverständlich all jene Rollen die dominant und anspruchsvoll sind. Diese Rollen provozieren geradezu ihre Angriffslust und sie fordern ein Konkurrenzverhalten heraus dem sich die Jungen im täglichen Kampf stellen und selbst ausprobieren wollen ob sie heute zu den Gewinnern oder Verlierern gehören. Und natürlich wird jede Niederlage sofort in einen Sieg umgewandelt und umgemünzt. „Daneben geschossen, ich war schneller, ich habe noch ein Schutzschild, einen Panzer, ich bin unverwundbar und habe neun Leben usw." Sie haben Ausreden parat, die ihnen ihre Niederlagen ersparen sollen. Und die Mädchen? Sie beobachten alles, stehen still und stumm daneben, sind „pflegeleichter", als die Jungen. Wenn dann einmal wirklich ein selbstbewusstes Mädchen im Kindergarten auftritt wird es gleich eingenordet, es sei unmöglich, zickig, schwierig. Dafür brauchen wir geschlechter-gerechte und geschlechterhomogene Angebote. Wir brauchen in jeder Kindertagesstätte geschlechtshomogene Angebote. Sie sind wichtig und notwendig wenn sich im Geschlechterverhalten allmählich eine Veränderung zum Positiven hin zeigen soll.

Wie reagieren aber Frauen und Pädagoginnen auf eine Männeroffensive? Hier ein kleiner Erfahrungsbericht. Die Gleichstellungsbeauftragte der Stadt und das damalige Sozialministerium unter meiner Projektleitung hatten ein Projekt ins Leben gerufen. „Papis in die Kitas!" Es war ein auf zwei Jahre angelegtes Projekt in dem auch das Innenministerium sich beteiligte, da es unter anderem auch um Gewaltprävention im Kindergarten ging. Ein Landesweiter Wettbewerb wurde ausgerufen und sehr lukrative

Preise winkten den glücklichen Gewinner-Kitas, die daran teilnahmen. Väter sollten in den Kitas Projekte ganz selbständig durchführen mit den Jungen und Mädchen. Das konnten Bau- und Spiel-, Koch- und Theaterprojekte sein. Alles war erlaubt, dennoch mussten strenge Kriterien dabei erfüllt werden. Die Männer mussten über einen Zeitraum vom mindestens 3 Monaten kontinuierlich in den Kitas arbeiten (natürlich in ihrer freien Zeit) und noch einige andere Auflagen erfüllen, die hier zunächst nicht von Bedeutung sind. Wichtig ist vielmehr, dass Kita-Leiterinnen die Broschüren und Plakate in den Papiertonnen verschwinden ließen und sich nicht dem Dialog stellten. Sie boykottierten diesen Wettbewerb. Zum Glück gab es dennoch viele Einrichtungen die mitgemacht hatten und hunderte von Männern in ganz Schleswig-Holstein mutig ganz unterschiedliche Projekte realisierten. Männer sind also für Frauen noch immer nicht selbstverständlich und gewollt in einer Kindertagesstätte.

Grundfrage 3: Bewegung

Weiterhin ist es eine elementare Grundfrage welche Form von Bewegungsverhalten möchte ich in der Kita umgesetzt sehen? Will ich vom Sitzkindergarten hin zum Bewegungskindergarten? Wie sieht meine eigene Bewegungsprognose aus? Welchen Stellenwert hat Bewegung für mich? Welche Erwartungen habe ich letztlich an das Kind? Ist mein Ziel, das unsichere Tisch-Still-Sitz-Kind? Oder will ich ein Mitdenk-Frage-Bewegungs-Kind? Inwieweit bin ich bereit auch meine Bewegungsanteile neu zu überdenken und diesem Konzept anzupassen, jedoch ohne mich selbst dabei zu verbiegen, aber immer noch so viel Bewegungsfreiheit in mir trage, dass keine Starrheit auftritt?

Bewegung in vielfältigen Bezügen zulassen, einlassen und selbst auch mitmachen, ist durchaus keine Selbstverständlichkeit in deutschen Kindertagesstätten. Kinder äußern ihre Lebensumwelt in körperlichen Ausdrucksformen. Sie springen vor Freude, stampfen vor Wut oder Zorn, schreien und weinen bei Schmerz und Enttäuschung. Sie sind, wenn wir genau hinsehen ständig in Bewegung. Beobachten sie einmal Kinder genau und sie werden keine Sitzkinder oder gar ruhig stillsitzende Geschöpfe vorfinden. Was sie vor allen anderen Dingen wollen, ist Bewegung. Und erst wenn diese Anteile befriedigt, ausprobiert und gelebt wurden, dann können Kinder durchaus auch höchst konzentriert an Tischen sitzen und arbeiten. Sie haben noch so unendlich viel Lebensenergien, die ausgelebt werden wollen. Sie rasen, rennen und laufen durch Räume, über rasenbegrünte Flächen oder durchtoben einen Wald. Hier sollten sich die Erwachsenen und vor allem die Fachkräfte überlegen, ob ein Regelgruppenraum im Kindergarten überhaupt Platz für ausreichend Bewegung bietet? Oder darf Bewegung nur in den bestimmten, dafür vorgesehenen Räumen und Zeitpunkten geschehen? Wieviel Bewegungsfreiheiten gibt es innerhalb einer Kindetagesstätte?

„Ein Gruppenraum für 25 Kinder verfügt über wenigstens 26 Stühle und eine solche Anzahl an Tischen, das die 26 Stühle gleichzeitig daran Platz haben. Gegliedert ist der Raum durch Schränke in Brusthöhe von Kindergartenkindern, die in der Art ihrer Anordnung ‚Ecken' schaffen: In jedem der Gruppenräume gibt es wenigstens eine Bauecke, eine Puppenecke, häufig auch als Lese- und Kuschelecke genutzt. In der Mitte des Raumes stehen die Tischgruppen: ein Basteltisch, ein Mal-, ein Konstruktion, – ein Spiele, ein Puzzle, – ein Frühstückstisch. Optimaler Weise ist die Beleuchtung so eingerichtet, dass in allen Ecken und auf allen Tischgruppen die gleichen Lichtverhältnisse herrschen. Das Material, wenn nicht schon fabrikmäßig in Kästen verpackt (Memory, Lotto, Puzzle), wird in genormten Kisten oder Schubladen aufbewahrt, auf denen vorne ein Schildchen aufgeklebt ist, das mit einem Bildchen den Inhalt der Kiste anzeigt. Die Schachteln, Kisten und Kästen haben ihren Ort im Kindergartenraum. Gegliedert nach Spiel- und Aktivitätsbereichen der Kinder gehören Malsachen, Mal Decke, Malblätter zum Mal Tisch, Bausteine und Autos in den Schrank nahe dem Bauteppich und Konstruktionstisch, Memory und Puzzle zum Spieltisch." USW. (Sigurd Hebenstreit, Kind zentrierte Kindergartenarbeit, S. 13+14)

So sieht es in vielen Kindergärten aus. Und ich werde den Eindruck nicht los, dass es hier nur darum geht sich die Kinder vom Leibe zu halten, sie einer Schäfchenherde gleich in entsprechende gesicherte Gatter zu treiben wo sie immer unter unserer Aufsicht auf der jeweiligen Wiese zu grasen haben. Jedes Möbelstück dient zur Abgrenzung und zur Ruhigstellung sie im Zaune zu halten. Noch ein Beispiel aus dem eben erwähnten und sehr empfehlenswerten Buch von Sigurd Hebenstreit.

„Barbara ist achtzehn Jahre und seit einigen wenigen Tagen neu als Vorpraktikantin in der Einrichtung. Sie ist voller Energie und versucht, nicht nur zu beobachten, sondern sich auch aktiv in das Kindergartengeschehen einzugeben. Alle Kinder und alle Erzieherinnen sind draußen auf dem Hof, die Kinder spielen, die Erzieherinnen stehen zu zweit oder zu dritt zusammen und unterhalten sich. Nur Barbara spielt mit den Kindern. Wild wird sie von einer Horde von Kindern gejagt, es geht die Treppe rauf und runter, über die Rutsche, in das Gebüsch. Die Kinder und Barbara schreien so laut, dass man sie von weitem hören kann. Es hat keine zwei Wochen gedauert, bis auch Barbara sich angepasst hat; sie organisiert jetzt Dinge die Kinder zum Spielen benötigt, sie sitzt mit einzelnen Kindern auf der Sandkistenumrandung, sie schlichtet einen Streit zwischen Kindern, und sie unterhält sich viel mit den Kolleginnen. Nur eins hat sie in dem Jahr nicht wieder gemacht: laut schreiend mit einer Horde von Kindern wild über das ganze Kindergartengelände zu jagen." (Sigurd Hebenstreit, Kind zentrierte Kindergartenpädagogik, wie oben)

In unserer modernen Zivilisation stellen Erkrankungen des Stütz- und Bewegungsapparates die Volkskrankheit Nr. 1 dar. Bereits heute sind viele Krankschreibungen auf Rückenbeschwerden zurückzuführen. Jahrelange Fehlbeanspruchungen die bereits im Kindergarten ihren Anfang finden sind die Ursache und der Beginn dieser Entwicklung. Sitzende Kopffüßler sind wir geworden und wir waren einmal springlebendige Entdecker. Aktuelle Studien belegen, dass zunehmend immer mehr Heranwachsende große Haltungsstörungen aufweisen. Jedes Kind im Alter von 7 bis 17 Jahren klagt bereits regelmäßig über Kopf- und Rückenschmerzen. (Nach Berichten unterschiedlicher Krankenkassen) Gründe hierfür sind der Bewegungsmangel, das statische lange Sitzen, die vielen unzähligen Sitzzwänge die einem geheimen Kodex gleich immer weitergegeben und die von allen eingefordert werden, als wenn dies und nur dies unseren Horizont erweitern würde. Dies alles weiß man schon seit vielen Jahren aber daran etwas ändern? Es würde ja auch bedeuten sich selbst zu bewegen und wir Erwachsenen sind wie gesagt zu intellektuellen Kopf-Sitz-Füsslern verkommen. Und wir sind auch noch froh darüber. Anstatt von den Kindern zu lernen verlangen wir doch allen Ernstes, dass die Kinder sich unseren Bewegungsbedürfnissen anpassen sollen. Wie oft habe ich schon beobachtet das selbst in den Bewegungsräumen die Fachkräfte mit ihren Kaffeebechern oder Teebechern auf den Fensterbänken sitzen und alles beobachten ohne sich in das „Bewegungsabenteuer" einzulassen. Die Veränderungen würden ja radikale Konsequenzen für den Elementarbereich und damit für die Möbelindustrie und Spielwarenindustrie bedeuten. Auch die Schule könnte ja bewegende Klassenzimmer bekommen, was wiederum bewegende Lehrer voraussetzt. Science Fiktion also oder doch nicht? Kinder brauchen aber, und da sind sich alle Experten erstaunlicherweise einig, keine Bausteine oder eine gut ausgestattete Puppenecke um miteinander spielen zu können. Sie brauchen vor allem Platz für Bewegung. Zum Glück gibt es mutige Erzieher/innen und Lehrer/innen die ihre Räume zu gemeinsamen Räumen machen und den Entwicklungsbedürfnissen der Kinder entsprechend die Räume gestalten. Oder zumindest den Kindern den Freiraum geben sich zu jeder Jahreszeit draußen auf dem Kita-Gelände zu bewegen. Beobachten Sie einmal die Kinder in einer Turnhalle. Sobald sie die Turnhalle betreten, flitzen sie fast unaufhaltsam durch die Halle und weder Sportmatten noch Sportgeräte werden gefordert, sie rennen, laufen, springen, sie bewegen sich ganz einfach und ganz natürlich, denn alles was die Kinder brauchen ist ein geschützter Raum in dem sie sich bewegen dürfen nach ihrer ureigenen Art und Weise. Und dies auch in der für sie richtigen Lautstärke.

Die Schule trägt an der weiteren Entwicklung dieser Bewegungsarmut eine große nicht unerhebliche Rolle und hat gemäß ihrem Bildungs- und

Erziehungsauftrages eine noch größere Mitverantwortung. Bewegende Klassenzimmer sollten keine Utopien, sondern tägliche Wirklichkeit sein. Denn spätestens mit dem Eintritt in die Schule wird aus dem bewegungsfreudigen Spielkind ein Sitz Kind. Lernen wird immer noch aus dem falsch verstandenen Bewusstsein vieler Pädagogen/innen gewonnen die mit ruhigem, diszipliniertem und stillem Sitzen verbunden glauben, nur so könne das Kind wirklich lernen. Wie komplex Kinder allerdings Inhalte unterschiedlichster Art aufnehmen und verarbeiten ist erst in den letzten 10–15 Jahren weitestgehend untersucht und erforscht worden. Die Erkenntnisse daraus schlussfolgern ganz andere Konsequenzen für das Lernen. Sie machen deutlich, dass die Konzentration und kognitive Aufmerksamkeit nicht von körperlicher Beweglichkeit getrennt geschehen darf. Letztlich signalisierten viele Generationen von Schülern/innen dies bereits Generationen von Lehrern/innen gegenüber, die immer noch nicht verstanden haben welche Konsequenzen dies für einen wirkungsvollen Unterricht haben könnte, und auf so manch drastische Weise bereits gezeigt haben.

„Bedürfnisse der Schüler nach entlastender Bewegung, die sie u.a. durch körperliche Unruhe signalisieren, werden unterdrückt, Bewegung ist etwas, was nicht sein soll, was den Unterricht stört." (Zimmer 1995, 7)

Aber jeder der eine gute Beobachtungsgabe hat und der sich mit der Bewegungsentwicklung des Kindes beschäftigt und über das soziokulturellen Umfeld des Kindes der heutigen Zeit informiert ist, weiß das stillsitzende Kinder nicht konzentriert sind wie sie allgemein dafür gehalten werden.

„Konformes Verhalten, dass durch eine enge Klassendisziplin aufrechterhalten wird, ist nicht zu verwechseln mit Konzentration und Aufmerksamkeit. Beobachtete motorische Unruhe ist nicht zwingend als ein dem Lernen abträgliches und Informationsaufnahme behinderndes Verhalten einzustufen. Im Gegenteil: Werden die speziell dem Grundschulkind (Anmerkung. des Verfassers – und dem Kindergartenkind) innewohnenden Bedürfnisse der motorischen Kompensation zum Sitzzwang nicht berücksichtigt, kommt es mehr als nur zur Schädigung des Rückens. Auch Pädagogik kann schmerzen." (Praxis der Psychomotorik, Jg. 23 (4) Nov. 1998)

Vielleicht sollte die Schule sich immer wieder daran erinnern, dass Kinder ganz viel Bewegung brauchen und die Pausenzeiten und derzeitigen Zeiten einer Schulstunde für die Zukunft keine Zukunft haben werden. Kinder sind keine ursprünglichen „Sitzenbleiber!" Der altersspezifische Bewegungsdrang (Drang als eine biologische Eigenständigkeit für gesunde Entwicklung) beginnt von Geburt an und muss über den Kindergarten bis hin zur Grundschule und dort im Besonderen professionell gefördert werden.

„Experten sind sich einig: An deutschen Schulen herrscht eine Sitzmisere!" (Praxis der Psychomotorik s. oben Nov. 1998)

Die kindliche Muskulatur und die geistige Beschaffenheit von Kindern, sowie ihr ganz persönlicher Biorhythmus, ist noch immer ein ganz anderer als der der Erwachsenen. Zu oft erwarten wir Erwachsenen aber die gleiche Haltung, Einstellung, Ordnung, Bewertung, vor allem aber die gleiche Sitzhaltung die für uns bequem und entspannend ist, von unseren Kindern. Dieses Wissen über die kindliche Bewegungsentwicklung und dessen Drang zur Gesundheit ist seit Jahren bekannt, nur passt er nicht zur Bewegungsarmut der Erwachsenen Kopffüßler. Und selbst im Kindergarten, wo man sich pünktlich einzufinden hat, sitzen die Kinder meistens schon um 8 Uhr an den für sie vorbereiteten Tischen, warten bis alle da sind um dann schließlich im Stuhlkreis den Tag zu beginnen. Danach wird gefrühstückt (natürlich im Sitzen wie es sich für einen Menschen gehört) um danach dann endlich zum Mal Tisch oder Basteltisch zu gehen und hier sitzenderweise weitere Tätigkeiten auszuüben. Die Erzieherin beginnt und beendet dann vielleicht die unterschiedlichen Tischarbeiten um den Kindern sitzenderweise um sich herum eine Geschichte vorlesen zu können. Um 11 Uhr, wenn das Wetter es zulässt, dürfen die kleinen Racker endlich nach draußen und sich relativ frei bewegen. Bis ihre Eltern sie bereits um 11.30/12.00 Uhr aus der Kita abholen. Als ich Gast in einer Einrichtung war, es war um die Weihnachtszeit, wurde ein Nikolausessen veranstaltet. Die Erzieherinnen hatten einen langen Tisch zusammengestellt an dem alle 25 Kinder Platz finden konnten. Sie wurden morgens begrüßt, konnten sich einen Platz aussuchen und mussten warten bis alle Kinder da waren (Sitz Zeit ca. 60–90 Minuten) Dann konnte es feierlich beginnen mit Singen und dem gemeinsamen Essen. (Sitz Zeit ca. 60 Minuten). Nun räumten die Erzieherinnen ab und begannen eine Geschichte zu erzählen (aus einem Bilderbuch, Sitz Zeit ca. 30 Minuten), nun sollte der Höhepunkt kommen, es wurde gesungen und schließlich kleine Überraschungspakete an die sitzenden Kinder verteilt. (Sitz Zeit ca. 30–45 Minuten). In der Rest Zeit bis sie von ihren Eltern abgeholt wurden (Rest Zeit ca. 30–45 Minuten) durften die Kinder ihren Platz verlassen und in der Gruppe sich frei bewegen. Die Erzieherinnen waren erschöpft durch die unzähligen Ermahnungen und Hilfestellungen beim Frühstück und meine Sitzmuskulatur war dermaßen abgestorben, das ich froh war, fast schmerzfrei nach draußen zu gelangen. Dies ist kein seltenes Beispiel über das Sitzverhalten der Erwachsenen in Berufsfeldern wo ständige Bewegung eigentlich gefordert ist. Sicher kennen sie auch die vielen Bilder der Mitarbeiter/innen in Kindergärten die auf dem Spielplatz stehen und sich unterhalten aber nicht wie wild durch die Gegend rasen um fangen, ticken oder verstecken zu spielen. Selbst in den Gruppenräumen stehen ihre Schreibtische wie kleine Altare an denen sie thronen und wenn nicht dort, dann auf den Heizungen, immer an strategisch wichtigen Plätzen um den Überblick zu behalten. Immer wieder musste ich sehen, wie Mitarbeiter/Fachkräfte mit ihren Kaffee- und/oder Teebechern in die Turnhalle gingen, sich dort setzten um alles im Blick zu haben, anstatt selbst im Sportdress ihr mangelndes Bewegungsbedürfnis endlich einmal zu befriedigen. Selbst Heilpädagogen/Innen, die eine besondere Aufgabe hatten, ganz bestimmte Kinder in dieser Einrichtung zu fördern, schlurften mit ihren Kaffeebechern in die Bewegungsräume. Als Leiter einer Kindertagesstätte musste ich immer wieder diese Fachkräfte darauf aufmerksam machen. Schon sonderbar, oder? Stuhlkreise waren für mich immer das schlimmste in jeder Einrichtung. Manchmal steckte sogar eine Methode dahinter, die Kinder auf das konzentrierte Sitzen eines späteren Lebens vorzubereiten. Mit böser Zunge könnte man aber dies auch als eine Form der Körperverletzung bezeichnen. Erzieher/innen sollten sich mit ihrer eigenen Bewegungsarmut auseinandersetzen, wenn wir nicht eine Flut von Bewegungslegasthenikern in unsere Gesellschaft entlassen wollen, die für reichhaltige Folgekosten letztlich unsere Gesellschaft belasten werden.

„Die Sprachentwicklungsstörungen gehen mit einem allgemeinen motorischen Rückstand insbesondere hinsichtlich Gleichgewicht, Schnelligkeit, Simultankoordination, Kraft, sowie Hand- und Fingergeschick einher. Das Ausmaß der Sprachstörungen, korrespondiert mit dem Ausmaß der motorischen Störungen." (Eckert 1988, S. 103)

Es gibt keinen einzigen wissenschaftlichen Beleg dafür, und das sollte in aller Deutlichkeit jedem bewusst sein, das Lernen nur im Sitzen wirksam ist. Ein kleines Beispiel aus der Praxis eines Kindergartens macht dies vielleicht etwas deutlicher. Der Pastor einer Kirchengemeinde war zu Gast im Kindergarten und die Erzieherinnen hatten draußen im Garten einen Stuhlhalbkreis für die abgehenden Kindergartenkinder und künftigen Schulkinder aufgebaut. Diese saßen folgsam und gespannt auf ihren Stühlen und folgten den Worten des Pastors, so wie die Erwachsenen sich dies immer wünschten. Die Kinder, die noch in der Einrichtung verblieben, spielten und tollten draußen herum und einige umlagerten das Schauspiel neugierig. Der Pastor erzählte von Gott und der Welt, während rechts von der Stuhlreihe ein kleiner Junge ganz vertieft mit einem Stock im Boden stocherte und seinen Blick auf die Grasnarbe gerichtet hatte. Der Pastor stellte nun an die kommenden Schulkinder eine Frage. Stille kehrte ein und die sitzenden Kinder, der Pastor und die Erwachsenen warteten auf eine Antwort eines der Kinder. Nichts passierte und gerade als der Pastor ansetzen wollte, um eine weitere Hilfestellung zu geben, antwortete der kleine Junge, der mit dem Rücken zum Geschehen saß und eigentlich ganz vertieft in seinem Stockspiel war, laut und deutlich mit kräftiger Stimme ohne sich wesentlich von seinem Spiel abzubringen. Staunende Gesichter bei den Erwachsenen, der Pastor schmunzelte und gab dem Jungen Recht, zum Glück kannte er seinen Namen und wiederholte seine Antwort.

Dies mag sie vielleicht überraschen, aber denken sie an die spitzen Öhrchen ihrer Kinder, wenn sie etwas nicht hören sollen oder sie gerade immer in dem Moment auftauchen wo sie nichts mitbekommen sollen. Kinder haben eine Menge von kleinen Antennen. Es gibt also viele Möglichkeiten Informationen konzentriert aufzunehmen. Die Grundlage für die kognitive Entwicklung und Wahrnehmung ist immer die materielle Erfahrung. Nach Piaget wird jede Erkenntnisgewinnung durch einfache Handlungen erst richtig erworben. Denken vollzieht sich in der Form des aktiven Handelns.

„Der Einfluss der konkreten motorischen Handlungen auf das Lernen und Behalten von Begriffen nennt Engelkamp (1991, S. 250) den ‚Tu-Effekt', um zu verdeutlichen, das weder das Sehen einer Handlung; noch deren visuelle Vorstellung, noch die Handlungsplanung dieselbe Wirkung haben, wie die Ausführung der Handlung selbst." (Praxis der Psychomotorik, Nov. 98)

Erinnern wir uns doch an unsere Vordenker, wie die Schüler des Aristoteles. Sie wanderten schon vor mehr als 2500 Jahren in Wandelhallen, Gärten und Promenaden. Sie wurden im Freien unterrichtet und die geistige Arbeit wurde durch Bewegung unterstützt. Die besten Gedanken kommen mir auch beim Spazieren gehen, in der tätigen Bewegung und so dürfte es den meisten gesunden Menschen gehen.

Der Aufbau einer Schulstunde ist zu einem Dogma geworden das auf gar keinen Fall verändert werden darf. So ähnlich beginnen immer mehr Fachkräfte auch die Stunden in einer Kindertagesstätte zu organisieren. Doch betrachten wir uns kurz die Aufnahmefähigkeit und Konzentrationsfähigkeit der unterschiedlichen Jahrgänge. Kinder zwischen dem 5. und 7. Lebensjahr können nur max. 15 Minuten, zwischen dem 7. und 10. Lebensjahr max. 20 Minuten dem Unterricht kognitiv folgen. Zahlen die uns nachdenklich machen sollten und die Konsequenzen verlangen. Wie gestalten wir Unterrichtseinheiten in denen die Kinder auch über den genannten Zeitraum hinaus noch konzentriert und vor allem motiviert folgen können und wollen? Mit welcher Haltung begegnen wir Kindern im Unterricht? Wie begleiten wir sie beim Lernen? Die Einheitsmöblierung von Kindergärten und Schule werden den Kindern und Jugendlichen nach einem aktiven, dynamischen Arbeitsverhalten in keiner Weise gerecht. Hier ist also Pionierarbeit gefordert von jedem Einzelnen. Die Ergebnisse der entwicklungspsychologischen Forschung, der Sozialforschung und Hirnforschung der letzten Jahrzehnte haben deutlich gezeigt wie komplex die unterschiedlichen Entwicklungsschritte vor sich gehen und wie Kinder selbst aktiv an diesem Prozess beteiligt sind. Kinder ohne Bewegung, ohne ausreichende Bewegungszeit können keine Beziehung zu sich und der Welt aufbauen, geschweige denn etwas nachhaltig lernen. Noch keine andere Generation vor uns wurde mit einer solchen Flut von Reizen und Angeboten im Konsum- und Freizeitbereich, sowie durch digitale Medienangebote konfrontiert, die die Körper unserer Kinder zum Nichtstun zwingen. Der Daumen und der Kopf werden überproportional beansprucht, der Rest lümmelt auf der Couch. Dies wird jetzt ganz neu als E-Sport bezeichnet. Klingt irgendwie lächerlich wenn Menschen vor einem Bildschirm sitzen, sich die bewegten Bilder anschauen und mit dem „Controller" Figuren, Monster, Lebewesen sowie Waffen und Fahrzeuge steuern. Dies würde angeblich die Konzentrationsfähigkeit sogar fördern, die Flexibilität, Ideenreichtum sowie Kooperatives Verhalten und Kommunikation. Irgendwie fassungslos lese ich immer wieder diese Zeilen, während ich sie schreibe und kann es selbst doch nicht glauben. Erwachsene Fachleute behaupten dies und merken überhaupt nicht wie sie einem kommerziellen Spinnennetzwerk auf den Leim geklettert sind. Welche fatalen Folgen dieser „Sport" noch zeigen wird, welche Konsequenzen dies für den Menschen und seine Beziehungen haben wird, lässt mich nicht gerade hoffnungsvoll auf diese Generation schauen. Des Weiteren haben sich der Lebensraum und das Lebensumfeld der Kinder drastisch verändert. Kinder finden immer weniger geschützte Spielräume und Freiräume zum eigenen gestalten, entdecken, erforschen und sich bewegen. Dafür sollen ja nun die virtuellen Räume sorgen. Erinnern möchte ich an die vorherigen Kapitel, insbesondere an die Wahrnehmung und konkrete Erfahrung im echten Miteinander. In unserer Kindheit waren wir im ganzen Dorf allein unterwegs, durchstreiften den nahegelegenen, echten Wald und versteckten uns oftmals in einer alten, stillgelegten echten Fabrik oder verlassenen Industriebrachen. Können und dürfen Kinder dies heutzutage überhaupt noch? Der Tagesablauf ist meist fest verplant und richtet sich nach den Arbeitszeiten der Eltern. Weiterhin wird der Tagesablauf ganz massiv durch die Medien bestimmt, durch Serien und Medienvorbilder die ihnen vorleben wie sie zu sein haben, welche Kleidung, welche Sprüche und welches Verhalten besonders cool und wertvoll sei. Insbesondere das Handy ermöglicht einen fortwährenden Zugriff auf die Welt. Im Netz unterwegs sein beinhaltet aber letztlich mehr Risiken als Chancen für unsere Kinder. Die Industrie allerdings will uns das genaue Gegenteil davon weismachen. Phantasie und Kreativität und die eigenen Entfaltungsmöglichkeiten verkümmern mit jeder neuen Fernsehserie und jedem neuen Pop-Idol und jedem neuen Computerspiel, wenn nicht eine erwachsene Person sie bewusst in dieser Welt begleitet und ihnen mit Rat und Widerspruch zur Seite steht. Die zunehmende Zahl an Verhaltensauffälligkeiten und psychomotorischen Erkrankungen ist offensichtlich auch Ausdruck der Probleme, die Kinder heute bei der Aneignung ihrer Umwelt und im Umgang mit ihren Sinnen haben. Die gesamte Körperwahrnehmung ist gestört. Während wir Erwachsenen mit zunehmendem Alter als „Kopffüßler" die Welt begreifen und verstehen wollen, durchschreiten unsere Kinder diese Welt. Zumindest sollten sie es aktiv tun. Durch ihren Gang, durch ihre Bewegung treten sie in einen Dialog mit der Welt. Die Bewegung verbindet seine Innenwelt mit der Außenwelt. Und das geschieht im wahrsten Sinne des Wortes, Schritt für Schritt. Die Erfahrung der Wirklichkeit geschieht über die Bewegung und über die Körperlichkeit. Dazu gehört es auf Bäume zu klettern, einen Abhang herunter zu rollen, kopfüber an der Stange zu baumeln, sich immer wieder wild im Kreise zu drehen bis einem schwindelig geworden ist, mit mehreren Kindern übereinander auf dem Rasen sich herumwälzen u.v.a. mehr. So lernt das Kind mit der Zeit die einströmenden Informationen zu filtern und zwar jene die momentan wichtig und hilfreich sind gegenüber denen die zurzeit nicht gebraucht werden. Oft liegt der Grund für eine Lern- und Konzentrationsschwierigkeit gerade in jenem Mangel diese Unterscheidungen überhaupt treffen zu können. Sinnliche Erfahrungen in der richtigen Weise miteinander zu verbinden ist die Voraussetzung für die Bewältigung komplexer Lebens- und Handlungszusammenhänge. Um sich überhaupt entwickeln zu können bedarf das Gehirn vielfältiger Empfindungen und Informationen. Sie bedeuten „Nahrung" für das Kind. Zunächst entwickelt sich unser Körper und seine Beziehung zur Welt. Diese Entwicklung wird Stück für Stück auch immer geistig verarbeitet. Erst danach folgt die Differenzierung der Sinne über körperferne Dinge wie Hören und Sehen. Diese Grundfertigkeiten können aber gestört oder sogar ganz verloren gehen. Wir müssen Strategien entwickeln um diesen Defiziten die Stirn zu bieten.

Dazu möchte ich Frau Prof. Dr. Renate Zimmer zitieren:

„Forderung: Kindern Spielraum lassen
Kinder brauchen Spielraum in mehrfacher Hinsicht:

Sie benötigen Orte zum Spielen, die in ihrer architektonischen Gestaltung und materiellen Ausstattung auf die kindlichen Bedürfnisse abgestimmt sind und die ihnen die Möglichkeit des Entdeckens, Ausprobierens, Erkundens und „Selbertuns" eröffnen. Dazu gehören z.B. auch Spielplätze, die den Bedürfnissen der Kinder nach Entdecken und Selbergestalten auch gerecht werden. Kinder benötigen aber nicht nur räumliche und materielle Bedingungen, sondern auch Spielraum für eigene Entscheidungen, individuelle Sinngebung und selbständiges Handeln. Mit Spielraum sind also nicht nur die räumlichen Gegebenheiten und die materielle Umwelt gemeint, die Anlagen und Ausstattung von Spielplätzen und Spielflächen; auch soziale Sachverhalte spielen hier eine große Rolle; inwieweit den Kindern Handlungsspielraum zugestanden wird, ob sie sich selbst für Aktivitäten entscheiden können, ihren Sinn selbst bestimmen können und inwieweit die Erwachsenen ihren Bewegungsdrang tolerieren bzw. ihm entgegenkommen.

Forderung: Das Unfertige zulassen
Kinder brauchen vor allem das Unfertige. In einer Welt technischer Perfektion leiden sie Mangel am noch Formbaren, das zur eigenen Gestaltung einlädt. Nur so kann Kreativität herausgefordert, eigenes Denken und Handeln ermöglicht werden.

Unfertiges fordert zum Weiterentwickeln auf, es enthält die Möglichkeit, umgestaltet werden zu können. Wenn alles komplett und fertig ist, bleibt Kindern oft nur eins: die Zerstörung, Destruktive Handlungen sind manchmal auch eine Reaktion der Kinder auf eine allzu perfektionierte, wohlgestaltete, fertige Umwelt, in der kein Platz mehr für kindliche Ideen und Phantasie ist. Sie wehren sich gegen eine übermächtige, nicht kalkulierbare und beeinflussbare Welt, die ihnen keinen Spielraum lässt.

Forderung: Bewegung muss zum integrierten Bestandteil der Kindergartenerziehung werden
Der Kindergarten als die meist erste, öffentliche Erziehungsinstitution im Leben eines Menschen trägt in diesem Zusammenhang eine besondere

Verantwortung, denn als Familienergänzende Einrichtung kann er in hohem Maße auf die Lebensgewohnheiten der Kinder einwirken. Ebenso wie im Elternhaus werden hier grundlegende Einstellungen zum eigenen Körper geprägt und das Bewegungsverhalten der Kinder entscheidend beeinflusst. Wenn sich der Kindergarten als eine Institution versteht, die sich die ganzheitliche Förderung und Erziehung von Kindern zur Aufgabe macht, dann dürfen Körper- und Bewegungserfahrungen nicht nur auf festgelegte Zeiten beschränkt sein, sondern müssen zum integrierten Bestandteil des Kindergartenalltags werden.

Spielen und sich bewegen gehören zu den grundlegenden, kindlichen Betätigungs- und Ausdrucksformen. Wie die Sprache kann Bewegung als ein elementares Ausdrucksmittel verstanden werden, sie stellt die Grundlage der kindlichen Handlungsfähigkeit dar. Der Aufbau des „Selbst", des Bildes, das ein Mensch von sich selbst hat und das Vertrauen, das er zu sich selbst entwickelt, ist beim Kind im Wesentlichen geprägt von den Körpererfahrungen, die es in den ersten Lebensjahren macht." (Zimmer 1994)

Wir sollten also den Kindern mehr assistieren und ihnen helfen bei ihrem ureigenen Entwicklungsprozess der zunächst auf Bewegung ausgelegt ist. Aber können die Fachkräfte dies überhaupt noch leisten? Wollen die Fachkräfte dies leisten? Ist den Fachkräften dies überhaupt bewusst? Der neueste Trend ist es ja jetzt sogenannte Bewegungskindergärten zu bauen. Ja sie haben richtig gehört, „Bewegungskindergarten". Klingt seltsam und ist es auch. Ein Kindergarten in dem sich bewegt werden soll, bzw. der ganz bestimmte Bewegungsanreize und Möglichkeiten den Kindern bietet. Unglaublich oder? Kinder sollten den Kindergarten als einen Ort erleben indem ihnen genau all das zugestanden und ermöglicht wird was im normalen Alltag kaum in dieser Ganzheitlichkeit möglich ist. Wir haben ja immer weniger Flächen für die Kinder zum Rennen, Laufen, Toben und Klettern. Somit sind gerade Kindertagesstätten oftmals die einzigen „Räume" wo ihnen diese Möglichkeiten gegeben werden.

Aus den Zielen werden Absichten, aus einem „Du sollst" wird ein „Du kannst" oder „Du darfst". Damit bieten wir den Kindern echte Chancen und geben vielseitige Anregungen und Impulse. Vergessen wir nicht das in unserem pädagogischen Alltag jedwede Ziele sich immer an die eigene Person richten und Kinder haben nun mal ihre ganz eigenen Ziele die wir mehr noch erkennen und respektieren müssen. Die zukünftige Wissens-Gesellschaft wird Menschen brauchen die eine Menge von Schlüsselqualifikationen mitbringen müssen, und der Kindergarten sollte neben der

Schule gerade jener Ort werden der diese Schlüsselqualifikationen fördert und begleitet. Kindliche Entwicklung ist immer noch ein kleines Abenteuer und regionale sowie kulturelle Verschiedenheiten müssen dabei Berücksichtigung finden. Außerdem muss die Individualität einer Einrichtung gewahrt bleiben und trotzdem der Bildungschancengleichheit Rechnung tragen. Jeder Erkenntnisgewinn der Kinder ist meist mit viel Freude und Lust verbunden, hierbei müssen wir Erwachsenen ihren individuellen und bedürfnisgerechten Lernweg erkennen und beachten. Wir sollten schnellstens eine Ethik des Miteinander entwickeln, eine Ethik in der wir die Wachstumsressourcen der Kinder behutsam und besonders achtsam begleiten und wir mehr ihrem Urteil vertrauen, wenn sie sich ihren Lernpartner oder ihre Lernpartnerin aussuchen, egal ob Erwachsenen oder Kind. Suchen wir letztlich gemeinsam mit ihnen nach Antworten ihrer Lebensfragen die manchmal viel weiser sind als unsere vordergründigen und oberflächlichen Lebensfragen. Ein kleines Beispiel möge dies etwas verdeutlichen.

„Stefan (5 Jahre) ist mit der Mutter im Supermarkt – in der vorösterlichen Zeit. Die Mutter möchte dem geduldig mitlaufenden Kind in den vollgepackten Einkaufswagen noch ein kleines Häschen legen und fragt das Kind ‚Möchtest du diesen Osterhasen, Stefan?' Das Kind antwortet spontan: ‚Nein, nein! Kaufe mir lieber einen Globus, damit ich weiß, warum ich auf der Welt bin!'" (Aus Kindheitsforschung und Pädagogische Lebenshermeneutik mit christlichem Blick, Forschungsbericht Kindheitsforschung 2000, Prof. Dr. Maria-Anna Bäuml-Roßnagl)

Das typische fürsorgliche Erwachsenen-Verhalten hat das eigentliche Lebensinteresse des Kindes nicht ganzheitlich erfasst. Wir brauchen vermehrt aufmerksame Forschung am eigenen Kind und den Kindern unserer Zeit. Schließlich haben diese Beobachtungen große Konsequenzen für einen neuen Bildungsbegriff und eine neue Bildungsqualität auf unsere Zukunft gerichtet. Bewegung und Psychomotorik gehören hier ebenso zusammen wie Bewegung, Spiel und Sprache.

Die Bedeutung der Psychomotorik als Bestandteil einer ganzheitlichen Förderung erkannte bereits

Ernst J. Kipphardt und bezeichnet mit der Psychomotorik die enge Wechselbeziehung zwischen seelischen und körperlichen Vorgängen. Dazu gehören alle bewussten Bewegungsabläufe, wie das Gehen, Tasten und Sprechen. Gefühle und Stimmungen und jede Emotion drückt sich auch körperlich aus. In der Körperhaltung wird deutlich wie wir uns fühlen. Umgekehrt können Emotionen durch körperliche Aktivitäten beeinflusst werden. In der Bewegung liegt die Verbindung von Körper, Geist und Seele. Dies gilt es in Einklang zu bringen oder besser gesagt, Bedingungen zu schaffen wo dies wirklich möglich wird. Jean Piaget spricht von der „sensomotorischen Entwicklung", der Wahrnehmung mit allen Sinnen. Die Basis der Intelligenz ist die Wahrnehmung mit allen Sinnen in der Bewegung. Und je mehr die Kinder aus sich heraus durch Bewegung die Umwelt erleben, desto günstiger verläuft die psychische und geistige Entwicklung der Kinder. Vergessen wir niemals, das alles was Kinder mit ihren Sinnen begreifen und greifen das können sie auch letztendlich wirklich begreifen und erfassen. Spontaneität, Neugier und dieser unbändige Bewegungsdrang sind die Triebfedern für die gesamte Entwicklung der Kinder.

An dieser Stelle möchte ich ein sehr gutes Beispiel des Kindergarten-Gustedt aufzeigen den sie in ihrer Konzeption aufgeschrieben hatten.

„Kinder spielen in der Puppenecke, sie kochen, rühren dabei mit einem Schneebesen in einem Topf. Was entwickeln Kinder dabei?

Geistige Fähigkeiten – was brauche ich zum Rühren? Was mache ich, damit die Schüssel nicht herunterfällt oder umkippt? (Balance und Gleichgewicht von Körpern) Die eine Hand hält den Topf und die andere Hand rührt (Auge-Hand-Koordination).

Motorische Fähigkeiten – Die Kinder müssen die Schüssel und den Schneebesen aus dem Schrank holen. Die Kinder rühren mit dem Schneebesen kreisende Bewegungen (Fein- und Grobmotorische Handlungen).

Sensorische Fähigkeiten – Wie fühlt sich der Schneebesen an, rau oder wellig, kalt oder warm? Welche Farbe hat der Topf und ist er schwer oder leicht? Wonach riecht der Schneebesen oder der Topf und haben die Gegenstände einen eigenen Geschmack usw.

Sozial-Emotionale Fähigkeiten – Die Kinder sprechen sich ab, wer für was bei der Zubereitung des Essens zuständig ist."

Dieses Beispiel könnte man nun endlos weiterführen. Wieder bleibt es unserer Bewertung überlassen wie wir solche Situationen bewerten und beachten oder sie als unwichtig, als nur spielerischen Selbstzweck beurteilen und bei Seite schieben.

Wir Erwachsenen grenzen immer wieder die Spielmöglichkeiten und somit die Entwicklungsmöglichkeiten der Kinder ein, weil sie zu schmutzig oder zu gefährlich oder nicht in unser Konzept passend sind. Unsere Ruhewünsche veranlassen Kinder nach und nach auch jene Erwachsenenbedürfnisse nachzuleben die wir als gut bewerten, bewusst oder unbewusst. Bewegungsarme Kinder sind meist das Resultat bewegungsarmer Erwachsener.

„Man sollte Kinder lehren, ohne Netz auf einem Seil zu tanzen, bei Nacht allein unter freiem Himmel zu schlafen, in einem Boot auf das offene Meer hinaus zu rudern.

Man sollte sie lehren sich Luftschlösser, statt Eigenheime zu erträumen. Nirgendwo sonst als nur im Leben zu Haus zu sein, und in sich selbst Geborgenheit zu finden." (Mit Kindern jeden Tag erleben, Peter Höll, getextet Armin Krenz)

Grundfrage 4: Gruppenräume

Gruppenräume – Gruppenträume / Raumkonzepte

Räume gestalten unsere Beziehungen oder sie verhindern Beziehungen. Räume sind von großer Bedeutung für unser gesamtes Wohlbefinden. In einigen Räumen fühlen wir uns sofort wohl in anderen haben wir eher ein Unbehagen oder sogar starke unangenehme Gefühle. Ohne uns dessen bewusst zu sein spüren wir Räume und erspüren, erfühlen ihre Wirkung auf uns. Jeder Raum spricht seine eigene Sprache und wir kommunizieren mit all unseren Sinnen in einem Raum. Räume vermitteln uns das Gefühl kreativ und spontan zu sein, oder zu musizieren, sich zu bewegen oder nur einfach andächtig still zu sein. Räume beeindrucken uns auf vielfältige Weise. Sie können uns anregen oder Langeweile erzeugen, uns neugierig machen oder uns dazu veranlassen schnell wieder diesen Raum zu verlassen. Räume sagen etwas aus über ihre Benutzer oder Gestalter, ihre Bewohner oder Insassen. Die Raumgestaltung bietet also für den Erziehungsalltag vielfältige Möglichkeiten Räume mitzugestalten. Räume können auch so gestaltet sein das sie uns entlasten oder aber auch belasten. Je eindeutiger wir einen Raum gestalten desto eindeutiger wird dieser Raum von den Personen oder Kindern benutzt und gebraucht. Diese Eindeutigkeit ist leider in einer Regelgruppe wo unterschiedliche Bereiche zur gleichen Zeit geschehen schwierig bis gar nicht möglich, denn es geht nicht um die Gestaltung einer Ecke oder vieler Ecken, sondern um die Ausgestaltung eines ganzen Raumes, der wiederum elementare Rückwirkung auf die Befindlichkeit eines jeden Menschen hat. Raumerfahrungen sind immer ganzheitliche Erfahrungen. Ein Ruheraum ist kein Tobe Raum, ein Kreativraum mit entsprechender Atmosphäre kein Musikraum. Ein Essensraum lenkt nicht ab sondern konzentriert sich auf das Essen und den Austausch darüber. Die Vielfalt in einem Raum kann deshalb durchaus eine Überforderung bedeuten und vielleicht zeigen bereits einige Kinder ihren Erziehern/innen das sie mit diesem Raum überfordert sind. In manchen Fällen aber auch gar unterfordert sind. Auch hier wäre die Mitbestimmung der Kinder ein wichtiger Schritt in die richtige Richtung.

Vor allem aber auch eine fachliche Schulung über die Wirksamkeit und Möglichkeiten wie Räume bestimmte Verhaltensweisen fördern oder auch behindern können.

„Wir müssen davon ausgehen, dass jede Umgebung und jeder Raum mit einer oder mehreren Absichten gestaltet wurde. In aller Regel sind es NICHT erzieherische Absichten, zumindest decken sich die Absichten der ‚Raumgestalter' nicht mit den pädagogischen Absichten oder Wirklichkeiten der Erzieher/innen. Es entstehen oft Widersprüche, Brüche und entgegen gesetzte Wirkungen. Manche Pädagogen/innen akzeptieren ihre Umgebung und ihre Räume unbedacht. Wir nehmen hin was uns vorgesetzt wurde. Wer kritisch den eigenen pädagogischen Raum betrachtet (und selbst Räume erspürt als aktiv teilnehmender Mitbewohner dieses Raumes), wird recht schnell den Wunsch nach Veränderung verspüren." (Wolfgang Bort-Gesella, Räume gestalten – Spielräume schaffen).

Räume können reiz arm oder reizstark sein, sie können gleichförmig, spärlich, unruhig, geordnet usw. sein oder aber vielfältig, kontrastreich, bewegt und abwechslungsreich. Jeder Raum hat eine Wirkung. Besonders bei einem neuen Arztbesuch erspüren wir die Atmosphäre die uns dort begegnet und wir sind entspannt oder noch mehr angespannt. Wir spüren, riechen, fühlen und empfinden die Aura eines Raumes und unsere Gefühle sind das verbindende Element zwischen den Räumen und unserem Verhalten. Die räumliche Umwelt bewirkt also verschiedene Gefühlsdimensionen und diese wiederum bewirken Verhaltensweisen. Kinder erleben genauso die Räume aber mit einer noch größeren Intensität als die Erwachsenen. Sie brauchen die tätige Auseinandersetzung mit einem Raum, während wir mit reinen Betrachtungen meistens auskommen. Zumal wir auf eine reichhaltige Palette von bereits gemachten Erfahrungen zurückgreifen können. Kinder sind offener und empfänglicher für Räume weil sie mit Neugier, Interesse und Forscherdrang jeden Raum erkunden und in sich aufnehmen. Wir Erwachsenen haben schon oft bereits festgelegt mit unserem Urteilsvermögen, wie ein Raum zu sein hat und welche Wirkung wir mit ihm verbinden ohne ihn jemals gänzlich erspürt zu haben. Wir Erwachsenen setzen uns auf den noch freien Stuhl des Raumes, ergreifen eine Zeitschrift, wenn diese vorhanden sind, und warten bis wir aufgerufen werden. Kinder tun dies nicht. Für Kinder ist jeder Raum ein Abenteuer ihrer Wahrnehmungssinne. Sie schauen, betrachten, beobachten, fassen an, berühren, fühlen, spüren, sie riechen, atmen und nehmen letztlich den gesamten Raum auf in ihrem Organismus. Als pädagogisch handelnder Mensch müssen wir im Besonderen die Erfahrungswelt des Kindes im

GRUNDFRAGE 4: GRUPPENRÄUME

Blick haben und das heißt mit den Augen eines Kindes den Raum erfahren. Sich selbst auf allen Vieren bewegend, krabbelnd, entdeckend den Raum erkunden. Selbst einmal auf dem Rücken liegend die täglichen und unterschiedlichen Räume, Temperaturen, Bodenbeschaffenheiten und Lichtverhältnisse erfahren. Es gibt viele ungewöhnliche Blickwechsel und Perspektiven einen Raum zu betrachten und ihn aufzunehmen in unser Inneres. Es bedeutet wie so oft, unseren bisherigen Standpunkt verlassen und neues auszuprobieren und sich auf Neues einzulassen. Wieder ein Stück „Offenheit" erleben. Wie unsagbar schwer es den Fachkräften fällt dieses „Neue" auszuprobieren, erlebe ich immer wieder in meinen Fortbildungen. Kindergärten werden leider noch immer von nicht Pädagogen eingerichtet und entworfen. Die Planung und Errichtung fast aller bisherigen Einrichtungen obliegt dem Träger und der Verwaltung und dort entscheiden meistens Verwaltungsbeamte und Angestellte, die nach kostengünstigen Standardisierungen vorgehen und letztlich Ressourcenorientierte Modelle überhaupt nicht kennen. Denn wer braucht schon in einer 4, 5 oder 6 gruppigen Einrichtung in jedem Raum eine Puppenecke? Die Kinder jedenfalls nicht. Nicht jeder Raum braucht 25 Stühle und entsprechende Tische, das Denken und Wollen die Erwachsenen, die Kinder brauchen sie nicht. Kinder brauchen Raum, viele Räume in denen sie sich entwickeln dürfen nach ihrem jeweiligen Entwicklungs- und Spielebedürfnis.

„Viele, die einen Kindergarten errichten oder betreiben, und auch die ihre Kinder in eine Einrichtung geben, wünschen sich eine gute Betreuung der Kleinen. ‚Betreuen' (bewahren) hat einen hohen pflegerischen Anteil, das Kind ist ‚gut untergebracht'. Der Kindergarten ist ein Wartezimmer für das ‚eigentliche', die Familie und später auch die Schule. Ein Wartezimmer braucht Tische, Stühle, etwas Beschäftigungsmaterial, ein wenig Auslauf und evtl. eine Schlafgelegenheit." (W. Bort-Gesella)

Aber auch die Erzieher/innen denken mehr flächig als räumlich, mehr ästhetisch als Handlungs- und Werk schaffend orientiert. Immer wieder geht es darum Ecken zu schaffen die die Kinder zu einem ruhigen Tun anleiten (zwingen), damit die Erwachsenen ihre Ruhe haben. Mit dem Toben und rennen, schreien und kämpfen haben die meisten Pädagogen/innen ein paar Probleme. Sie haben die Erwachsenen Friedenserziehung im Kopf und lehnen deshalb jede Art von Kämpfen unreflektiert ab. Kämpfen aber ist lebendige Kommunikation. Und oftmals ist unsere Raumgestaltung Auslöser für solch ein Verhalten.

„Wenn sie Kinder beim Rangeln beobachten, achten sie dabei doch auch einmal auf ihre Gedanken. Kämpfen die Kinder miteinander oder gegeneinander? Worum geht es – den anderen zu besiegen, zu vernichten oder dem anderen standzuhalten? Unterschiede die einen Unterschied machen! Nämlich den, ob die Kinder sich auf der spielerischen Ebene miteinander messen oder eine Ernstsituation austragen. Wenn Kinder miteinander kämpfen, achten in der Regel beide Partner aufeinander. Sie wollen sich nicht wirklich verletzen, sondern erfahren, wer stärker, geschickter, ausdauernder ist." (von Sommerfeld, B. Huber, H. Nicolai – Toben, raufen, Kräfte messen, S. 18)

Gewinnen und verlieren gehören ebenso zum Leben wie die Stärken und Schwächen des eigenen Ichs. Dies gilt es auszuprobieren und pädagogisch zu begleiten. Kinder brauchen keinesfalls immer irgendwelche didaktischen Spielmaterialien, sie brauchen vor allem Platz, Raum und Bewegung um ihrer Entwicklung gemäß handeln und entscheiden zu können. Ich wünsche mir mutige Erzieher/innen die allen Unkenrufen zum Trotz es einfach riskieren ihre bestehenden Gruppenräume einmal radikal umzugestalten und zunächst einmal alle Möbel einfach rauszuwerfen um dann neue Erfahrungen in sich aufzunehmen. Mit den Kindern dann die Räume wieder befüllen mit den Möbeln die die Kinder auch wirklich nur brauchen. Sie werden überrascht sein, wie lebendig Kinder einen Raum füllen können mit ihrer ureigenen Spielfähigkeit und Phantasie und dazu brauchen sie weder Tisch noch Stühle.

„Montagmorgen! Antonio stürmte die Treppe hoch und orientiert sich mit einem Blick durch den Gruppenraum, welche Kinder bereits da sind. Antonio ist ein temperamentvoller Junge und fast jeden Morgen hellwach und voller Tatendrang. Er geht selten in die Bilderbuchecke, in der häufig noch müde Kinder den Tag langsam angehen lassen. Er setzt sich auch nicht an den Tisch, um zu puzzlen oder zu malen. Antonio bevorzugt das freie Rollenspiel. Weil er oft gute Ideen hat, finden sich dann auch immer schnell ein paar Kinder, die zum Mitspielen bereit sind. Antonio hat heute beim Betreten des Gruppenraumes sofort gesehen, das die Bauecke nicht belegt ist. Keine Kisten mit Holzklötzen, kein stehen gebliebenes Gebäude vom Freitag. Einfach nur der Teppich und viel Platz. Ein Funkeln in seinen Augen und schon räkelt er sich auf dem Boden. ‚Ich bin ein wilder Löwe!' ruft er auffordernd in den Raum. Sarah legt das Bilderbuch weg, und Paul lässt das Puzzle liegen. ‚Ich auch – ich bin die Löwenmutter!' sagt Sarah, und Paul – schon auf allen Vieren, knurrt gefährlich. Wo drei Kinder miteinander balgen, finden sich schon bald andere ein. Es ist früh am Morgen, und der Geräuschpegel im Gruppenraum ist noch erträglich. Da nützen die Kinder die Gunst der Stunde und geraten in eine ausgiebige Rangelei. Nähe und Distanz – beides wird von ihnen erfahren und ausprobiert. Für Paul scheint Sarah heute besonders wichtig zu sein. Er lässt sie nicht los – egal, mit wem er auch herumbalgt, wen er wegschiebt, wo er sich wehrt – Sarah ist dicht dabei. Mal hat er sie im Schwitzkasten, mal hält er sie mit beiden Händen fest. Sarah genießt das Spiel offensichtlich, lacht und schäkert. Sie tut so, als wollte sie ihm immer wieder entwischen – nur um sich bereitwillig wieder festhalten zu lassen. Die Kinder lachen, sie rufen und schreien. Längst sind sie keine Löwen mehr, sondern tauchen schnell und unkompliziert in andere Rollen, mal sind sie Dinosaurier im Kampf ums Überleben, dann sind sie gemeinsam unterwegs in einem Raumschiff, das durch das Weltall rast. ‚Bomms, wir sind an einen Stern gestoßen – schnell alle auf die andere Seite!' Die Kinder purzeln über- und untereinander und fallen völlig ohne Übergang aus dem Weltall zurück auf die Erde, um sich, wieder in junge Löwen verwandelt, um imaginäres Futter zu streiten. Die Erzieherin beobachtet, dass die Kinder zwar lebhaft miteinander umgehen, dass sie sich aber nicht wehtun, dass die persönlichen Grenzen ausgelotet, aber sehr wohl respektiert werden. Umgangsart und- ton signalisieren Achtung vor dem anderen. Alle Kinder scheinen die körperliche Nähe positiv zu erleben. Es sind wichtige Erfahrungen, die sie miteinander machen. Die Erzieherin ist sich der Bedeutung des äußeren und inneren Freiraumes bewusst und beschließt, vorerst den freien Platz zu erhalten um dem Spiel der Kinder zur Verfügung zu stellen." (Christiane Merz/Hartmut Schmidt, Kiga heute 1/98)

Wie schön wäre es, wenn dies mehr Erzieher/innen zulassen könnten und selbst sogar teilnehmen wenn sie von den Kindern dazu eingeladen werden. Selbst wieder als Löwe auf allen Vieren stolz durch den Gruppenraum schreiten und ab und zu kräftig brüllen mag für die Eltern zum Schmunzeln anregen, die Kinder werden sie als Rudelmitglied fröhlich begrüßen. Dann gehen sie mit auf Futtersuche, strotzen so manchen Gefahren, flüchten im Raumschiff und riskieren eine Bruchlandung in einem bewohnten Dinosaurierland. Aber trauen wir uns das überhaupt noch zu? Bewerten und beurteilen wir nicht allzu schnell und ziehen uns dann diskret auf unsere Beobachtungen zurück, fern und distanziert ohne jegliche Anteilnahme? Hannes, Karl und Jens spielen in der Burg. Marie und Josefine hüpfen auf dem Trampolin. Sabine und Silke streiten um einen Ball. Petra, Saskia und Dagmar spielen mit den Rollbrettern. Jens und Hans-Jürgen bauen eine Höhle aus Matten. Stefan und Erkan nehmen den Ball der Mädchen und ärgern sie während Rüdiger, Jonas und Philip schreien. Sie als Löwen durch den Raum rennen und springen, einzelne

Kinder als Beute anspringen um sie zu fressen. Lachen und schimpfen wechseln sich ab u.s.w. Alles geschieht im Tobe Raum und die Erzieher/innen schreiben und beobachten, aber sie nehmen nicht direkt teil am geschehen. Ab und zu wirft die Erzieherin den Ball zurück der sich auf der Fensterbank einfand oder ermahnt einige Kinder nicht ganz so laut zu sein oder mehr Rücksicht auf die anderen Kinder zu nehmen. Im Tobe- und Bewegungsraum, der Turnhalle werden Anweisungen gegeben aber selten bis gar nicht wird an dem Spektakel teilgenommen.

Räume sind letztlich wie ihre Kinder, sie drücken aus was sie wollen und welche Bedürfnisse sie haben oder sie sind von den Erwachsenen dominiert. Zur Selbstorganisation der Kinder gehört auch die Mitwirkung und Mitgestaltung vor allem die Mitbestimmung der Kinder.

Lassen wir uns ein auf das Abenteuer neuer Räume, neuer Möglichkeiten und damit neuer Perspektiven. Leider halten die Fachkräfte die Macht noch immer in ihren Händen. Und diese Macht wollen sie anscheinend auf gar keinen Fall aufgeben. Selbst dann nicht, wenn sie wüssten, wesentlich mehr dadurch zu gewinnen. Sie halten an ihren Routinen und Sicherheiten fest und diese verteidigen sie bis zum Letzten. In vielen Teambegleitungen oder Fortbildungen habe ich erleben dürfen wie die Fachkräfte erst fragend, dann kritisch zögerlich sie so manche Routine verlassen haben, um neue Erfahrungen auszuprobieren. Letztlich haben sie immer davon profitiert und wichtige „Selbsterfahrungen" gemacht. Diese wurden dann entweder weiter vertieft und ausprobiert oder dem ganzen Team näher gebracht. Veränderungen geschehen oftmals sehr langsam, aber wenn sie beginnen sind sie selten aufzuhalten. Hier gilt es mutiger zu werden, immer wieder Neues auszuprobieren und sich auch von den Kindern führen zu lassen.

Manchmal kann das Leeren eines Raumes, also alle Möbel einfach mal rausstellen und die Leere des Raumes auf sich und die Kinder wirken lassen, Veränderungen anregen und neue Fragen aufwerfen. Was brauchen die Kinder wirklich? Was brauche ich als Erwachsener wirklich in diesem Raum? Was brauchen wir gemeinsam für diesen Raum? Diese Erfahrungen können gemeinschaftlich völlig neue Perspektiven eröffnen.

Grundfrage 5: Spielen

Es ist alles nur ein Spiel!? Deutung und Bedeutung des Spiels. Dies ist ehrlich gesagt mein Lieblingskapitel. Warum? Werden sie vielleicht fragen? Nun, weil ich bis heute mir meine Spiel-Laune und Spiel-Lust bewahrt habe. Auch dies scheint selbst den pädagogischen Fachkräften immer mehr verloren zu gehen. Sie können anscheinend nicht mehr spielen. Vielleicht aus Unsicherheit? Vielleicht aus Scham? Oder sie werten das Spiel sogar ab. Welche psychologische Dimension das Spiel für die kindliche Entwicklung hat verblasst immer mehr. Das Spiel an sich wird entweder lediglich hingenommen oder abgewertet. All jene Aktionen die sich die Fachkräfte für die Kinder ausdenken sind die wahren Erkenntnis Prozess Bringer. Deshalb hier nochmals eine kurze Zusammenfassung, zur Erinnerung oder neuen Erkenntnis. Warum Spielen so wichtig ist. Unsere gesamten Kulturtechniken sind einmal aus einem Spiel entstanden. Dies haben wir anscheinend vergessen.

Das Wort Spiel stammt aus dem Mittelhochdeutschen (Spil) und bedeutete ursprünglich „unterhaltende Beschäftigung, fröhliche Übung, Kurzweil". Die Geschichte des Spiels ist bis zur Urzeit des Menschen zurückzuverfolgen. Bereits in der Antike wurde dem Spiel eine erzieherische Funktion zugeschrieben. Man denke an die Olympischen Spiele. In späteren Zeiten wurde dann das Spiel als nutzlos und sogar als gefährlich bezeichnet, weil das Kind von seinen Pflichten abgehalten wurde. Viele Jahre der harten Kinderarbeit in vielen Kulturen waren das schreckliche Los zahlloser Kinder. Und auch heute noch in unserer doch so zivilisierten Welt werden Kinder ausgenutzt, entwertet, missbraucht und haben keine Möglichkeit heilsame Spielmöglichkeiten für sich zu finden, trotz der ewigen Unterdrückung ihrer Entwicklung. Ende des 19. Jahrhunderts begann man sich nun auch wissenschaftlich mit dem Spiel zu beschäftigen und deren Bedeutung für die menschliche Entwicklung zu erforschen. Hieraus resultieren etliche Deutungen des Spiels und die verschiedenen Theorien, wie zum Beispiel der des Kraftüberschusses, der Triebtheorie, Funktionstheorie, Theorie der Ich-Ausdehnung, Theorie der Scheinbefriedigung, die phänomenologische Spieltheorie, die psychoanalytische Spieltheorie, die sozialpsychologische Spieltheorie usw. Sie alle versuchen das Spiel wissenschaftlich zu beleuchten. Und sie alle beleuchten immer nur einen Puzzlestein aus dem gesamten Bild. Das Spiel wird und kann niemals ganz erfasst werden, jedenfalls nicht durch die Erwachsenen. Denn dazu müssten wir wieder Kinder werden um gerade auch die phänomenologische Betrachtungsweise zu erfassen. Spiel ist weit mehr als uns das Spiel erscheint. Es ist zwar einerseits ein Ausprobieren der Wirklichkeit und ebenfalls ein Erfassen der Welt und aller Dinge darin. Aber das Spiel hat auch eine fast spirituelle Bedeutung, es verschwimmen hier deutlich Linien der Wirklichkeit mit denen der Phantasie. Eben so wenig wie wir uns außerhalb der Sprache stellen können, genau so können wir im wirklichen Spiel uns nicht außerhalb dessen bewegen. Was Kinder auch nicht tun. Spiel und Wirklichkeit bilden eine Einheit.

Friedrich Fröbel (1782–1852) der 1837 einen der ersten Kindergärten gründete, bezeichnete das Spiel „als einen Spiegel des Lebens, des eigenen und des Fremdlebens, des Innen- und Umlebens."

Maria Montessori (1870–1952) nutzte die Spielfähigkeit der Kinder für ihre Arbeitsmaterialien und erkannte die selbsttätige Erziehung des Kindes. Auch sie war von der Bedeutung des Spiels überzeugt. Heute ist leider immer noch das Abbild des 18. Jahrhunderts vieler Orten in den Köpfen, dass das Spiel nur reiner Zeitvertreib ist und mehr nicht. Die elementare Bedeutung wird teilweise immer noch nicht erkannt und wertgeschätzt. Die eigene Spielfähigkeit der Erzieher/innen und anderer Pädagogen/innen ist gering bis gar nicht vorhanden und damit werden Unmengen von Vorurteilen gehegt und gepflegt. Gerade Pädagogen/Innen sollten doch dem Spiel gegenüber offen und neugierig begegnen.

„Schon in seinen einfachsten Formen und schon im Tierleben ist das Spiel mehr als eine rein physiologische Erscheinung oder eine rein physiologisch bestimmte psychische Reaktion. Das Spiel als solches geht über die Grenzen rein biologischer oder doch rein physischer Betätigung hinaus. Es ist eine sinnvolle Funktion. Im Spiel >>spielt<< etwas mit, was über den unmittelbaren Drang nach Lebensbehauptung hinausgeht und in die Lebensbestätigung einen Sinn hineinlegt. Jedes Spiel bedeutet etwas." (Johan Huizinga, Homo Ludens, Vom Ursprung der Kultur im Spiel, rororo 1994, S. 9)

Das Spiel spielt für die gesamte Entwicklung des Kindes, von Geburt an und gerade in der Zeit zwischen dem 2. und 6. Lebensjahr und bis zum 12. Lebensjahr eine entscheidende Rolle. Also gerade zu jener Zeit wo das Kind in den Kindergarten kommt und die „Vorschulzeit" beginnt.

Grundfrage 5: Spielen

Schon allein die Bezeichnung „Vorschulkind" macht drastisch deutlich, wo das Kind hin soll. Im englischen Sprachgebrauch gibt es die Elementary-Scool. Worte können so verräterisch sein. Die gesamte Kita-Zeit ist die VORSCHULZEIT. Haben sie sich darüber einmal Gedanken gemacht? Ist ihnen klar welchen Bedeutungsgehalt sie damit schaffen? Nun wird es mit Dingen konfrontiert die oftmals dem eigentlichen Spiel aber sogar widersprechen und entgegengesetzt sind. Die Angebote in den unterschiedlichen Einrichtungen machen eines ganz deutlich, unser Erwachsenen Denken, unsere Vorstellungen wie ein Kind zu funktionieren hat und welche Sitzposition künftig das Kind in der Schule einzunehmen hat, dominiert alle unsere Angebote. Überspitzt gesagt natürlich. Sicherlich darf auch hier nicht pauschaliert werden und trotzdem überrascht mich immer wieder wie einseitig das Kind betrachtet wird. Eltern, Erzieher/innen, Lehrer/innen und andere Pädagogen immer noch das Spiel als geringschätzig betrachten. Und der Kindergartenalltag, sowie der Schulalltag und der Lebensalltag werden nach den bisherigen Prämissen gestaltet. Im Spiel jedoch liegt ein verborgener Schatz, er enthält Abenteuer und Entdeckerwille, Forschungskraft und Entwicklungswille. Das Spiel ist ein grundlegendes Elementarbedürfnis jedes Menschen und bedeutet die Grundlage zur aktiven Lebensbewältigung. Leider werden in unserer Gesellschaft, jetzt immer noch durch den Pisa-Schock und seine Folgen geprägt, nur jene Eigenschaften hoch bewertet die einen überlegenen Intellekt deutlich werden lassen. Primär unsere kognitiven Leistungen. Die Ganzheit wird in diesen Zeiten oftmals in den Mund aber genauso oft nicht ernst genommen. Unser kognitives Denken hätte sich aber überhaupt nicht ausgebildet, wenn wir nicht gerade jene Fähigkeiten entwickelt hätten die dafür unerlässlich sind, unsere Spielfähigkeit, unser Entdeckerwille und unsere Abenteuerlust. Damit wären wir unmittelbar bei unserem Ursprung und unserem Verbindungsglied zwischen „Ursein", Urgrund und dem Tierreich. Spielfähigkeit gehört zum Menschsein dazu, untrennbar ist diese Fähigkeit Voraussetzung für viele Entwicklungen unseres Lebens. Berühmte Männer und Frauen aus allen Zeitepochen, Schauspieler/innen, Denker und Dichter/innen, in all ihren Biographien ist eines gemeinsam, ihre Spielfreude und der Zusammenhang ihrer Entwicklung mit ihrem Spielverhalten und ihren Spiel Erfahrungen. Heute beobachten wir fast überall einen gegenwärtigen Trend. Immer mehr Kinder können immer weniger spielen. Im eigentlichen Sinne ist damit gemeint, dass sie mit sich selber, aus ihrer eigenen Phantasie heraus, nicht mehr spielen können. Sie wissen nichts mehr anzufangen mit sich und der Welt. Im Wald angekommen fragen sie ganz unbekümmert, „und was sollen wir jetzt hier machen?". Sie haben keinerlei Lebensbezug mehr. Ihr Leben spielt sich in den Medien ab. Im Fernsehen oder Computer, in irrealen und vor allem digitalen Welten aber nicht in der Wirklichkeit. Eine erschreckende Folge daraus ist eine zunehmende Unfähigkeit Gefühle wahrnehmen und ausdrücken zu können, weder bei sich selbst noch bei anderen, keinerlei Einfühlungsvermögen mehr das ihnen helfen würde eine Situation richtig einzuschätzen. Die Psychologie spricht auch von der Unlesbarkeit der Seele (Alexithymie, Handwörterbuch der Psychologie, Beltz Verlag 1982, S. 389, Absatz 3 und 4). Gefühle können also nicht mehr adäquat wahrgenommen werden, sie werden nicht richtig erkannt und bewertet. Gefühlsregungen können nicht mehr entsprechend ausgedrückt werden. Frustrationen, aggressives und auffälliges Verhalten sind eine Folge davon. Paradoxerweise, Spieltherapie oftmals die Antwort darauf. Der Verlust von unmittelbarer körperlicher und sinnlicher Erfahrung nimmt zweifelsohne immer mehr zu. Diese fehlende Wahrnehmung birgt auch viele Erkrankungen wie Depressionen der Kinder, Kopfschmerzen, und eine weitere Folge, immer mehr dicke Kinder.

„Die Handlungstendenzen des Menschen sind von Anfang an nicht nur auf Befriedigung der Bedürfnisse und auf Anpassung gerichtet, sondern auf schöpferische Expansion und Selbstverwirklichung." (Lotte Schenk-Danzinger, Entwicklungspsychologie, Bundesverlag Wien 1982, S. 114).

Schöpferische Expansion und Selbstverwirklichung sind aber jene Elemente die gerade im Spiel permanent geschehen. Nur dort entwickelt sich der Mensch.

„Freud hat darauf hingewiesen, dass das Kind mit seinem Spiel die ersten kulturellen und psychologischen Leistungen vollbringt und dass es sich im Spiel ausdrückt. Kinder benutzen das Spiel um recht komplexe psychische Schwierigkeiten aus Vergangenheit und Gegenwart auszuagieren und zu meistern. Freud sagte einmal, der Traum sei der Königsweg zum Unbewussten. Aber das Spiel ist der Königsweg zum bewussten und unbewussten Innenleben der Kinder. Wenn wir seine innere Welt verstehen und ihm weiterhelfen wollen, müssen wir lernen mit ihm diesen Weg zu gehen." (Bruno Bettelheim, Ein Leben für Kinder, dtv 1990, S. 193).

Spiel und Bewegung sind Ausdruck von Lebensfreude und geben den Kindern ein körperliches, geistiges sowie soziales Wohlbefinden. Oder hat sich das persönliche Wohlbefinden unserer neuen Generationen so radikal verändert das all unsere bisherigen Entwicklungsverläufe keine Bedeutung mehr haben? Haben sich die neuronalen Verknüpfungen auf andere Sinnesreize eingestellt? Braucht unser Organismus keine unmittelbaren Erlebnisse mehr und braucht somit nur noch „Konservenfutter"? Ist E-Sport die letzte Antwort auf unsere Antwortlosigkeit, der totalen Aufgabe, diese letzte Bastion eines gesunden Kind seins noch möglich zu machen?

Ich bin der Meinung, dass sich der kindliche Organismus nur dann gesund entwickeln kann, wenn es genügend Bewegung und Spielanreize gibt. Die Struktur eines Organs ist nicht nur abhängig von seinem Erbgut sondern auch von der Quantität und Qualität seiner Anforderungen. Wobei die Anforderungen an unsere Kinder durchaus erhöht wurden, allerdings nur auf dem visuellen und intellektuellen Gebiet. Einseitigkeit anstatt Vielfältigkeit. Dabei benötigen Kinder wie viele Generationen vor uns bereits und auch nachfolgende ebenfalls, nur genügend Freiräume und Zeit für Bewegung und Entdeckerfreude. Bewegung und Zeit, gerade das was fast allen Menschen fehlt. Außerdem ist zunehmend die eigene Ambivalenz in den Kindergärten zu spüren, das Bewegung als sehr wichtig erachtet wird, andererseits der Bewegungswille der Kinder mit dem eigenen Ruhebedürfnis der Erwachsenen kollidiert. „Was können wir tun, damit die Kinder ruhiger werden?" oder „Nicht so schnell, nicht so wild, nicht so laut!!" Diese Zwiespältigkeit drückt sich dann weiterhin darin aus, dass vorhandene Bewegungsräume nur zu bestimmten Zeiten genutzt werden können. Erzieher/innen nur bei angenehmen Klima mit den Kindern nach draußen gehen usw. Was wollen Kinder uns mit ihrem Bewegungsdrang sagen, was zeigen? Warum nervt uns ihre Lebensdynamik manchmal? Warum wollen wir sie lieber an Tischen sehen und mit Denkspottaufgaben beschäftigt, anstatt draußen im Schlamm wälzend? Vom Kopf her gesehen wissen wir alles, vom unmittelbaren Erleben bemühen wir uns um Distanz, weil unsere Spielfähigkeit bereits verloren gegangen ist. Und wie sieht es bei den Kindern aus? Unsere Kinder verbringen mittlerweile die meiste Zeit ihres Lebens vor Fernsehgeräten, Gameboys; Computerspielen oder irgendwelchen Chatrooms anstatt sich direkt zu begegnen. Insbesondere die Handy-Nutzung ist aus meiner Sicht für die Kinder zu einem fast suchtartigen Verhalten geworden. Und die künftigen Generationen auf den Fachschulen der Erzieher/innen Ausbildungen sind genau diese Kinder mit ihren Handys und Partylaune. Sie wollen nach ihren Ausbildungen leben und keinen 39 Stunden Arbeitstag verrichten. In vielen Bewerbungsgesprächen haben die Berufsanfänger/Innen immer wieder darauf hingewiesen möglichst nicht mehr als 26, 30 oder 32 Stunden zu arbeiten. Auf meine Frage, wieso so wenig? Kam übereinstimmend immer wieder die gleiche Antwort: „Ich will ja auch noch was vom Leben haben!" Wie dieses Leben dann aussehen mag und wie dieses zu finanzieren sei mit dem niedrigeren Gehalt war allen durchaus klar. Dennoch war ihnen „das Leben" elementar wichtiger als eine 39 Std. Woche.

Und wie werden Spielförderung und Spielfähigkeit in dem Berufsbild eingebunden? Als Nebenfach der Didaktik und Methodenlehre? Das ist die traurige Realität und Wirklichkeit.

„Das Spiel der Kindergartenkinder, ist eine zu ernste und wichtige Angelegenheit, als dass es der Didaktisierung der Erwachsenen in die Hände fallen dürfte. Memory, Puzzle und Domino mögen für die Kinder noch unterhaltsam und entspannend sein, die meisten didaktischen Spiele sind ärgerlich und vom Vergnügungswert her langweilig. Sie missbrauchen das Spiel als ein Mittel und entwerten damit die kindliche Lebensform. Kindergartenkinder leben nicht zu dem Zwecke, später in die Schule zu kommen, und sie spielen nicht, um einen didaktischen Plan zu verfolgen. Das Spiel ist keine Motivationsform für angeblich pädagogische Absichten, sondern eine wichtige Lebensform im „Hier und Jetzt". (S. Hebenstreit, Kind zentrierte Kindergartenarbeit)

Die Tage der Kinder sind bereits jetzt mit vor geplanten Aktivitäten ausgefüllt. Später in der Schulzeit ist es oft vorbei mit den Möglichkeiten, die das Kind im Kindergarten gehabt hätte, wenn wir mehr zutrauen in das Spiel und die Entwicklung des Kindes gehabt hätten. Wie sieht es aus mit unserer Spielfähigkeit und unserem Spielvermögen? Hat das Spiel noch einen Platz in unserem Herzen, in unserem Leben oder haben wir das Spiel der Erwachsenenwelt geopfert?

In jedem Spiel geht es um imaginäre und reale Welten, um Identifikation mit Helden, Prinzen und Prinzessinnen, mit Tieren und Vorbildern. Aber auch eindeutige Geschlechteridentifikationen. Dafür bedarf es natürlich auch entsprechender Angebote und entsprechender Männer und Frauen die diese Rollen verkörpern können. Zumindest sollten sehr gut ausgestattete Rollenspielräume zur Verfügung stehen in denen sich die Jungen auch als Mädchen oder Frauen verkleiden können, in denen sie in ganz andere Rollen schlüpfen dürfen und sich ihre Bühne erspielen können. Gewänder, Röcke und Kleider, Umhänge und Masken, hohe Damenschuhe und verschiedene Stiefel und vieles andere mehr sollte nach meiner Ansicht in jeder Kindertagesstätte vorhanden sein. Kinder können mit einer unglaublichen Leichtigkeit in diese Rollen eintauchen und auch wechseln. Für sie ist es ein Spiel mit der Wirklichkeit. Schaut man sich in den Kindertagesstätten einmal um wird man immer wieder eine Übermacht an Frauen entdecken. Wie sollen hier die Jungen ihre Identifikationen finden und entwickeln? Hier kommen die weiblichen Mitarbeiterinnen an ihre

Grenzen. Im Rollenspiel könnten die Kinder allerdings einen Ausgleich finden. Kinder im Kindergarten sind auf der Suche nach Antworten was es heißt ein Junge oder ein Mädchen zu sein, und viele ihrer Tätigkeiten haben den Sinn sich selbst Antwortmöglichkeiten zu erspielen. (Mehr dazu im Kapitel geschlechtsspezifische Prägungen, weiter oben)
Die Auswirkungen und Anforderungen für einen spielerischen und professionellen Umgang mit den Kindern bedeutet natürlich viel Bewegung (auch eigene Bewegung, Bewegungsmuffel sind hier fehl am Platze), Ausdauer und Toleranz sich auf die Welt der Kinder einzulassen und sich als Erwachsener immer wieder selbst neu zu entdecken und zu reflektieren um die eigenen Grenzen und Möglichkeiten auszuloten. Hierbei sollte ich stets die vier Lern-Bereiche berücksichtigen die immer mitspielen. Auch dies müssen die Fachkräfte wissen.

Der emotionale Bereich
Das Kind kann frei seinen Impulsen folgen und selbst schöpferisch tätig sein. Es kann Personen nachahmen und neu gestalten und erfährt gerade im Rollenspiel die Gefühle von Macht und Ohnmacht, von Freude und Trauer wenn es einen Löwen, Räuber, Arzt, Polizist oder einen Kranken spielt.

Motivationaler Bereich
Durch die selbständige freie Wahl des Spielens erlebt das Kind Freiheiten und Verantwortung seines Handelns, hierbei müssen die pädagogischen Mitarbeiter/innen besonders sensibel darauf achten den Kindern nicht zu viel abzunehmen und Konsequenzen den Kindern auch zu ermöglichen. Aus eigenem Antrieb Dinge tun die ihm Spaß machen oder eine Herausforderung darstellen. Dinge zu unterlassen die keinen Spaß machen oder gerade Dinge tun die zunächst unangenehm sind die aber dennoch gemacht werden müssen (Putz- und Aufräumarbeiten). Erfolgs- und Misserfolgserlebnisse und Wiederholungen werden selbst bestimmt

Sozialer Bereich
Vielleicht die größte Herausforderung für alle Pädagogen/innen. Die Kinder müssen lernen sich mit Spielkameraden und Beziehungssystemen auseinanderzusetzen. Sie machen vielfältige Erfahrungen der Anpassung, Unterordnung und Selbstbehauptung durch freie Gruppenübergreifende Wahl.

Kognitiver Bereich

Das Kind lernt allmählich begrifflich zu denken und eine logische Struktur seines Verstandes aufzubauen. Natürlich ist die im gelenkten und vorbereiteten Spiel möglich. Ganz allmählich werden die Anforderungen höher gestellt und auch Aufgaben vermehrt vermittelt. Das Kind sucht sich immer neue Aufgaben und will sich selbst weiterentwickeln. Sprache, Schrift, Mathematik und Experimente sollten zum Alltag auch in einer Kindertagesstätte gehören.

„Sich im Kindergartenalltag von den Kindern zu diesen Erlebnissen provozieren zu lassen, mag gelingen, wenn Erzieher/innen sich passiv treiben lassen, nicht als kompetenten Erwachsenen das Spiel gestalten, sondern sich der Spielkompetenz von Kindern anvertrauen." (Sigurd Hebenstreit s. oben)

Sich treiben lassen und der Kompetenz der Kinder anvertrauen, klingt das nicht etwas seltsam? Schlussfolgert unser messerscharfer Verstand nicht sofort das anstehende Chaos? Sitzt nicht unser Misstrauen in die kindliche Spielkompetenz so tief das wir überhaupt kein Vertrauen haben um uns „treiben" lassen zu können? Womit wir wieder beim Ausgangspunkt wären, unserer eigenen Spielfähigkeit und Spielkompetenz. In fast allen Fort- und Weiterbildungen werden immer wieder Spielelemente eingearbeitet um die Kopfarbeit entweder zu vertiefen oder einen Ausgleich damit zu schaffen. Dabei entwickeln die Teilnehmer/innen oftmals eine ganz eigene Dynamik. Plötzlich öffnet sich ein Türchen und aus den Erwachsenen werden tatsächlich spielende Wesen. Lachend, tollend und scherzend treiben sie sich zu Höchstleistungen an. Wir haben Spaß daran in andere Rollen schlüpfen zu dürfen und toben uns regelrecht darin aus. Das Rollenspiel ist die eigentliche Sphäre kindlicher Kreativität. Ängste und Wünsche, Träume oder angstvoll erlebtes werden von den Kindern reproduziert und im Spiel ausgedrückt. Durch Rollenwechsel, und dies geschieht etliche Male, kann das Kind nun Unterdrücker oder Unterdrückter sein. Es bietet also ein natürliches Gegengewicht für das Erlebnis von Kleinheit und Machtlosigkeit. Ohnmacht, das kennen wir selbst oftmals aus eigener schmerzhafter Erfahrung, ist schlimm und sagt uns in dessen Wortbedeutung schon welche Wirkung es auf uns hat, ohne Macht zu sein. Nur Befehlsempfänger und ausführender ohne eigene Entscheidungsgewalt. Dies erleben Kinder während ihrer ganzen Kindheit.

„Die Bedeutung des Rollenspiels, das ja von allen Kindern der Welt gespielt wird, scheint darin zu liegen, dass es für das Kind eine Brücke zur Wirklichkeit bildet. Es hilft ihm, seine Erlebnisse durch das Mittel

der Reproduktion zu verarbeiten und auf diese Art zu assimilieren." (Lotte Schenk-Danzinger, Entwicklungspsychologie. S. oben)
Das Rollenspiel wechselt oft ins Theaterspielen. In meiner Zeit als Gruppenerzieher habe ich jedes Jahr ein Theaterstück für Kinder geschrieben und die Proben dauerten über mehrere Monate. Diese Erfahrungen werden vielleicht in einem späteren Kapitel oder Buch beschrieben. Gerade dieses Medium, das Theaterspielen, das bewusste eintauchen in eine Rolle, bietet den Kindern vielerlei Möglichkeiten und Methoden für Kinder jeden Alters. Dazu Joseph und Norbert Landa aus ihrem Buch „Kinder machen Theater":

„Kinder spielen gern Theater. Dabei stehen nicht die perfekte Aufführung, sondern das Rollenspiel und eine freie Entfaltung der kleinen Persönlichkeit im Mittelpunkt. Die Kinder bringen hier auf kreative Art zum Ausdruck, was sie bewegt. Sie können Phantasien, Wünsche und Ängste, die guten und weniger guten Seiten der eigenen Person ausspielen. Sie lernen, sich selbst besser zu begreifen und sich anderen begreiflich zu machen. Wie fühle ich mich, wenn ich zornig, traurig oder glücklich bin? Wie verhalte ich mich dann, wie sehe ich aus, wie klinge ich, wie wirke ich auf andere? Es wird leichter, sich und das gegenüber wahrzunehmen und einzuschätzen, dann entsprechend zu agieren und reagieren. Das Theaterspiel hat einen positiven Einfluss auf die gesamte kindliche Entwicklung. Es kann zu sozialem und verantwortungsbewusstem Verhalten anleiten; es kann die Sprache, die Musikalität und die Motorik fördern. Kinder haben Spaß daran sich zu verwandeln, neue Wirklichkeiten auszuprobieren, zu erfinden, sich darin zu erproben und vielleicht sogar neu zu finden. Theater bietet den Freiraum für kindliche Anarchie und zugleich einen schützenden rahmen, der den ungestümen Spieltrieb eingrenzt. Denn Theater funktioniert nur, wenn gemeinsam festgelegte Spielregeln eingehalten werden. Theater ist eine Abmachung. Das Spiel wird hier ernst, man tut so, als wäre alles echt – aber nur solange bis der Vorhang fällt. Kinder können verschiedene Realitätsebenen wunderbar leichtfüßig wechseln. Auch nach der Vorstellung wissen sie, wie ernst es ihnen gewesen ist, selbst wenn das Ganze recht lustig war. Die Bühnenbretter sollten, in diesem Sinne, nicht die Welt bedeuten, sondern eine mögliche Welt!"

Unsere Sprache gibt uns in anschaulicher Weise und zugleich auch in wertschätzender weise wieder, welche Bedeutung das Spiel für unser Leben hat. „Er ist verspielt", benutzen wir wenn jemand noch nicht so richtig ernst bei der Sache ist. Oder „er ist ein Spieler" seine Lebenshaltung ist durch Risiken geprägt, oder „er spielt mit uns", da werden Personen benutzt um eigene Interesse durchzusetzen, oder „das ist ja nur gespielt" in einer bestimmten Situation ist diese Haltung deutlich, um mehr auf sich aufmerksam zu machen. Es deutet eine Scheinwelt an in der jemand eine gewisse Rolle spielt. Vom „Spielraum" sprechen wir, wenn etwas nicht genau eingepasst ist, wenn wir über die bestehenden Grenzen hinaus etwas realisieren wollen. Wir staunen über die Schauspieler und prämieren die besten mit Preisen, zum Beispiel mit dem berühmten Oscar. Wir gehen in „Spielbanken" um unser echtes Geld zu verlieren und wir spielen „Lotto" um den Jackpot zu knacken. Wir gehen zum „Fußballspiel" und hängen tagelang vor der Glotze um die „Olympischen Spiele" zu sehen. Und so manch einer verfällt der „Spielsucht" am Automaten. Wir spielen Karten oder „Gesellschaftsspiele", wir spielen am Computer oder im „Schachspiel" üben wir Strategie und Sieg. Diese „Beispiele" machen deutlich wie eng verwoben unser Leben mit dem Spiel ist. Eine direkte Beziehung bildet Spiel und Arbeit. Letztlich leitet sich unser gesamtes Kulturerbe aus unserem Spielbedürfnis ab und jede Kultur spielt und jeder Mensch sucht sich einen Spielpartner für den dieser dann eine ganz bestimmte Rolle spielt. Bei so viel Spiel sollten wir uns an dieser Stelle noch etwas mit den allgemeinen Merkmalen des Spiels beschäftigen. Denn auch dies sollten Fachkräfte wissen.

Das Spiel beinhaltet den Moment der Freiheit (Arbeit und Sorge etc. stehen außerhalb des Spiels und werden lediglich in einem unbewussten Moment im Spiel verarbeitet), der Freiheit des Einzelnen obliegt es mit wem man spielen möchte und was man spielen möchte.

Im Spiel wird eine eigene Spielwelt geschaffen, diese hat ihre eigenen Regeln und sie hat mit der Wirklichkeit nichts zu tun (eine Scheinwelt). Es ist eine besondere Welt der Phantasie und Kreativität und ist gekennzeichnet durch Hingabe an den Schein. Dieser wird dabei aber sehr ernst genommen (magisches Weltbild).

Das Spiel enthält das Moment der inneren Unendlichkeit und es drängt nach keinem bestimmten Ziel. Es kann abgebrochen, aber sofort wieder aufgenommen werden.

Der Spielende befindet sich in ständiger Herausforderung und Ungewissheit wie das Spiel sich weiter entwickelt.

Wer sich in ein Spiel hinein gibt muss sich an den Regeln und Gesetzmäßigkeiten halten und einordnen.

Im Spiel lebt das Kind ganz in der Gegenwart, auch das Spiel existiert nur in der Gegenwart, es ist nicht auf ein zukünftiges Ziel ausgerichtet. Es lebt im hier und jetzt.

Ebenfalls einige Merkmale kurz Zusammengefasst aus dem Buch Entwicklungspsychologie von Lotte Schenk-Danzinger. Sie betrachtet das Spiel in ähnlichen Prämissen, nach der Zweckfreiheit, dem Aufsuchen eines Wechsels von Spannung und Lösung und der Lust dies in vielen Wiederholungen auszuprobieren, die handelnde Auseinandersetzung mit einem Stück real begegnender Welt, eine undifferenzierte Zeitstruktur und Perspektive, die Schaffung einer Quasi-Realität.

Simone de Beauvoir erzählte aus ihrer Kindheit: „So veranstalteten wir beide, meine Schwester und ich, Abhärtungswettbewerbe: wir kniffen uns mit der Zuckerzange, wir ritzten uns mit dem Haken unserer Fähnchen; man musste sterben können, ohne abzuschwören." Natürlich sind Kindern durch die Blendung der Sonne oder das Stillsitzen und sich nicht mehr bewegen, wer kann es am längsten, keine dem äußeren Anschein nach, angenehme Spiele, aber das Kind spürt in diesem Zusammenhang seine Meisterschaft und zeigt sie all den anderen gegenüber. Seine Persönlichkeit hat sich behauptet all den anderen Gegenüber und man hat gewonnen. Es sind Selbstbeherrschungsspiele und Machtspiele und hierbei geht es um das Gefühl der Selbstüberwindung und die Grenzen der Freiheit auszuloten. Es geht hier aber nicht darum, wie es eine biologistische Psychologie behauptet, irgendwelche Triebe oder Instinkte zum Ausdruck zu bringen, sondern es geht im Gegenteil darum, die Instinkte und Triebe zu beherrschen, sie in den Dienst einer höheren Ausdrucksweise des Ich zu stellen. Man kann keine genauen Grenzen zwischen Spiel und Arbeit ziehen und vielleicht erkennen wir Erwachsenen endlich das Spiel und Arbeit eng miteinander zu tun haben. Das ganze Leben könnte man im Sinne von Hermann Hesse als das „Glasperlenspiel" betrachten, in dem die wichtigsten Komponenten wie Offenheit, Hier und jetzt, Bewusstsein, Selbstzweck, Freude, bewusstes Ablassen von Zielen, planloses und absichtsloses Suchen beschrieben werden. Erst die westlichen Philosophen und Religionen haben aus dem Spiel ernst gemacht und sie wiesen uns den rechten Weg zur Arbeit „ora et labora", Bete und arbeite. Das Spiel wird als Arbeitsersatz oder Vorläufer der Arbeit bezeichnet. Für das Kind, das die Arbeit der Erwachsenen noch nicht selbst erfahren hat, ist das Spiel mehr als nur Selbstzweck und kein bloßer Ersatz. Während für den Erwachsenen das Spiel häufig zum Ersatz für das eigentliche, reale Leben, als Ausflucht dient. Mit zunehmendem Alter wachsen aber die Sozialisierungsanforderungen. Die Interaktionen werden unfreier, gehemmter und Normbeladener und das Überangebot der unterschiedlichsten Objekte und Dinge machen die Konzentration auf ein Objekt und eine Sache schwierig. Die Interaktion wird zur Arbeit. Für

Piaget ist das Spiel ein Ausdruck einer bestimmten kindlichen Denkentwicklungsstufe. Das Denken hängt dabei an zwei dynamischen Prinzipien ab: der Assimilation und der Akkommodation. Die Einverleibung der Außenwelt und Anpassung des Kindes in entsprechende Umweltaspekte seiner momentanen Realität. Wir Erwachsenen meinen überhaupt nicht mehr zu spielen und das wir dafür keine Zeit mehr hätten. Wir glauben wirklich unseren Alltag bewusst zu gestalten und merken nicht wie real unser alltägliches Spiel dabei ist. Dazu Oerter:

„Ein Umstand der speziell die Analyse des Rollenspiels kompliziert, besteht in der Unkenntnis über den Unterschied zwischen fiktiver Rolle und sozialer Rolle in einer Ernstsituation. Der Rollenbegriff hat sich dabei in der Sozialpsychologie als recht brauchbar erwiesen und es ist schon merkwürdig, das ein Begriff aus der Welt des Spiels so viel zu leisten vermag. Möglicherweise steckt im Rollenverhalten der Erwachsenen mehr an Spielverhalten, als man zunächst annehmen möchte. Der originelle Versuch von Berne (1967) das gesamte soziale Verhalten des Erwachsenen als Spiel zu klassifizieren, demonstriert, wie relativ leicht sich soziale Rollen als Spielverhalten beschreiben lassen.

Man könnte pointiert formulieren, das sich die kindlichen Rollenspiele in den Rollen der Erwachsenen fortsetzen, die Erwachsenen sich aber des fiktiven Charakters ihrer Rollen weniger bewusst sind als die Kinder und die ihre Rollen deshalb ernster nehmen."

Auch wir befinden uns in unseren Rollen. Jeden Tag sind wir Mitarbeiter, Angestellter, Vorarbeiter, Abteilungsleiter, Vorgesetzter, Gruppenerzieher, Zweitkraft, Kita-Leitung oder Geschäftsführung. Dabei haben wir oftmals ganz unterschiedliche Rollenaspekte in unseren Köpfen. Im täglichen Miteinander prallen dann diese „Selbstbilder" aufeinander und somit können Konflikte entstehen, vielfältigster Arten. Wir handeln dann mehr unbewusst als bewusst. Und dies täglich. Spiel und Persönlichkeitsbildung- und Entwicklung gehören aber zusammen. Das Kinderspiel hat hierbei eine zentrale Bedeutung. Es ist eine tragende Stütze beim Aufbau der Person und unserer Persönlichkeitsstrukturen, die sich nach und nach herausbilden. Piaget (1945) und Erikson (1950) betrachteten das kindliche Spiel als entscheidenden Faktor für die Persönlichkeitsentwicklung. Im Rahmen der Ich-Werdung (Individuation) ist das Kind durch die komplexe Welt (Sozialisierungsfaktoren), die es noch nicht gänzlich durchblickt, großen Spannungen (Konflikten) ausgesetzt. Jedes Individuum strebt aber danach, mit sich und der Umwelt im Einklang zu leben (Harmonie). Das heißt nach einem Gleichgewicht mittlerer Spannung zu suchen. Der Mensch zielt auf Selbstintegration und Integration in die Umwelt ab. Gelingt ihm dies, so kann er sich selbst verwirklichen. Abraham Maslow (Motivation und Persönlichkeit) geht von verschiedenen Kategorien des erstrebten Selbst-Seins aus.

Ganzheit – Einheit – Integration
Spontaneität – Selbstregulation – Selbstbestimmung – Freiheit
Kompetenzen – Originalität – Individuation
Wahrhaftigkeit – Gerechtigkeit – Großherzigkeit (Sinnerfülltheit)

Eine Ich-Identität ist erreicht bei Selbstintegration, also der Selbstannahme und Integration mit der Umwelt. Dabei sind wiederum gerade jene Bereiche wichtig die wir im Kindergarten fördern und begleiten sollen. Die Motorik und Bewegung, die Gefühle und Emotionen, das Sozialverhalten und die kognitiven Lernprozesse. Für das Gleichgewicht braucht der Mensch Exploration, Leistung, Expression und Kontakt. Und vor allem Anderen, Zeit zum Spielen. Und die Möglichkeit der Selbstwirksamkeit. Wo können wir wirken? Wie können wir wirken?

Nach den modernen Lernpsychologien werden Emotionen im Spiel gelernt und am Modell. Somit ist das Spiel ein sehr wichtiges Medium in dem Emotionen in adäquater Weise erlernt werden können.

Zusammenfassend kann gesagt werden, dass das Spiel eine zentrale Dimension für die Kindheit und die Entwicklung des Menschen hat. Deshalb sollte es oberste Aufgabe der Erzieher/innen sein, aber auch der Lehrer/innen und aller am Erziehungs- und Bildungsauftrag beteiligten, das Spiel des Kindes in vielfältiger Ernsthaftigkeit zuzulassen oder gar mitzuspielen. Es möglich machen durch Schaffung von Spielräumen und Spielzeiten. Unterstützen durch Vorbilder und Beispiele und entsprechender Auswahl der Materialien mit den Kindern zusammen. Beobachten und sich selbst einlassen, wirklich und wahrhaftig in die Welt der Kinder um mit ihnen gemeinsam die Welt zu entdecken und zu erforschen. Es gilt, die Welt sich zu erspielen.

Jedes Kind das intensiv und selbstvergessen, ganz im hier und jetzt spielt, lernt auch gleichzeitig. Ein Kind lernt aber nach einem eigenen Tempo das nicht die Erwachsenen bestimmen können, auch wenn sie es so gern wollen. Kinder lernen nach ihrem ureigenen Wissensstand und das oft ganz spontan ohne direkte Beeinflussung. Die Bedürfnisse des Kindes fordern es selbst heraus weiter zu lernen. Sie wollen sich entwickeln, sie wollen sich selbst bestimmt ihrem Entwicklungsstand gemäß weiter vorantreiben. Kinder brauchen die Erfahrung der Selbstwirksamkeit. Somit ist jede Spielzeit immer eine Lernzeit und das sollten alle Erwachsenen endlich akzeptieren und wertschätzen. Das Spiel ist die „Königsdisziplin" der „Königsweg" (wie bereits erwähnt) zum Bewusstsein des Kindes. Immer wieder und allzu oft wird das Spiel einfach unterschätzt und die Erwachsenen meinen, wenn der Erwachsene im Mittelpunkt des Geschehens ist, wenn wir Erwachsene das Kind anleiten, ihm etwas zeigen oder vormachen dann erst lernt ein Kind richtig. Dieses Denken entspricht Gott sei Dank nicht der Wirklichkeit. Und doch erlebe ich es immer wieder das wichtige Spielsituationen von den Erwachsenen unterbrochen werden. Weil die Erwachsenen Fachkräfte meinen jetzt wäre der richtige Zeitpunkt etwas ganz bestimmtes zu lernen. Hier sollten wir mehr darauf achten, was spielen die Kinder gerade? Wie spielen die Kinder gerade und welche Prozesse und kommunikativen Geschehnisse werden gerade ausprobiert? Unser ganzes Erwachsenenwissen, unsere Erfahrungen und Kenntnisse versuchen wir behutsam unseren Kindern einzutrichten. Das was wir für richtig und gut halten muss ins Kind hinein transformiert werden. Und wieder verkennen wir Erwachsenen, dass Kinder von Geburt an, alle wichtigen Dispositionen für die gesunde Entwicklung bereits in sich tragen und sie von Anfang an bereits kompetente Menschen sind. Verwehren wir ihnen die Urerfahrungen der Selbstwirksamkeit, verwehren wir ihnen ihr eigentliches Menschsein. Kein Mensch kann Kindern das Laufen beibringen, es geschieht wenn der Zeitpunkt der individuellen Reife da ist und da können die Erwachsenen noch so viele „Gehanreize" geben wie sie wollen. Das Kind läuft wenn seine Zeit gekommen ist, ganz automatisch, wenn es seine „Selbstwirksamkeit" immer wieder erfahren darf. Niemand kann Kindern das Sprechen vorher beibringen, nicht bevor die eigene Entwicklung dies überhaupt zulässt. Auch hier muss erst die „Selbstwirksamkeit" möglich sein. Wir können Ansprechpartner bleiben, da sein um Rede und Antwort geben zu können, wir können sie ermuntern mit und durch unsere Sprache aber erwerben werden sie die Sprache durch ihre eigenen Fähigkeiten, durch ihren Versuch und Irrtum, durch ihre Beobachtung und Nachahmung. Kinder sind in einem ständigen Aneignungsprozess (Selbstwirksamkeit) den kein Erwachsener aufhalten kann oder sollte. Dennoch tun wir es oftmals, weil unsere Vorstellungen eben ganz andere sind und wir unser Kind sein und Mensch sein als Maßstab nehmen. Unsere Vorstellungen, unsere Träume und Wünsche wie ein Kind zu sein hat bestimmt den Alltag. Selbst unser großer Dichter und Denker Goethe meinte, dass die Jugend nicht belehrt, sondern angeregt werden sollte. Aber können wir es aushalten, die Entwicklungsprozesse der Kinder, als einen souveränen Entwicklungshelfer beobachtend zu begleiten? Voller Ehrfurcht und mit Staunen ganz behutsam diesem Wunder beizustehen?

Die neurobiologischen Untersuchungen und Erkenntnisse, die Ergebnisse der Kindheitsforschung, Hirnforschung und der Entwicklungspsychologen weisen uns darauf hin, dass Kinder sich die Welt selbst konstruieren, man spricht in diesem Zusammenhang auch vom „Sozialen Konstruktivismus". Die unbändige Neugier, die Lebenslust und Lebensfreude, der Lebenswille und der Lernwille bieten den Kindern so viel Eigenaktivität und Eigenmotivation wovon wir Erwachsenen nur träumen können. Dies drückt sich im Spiel des Kindes aus. Wir müssen lernen dies mehr zu beachten und überhaupt zu achten. Spielen ist eine zentrale Fähigkeit die jedem Menschen inne wohnt, die allerdings immer mehr verschüttet wird. Lassen wir dies zu werden wir innerlich ärmer werden als wir erahnen können. Auch wenn ich mir vielleicht den Zorn der digitalen Medien zuziehe appelliere ich dennoch für absolute digitale freie Zeiten. Weder Handy, noch Spielekonsole noch Fernsehen können unsere ganzheitliche Entwicklung so fördern wie das leibhaftige Erleben in der Natur, mit echten Menschen in Wort und Tat und entsprechenden Aushandlungsprozessen und Auseinandersetzungen. Dies muss ganz real und leibhaftig erfahren werden.

Und wenn alle Kinder in diesem Lerntempo so weiter lernen würden wie in den ersten Jahren, in ihrer unbändigen Spiellaune, und wir sie nicht immer darin unterbrechen oder verbiegen würden, dann würde es nur so wimmeln von kleinen Genies auf dieser Erde. Aber warum ist dies nicht der Fall? Warum nimmt dieser Lernwille spätestens in der Schule so drastisch ab? Warum stagnieren Lernwille und Eigenaktivität? Antworten finden wir nicht in der Forschung, aber in unserem Verhalten. Denn wir Erwachsenen verbiegen die Kinder und das auf vielfältige Weise. Kinder brauchen aber die Erfahrung aus eigenem Antrieb etwas bewirkt zu haben. Dadurch bekommen sie Vertrauen zu sich und der Welt. Und das Lernen der Kinder wird erst komplett wenn sie viele Gelegenheiten und Möglichkeiten hatten, ihre eigenen Erfahrungen und Erlebnisse, ihren inneren Wachstumsstrukturen anzupassen. Dies in spielerischer Art und Weise. Lernprozesse bedeuten eben Zeit und Freiheit sich entwickeln zu dürfen. Diese Freiheit den Kindern zu ermöglichen ist die eigentliche Aufgabe einer jeden Kindertagesstätte. Kinder hören im Elternhaus sowieso ständig was sie noch nicht alles können oder dürfen oder was sie alles falsch machen, weil Eltern durch ihre familiäre Situation keinerlei Energien mehr haben ihren Kindern diese Entwicklungsruhe zu lassen. Der gesellschaftliche Druck gegenüber den Eltern ist dermaßen gewachsen das die Befriedigung der Grundbedürfnisse schon Herausforderungen darstellen die in einigen Elternhäusern schon fast zur Kapitulation führen. Hier ist also der Kindergarten im Besonderen gefordert seinen gesetzlichen Auftrag auch zu erfüllen und der ist eben „Familien ergänzend" und das meint nicht sich abzugrenzen und den Eltern ständig vorzuhalten was alles ihre Aufgaben seien, sondern es bedeutet Teilhabe an der Erziehung, und Erziehungspartnerschaften einzugehen. Kinder sind angewiesen auf uns und sie brauchen uns als lebendige Modelle für die Anleitung und Beratung auf einer kindgerechten Ebene.

Der Kindergarten muss sich wehren gegen den gesellschaftlichen Druck nur noch als Warteschleife benutzt zu werden bevor das wirkliche Leben beginnt, der Ernst des Lebens, die Schule. Vergessen dürfen wir dabei nicht, dass der Bildungsrat vor über 40 Jahren beschlossen hat, das unser Bildungssystem mit der Elementarstufe beginnen soll und das dieses, einen eigenständigen Bildungsauftrag hat. Mit der Neufassung des KJHG im Jahre 1990 wurden dann im

§ 22 Grundsätze der Förderung von Kindern in Tageseinrichtungen festgelegt und hierbei im Besonderen die Aufgaben der Betreuung, Bildung und Erziehung des Kindes genannt. Vergessen wir auch nicht den Ausstieg aus der Vorschularbeit. Die Erwachsenen hatten endlich wahrgenommen, dass Kinder in ihrer Entwicklung nach eigenen Prämissen lernen und dass wir sie nicht in allem manipulieren können und dürfen. Erzieher/innen müssen sich der Verantwortung stellen und die Frage beantworten, was ein Kind für die Zukunft an Kompetenzen und Wissen, was sie an „Schlüsselqualifikationen" brauchen und was der Kindergarten hierbei tun kann um dieses Weltwissen bereitzustellen. Die 10 Grundfragen der Elementarpädagogik können hierbei eine Lebensphilosophisch-praktische Hilfe geben. Sie sind sicherlich auch eine Herausforderung, weil sie keine einfachen Antworten geben, sondern zur Reflektion anregen und die manchmal kinderferne Pädagogik neu zu überdenken herausfordert. Dabei gilt es immer sich selbst in Beziehung zu setzen, sein Beziehungsverhältnis gegenüber den Kindern zu betrachten und neu zu bewerten. Hierbei entdecken wir vielleicht schon fast vergessene Grundwerte die für unser Menschsein zeitlos geblieben sind und dies auch sicherlich bleiben werden. Wie unsere eigene Spielfähigkeit zum Beispiel. Und die Fachkräfte müssen

Grundfrage 5: Spielen

Position beziehen gegenüber der Schule. Denn wie wird dann in der Schule mit dem Spielkind umgegangen? Was ist Schulreife? Schulfähigkeit? Wie verhält sich die Schule gegenüber dem Spielkind? Schule und Spielen, ein Gegensatz oder eine Ergänzung? Neue Fragen die wieder zur Reflektion und Neuausrichtung herausfordern.

Für fast alle Eltern und viele Erwachsene, sogar für viele Pädagoginnen und Pädagogen stellt sich irgendwann einmal die Grundsatzfrage. Soll das Kind weiter spielen oder soll es endlich sich auf die Schule konzentrieren? Die Schule und das Spiel scheinen hier zwei totale Gegensätze zu sein wie Feuer und Wasser zueinander. Unvereinbar und nicht kombinierbar. Das eine stört das andere, wobei das Spiel überhaupt stört und Bildungsprozesse, so wie wir Erwachsenen gern solche Dinge benennen, werden dadurch behindert, am Lernen, am Wesentlichen, was aus unserer Sicht hilfreich wäre. So denken durchaus viele Menschen und sogar viele Fachkräfte in pädagogischen Arbeitsfeldern. Sie alle verkennen das „Gold", das gerade in dem Kinderspiel steckt. Dieses „Gold" sollte und könnte auch für die Schule nutzbar gemacht werden. Ein Spielkind ist kein Schulkind. Und alle die das hören glauben es sogar. Ein Kind sei noch so verspielt, mit dieser Aussage wird abwertend geurteilt. Wenn ein Kind noch spielt dann ist es halt noch nicht so richtig reif für die Schule. Erst mit dem Ende der Spielzeit beginnt der Ernst des Lebens. Aber wenn „Ernst" nie ausreichend gespielt hat und auch die Schule dieses Potential, welches im Spiel liegt, nicht nutzt, dann geht Spielzeit und somit Lebenszeit verloren. Unabdingbare Voraussetzung für eine gelingende Schulzeit und schulreife ist das Spiel des Kindes. Leider können immer mehr Kinder immer weniger spielen, oder wissen etwas mit sich anzufangen. Keine Idee, keine kreativen Impulse und keine Lust. Insbesondere die Nutzung der neuen Medien, dem Handy und der Playstation wird Zeit und Raum geopfert. Mit welchen Konsequenzen wir damit später einmal noch zu tun haben werden ist heute noch gar nicht absehbar. Das sollte uns jedoch alarmieren und in Alarmbereitschaft setzen. Was ist hier passiert? Wie kann es passieren das Kinder im Wald angekommen nicht wissen was sie an diesem Ort alles erleben könnten. Sie fragen tatsächlich, „und, was sollen wir hier?" Eine Frage die sich kein Kind in unserer Kindheit gestellt hätte. Zwar werden ihnen beim Spielen am Computer imaginäre Welten gezeigt und auf verschiedenen Levels Aufgaben gestellt die es zu lösen gilt. Aber sie meistern all dies in virtuellen Welten und nicht in der Realität. Weder riechen, hören noch schmecken sie die Wirklichkeit.

Vergessen wir nicht, dass gerade das Spiel prägenden Einfluss nimmt auf die gesamte Hirntätigkeit und Hirnentwicklung eines Kindes. Die Spielfähigkeit eines Menschen sagt etwas aus darüber wie vielseitig oder einseitig ein Mensch sein wird. Es ist eine pädagogische Qualität, wenn es für die Kinder ausreichend Spielanreize im Tagesablauf gibt. Dabei gilt immer wieder die Perspektive des Kindes nicht aus den Augen zu verlieren. Kindliche Lernprozesse entwickeln sich permanent im Spiel, durch das Spiel und im spielerischen Miteinander. Dazu gehört meines Erachtens die unmittelbare Beziehung, denn Erziehung ist zunächst einmal Beziehung. Beziehung zu einem Gegenüber und Beziehung zu mir selbst sowie meiner Beziehung zur Welt. Weltenbeziehung ist die Basis für mein in der Welt sein. Dazu gehört für mich eine besondere Aufmerksamkeit und Einfühlende-Grundhaltung im absichtslosen Dasein. Dieses absichtslose Dasein bedeutet auch immer wieder keine vorgefertigten Programme abarbeiten zu wollen oder zu müssen. Aus solch einer dienenden Haltung dem Kind gegenüber erwächst mit der Zeit die Fähigkeit des Kindes diese Welt besser wahrzunehmen. Aus dieser Fähigkeit folgt die sichere Wahrnehmung des Kindes und die Lust auch andere Menschen intensiv wahrnehmen zu wollen. Andere Menschen als unterschiedlich wahrzunehmen und zu respektieren. So entsteht ganz langsam ein Weltwissen. Das braucht Zeit, ausreichend Zeit und ganz viel Geduld. Bildungsprozesse dieser Art lassen sich nicht endlos steigern und schon gar nicht künstlich beschleunigen. Vor allem können wir Erwachsenen, egal ob Fachkräfte oder Andere, dies nicht erzwingen. Jede Erfahrung ist ein Bildungsprozess und somit Selbstbildung.

„Dabei ist Selbstbildung durchaus in einem doppelten Sinn zu verstehen; nicht nur die Eigenaktivität spielt eine Rolle, sondern es ist auch ein Prozess, in dem das Individuum sein Selbst, seine Persönlichkeit zu einem guten Teil durch eigene Aktivitäten schafft. Diese Verschiebung im Verständnis von Bildungsprozessen als Entfaltung natürlicher Anlagen zur situationsbedingten Konstruktion von Bedeutungen hat zur Folge, dass die Förderung von Bildungsprozessen auf die empirische Beobachtung und das Bemühen angewiesen ist, die Logik und den Eigensinn kindlichen Handelns zu verstehen. Das bedeutet, dass Bildungsförderung die Beobachtung von Lern- und Bildungsprozessen der Kinder voraussetzt. Gemessen daran fällt auf, dass gerade in den Bemühungen von Qualitätsbestimmungen das Verhalten der Erzieherin im Mittelpunkt steht. Es wird gefragt, ob sie die Bedürfnisse von Kindern berücksichtigt, auf Kinder eingeht, sich mit ihnen bespricht usw. Das sind zweifelsohne wichtige

Gesichtspunkte. Was sich bei den Kindern abspielt bleibt einer solchen Betrachtungsweise aber weitestgehend außen vor
Als zwei herausragende Indikatoren für die Bildungsqualität der Tätigkeiten von Kindern im Zuge dieser Arbeiten wurden die Prozessvariablen „Wohlbefinden" und „Engagement" identifiziert. Sie gelten als wesentliche Voraussetzungen für Lernprozesse. Dementsprechend lässt sich die Bildungsqualität der Kinder danach beurteilen,

- Wie sehr sie jeweils „bei der Sache sind", sich nicht ablenken lassen
- An die Grenzen ihrer Möglichkeiten gehen
- Neues entdecken und ausprobieren
- Dabei auch emotional beteiligt und freudig erregt sowie von der Sache begeistert sind
- Wie genau und sorgfältig sie arbeiten
- Wie viel Energie sie mobilisieren

Mit diesem Ansatz werden die Kinder und ihre Interessen an bestimmten Angeboten in den Mittelpunkt gestellt. Im Sinne von Selbst-Bildungsprozessen steht ihr Eigenanteil, verstanden als Engagement und Wohlbefinden im Vordergrund." (Forum Jugendhilfe 1/2001)

Schule ist doch (k)ein Kinderspiel? Jedes Jahr stellen sich viele Eltern immer die gleichen Fragen. Ist mein Kind schulreif? Ist es schulfähig? Kann es den Anforderungen im Schulalltag entsprechen? Kann mein Kind dem Unterricht folgen? Sollte mein Kind einen Teil der Primärtugenden (lesen, rechnen, schreiben) bereits beherrschen? Reicht es aus den eigenen Namen schon schreiben zu können?

Erfolgreiches Lernen setzt aber, und das wissen letztlich alle, eine Vielzahl von Fertigkeiten, Fähigkeiten und Kenntnissen voraus. Und diese sollten die Kinder bereits im Kindergarten erworben haben. Natürlich ebenso im Elternhaus. Beides zusammen gibt dem Kind die Nahrung die es für sein gesundes Wachstum braucht. Aber welche dieser „Fähigkeiten" brauchen Kinder denn nun, um einen möglichst reibungslosen, angstfreien, stressfreien und erfolgsversprechenden Start hinzulegen? Vieles ist ein langer und manchmal sogar lebenslanger Lernprozess. Schulfähigkeit ist ja mehr als bloßes Wissen oder das Zeichnen eines Hauses, Baumes, Menschen und das Erkennen eines Würfels. Wesentlich entscheidender scheint mir, sieht es mit der gefühlsmäßigen und emotionalen Schulfähigkeit aus? Und was kann Schule hierbei entgegenkommen tun um dies zu fördern? Hat das Kind ausreichend Zuversicht, Selbstvertrauen, Selbstsicherheit und Selbstbewusstsein? Traut sich das Kind eigenständige Entscheidungen zu und kann es mit Konsequenzen und Niederlagen umgehen? Kann das Kind sich mitteilen und ausdrücken, seine Ängste, Wünsche und Sorgen frei äußern? Hat das Kind Freude am Ausdruck, an Fragen und Antworten? Kann das Kind Beziehungen aufbauen und pflegen? Neue Kontakte herstellen und ausbauen? Kann das Kind sich durchsetzen und ebenso auch mal zurücknehmen, sich einordnen oder sogar unterordnen? Hat das Kind altersentsprechende Körperstabilität? Besitzt es schon die Fähigkeit unterschiedliche Situationen aktiv mitzugestalten? Beherrscht es die erforderliche Grob- und Feinmotorik? Kann es Dinge sicher greifen und weitergeben? Kann das Kind Gesetzmäßigkeiten erfassen, seine Merkfähigkeit ausbauen und Situationen in der Schule, im Unterrichtsgeschehen entsprechend einordnen? Wobei all diese Aspekte nicht voll ausgebildet aber dennoch deutlich sichtbar und ausbaufähig sein sollten. Eine Vorbereitung auf die Schule ist nicht gleich zu setzen mit dem Leben. Wir sollten unsere Kinder nicht zur Schulfähigkeit erziehen sondern zur Lebensfähigkeit und dabei ist die Schule nur ein kleiner Teil. Bedenken sie die Bedeutung von der Selbstwirksamkeit eines Kindes. Kann dies Schule überhaupt gewährleisten?

„Mit dem Übergang von einer Bildungseinrichtung in die andere sind für das Kind Chancen, aber auch Risiken verbunden:

- Er macht eine Identitätsänderung erforderlich. Aus einem Kindergartenkind wird ein Schulkind, das seine neue Rolle in einem fremden Rahmen mit anderen Abläufen und Herausforderungen erst finden muss.
- Auch wenn sich die meisten Kinder darauf freuen, ein Schulkind zu werden und zum Teil auch schon ziemlich genaue Vorstellungen davon haben, was das bedeutet, gehen damit auch viele Unsicherheiten und Ängste einher. Vertrautes und Freunde werden aufgegeben und es ist offen, was stattdessen kommt.
- Von zentraler Bedeutung ist für das Kind in dieser Umbruchsphase die Frage, wo es in dem neuen Gefüge seinen Platz findet, an dem es anerkannt ist und sich wohl fühlt.
- Ein gravierender Unterschied besteht auch darin, dass aus dem „Ich darf" in der Kindertagesstätte mit ihren vielen Freiheiten und Möglichkeiten häufig ein „Ich muss" in der Schule wird.

Diese Veränderungen sind einerseits mit vielen Emotionen und andererseits mit dem Erwerb neuer Kompetenzen verbunden. Im Idealfall gelingt der Prozess ohne bedrohlichen Erschütterungen." (Den Übergang gestalten, Leitfaden zur Zusammenarbeit zwischen Kindertagesstätten und Grundschulen, Ministerium für Bildung und Kultur des Landes Schleswig-Holstein, Dezember 2010)

Die Schulfähigkeit hat also nicht nur mit den Merkmalen eines Kindes zu tun, sondern ist weitaus abhängiger von der jeweiligen Schule (oder Kita). Diese Bedeutung sollte uns sensibel machen das es keine Gewähr dafür gibt ob mein Kind in einem Schultest nun für schulfähig oder sogar schulreif bewertet wurde. Schulreifetests sind überhaupt nicht ausschlaggebend, dennoch vertrauen wir den Ärzten. Warum? Nun ganz einfach,

weil es schon immer so gemacht wurde.

„Eine große Zahl von Kindern, die den Schultest „bestanden" haben, scheitern dennoch im ersten Schuljahr. Andere wiederum, die trotz schlechter Testergebnisse eingeschult werden, bewältigen die schulischen Anforderungen ohne Schwierigkeiten

Schulneulinge sind keineswegs Lernneulinge. Sie haben sechs Jahre bereits geschaut, gehört, gefühlt, geschmeckt, gerochen und auch gesprochen

Viele Kinder können nämlich – wie neuere Untersuchungen ergeben – bereits zählen, einfache Rechenaufgaben lösen, einige Buchstaben und Wörter schreiben und nicht selten bereits lesen, ohne dass jemand mit ihnen „trainiert" hat

Schulpflichtige Kinder sind eben höchst unterschiedlich

Wir sollten aufhören, Kinder am Schulanfang mit dem Defizitblick zu betrachten und auf vermeintliche Mängel durchzuchecken

Die Frage sollte sein, welche Fertigkeiten und Fähigkeiten sind bisher entwickelt? Wie kann es dort weiter gefördert werden?" (Welt des Kindes 4/95)

„Mit dem schulischen Lernen der Kinder ist es ähnlich wie mit dem Laufen lernen. Sie lernen zu gehen, indem sie fallen. Und der aufrechte Gang bleibt ein Leben lang." (R. Kahl 2005, bei einem Vortrag in Elmshorn in der KGSE)

Vergessen wir also niemals, dass alle kognitiven Lernprozesse, Prozesse also die auf eine Erweiterung unseres Denkens und Wissens abzielen, vollziehen sich gerade nicht bei irgendwelchen Lernübungen, die angeblich so sehr auf die Schule vorbereiten sollten. Kinder sind ganze Wesen und brauchen Förderung ihrer Ganzheit. Hören wir auf immer wieder diese vielen Lernbereiche zu zerstückeln und setzen sie vielmehr in einen lebendigen und vor allem lebensnahen Zusammenhang. Dabei taucht durchaus die Frage auf, sind unsere Kitas und vor allem unsere Schulen denn überhaupt noch „Kind fähig"?

„Auch für die Gestaltung der Kooperation von Kindergarten und Grundschule gibt es seit Jahren sowohl einen gesetzlichen Rahmen als auch Anregungen für vielfältige Aktivitäten und Maßnahmen. Die tatsächliche Praxis allerdings hinkt diesen Potenzialen hoffnungslos hinterher." (Hartmut Hacker, Die neue Schuleingangsphase, 2003)

„Neuere Ansätze grundlegender Bildung sind „Mehrdimensional" angelegt; d.h., es geht nie um den Erwerb von Wissen und Verstehen allein, sondern gleichzeitig um positive Einstellung zu den Lerngegenständen, um Identitätsentwicklung und um eine Anbahnung von Wertorientierungen." (Einsiedler, Bildung grundlegen und Leisten lernen in der Grundschule, S. 3, 1998)

„Die pädagogische Schlussfolgerung aus diesem psychologischen Zusammenhang lautet; Die kindlichen Grundbedürfnisse befriedigen! Im Einzelnen geht es darum, vom Lehrer und von der Gruppe akzeptiert zu sein (Zugehörigkeitsgefühl), sich selbst als Akteur des Lernens zu erfahren (Autonomiegefühl) und sich selbst als tüchtig zu erleben (Erfolgsgefühl)." (Ludger Kotthoff, Selbstkonzeptionsentwicklung und Bedeutung des Selbstwertgefühls. In Theodor Bortmann und Herbert Ulonska; Kinder in der Grundschule, 1996)

An dieser Stelle möchte ich das ausgesprochen lesenswerte Buch von Inge Faltin und Daniel Faltin empfehlen, „Schule versagt", Warum Bildung ein Glücksspiel ist und wie sich das ändern kann. Sehr eindringlich, offen und ausgesprochen ehrlich schreiben die Autoren uns Eltern das von der Seele, was wir alle hundertfach in und mit Schule und unseren Kindern erlebt haben. Hat dies Konsequenzen für die Schule? Oder die Lehrer? Was bedeuten all diese Erkenntnisse, all dies empirisch abgesicherte Wissen für die Lehrer?

„Für die Lehrer/In ist diese pädagogische Aufgabe neben der didaktischen Gestaltung des Schulanfangs zu leisten. Sie müssen die Beziehung zu ihren Kindern positiv gestalten und sie müssen jedem Kind Erfolge ermöglichen – mehr noch; sie müssen die Fortschritte für das Kind sichtbar machen. Letzteres verlangt nicht nur eigene „Veranstaltungen" (etwa Ich-Projekte), sondern eine sprachlich elaborierte Pädagogik der Ermunterung. Nur über diese Anstrengung auf der Beziehungsebene besteht Hoffnung auf einen gelungenen Schulstart für möglichst viele Kinder." (Fachzeitschrift Grundschule 6/99)

Hinzufügen möchte ich, für „alle" Kinder.

Doch woher nehmen wir fundierte und anerkannte Formen und Elemente für eine solch geartete Pädagogik? Auf welches Wissen und welche Methoden könnten wir in der Elementarpädagogik und in der Schule zurückgreifen? Unter anderem fällt mir Celestin Freinet ein, der vielleicht wichtige Hinweise für eine Umgestaltung geben könnte. Schließlich gilt seine Pädagogik als fortschrittlich und sogar als Bewegung einer modernen Schule. Für ihn war es wichtig eine Differenzierung der Lernumgebung vorzunehmen. Kinder arbeiten parallel und ganz selbständig an sehr unterschiedlichen Aufgaben und Lernanforderungen. Für Freinet stand immer die Individualisierung des Lernens im Mittelpunkt. Während heutige Schulpädagogik den Klassenverbund nur noch als Gesamtheit betrachtet. Für das Kind könnte eine solch geartete Pädagogik bedeuten, dass jedes Kind, Woche für Woche mit Hilfe des Lehrers seinen persönlichen Lern- und Arbeitsplan erstellt und dieser dann abgearbeitet wird. Im Unterricht könnten dann einige Kinder experimentieren, andere schreiben und wieder andere malen oder diskutieren und lesen etwas zum jeweiligen Thema. Selbst das Rollenspiel könnte so manchen Lernstoff für die Kinder in einer sehr lebendigen Art erschließen. Den Kindern das Wort geben und sie mehr mitbestimmen zu lassen, mitgestalten und mitentscheiden bedeutet auch den Kindern ein Stück Eigenverantwortung zuzutrauen. Und sie erleben Selbstwirksamkeit. Den Kindern das Wort zu geben ist für Freinet Pädagogen/Innen eine sehr wichtige und grundsätzliche Lebenshaltung und Einstellung den Kindern gegenüber die konsequent umgesetzt wird. Eine Altersmischung gehört ebenso dazu. Somit profitieren und bilden sich die Kinder weitestgehend selbst weiter und lernen gleichfalls von ihren eigenen Artgenossen auf einer gleichen Ebene.

„Da wir augenblicklich nicht behaupten dürfen, dass wir die Kinder sowohl methodisch wie wissenschaftlich so führen können, das jedem von ihnen die ihm persönlich angepasste Erziehung zu Teil wird, begnügen wir uns damit, ihnen ein ihr Interessen förderndes Milieu zu schaffen und ein entsprechendes Arbeitsmaterial und kindgemäße Techniken zu entwickeln, die ihre Bildung fördern, ihnen die Wege ebnen, auf denen sie je nach ihrer Veranlagung, ihren Neigungen und ihren Bedürfnissen weiterschreiten werden." (Freinet, S. 16, 1979)

Für Freinet ist das Kind hungrig nach Leben und Aktivität und somit hungrig nach Spielen und entdecken wollen. Tatsächlich scheint aber gerade das, ein Problem der Erwachsenen zu sein, sie haben ihren Entdeckerwillen und ihre Spielfreude so scheint es, fast gänzlich verloren. Sie können dem Spiel und dem Tun der Kinder nicht mehr zweckfrei begegnen. Sie messen das kindliche Tun nach ihren Zielvorgaben und leiten sie nach den jeweiligen Defizitären Sichtweisen, Erkenntnissen und Entscheidungen. Sie bewerten das Tun immer aus der jeweiligen Erwachsenenperspektive. Dabei sollten alle Pädagogen und Pädagoginnen, das was Kinder tun, als ihren momentanen, augenblicklichen und gerade wichtigen Bedürfnissen angestrebter Ausdruck und Bedürfnissen wahr und sie sollten nicht versuchen das Kind ständig zu verbessern, zu belehren oder unter Druck zu setzen. Dennoch passiert dies gerade in der Schule und beginnt oftmals bereits schon in einer Kita. Der eigene Mangel, die eigenen Wissenslücken werden von den Kindern sowieso selbst entdeckt und erlebt durch den Kontext in dem sich das Kind gerade befindet. In der jeweiligen Gemeinschaft entwickelt jedes Kind und jeder Mensch eine Menge von Strategien, um in diesem Kontext bestehen zu können und sich zu behaupten. Das Kind ist und bleibt hierbei immer und überall der Akteur seiner Entwicklung. Und muss Selbstwirksamkeit erfahren und erleben.

Piaget soll einmal sinngemäß gesagt haben, wenn wir Kinder etwas lehren, so hindern wie es daran, es selbst zu entdecken. Wir als Fachkräfte hindern und behindern gerade jene Kinder die wir doch eigentlich insbesondere fördern wollten. Aber können wir uns zurücknehmen? Können wir Erwachsenen für eine gewisse Zeit aufhören immer die Belehrenden zu sein? Hierbei könnten vier Prinzipien hilfreich sein. Eingebettet in eine Atmosphäre der Partizipation.

- Die freie Wahl des Kindes
- Die eigene Verantwortung des Kindes
- Der eigene Sinn des Kindes
- Der eigene Bezug zum Alltag und zum Leben

Und wieder stehen wir vor der Frage, was bedeutet dies für die aktuelle Pädagogik? Könnten ein Stück Mitbestimmung, Formen der Partizipation, ein Kinderparlament oder eine Kinderverfassung, dies ein Stück mehr möglich machen? Wäre hier ein intensiver Austausch aller Fachleute aus Kita und Schule im permanenten Austausch nicht eine Grundlage für eine zeitgemäße Pädagogik? Und wenn dann die Kita eine zeitgemäße und Kind zentrierte Pädagogik anschieben möchte oder sogar schon in ihrer jeweiligen Einrichtung umsetzt, wie wird dann Schule darauf reagieren?

Grundfrage 5: Spielen

Könnte es dann gerade bei dieser Schnittstelle zu Reibungen und Kämpfen kommen? Kann und will Schule überhaupt solch eine Pädagogik weiterführen? Gibt es Einigung? Allein die Tatsache das sechzehn deutsche Bundesländer ebenfalls sechzehn verschiedene Schulsysteme haben, ist ein Beweis dafür, dass es keinen wirklich gemeinsamen Konsens darüber gibt, wie Kinder in unserem Land lernen sollen und können. Das Schuleingangsalter ist innerhalb Europas ebenfalls so unterschiedlich und kann zwischen dem vierten und siebten Lebensjahr beginnen. Ein wunderschönes Buch von Rudi Palla heißt, „Die Kunst, Kinder zu kneten". Von der Antike bis zur Neuzeit wird hier aufgezeigt wie die Erwachsenen sich stets bemühen die Kinder sich gleich zu machen. Sie als günstige Minisklaven und gut funktionierende Mitläufer zu instrumentalisieren. Aber unsere Kinder sind nicht gleich, noch können und sollten wir sie uns gleich machen. Unser Erbgut, Milieu und Erziehung sowie die individuelle Lebensgeschichte prägen im Wesentlichen unsere Kinder. Und wie reagiert Schule darauf? Mit Macht und Ausgrenzung? Wenn Schüler nicht mehr so funktionieren wie Schule es braucht, dann werden Schüler nicht versetzt und bleiben sitzen oder werden sogar der Schule verwiesen. Ein integratives Konzept haben die wenigsten Schulen. Der unmittelbare Lehrer (Klassenlehrer) ist oftmals bedeutsamer als die gesamte Schule. Lehrer, egal welcher Schulform sie auch angehören mögen, sind ein immenses Schullaufbahn- und Lebensschicksal für unsere Kinder. Sie können erheblich dem Kind nutzen oder schaden. Sie könnten den Kindern völlig neue Wege aufzeigen oder sie schnellstmöglich in eine Sackgasse führen. Sie können Lernmotivation fördern oder auch für immer zerstören. Das was hier zweifelsfrei für die Schule gelten mag ist ebenso übertragbar für die Elementarpädagogik. Das Wort „Elementarpädagogik" signalisiert ja eigentlich schon vom Wortstamm her die Bedeutung. Die erste Stufe im Bildungssystem zu sein. Eben „ELEMENTAR!" und somit grundlegend für den Beginn einer jeden Lebenslaufbahn eines Menschen in unserem momentanen Bildungssystem. Wenn es dann allerdings nicht klappt mit unseren Vorstellungen von Entwicklung und Lernen wird natürlich sofort die Frage nach dem Schuldigen aufgeworfen. Wer oder was war Schuld an diesem Dilemma? Diese Suche führt dann zunächst einmal zu den Kindern, den Eltern oder einer immer präsenten Gesellschaft. Der Erfolg oder das Scheitern im Unterricht hängen weitestgehend von der Lehrerpersönlichkeit und seinen Haltungen und Einstellungen ab. Also von den Fachkräften. Jedoch in den allerseltensten Fällen vom Verstehen der Kinder und ihren kognitiven Fähigkeiten. Der Lehrer oder der Erzieher scheint hier wichtiger zu sein als das System in dem er wirkt. Ebenso wirksam sollten aber auch die Erzieherinnen im Kindergarten verantwortlich handeln. Die Vorbereitung auf die Schule wird immer im Kindergarten beginnen und somit tragen die Kitas Verantwortung für die vorschulische Entwicklung. Bei dieser Wortwahl wird ebenfalls deutlich, dass der Kindergarten nur eine „vorschulische Aufgabe" wahrnimmt. Hier sollte der Kindergarten mehr Selbstbewusstsein haben und seinen eigenen Bildungs-, Erziehungs- und Betreuungsauftrag der Öffentlichkeit immer wieder deutlich machen. Denn dies ist eine ganz eigene Qualität, die nicht in schulischem Zusammenhang stehen und gesehen werden sollte. Wie bereits weiter oben erwähnt, eine Kita bereitet nicht auf die Schule vor, sondern auf das Leben.

Eine Vermittlung grundlegender Lerninhalte gestalten die Kinder von ganz alleine. Sie suchen sich ständig Herausforderungen geistiger, musischer, kreativer und körperlicher Kräfte. Sie zeigen uns ihre Leistungsbereitschaft und ihre Lernfreude täglich. Sie pflegen vielfältige Beziehungen und gestalten diese fortwährend weiter. Sie sind die wirklich lernenden und suchenden. Wir dagegen sind die ewig bereits wissenden und gefundenen. Wir haben das Leben im Griff und alles bereits durchschaut. Begleiten wir endlich unsere Kinder und werden Teil dieses Aufsuchens von Weltwissen. Und hören wir endlich damit auf die Kinder in unseren Kindertagesstätten belehren zu wollen.

Grundfrage 6: Loslassen/Festhalten

Kann ich Kinder loslassen? Will ich Kinder loslassen? Sind es meine Kinder oder deine Kinder? Kontrolle oder Vertrauen? Konkurrenzkämpfe? Kann ich alte Denkmuster loslassen? Will ich an meiner Pädagogik festhalten? Biete ich einen offenen Dialog an zur Reflektion meiner Arbeit? Bin ich mir meiner Haltung und Einstellung auch wirklich bewusst?
Loslassen und sich einlassen gehören zusammen wie Siamesische Zwillinge. Das eine ist ohne das andere nicht möglich. Zwei Komponenten ein und derselben Sache. Für Pädagogen/Innen oftmals nur eine rein rhetorische Fingerübung. Eine oft zitierte Floskel, deren Inhalt überhaupt nicht verstanden wird.

In einer Regelgruppe brauche ich mir darüber auch keine Gedanken machen, denn schließlich bin ich der/die Gruppenerzieher/in und trage damit die Verantwortung für die mir anvertrauten Kinder. Hier sollen sich in erster Linie die Kinder einlassen und ihre Eltern loslassen. Nach einer gewissen Zeit sollen dann auch die Eltern sich einlassen und die Kinder sollten loslassen. Das klingt alles sehr einleuchtend, trotzdem könnten auch ganz andere Beweggründe eine Rolle dabei spielen. Immer wieder begegnen mir in pädagogischen Arbeitsfeldern sowie Fortbildungen (und insbesondere in kirchlichen Strukturen) jene Kernthemen die uns eigentlich zum Umdenken ermuntern sollten. Da sie all jenes Leid bereits seit Jahrhunderten über uns Menschen gebracht haben. Ein Kernthema das auch gern als Trieb bezeichnet wird. Unser Machttrieb. Macht haben, Macht ausüben und immer wieder anderen gegenüber deutlich machen, wer hier das „sagen" hat, wer hier der „Bestimmer" ist und wer letztlich die Macht in Händen hält. Wer die Kontrolle über alles zu haben scheint und den Kindern nur den Freiraum gibt den wir ihnen überhaupt zutrauen. Die Mächtigen bestimmen über die Inhalte und legen fest all jene Themen die für das Kind aus ihrer Sicht richtig und wichtig erscheinen. Absprachen werden lediglich mit meiner unmittelbaren Kollegin getroffen. Und ich muss mich somit keiner Kritik stellen, für das was ich tue oder unterlasse. Machtvolle Strukturen und Mechanismen die nicht öffentlich passieren, geschehen vielfältig in Kindertagesstätten. Vieler Orten sind ehrenamtliche Menschen die Entscheider über Personaleinstellungen oder Personalmanagementaufgaben. Ich habe mehrfach erlebt wie hier Mitarbeiter/Innen „beschädigt" wurden. Unprofessionell mit ihnen umgegangen wurde und Mitarbeiter/Innen sogar von „führenden Persönlichkeiten" gemobbt wurden. Dies führte oft zu Personalausfällen, Krankheiten und manchmal sogar zu Kündigungen und langwierigen Prozessen. Allein aus einem Machttrieb entstanden. Kinder sind auf Gedeih und Verderb angewiesen auf die jeweiligen Gruppenerzieher/Innen. Sie sind die wahren Herrscher/Innen in diesen kleinen Königreichen. Paradiesische Zustände? Oder eher ein Berg von Verantwortung der mich dazu zwingt die Gruppenabläufe straff zu organisieren, weil ich allein verantwortlich bin? Ich bin der Meinung, dass das Modell der Regelgruppe künftig der Vergangenheit angehören wird. Kinder brauchen Freiräume der Bewegung und Entscheidung. Dies ist in der traditionellen Regelgruppe nicht konsequent möglich. Vor allem hindere ich die Kinder daran sich zu entwickeln und zu entscheiden mit welchen anderen Kindern oder Erwachsenen sie an diesem Tag zu tun haben möchten. Beziehungen sind unser Geschäft und dazu gehört, vielfältige Beziehungen anzubieten. Jeden Tag und immer wieder aufs Neue. Kinder suchen Vorbilder und das können durchaus andere Erwachsene sein als ich. Die Angst vor dieser evtl. Ablehnung steckt aber tief. Darin wird nicht die große Chance gesehen der Perspektiverweiterung sowohl für die Kinder als auch für sich selbst. Erzieher/innen sind aber Mütter/Väter auf Zeit und die eigene Sozialisation ist oftmals die Ursache für das Empfinden von Sympathie oder Antipathie gegenüber den Kindern oder Eltern. Mit aller Macht verhindern dann die jeweiligen Erzieherinnen genau jene Entwicklungen die sie von ganz allein aus der Gruppe bringen würde. Um die Welt der Kita auch wirklich zu entdecken. Alle Pädagogen/innen sollten mutiger werden und dazu stehen, dass sie selbst auch nicht immer alle Kinder gleich mögen. „Ich mache keinen Unterschied bei den Kindern!", sagt etwas aus über die „Unprofessionalisierung" oder Professionalisierung meiner Arbeit. Niemand kann sich davon freisprechen und niemand hat die gleichen „Liebesgefühle" gegenüber den Kindern. Das ist menschlich. Diese normale Einschränkung anzuerkennen gibt mir erst die Möglichkeit daran zu arbeiten und evtl. etwas daran zu verändern. Da Kinder meist vorbehaltlos auf uns zugehen haben wir einen besonderen Bonus den wir nicht leichtsinnig verspielen sollten. Hier gilt es die eigene Macht zu erkennen, diese zu hinterfragen und natürlich sie auch zu verändern und abzugeben an die Akteure, die Kinder. Gerade in offenen Systemen fallen derartige Stigmatisierungen weitestgehend weg und durch den

Austausch aller Mitarbeiter/innen bekommen wir ein wesentlich objektiveres Bild vom Kind. Dafür muss ich allerdings loslassen und zulassen. Mein Bild vom Kind muss ich gemeinsam im Team immer wieder neu überdenken und reflektieren. Erstaunlich fand ich die Aussage eines Heilpädagogen der zunächst einmal sehr skeptisch war gegenüber dem offenen Kindergarten. Nach seiner Meinung würden die Kinder überfordert sein, insbesondere all jene Kinder die in einer heilpädagogischen Maßnahme stecken würden. Zu seinem späteren Erstaunen führte ihn das Kind selbst und brachte ihn zum Staunen. Durch die Öffnung der Gruppen begann das Kind sich neue Räume zu erschließen und beschäftigte sich mit Spielmaterialien die ihm der Heilpädagoge gar nicht zugetraut hatte. Diese Erfahrungen haben auch immer wieder andere Erzieherinnen gemacht. Kinder die von Erzieherin A so gesehen wurden und von Erzieherinnen B und C wieder ganz anders, bekamen zusammen erst ein objektiveres Bild des Kindes. Der gemeinsame Austausch über das Kind lässt uns mehr über dieses Kind erfahren. Durch die Freiheit des Kindes der Entscheidung, in welchem Raum ich mit welchen Personen und Materialien ich mich beschäftigen möchte, bedeutet zunächst einmal auch wirklich loszulassen von meinen eigenen Gedanken, Vorstellungen und Bildern die ich mir bereits von diesem Kind gemacht habe. Es ist doch auch allzu menschlich das unsere Sichtweise immer nur einen Ausschnitt der Gesamtwirklichkeit sein kann. Gerade in diesen schnell veränderten Zeiten können sich diese Bilder rasant verändern und müssen den neuen Gegebenheiten angepasst werden. Allerdings steckt eine große Angst vor solchen Veränderungen die durchaus menschlich verständlich sind. Mein Selbstbild, das Bild von mir, meine Selbstwahrnehmung könnte Brüche bekommen, könnte ebenfalls einem Veränderungsprozess unterliegen der mir zunächst unangenehm erscheint. Meine Meinung und meine Sicht auf das Kind, könnten fehlerhaft sein. Hier den Mut aufbringen selbst diese Unsicherheit zuzugeben und im Team nach Wegen und Möglichkeiten zu suchen die allen den nötigen Respekt und die Achtung und Wertschätzung entgegenbringt um diese Veränderung zu wagen, ist kein einfacher Schritt. Er bietet aber Chancen und Perspektiven die meine Arbeit bereichern und erweitern. Wir haben unterschiedliche Stärken und Schwächen mit blinden Flecken, aber im Verbund können wir vieles ausgleichen, ergänzen und sogar zum positiven hin verändern. Im Team können wir achtsamer und aufmerksamer werden sowohl für die Kinder als auch uns selbst gegenüber. Die Verantwortung scheint zwar größer, gleichzeitig erlebe ich aber in vielen Bereichen eine Entlastung, weil ich nicht mehr allein für alles verantwortlich bin. Oft ist es eine Fülle von Situationen im Kindergarten, die eine wertneutrale und freundliche Haltung gegenüber den Eltern oder sogar den Kindern, schwierig machen und vielleicht die ganze Kindergartenlaufbahn des Kindes beeinflussen. Die Ursachen dafür liegen in vielfältigen Bereichen. Aber immer steckt unsere Persönlichkeit dahinter, unsere Sozialisation, unsere Werte und Entscheidungen, unsere Haltung, Achtung oder Missachtung. Es gibt keine objektiven Kriterien, sondern nur subjektive Lebensgeschichtliche Aspekte. Unsere Lebensgeschichte hat oftmals bereits festgeschrieben welche Typen wir mögen und welche nicht. Wobei dies keineswegs ein vererbtes Korsett ist, sondern nur unsere Erfahrungen wieder spiegelt, die wir uns bewusst machen müssen und möglichst in einem offenen Dialog untereinander besprechen sollten. Auch wenn solche Gespräche ungewohnt oder schwierig erscheinen, gehören sie doch zu unserer Professionalität. Die Alltagsbelastungen sind groß und wenn wir rastlos oder überfordert sind greifen wir auf unser Inneres, unsere bekannten Erfahrungen, Gefühle, Formen und Strategien der Stressbewältigung zurück. Unser Lebensgeschichtlicher Hintergrund ist der Erfahrungsraum der in unserer Arbeit immer mit hinein schwingt. Im Guten wie im schlechten.

„Die gute Erzieherin – ob heftige Gefühle im Umgang mit bestimmten Kindern nun in eigenen, lebensgeschichtlich gewachsenen Empfindlichkeiten begründet liegen oder in der gegenwärtigen Überforderung oder eher im konkreten Verhalten des Kindes und seinem familiären Hintergrund lässt sich nicht immer eindeutig sagen – oft ist es ein Zusammenspiel aus mehreren Faktoren …

Was hat es mit dem Anspruch auf sich, dass die meisten Erzieherinnen meinen, alle Kinder lieben zu müssen? Ist dieses „Berufsethos", eine selbstverständlich innere Haltung in den sogenannten sozialen Berufen? …

Und was ist, wenn sich dieser Anspruch nicht einlösen lässt?

Wenn der gute Wille, der innere und äußere Anspruch über die Jahre hinweg letztlich im „Burn-out" oder Berufswechsel endet? Oder wenn es im Kontakt mit den Kindern zum Eklat, zu Willkür oder zu dauernden Verletzungen kommt? … (Kiga Heute 5/98)

Hier sind wir also gefordert aktiv wahrzunehmen und unsere Schattenseiten ganz bewusst anzusehen und sie in unserem Arbeitsalltag festzustellen. Denn jede Veränderung birgt die Gefahr, dass es an einer mir unbewussten Stelle unkontrolliert hervorbricht, zu einem Zeitpunkt an dem ich am wenigsten damit gerechnet hatte. Sich über sich selbst immer im Klaren sein, ist keineswegs gelernter Umgang mit uns selbst. Befremdlich erscheint uns dieses Denken und Handeln. Der Wert unserer Person ist geprägt durch unsere Lebensgeschichte und wenn dieser Wert schwach ausgebildet wurde, können wir den uns anvertrauten Kindern selten ein positives Selbstwertgefühl vermitteln, weitergeben oder gar aufbauen. Minderwertigkeiten und Minderwertigkeitsgefühle gehörten zu unserem Leben. Die Vollwertigkeit oder Minderwertigkeit einer Person entscheidet mit wie die weitere Lebensplanung gestaltet wird. Gerade dieses Minderwertigkeitsgefühl ist bei vielen Menschen vorhanden und auch bei Erzieherinnen weit verbreitet. Nicht für voll genommen werden, nicht für voll genommen werden von den Eltern, der Gesellschaft, dem Träger und manchmal sogar von den Kindern ist oftmals das tägliche Brot in diesem Berufsfeld. „Die spielen ja nur" diese Aussage macht überdeutlich welchen Stellenwert und welche Sichtweise unsere Gesellschaft gegenüber diesem Berufsfeld immer noch hat. Dies hat mit Haltung und Einstellung zu tun und immer mit den persönlichen Lebensgeschichten der Betroffenen. Vorurteile prägen ebenso wie reale Erfahrungen. Meistens wird alles kräftig vermischt und angenommene Vorurteile werden zu innerlichen Wahrheiten umgemünzt. Also, welche Haltung und Einstellung haben wir ganz persönlich, dem Leben und anderen Menschen gegenüber?

„Die Haltung eines Menschen wird uns Anhaltspunkte für die Artung seiner Seele bieten" (Alfred Adler, Menschenkenntnis, Fischer 1981).

Leider haben viele Menschen Angst sich ihre Lebensgeschichte anzuschauen, sie zu reflektieren und sich ihr zu stellen. Eigentlich ein wichtiger Baustein in der Erzieherausbildung die Selbsterfahrung und Reflektion. Die blinden Flecken, dunklen Seiten oder sogar verdrängten Inhalte sich wieder ins Bewusstsein zu holen um sie zu bearbeiten oder zu verarbeiten, wollen nur die wenigsten. Eine gewisse Psychohygiene sollte jedoch Voraussetzung für diesen Beruf des Erziehers, der Erzieherin im Elementarbereich, Krippe oder Hort aber sein. Dazu noch einmal Alfred Adler.

„Aufgehoben kann die Menschenangst nur durch das Band werden, welches den Einzelnen mit der Gemeinschaft verknüpft. Nur der wird ohne Angst durchs Leben gehen können, der sich seiner Zugehörigkeit zu den anderen bewusst ist."

Alfred Adler wies sehr nachdrücklich daraufhin, wie wichtig eine „gute Kinderstube" ist und wie sensibel im Kindergarten dieser Grundstein weiter gefördert oder gestört wird.

„Bedenkt man, mit welchen Schwierigkeiten die meisten Kinder zu kämpfen haben, wie wenig leicht es ihnen meist wird, sich in ihren ersten Lebensjahren die Welt als einen angenehmen Aufenthaltsort zu Gemüte zu führen, dann begreift man, dass die ersten Kindheitseindrücke außerordentlich bedeutsam sind, weil sie dem Kind eine Richtung geben, in der es weiter forscht und weiter geht." (Alfred Adler, s. oben.)

So hängt denn alles von unserer Einsicht, einer umfassenden Einsicht ab. Wie das Wort uns schon andeutet, etwas einsehen können und wollen.

„Was bei der Gewinnung von Einsicht geschieht, kann nur zutreffend beschrieben werden als Auseinandersetzung, als Wechselwirkung zwischen zwei Instanzen: dem Denkenden mit seinen mehr oder weniger gut gezielten Bemühen um Verständnis auf der einen und den Gegenstand des Nachdenkens mit seiner größeren oder geringeren Verwickeltheit, Eigengesetzlichkeit, Umstrukturierbarkeit auf der anderen Seite. Für die Vorbereitung der Umstrukturierung des Gegenstandes, durch welche die Einsicht zustande kommt, lassen sich keine Arbeitszeiten angeben. Selbst wenn man weiß, dass der Nachdenkende sich mehr oder weniger heftig bemüht, und das die erforderlichen Vorgänge mehr oder weniger behindert sind durch eingefahrene Denkgewohnheiten, so gibt es doch keine starren Lösungszeiten. Sie können zwischen Sekunden und Jahren schwanken, und es gibt wissenschaftliche Probleme die ungelöst von Generation zu Generation weitergegeben werden." (Alfred Adler, Religion und Individualpsychologie, Fischer 1975, S. 14 + 15).

Was also wollen wir an unsere nächste Generation weitergeben? Ist eine gute Erziehung ein Kinderspiel? Zum Schluss dieses Kapitels möchte ich Prof. Dr. Peter Struck, Erziehungswissenschaftler an der Uni in Hamburg zu Wort kommen lassen.

„Es ist eigentlich nicht schwierig, ein Kind zu erziehen; man muss nur von allem die Mitte treffen, was die Ansprache seiner Grundbedürfnisse anbelangt. Kinder haben folgende Grundbedürfnisse, die sie schon mit auf die Welt bringen: Liebe, Zeit, Bewegung, Spiel, Körperkontakt, Gespräch, Weltbildaufbau (was ist gut, was ist böse), Herausforderung der Kräfte, Familie und eine stimmige Ernährung. Heutzutage wachsen sie oft mit einem Zuviel und einem Zuwenig zugleich auf. Zuwenig Zeit, zu viel Zucker, zu wenig Liebe oder zu viel Affenliebe, zu wenig Körperkontakt, zu viel Gewalt, zu wenig liebevolle Väterlichkeit, zu viel brutale Männlichkeit, zu viel Schimpfen und Strafen, zu viel Ernst, zu wenig Familie sowie zu wenig Spiel. Der Mensch ist im Unterschied zu den meisten Tieren ein lebenslanger Spieler. Er verdankt diese Eigenart seiner Kreativität, seiner Phantasie, seiner Fähigkeit sich mit Träumen gegen seine Niederlagen zu entlasten. Der Mensch will in seiner höchst komplizierten Lebenswelt ein ganzes Leben lang Variationen von Verhaltensweisen austesten. Und wenn das in der Realität nicht gut gelingt, dann weicht er in Scheinwelten aus: Spielautomaten, Kinos, Abenteuerurlaube, Internet, Romane, Drogenrausch, aber auch Karneval gehören dazu. Kinder müssen spielen dürfen, allein und mit anderen, und sie müssen dabei ihrer Phantasie freien Lauf lassen können. Und wenn dieser Spieltrieb von uns Erwachsenen verbaut wird, dann spielen sie dennoch, aber oft in Sackgassen, die nur noch durch aufwendige Therapien geöffnet werden können, wenn sie beispielsweise später als „Spielsüchtige" jeden Tag das gleiche monoton spielen, zum Beispiel vor dem Daddelautomaten ihr Haus, ihre Familie und sich selbst."

Ich finde diese Realität traurig und vor allem veränderbar. Stellen wir uns dieser Veränderung und erleben gleichzeitig völlig neue Möglichkeiten im Elementarbereich. Dies möchte ich mit dieser kleinen Streitschrift erreichen.

„Kindergarten kann also mehr sein als Schmetterling-Schablonen ausschnippeln, sandbuddeln und singen. Nur solch eine Einrichtung in ihrer Nähe zu finden ist für Eltern so wahrscheinlich wie der Autogewinn in Kai Pflaumes TV-Kuppelsendung „Nur die Liebe zählt". (Stern, 15/2003, S. 177)

„Während fast alle anderen europäischen Länder in den vergangenen Jahren nationale Bildungspläne für ihre Drei- bis Sechsjährigen oder sogar schon für die noch Kleineren erarbeitet haben, dümpelt der deutsche Kindergarten weitgehend als lernfreie Zone vor sich hin. Somit bleibt er das, was er immer war: eine Verwahranstalt, in der Bildungschancen verschenkt werden, die sich auf dem weiteren Lebensweg so nie wieder bieten." (Stern, 15 / 2003, S. 180)

Womit wir wieder beim Anfang wären. Unsere Kindergärten sind schlecht, schlechter als ihr Ruf und schlechter als die Wirklichkeit. Wir können lediglich von Glück sprechen, da unsere Kinder trotz allem ihre Entwicklungschancen soweit wie möglich selbständig nutzen und sich wie gesagt, trotz allem entwickeln. Das ihr Potential hierbei nicht zur vollen Geltung kommen kann haben letztlich wir zu verantworten. Die Erzieherinnen in den jeweiligen Einrichtungen. Die Eltern, denen es relativ egal ist was mit ihren Kindern dort passiert. Den Trägern, die immer noch wirtschaftliche Interessen vor die Bildung stellen. Ebenso die Kommunalen Träger und natürlich die jeweiligen Länder sowie unsere gesamte Republik.

In dem oben beschriebenen Artikel wird der Erziehungswissenschaftler Norbert Huppertz zitiert. Er schreibt dort eindeutig, dies sei „Pfusch am Kind!" Weiter werden in diesem Stern-Artikel noch andere Fachleute zitiert und es wird von einer miserablen Qualität gesprochen. Alle diese Fachleute sind sich einig darin, wie schlecht unsere Kitas sogar in ganz Deutschland sind. Soweit möchte ich nun mit meinen Erfahrungen nicht gehen. Mein Heimatland Schleswig-Holstein reicht mir völlig für solche Aussagen. Zunächst jedenfalls. Immer wieder äußern sich Experten darüber wie lernen stattfindet und kaum einer in den Kindertagesstätten hört richtig hin.

Der Direktor des Staatsinstituts für Frühpädagogik in München, W. Fthenakis erklärt immer wieder, wie wichtig das Lernen für die Kinder ist. Und sie dieses lernen wieder erlernen müssen. Kinder müssen lernen wie sie sich Wissen erwerben können, wo sie sich Informationen holen können und wo sie Freiräume zum Ausprobieren und Experimentieren haben können. Wenn wir dabei bedenken, dass sich die Hirnentwicklung der Kinder gerade in den ersten sechs Jahren und danach rasant in der Pubertät noch einmal kraftvoll entwickelt und alles miteinander verdrahtet wird, dann sollten wir schnellstens handeln. Gerade mit Beginn der Schulzeit wird nun das ganzheitliche Lernen eingeschränkt und auf den Kopf reduziert. Kognitive Fragestellungen dominieren den Schullalltag. Die Zeit in der Kindertagesstätte bietet so viel lebendigen Freiraum für die Entwicklung der Kinder, die sie später nie wieder so erleben werden. Und dennoch bleibt die Ursprungsfrage, wollen die Erwachsenen, die an diesem besonderen Ort Tätigen diesen Wandel überhaupt? Ich bezweifle dies immer mehr. Je öfter ich Kita-Teams kennen lerne. Leitungen, Träger und Mitarbeiter, sie alle haben sich eingerichtet und sind fest davon überzeugt, gute Arbeit zu machen. Aus meiner Insidersicht komme ich zu einer niederschmetternden Erkenntnis. Die Erwachsenen, und damit meine ich nicht nur die Erzieherinnen sondern auch Trägervertreter/Innen, Kommunale Vertreter/Innen und Eltern. Sie alle sind höchst zufrieden mit dieser Arbeit, weil es sie auch nicht wirklich interessiert. Ich erlebe keine Eltern, die zu Hause sind und nicht arbeiten, egal ob Männer oder Frauen, und dann sich für ein paar Stunden in der Woche Zeit nehmen, um am Kita-Alltag teil zu nehmen. Und ich erlebe und höre Kita-Mitarbeiter/Innen die dies gar nicht wollen. Hier treffen zielsicher zwei gleiche Interessengruppen zusammen. Und noch eine Beobachtung, die mir durchaus mehrfach begegnet ist. Eine junge Mutter schiebt einen Kinderwagen vor sich her. Das Kind ist ihr zugewandt und sie, die Mutter beschäftigt sich sehr konzentriert mit ihrem Handy. Während das Kind ebenfalls mit sich selber beschäftigt scheint. Aber plötzlich beginnt das Kind zu quaken. Sofort raunzt die Mutter das Kind an, „Was willst du!" Und das in einem Ton der mich schockierte. Diese Mutter wurde von ihrem Kind gestört, weil sie viel lieber mit ihrem Handy spielen wollte. Immer mehr Eltern bringen ihre Kinder in die Kindertagesstätte und wäh-

Grundfrage 6: Loslassen/Festhalten

rend sie dies tun sind sie mit ihrem Handy beschäftigt. Wischen hin und her oder telefonieren lautstark in der Garderobe. Schließlich reichte es uns und wir haben ein komplettes Handyverbot auf dem Grundstück und im Hause aufgestellt. Lediglich im Büro der Kita-Leitung durfte noch mit dem Handy gearbeitet werden. Der Elternbeirat entschied mit dem Kita-Team zusammen das absolute Handyverbot. Und die Eltern, mit denen wir dadurch ins Gespräch kamen haben alle eingesehen dies Verhalten als störend zu erleben. Mittlerweile gibt es ganze Kampagnen der unterschiedlichen Kreise und Kommunen die sich dieses große Thema angenommen haben. Jugendämter und Jugendhilfeeinrichtungen schlagen Alarm da die Kinder in Konkurrenz zum Handy ihre Aufmerksamkeiten koordinieren müssen. Anstatt das die Eltern sich mit ihrem Kind beschäftigen halten sie eine fast zärtliche Nähe-Beziehung zu diesen sonderbaren Geräten und das eigene Kind erlebt Ablehnung oder sich selbst als Störfaktor wenn die Eltern sich mit diesem wichtigen Gerät beschäftigen. Sofort dachte ich an unsere Tochter, als wir, die stolzen Eltern sie im Kinderwagen spazieren fuhren. Wir haben uns mit dem Kind beschäftigt. Es angelächelt, gekitzelt, angesprochen und permanent Kontakt gehalten. Kein toter Gegenstand der uns trennte. Nichts war uns wichtiger als die unmittelbare Kontaktaufnahme zu jeder Zeit mit unserem Kind. Was dies letztlich für Hirnorganische und Synaptische Auswirkungen haben wird können wir lediglich erahnen. Es lässt aber erkennen, dass wir hier wieder einmal schuldig an unseren Kindern werden. Denn wir haben uns entschieden das Handy wichtiger zu nehmen als die Beziehung zu unserem Kind. Jede Handynutzung ist zunächst einmal als reine Selbstbefriedigung zu verstehen. Ich poste, ich like, ich repräsentiere mich und meinen Style, ich zeige allen was ich bin, wer ich bin, wo ich bin. Letztlich dreht sich alles nur noch um mich. Die reale Welt um mich herum verschwindet. Beobachten sie einmal ihr eigenes Handyverhalten und das in ihrem Lebensumfeld. Wenn Eltern während der Bring- und Abholzeit ihres Kindes, was nur wenige Minuten braucht, permanent am Handy hängen so macht dies für das Kind eines ganz deutlich. Ich bin hier nicht so wichtig, ich muss mit diesem Ding konkurrieren und das auch noch jeden Tag. Das finde ich traurig. Umso wichtiger ist es auch hier als Kindertagesstätte Position zu beziehen und klare Regeln während der Kitazeit zu benennen. Dennoch erlebe ich wie sehr sich Kita-Leitungen verweigern hier Position zu beziehen und Stellung zu nehmen. Vielleicht weil sie auch viel lieber sich mit dem Handy beschäftigen als den ihnen anvertrauten Kindern.

Grundfrage 7: Eltern und Fachkräfte

Elternbeteiligung? Elternarbeit? Elternwille?

Eine Grundsätzliche Frage, die die meisten Erzieherinnen mit einem klaren „JEIN!" beantworten. Einerseits möchten sie die Eltern gebrauchen bei Festen und Elternabenden. Ansonsten sind sie aber eher lästig bis nervig. Zwar ist den meisten durchaus bewusst, dass die Eltern den Erzieherinnen einen gewaltigen Vertrauensvorschub geben, allein schon dadurch, dass sie ihre Kinder ihnen fast blind anvertrauen. Trotzdem werden die Eltern immer noch als störend empfunden. Aktive Elternarbeit bedeutet zurzeit immer noch, dass diese nur auf Zuruf der Einrichtungen gebraucht werden. Obwohl die Zusammenarbeit und Mitgestaltungsmöglichkeiten der Eltern klar und eindeutig im „Kindertagesstätten Gesetz" und seinen entsprechenden Verordnungen geregelt ist. Eltern sind an allen sie betreffenden Entscheidungen zu beteiligen. Ganz einfach und verbindlich. Allerdings sehen das auch etliche Träger ganz anders und halten sich ebenfalls die Eltern vom Leibe. Nur keine Einblicke geben, das wäre ja auch äußerst peinlich. Dann könnten die Eltern vieler orten, hautnah erleben wie hier gearbeitet oder besser gesagt, wie hier der Kita-Alltag gestaltet bzw. missgestaltet oder sogar zu einem freudlosen Miteinander wird. Es könnte deutlich werden wie knapp die Personalbemessung ist, dass keinerlei Vertretungskräfte vorhanden sind und bei Krankheiten einiger Mitarbeiter/Innen die anwesenden Fachkräfte bis an ihre Belastungsgrenzen arbeiten. Und dies keinesfalls nur für wenige Tage sondern oftmals über Wochen und Monate. Und dann müssten sich die Mitarbeiterinnen vielen Fragen stellen lassen und der Träger ebenso. Warum dieses oder jenes so und nicht anders gemacht wird. Um all diesen Fragen aus dem Wege zu gehen (und somit sich auch nicht selbst reflektieren zu müssen) ist einer der Gründe warum Eltern nicht gern gesehen werden. Die Fragen der Eltern werden leider nicht als Konstruktions- und Kooperationserkenntnisse betrachtet. Gemeinsam könnten vielleicht ganz neue Wege der Entwicklungsarbeit begangen werden. Die Eltern werden nur bei Schwierigkeiten ihrer Sprösslinge gerufen um sie dann vielleicht zu belehren. In den seltensten Fällen geht es um gemeinsame Erkenntnisse und Lösungen. Elternarbeit ist ein Stiefkind der Kindertagesstätten. Auch hier erlebe ich selten Offenheit und noch seltener die Möglichkeit das Eltern an der Konzeption ihrer Kita wirklich mitarbeiten können. Sie ebenfalls auf Augenhöhe mitentscheiden und mitgestalten können, wie die Arbeit in der Kita gestaltet, wie sie ihre Kinder erziehen und ihre Kinder bilden sollten. Erinnern möchte ich an unsere subjektive Wahrnehmung und somit unsere subjektiven Erkenntnisse. Tauschen wir uns darüber aus, kommen wir auch unseren Erziehungszielen, unseren Bildungszielen näher und können sogar gemeinsam diese kindgerechter umsetzen.

In dieser rasanten und schnelllebigen Welt der minütlichen Veränderungen scheint es dennoch einen Ort zu geben, der sich gegen alle Strömungen und Erkenntnissen zu widersetzen scheint. Der allen Neuerungen zum Trotz, obwohl radikale Veränderungen in den familiären Strukturen und sozialen Gegebenheiten permanent umwälzende Prozesse vorgelebt bekommen, die kalte Schulter zeigt. Hier wird gelebt und gearbeitet frei nach dem Motto **„das haben wir schon immer so gemacht!"** Und sie werden jetzt bestimmt lachen, aber das höre ich heute noch immer genauso wie damals. Mit einem Ton der Inbrunst von Überzeugung. Kindliche Realitäten und familiäre Wirklichkeiten des Überganges vom 20. zum 21. Jahrhundert wurden von den Fachkräften eher zögerlich registriert und noch viel seltener integriert. Die Kindertagesstätten hätten ein Ort werden können an dem all das nachgeholt worden wäre, was wir unseren Kindern bereits schon vorenthalten haben. Dazu hätten wir allerdings den Kindern auch einen echten Stellenwert geben müssen, der sich in einer personellen, sächlichen und räumlichen Ausstattung ausgedrückt zeigte. Der Kita Bereich wird nach wie vor eher als Aufbewahrungsort verstanden. Sowohl von den Fachkräften als auch von den Eltern. Sie alle glauben wirklich erst mit dem Beginn der Schulzeit würde das Leben beginnen. Dieses Denken ist immer noch weit verbreitet. Hier sollen die Kinder untergebracht sein, während die Erwachsenen ihren Beschäftigungen nachgehen können.

Natürlich habe ich hier bewusst provokant überzogen. Oder doch nicht? Und sicherlich sind viele Leiter/innen und Erzieher/innen bemüht überhaupt Schritt zu halten mit diesem rasanten Strukturwechsel in vielen menschlichen Bereichen. Oder doch nicht? Zum Teil mit Bravour werden hier Lösungen und Alternativen mit den Kindern und Eltern erarbeitet und praktiziert. Oder doch nicht? Nicht zuletzt durch die PISA-Studie sollten jetzt alle wachgerüttelt und sich wieder ihres Auftrages bewusst sein, die erste Stufe im Bildungswesen adäquat zu gestalten. Oder doch nicht? Dennoch, durch meine beratende Tätigkeit konnte ich Einblicke in viele Einrichtungen bekommen, nahm teil an Leiter/innen Arbeitsgruppen und begleitete viele Einrichtungen und Mitarbeiter/innen bei ihren Bemühungen eine zeitgemäße und Kindgerechte Pädagogik zu realisieren. Leider war und ist ein großer Teil der Einrichtungen nicht an Veränderungsprozessen interessiert. In einer Talkshow im Ersten wurde ein Schulleiter gefragt, wie viele der Lehrer überhaupt für diesen Beruf geeignet seien, er überlegte einige Zeit und antwortete dann, nicht mehr als 50%. Nach meinen Erfahrungen im Kita-Bereich, Elementarbereich könnte ich die gleiche Quote auf diesen Bereich ebenfalls übertragen. Dies mag dramatisch klingen, ist aber auch schlimmer als die Wirklichkeit. Die Kinder können sich nicht beschweren, können keinen Zeitungsartikel oder gar ein Buch schreiben um auf diese Missstände hinzuweisen. In einer größeren Dienstbesprechung versuchte ich einigen Erzieherinnen den Begriff des „Sozialen Konstruktivismus" zu erklären. Da dieses Wissen zur aktuellen Pädagogik dazu gehört. Nach einigem Zuhören begannen drei Kolleginnen sich zu Wort zu melden. „Also wir haben unsere Ausbildungen vor gut 15, 20 und 25 Jahren gemacht und seitdem nie wieder ein Fachbuch gelesen, wir sind damit überfordert. Und wir haben weder Zeit noch Lust dazu uns damit zu beschäftigen!" Da wurde mir deutlich, dass wir wirklich einen der niedrigsten und schlechtesten Ausbildungsstandards für Erzieher/innen haben in ganz Deutschland und im europäischen Vergleich schneiden wir sogar noch schlechter ab. Erzieherinnen wollen oder können sich kaum noch fachlich intensiv auseinandersetzen. Und schon gar nicht anspruchsvolle Fachliteratur lesen und verstehen. Neue Erkenntnisse aus langjährigen Forschungen werden stur und starr ignoriert anstatt sich damit auseinanderzusetzen. Sie wollen nichts wissen. Sie wollen nichts Neues dazu lernen. Sie können bereits alles. Sie wissen bereits alles. Natürlich spielt der Faktor Vorbereitungszeit eine große Rolle und zu ihrer Verteidigung (der Fachkräfte) muss auch angemerkt werden das gerade diese Zeiten immer wieder wegfallen durch die direkte Arbeit am Kind. Weil es keine verlässliche Vertretungsregelungen durch den Träger gibt. Und mittlerweile der Fachkräftemangel ebenso dazu beiträgt.

Um Mitarbeitern/Innen Zeitersparnisse zu ermöglichen hatte eine Leitung wichtige fachliche Artikel, Pressenotizen oder Literaturaufsätze zu bestimmten, aktuellen Themen kopiert und in einem frei zugänglichen Ordner abgeheftet. Hier waren Artikel zur offenen Arbeit, „Kindzentrierten" Ansätzen, Partizipation und anderen abgelegt. Von 22 pädagogischen Mitarbeitern/Innen haben bis heute lediglich 5 sich diesen Ordner genommen, darin gelesen oder sich Kopien gemacht um damit vertieft zu arbeiten. Statt eines Fachbuches mit gut knapp 330 Seiten, konnten verschiedene Artikel mit weniger als sechs Seiten gelesen werden. Und in den Dienstbesprechungen kamen dann immer wieder all jene Fragen auf den Tisch, deren Selbstbeantwortung sie im Ordner hätten finden können. Wenn sie es denn auch gewollt hätten. Dabei besteht durchaus auch eine existenzielle Angst der Erzieherinnen, kann ich all dies überhaupt noch erlernen und umsetzen? Die Alterspyramide in den Kindertagesstätten ist erschreckend. Und die Krankenstände ebenfalls. Immer mehr Mitarbeiterinnen sind körperlich, seelisch oder psychisch am Ende. Sie können und wollen nicht mehr auf allen Vieren auf dem Fußboden umherkriechen. Sie können nicht mehr die kleinen Racker mal so eben auf den Arm nehmen und sie können nicht mehr auf die Knie um ein Kind zu trösten oder besser zu verstehen. Verhaltensauffällige Kinder nehmen zu. Diese zu bändigen bedeutet nicht nur körperlichen Einsatz sondern auch psychischen und mentalen Einsatz. Und dies jeden Tag. Auch die „jungen Kräfte" kommen viel schneller an ihre Grenzen. Und wollen oftmals gar keine volle 39 Std. Stelle mehr haben. Sie sind oftmals mit einer halbtags Stelle zufrieden. Es sei zu anstrengend und man wolle ja auch noch leben. Solche Aussagen erstaunen mich immer wieder. Menschen mit 19, 20 oder 25 Jahren sind bereits am Anfang ihres Berufsweges erschöpft oder überanstrengt. Die familiären Strukturen werden komplizierter. Eltern anspruchsvoller und gleichzeitig hilfsbedürftiger. Und das betrifft nicht nur die pädagogisch handelnden oder die frequentierten Menschen in einer Kita. In Rathäusern, Kollegiums Sitzungen, Ratsversammlungen und anderen Gremien die wichtige Entscheidungen, in diesem Bereich treffen müssen, beschäftigen sich letztlich auch nicht umfänglich damit. Zu komplex, zu vielseitig, zu umfangreich, mit einem Satz zu Zeit intensiv. Auch hier gilt es schnell Dinge abzuarbeiten und sofort zur nächsten Aufgabe zu springen. Ich habe sehr nah erlebt wie überforderte Kreis-Mitarbeiterinnen Bundesprogramme durchpeitschten, die dadurch hohe Kosten und gleichzeitig Ungerechtigkeiten hervor brachten. Dann sollte im Hau Ruck Verfahren etwas umgesetzt werden, mit absurden Fristen, so dass diese gut gemeinten Programme zu Beginn bereits scheitern müssen. Oder deren Beantragung so kompliziert und umfangreich ist, dass viele dies erst gar nicht schaffen konnten und somit etliche Gelder unverbraucht zurückgehen mussten, anstatt vor Ort ihren Empfänger zu erreichen. Eine Mitarbeiterin dieser Behörde sagte mir mal ganz im Vertrauen, ihre Abteilung sei damit total überfordert. Auch dies eine Wirklichkeit.

Grundfrage 7: Eltern und Fachkräfte

Die meisten Mitarbeiterinnen von Behörden scheinen zu alt für diesen Bereich um ihn wirklich noch zu verstehen. Auch sie blenden die Erkenntnisse aus Wissenschaft und Forschung aus, und schauen stur auf ihren Geldtopf oder ihre Erfahrungen aus einem nebulösen „Früher". Alte Formen bleiben bestehen weil neue Erkenntnisse Veränderungen von der Person verlangen und somit Aufforderungscharakter haben. Dies würde Konsequenzen abverlangen (personeller und finanzieller Art) die niemand bereit ist unseren Kindern zuzugestehen. Also wir. Wir, das heißt die Erwachsenen in Schleswig-Holstein, meinem Heimatland. Aber nach meinen Recherchen dies durchaus auf ganz Deutschland übertragbar ist. Der Kindergarten, der sich fast rechtzeitig zur Jahrtausendwende auf den Weg gemacht hatte, sich endlich mit Qualitätsmerkmalen zu beschäftigen, beschäftigte sich letztlich mit sich selber. Und es ist egal ob es die gemeindlichen oder kirchlichen oder sonstigen freien Einrichtungen sind, sie alle wurden ihrem Image gerecht und waren oder besser gesagt sind, an Schwerfälligkeiten kaum zu übertreffen. Dicke Kataloge wurden erstellt als Arbeitshilfen, Qualitätsmerkmale vielfältigster Art wurden erkannt und benannt, doch das Gegenteil passierte. Mit allergrößter Zurückhaltung wurden diese Arbeitspapiere, Handbücher und Qualitätskataloge entwickelt, allerdings an den Fachkräften vor Ort vorbei. Diese haben sie dann lediglich entgegengenommen und weit, weit weg gelegt. Skeptisch und mit einem stillen Aufruhr wurde dagegen insistiert. Schließlich wurden sie auch nicht beteiligt. Wie so oft in diesem Bereich. Anstatt rechtzeitig und umfangreich alle Mitarbeiter/Innen und Fachkräfte zu beteiligen wurden sie mit Ergebnissen konfrontiert die sie nur noch abzuarbeiten hatten. Bei vielen Gesprächen mir gegenüber weigerten sich Leiter/innen und Mitarbeiter/innen sich damit zu beschäftigen. „Keine Zeit, wann sollen wir das denn noch machen, wir haben doch schon genug zu tun usw.!" Abwehr auf breiter Ebene. Die gedruckten Qualitätskataloge wurden nicht bearbeitet. Der Verband Evangelischer Kindertagesstätten hatte Anfang der 90er Jahre zur breiten Qualitätsoffensive aufgerufen. Alle Träger sollten eingebunden werden, (dies war übrigens bereits der zweite Versuch. Fragenkataloge zur Selbstevaluation waren entwickelt worden und sollten den Mitarbeitenden ein wichtiges Hilfsmittel sein) und wieder verhallte der Aufruf im Nichts. Schließlich mache man schon gute Arbeit und jetzt sollte alles in Frage gestellt werden? Leiterinnen, Leitungen und Träger waren sich einerseits einig darüber wie wichtig es sei, Qualität festzuschreiben. Allerdings waren sich alle uneinig darin wie die dann konkret aussehen könnte. Und wer dies dann kontrollieren und finanzieren würde. Weil es nämlich wieder einmal um Kosten ging. Erstaunlicherweise waren selbst die Träger sich nicht einig. Und ich musste mich an den Forschungsbericht erinnern, den ich bereits vorher erwähnt hatte, der im Jahresbericht des Verbandes Evangelischer Kindertageseinrichtungen in Schleswig-Holstein e.V. S. 16., Jahrgang 2000 bemerkte

„Das Problem bisher: In Kindertageseinrichtungen gibt es eine Fülle von pädagogischen Arrangements, mit denen die Mitarbeiter/innen im fachlichen Blindflug navigieren."

Treffender hätte es meines Erachtens nicht ausgedrückt werden können. Nur würde ich diese Aussage auch auf die Träger übertragen. Auch sie navigieren im fachlichen Blindflug durch das Kita-Universum. Über drei Jahre, in drei verschiedenen Bundesländern wurden Kindertageseinrichtungen begleitet und beobachtet. Dieses Ergebnis macht deutlich wo wir stehen. Dieser pädagogische Blindflug währt bereits viele Jahre und hätte es PISA nicht gegeben würde es jetzt nicht eine Vielzahl von Büchern und Autoren geben die sich jetzt berufen fühlen endlich etwas zu verändern. Meistens sind es die gleichen Autoren die bisher mit allem zufrieden waren und erst jetzt, ganz plötzlich zur Revolution aufrufen. Jedoch dieser Blindflug im Land der pädagogischen Möglichkeiten existiert immer noch. Und wer nicht blind ist, der kneift die Augen solange zusammen bis er auch nichts mehr erkennen kann. Die Erkenntnisse aus den verschiedenen Bereichen der Forschung (Kindheitsforschung, Sozialforschung, Hirnforschung und vieler anderer Fachdisziplinen) blieben und bleiben unbeachtet. Beharrlich, ängstlich und vor allem störrisch wird weiterhin an Regelgruppen festgehalten. Gestalten weiterhin die Erzieherinnen den Kindergartenalltag für die Kinder, allerdings ohne sie und ohne Eltern. Die ganz Mutigen öffen dann für einige Zeit ihre Türen und Herzen und praktizieren eine Mischform von Regelgruppenarbeit mit offenen Türen ohne konzeptionelle Rahmenbedingungen, um ja die Kontrolle zu behalten. Sie missachten immer noch die ganz eigenen Entwicklungswege der Kinder, sie übersehen wissentlich die Entwicklungsdynamik der Kinder. Sie verstehen Integration immer noch als versteckte Ausgrenzung und sie glauben immer noch an ihre Ausbildung die sie vor „zig" Jahren einmal erfolgreich beendet haben und seitdem kein Fachbuch mehr gelesen haben. Damit ist oftmals das Chaos vorprogrammiert und auch das Scheitern. Denn Öffnung wurde hier zum gezielten Chaos missbraucht. Ich kann durchaus verstehen, dass lebenslanges Lernen anstrengend ist. Das dafür

Zeit gebraucht wird. Zeit die den Mitarbeiter/Innen fehlt. Auch haben viele nicht gelernt zu studieren, sich mit Fachliteratur zu beschäftigen. Es fehlt der fachliche Austausch. Es fehlt die Energie des „Miteinander" um sich fachlich gemeinsam auseinanderzusetzen. Ich hatte das große Glück eine Vielzahl von Einrichtungen kennen zu lernen, die Strukturen, die Räumlichkeiten, die Abläufe, die pädagogischen Begründungen. Die Mitarbeiter/innen und ihre ganz persönlichen Überzeugungen und Trägervertreter denen wirtschaftliche Überlegungen wichtiger waren als pädagogische. Sie alle haben sich auf ihre Fahnen geschrieben das Beste für die Kinder zu tun und sie alle haben dabei nur ihre eigenen Interessen im Blick, anscheinend ohne es zu merken. In meinen vielen Vorträgen, Fortbildungen und Betriebsbegleitungen wurde dies immer wieder deutlich. Verpackt in geschickte durchaus plausible Erklärungen die allerdings einer gezielten Prüfung nicht mehr standhielten. Es hat mich immer wieder zutiefst frustriert wie viele Erwachsene (Pädagogen/innen, Trägervertreter/innen, Fachkräfte und sogar Eltern) den Tagesablauf von Kindern bestimmen der absolut „Kinder fern" und letztlich sogar oftmals „missachtend" sein kann. Die aller wenigsten Fachkräfte wollen sich anscheinend mit der kindlichen Entwicklung auseinandersetzen, mit den Wahrnehmungswelten der Kinder, sich gar auf ihre Ebene begeben und eine „Kind zentrierte" Sicht anstreben im permanenten Dialog mit allen Beteiligten. Vor allem im Dialog mit den Kindern. Sie wollen sich die Kinder vom Leibe halten, was allein schon dadurch deutlich wird, wie sie die Gruppenräume gestalten. Machen sie sich mal den Spaß und gehen sie in die unterschiedlichsten Einrichtungen, egal ob es städtische, kirchliche oder private Einrichtungen sind. Wobei sie immer im Hinterkopf das elementar Bedürfnis des Kindes im Auge haben sollten. Aus dem die ganze gesunde Entwicklung abgeleitet werden kann. Nämlich Bewegung. Dafür brauchen wir auch keine Bewegungskindergärten, sondern lediglich die Entscheidungsfreiheit der Kinder, und deren Möglichkeit dazu. Machen sie sich einmal die Mühe auf allen Vieren durch einen Gruppenraum zu schreiten. Was sehen sie, was behindert oder bedrückt sie? Ein Labyrinth der Verhinderungen? Abgrenzungen die uns die Kinder vom Leibe halten? Arrangements die Kinder zu Kleingruppen zwingen, weil gar kein Platz zum gemeinsamen Spiel gegeben ist? Es scheint als wolle niemand kindgerechte Veränderungen, weil sie an die Substanz gehen. Das Kind wird eigentlich immer nur als Vorstufe zu einer weiteren Stufe gesehen. Zunächst als Baby und Kleinkind, aber wirklich interessant scheinen erst die „Schulkinder" zu sein. Die große Angst vor der Schule regiert in fast allen Einrichtungen und dank der Pisa-Studie anscheinend zu Recht. Still und leise haben die meisten Einrichtungen sowieso der Schule zugearbeitet und das Kindergartenabitur favorisiert. Mit Mini-Lückkästen, Schwungübungen und zahllosen Sitzgruppen versuchte man die Kinder Schulfähig zu formen. In der stillen Hoffnung damit ihrem Bildungs- und Erziehungsauftrag zu erfüllen. Unreflektiert und Einfältig wurde am Kindergartenabitur gebastelt, sehr zur Freude der nicht aufgeklärten Eltern die allesamt diese große Erwartung teilen und den vielen Herstellern von Spiel- und Beschäftigungsmaterialien, die dadurch das Geschäft ihres Lebens machen konnten. Hier ist also ein großer Aufklärungsbedarf erforderlich. Dass dies keine leichte Aufgabe ist habe ich mehrfach erfahren müssen. Wie unglaublich schwierig es ist Trägervertreter von diesem Konzept zu überzeugen oder sich wenigstens ein wenig dafür zu interessieren. Wie unglaublich schwierig es ist die Mitarbeiter/Innen dazu zu bewegen sich mit neuen Erkenntnissen zu beschäftigen. Sich diesem Diskurs zu stellen, sich einzulassen, zu experimentieren und zu probieren. Wie unglaublich schwierig es ist die Eltern zu erreichen, mit ihnen gemeinsam daran zu arbeiten was Kinder wie benötigen um ihren nächsten Entwicklungsschritt gehen zu können. Das alles kostet Kraft und Nerven. Und der Kindergarten, die Kindertagesstätte muss Position beziehen und deutlich machen welch komplexer Bildungs- und Erziehungsauftrag bewältigt werden sollte. Es muss transparent gemacht werden für alle Außenstehende und Mitwirkende, für Eltern, Träger und Kirchenvorstände, Gemeindevertretungen, Politikern und der breiten Öffentlichkeit und natürlich für und mit den Kindern, was sie alle hier im ursprünglichen Sinne verwirklichen wollen und sollen. Wie kann die *Selbständigkeit, die Selbstsicherheit, die Selbstwirksamkeit, das Selbstbewusstsein, die Selbstwahrnehmung* der Kinder gefördert werden? Wir wollen doch selbsttätige Kinder die mutig und ausdauernd ihre Ziele verfolgen. Ohne Scheu, ohne Zweifel, und möglichst ohne fremde Hilfe, nur aus sich selbst heraus.

Die Kindergeneration, mit denen wir zu tun haben, hat oftmals eine ganz andere Sozialisierung und Lebensgeschichte in ihren Seelen als die unsere, die wir nur erahnen können, weil unsere Kindheitsgeschichte eine ganz andere gewesen ist. Kinder sind nicht gleich Kinder und sie haben solch eine mehrdimensionale Lebensgeschichte, die sie in die unterschiedlichen Einrichtungen mitbringen, die wir in unserer Kindheit mit all diesen Facetten nie hatten. Dies gilt es anzuerkennen und nicht zu bewerten. Hier würde eine partizipatorische Grundhaltung schon vieles mehr möglich machen. Ein weiterer Umstand, der allen pädagogischen Mitarbeitern/

innen jetzt mehr abverlangt wird, als die Erziehergenerationen vor 10 oder 20 Jahren. Es ist eine permanente Reflektion, gem. dem Kronberger Kreis für Qualitätssicherung „Reflektion in Aktion" erforderlich. Die Reflektion im tätigen Tun, im Alltag, in all meinem Denken und Handeln des Kindergartenalltags. Und dazu gehören nicht nur meine Berufskollegen/ Innen sondern natürlich auch die Eltern. Allerdings kommen die jungen Erzieherinnen und auch die Eltern oftmals mit einem völlig falschen Bild des Kindes in die Kindertagesstätte. Sie glauben an die Kinder, die sie aus der Nachbarschaft, aus der eigenen Familie oder ihrem direkten Umfeld kennen. Und sie werden regelrecht überwältigt von Kindern mit deren Lebensgeschichten und Lebensausdrücken. Ihrer permanenten Mobilität, ihrer dauernden Aktivität und mancher Aggressivität. Ich erlebe junge, ausgebildete Fachkräfte die kaum ein halbes Jahr gearbeitet haben und von ihrem Hausarzt bereits ein „Burnout" bescheinigt, attestiert bekommen. Das ist die Wirklichkeit. Und wer sich ein klein wenig mit Burnout oder Depressionen auskennt wird verstehen wie absurd dies klingt. Es wird auch all jenen nicht gerecht die bereits viele Jahre arbeiten und ebenfalls von einem „Burnout" betroffen sind.

„Pädagogische Fachkräfte sind immer ein Vorbild für Kinder. Kinder beobachten, wie sie sich verhalten, wie sie sprechen und welche Werte ihnen wichtig sind. Durch ihre eigenen Handlungen können Pädagoginnen Kindern Regeln und Werte vorleben." (Kindergarten heute, 3/2015, S. 9)

Nur leider ist dieser Zusammenhang der eigenen Handlungen und der Wahrnehmung der Kinder nicht allen Fachkräften täglich bewusst (s. hierzu auch das Kapitel Kommunikation). Sie unterschätzen ihre Wirkung und ihren Einfluss. Und da Kinder meistens nicht unmittelbar in sprachlicher weise eine Rückmeldung geben können, wird den Fachkräften ihre Modellwirkung nicht offenbar.

Inwiefern hängen bestimmte Entwicklungen und Fähigkeiten von uns als Vorbildern ab? Und wie könnten die Fachkräfte diese Ressource nutzen um auf die Kinder positiv einzuwirken? Mit anderen Worten auch hier wieder tägliche Reflektion und fachlicher Austausch über unsere ureigenen Verhaltensweisen und unserem Ausdruck.

Es ist eine Herausforderung die viel Energie und Arbeitseinsatz verlangt. Eine Herausforderung vergleichbar wie vom Mittelalter zur Neuzeit, der ich mich stellen muss, wenn ich diese Welt mit den Kindern friedvoller, kindgerechter und damit lebenswerter gestalten möchte. Vergessen dürfen wir nicht die Realitäten. Allein in meiner Einrichtung von 115

Kindern gibt es 25 Heilpädagogische Maßnahmen und eine Integrationsmaßnahme die von 8 externen Heilpädagogen von drei verschiedenen Anbietern, die diese betroffenen Kinder begleiten und fördern. Immer mehr Kinder werden „auffällig" aber nur ein Zehntel dieser Kinder kommen in den Genuss einer hilfreichen Maßnahme. Die entsprechenden Stellen, Gesundheitsdienste bei den Kreisen, sie, die Entscheidungen darüber treffen, welches Kind, welche Maßnahme mit wieviel Stunden erhalten, diese Stellen (Menschen) entscheiden permanent gegen die Kinder. Sie sind sogar darüber genervt, das die Eltern und Kindertagesstätten so viele Anträge stellen (Aussage einer Fachärztin: „Warum stellen sie auch so viele Anträge!"). Erst einmal wird abgelehnt und viele Eltern verstehen dies nicht und kapitulieren. Die wenigsten kämpfen weiter für ihre Kinder. Die betreffenden Ärzte haben ebenfalls nur den Kostendruck in ihrem Hinterkopf und solche Maßnahmen kosten halt Geld. Eine Integrationsmaßnahme wesentlich mehr Geld als eine heilpädagogische Maßnahme, deshalb gibt es seit Jahren nur noch wenige I-Maßnahmen, und dieser Trend geht weiter. Es gibt mittlerweile sogar immer weniger heilpädagogische Maßnahmen, weil eine Ablehnung oder nicht Anerkennung noch weniger Geld kostet. Und das alles auf Kosten der Kinder die ihre Entwicklungsverzögerung ganz allein bewältigen müssen. Und die anderen Kinder der Gruppe die dies ebenfalls mittragen müssen, ihre Aufmerksamkeiten manchmal verloren gehen, weil die Fachkräfte sich ausschließlich um dieses besondere Kind kümmern müssen. Diese Kinder müssen sich dann später durch die Schule schlagen und vielfältige Ausgrenzungen von Mitschülern und Lehrern ertragen und erdulden. Ich kenne Schulleiter die mir beim Namen nennen der Kinder sofort auf deren „Herkunftsfamilie" schließen, da sie die Geschwister bereits ebenfalls ein paar Jahre zuvor in der Schule hatten. Und die dann sofort schon deren Schullaufbahn vor dem geistigen Auge haben. „Ach das ist der Bruder von dem ... der wird sicherlich auch das erste Schuljahr wiederholen müssen!" Ich war immer wieder erstaunt wie schnell Lehrer und Lehrerinnen bereits etwas gesehen haben (interpretiert und vorausgedeutet) ohne das Kind überhaupt erst einmal kennen gelernt zu haben. Nur wollen die Erwachsenen und alle Verantwortlichen dies nicht mehr sehen. Die Verantwortung des Kollektivs wird zurückgegeben an die Eltern. Ob diese es nun leisten können, oder nicht, interessiert wieder einmal niemanden. Vorschnelle Urteile sind leichter zu stellen als sich auseinander zu setzen.

Unsere Gesellschaft könnte eine Menge Geld einsparen, wenn diese Gesundheitsdienste für die Vorschulische Untersuchung gestrichen werden. Dafür, dann diese wichtigen Entscheidungen an die Kindertagesstätten abgeben. Die nun darüber entscheiden welches Kind wann wirklich schulfähig ist. Nur die Kindertagesstätten, die diese Kinder teilweise vom ersten bis zum sechsten Lebensjahr in ihrer Kita begleitet haben, können aus meiner Sicht wesentlich besser darüber entscheiden ob ein Kind die Schulreife besitzt, als eine Ärztin oder Arzt, der das Kind für lediglich knapp 20 Minuten begutachtet. Dies ist in aller Regel zwar ein Mediziner aber kein Pädagoge. Warum also ist diese Aussage mehr wert, als die der Kindertagesstätte? Als die Erkenntnisse all jener Pädagogen/Innen, die das Kind über 5 Jahre lang ganztägig, oftmals begleitet haben. Darauf habe ich bisher noch keine richtige Antwort bekommen. Wahrscheinlich würden die Ärzte antworten:

„**Das haben wir doch immer schon so gemacht!**" Hier gilt es ebenfalls loszulassen und nicht das Vergangene festzuhalten. Erstaunlich welche dumpfen Plattitüden aller orten gehegt und gepflegt werden. Wenn in jeder Einrichtung ein/e Heilpädagoge/In als zusätzliche Fachkraft eingestellt wäre, dann würden sich viele Probleme und Lebensschicksale der Kinder ins Positive verändern lassen. Alle würden letztlich davon profitieren. Die Kinder, die Eltern, die Schule und letztlich die Gesellschaft. Erhebliche Kosten der späteren Begleitung würden wegfallen.

Hier könnte somit die Geschichte enden. Denn genau jene besondere Fähigkeit unseres Menschseins, Dinge, Erlebnisse, Gedanken, Gefühle und Erfahrungen zu reflektieren scheint uns völlig verloren gegangen zu sein. Wie bereits weiter oben erwähnt, es ist zu anstrengend, kostet Kraft und Energie, die die meisten für ihr Privatleben schon verbrauchen und somit keine Restenergie mehr für ihren Beruf haben. Sind wir erschöpfte Wesen, die lediglich da sind ohne zu wirken? Und bevor die Pädagogik ins Gerede kommt muss was Neues her. Das Land braucht eine neue Beschäftigung, bevor das Bestehende reflektiert oder gar verändert wird. Und schon ist eine neue Bewegung im Land. „Familienzentren", plötzlich sollen aus Kindertagesstätten gut funktionierende Familienzentren werden. Aus den jahrelangen Erfahrungen jener Zentren die in England und im Rest von Europa bereits seit über 30 Jahren sehr erfolgreich arbeiten, sollen nun auch in Deutschland Realität werden. Bisher waren die Kindertagesstätten was Familienbetreuung und Beratung angeht oftmals schon überfordert und nun sollen sie auch noch explizit die ganze Familie begleiten und unterstützen. Nicht mehr einfach nur das Kind. Nein, die ganze Familie!? Aber können die Kindertagesstätten dies überhaupt? Ich denke NEIN. Wieder einmal sage ich entschieden NEIN. Aber auch die zuständigen

Kreise und ihre Mitarbeiter/Innen sind überfordert damit. Da meine Einrichtung mittlerweile die Anerkennung als Familienzentrum erworben hat und wir bereits seit über 16 Jahren schon so arbeiten, aus unserem Selbstverständnis heraus. Gleichzeitig habe ich andere Einrichtungen erlebt die dies lediglich als Lippenbekenntnis absondern und mehr nicht. Da unsere Einrichtung in einem sozialen Brennpunkt liegt, mussten wir bereits „ganzheitlich" die Familien begleiten. In unzähligen Gesprächen mit der Heimaufsicht wurde mir sehr deutlich wie hier innerhalb einer Behörde und sogar gleicher Abteilungen, wie unterschiedlich hier „Familienzentren" gesehen und bewertet werden. Das Land möchte Familienzentren im Sinne der ursprünglichen Bedeutung. Die Heimaufsichten sagen aber: „hey, wir haben die Kontrollpflicht, müssen die Sicherheit der Kinder gewährleisten" und sagen somit, Familienzentren können erst nach Beendigung der Kita Zeit beginnen. Also erst ab 18 Uhr oder später könnten wir als Familienzentrum arbeiten. „Absurdistan", hoch zwei. Anstatt gemeinsam zu überlegen wie dies nun zusammen bewerkstelligt werden könnte, kommt nur ein klares Nein und „Basta". Erschreckend!!!

„So haben wir das aber schon immer gemacht!"

Bedeutet diese Erklärung nun Kapitulation? Das Ende der Elementar- und Kleinkindpädagogik? Was können wir mit all jenen Verantwortlichen in diesem Bereich tun? Mit den Erzieherinnen, die bereits schon lange ihre Aufgabe nur noch darin sehen die Kinder als Störenfriede ihres Daseins zu betrachten? Was können wir tun mit all jenen Kolleginnen, die nur ihre Sicht der Dinge haben und nicht mehr bereit sind neues zu lernen und aus diesem Neuen etwas zu schöpfen? Was machen wir mit all jenen Fachkräften, die stur und starr am Vergangenen festhalten und nicht bereit sind sich den neuen Anforderungen zu stellen? Was machen wir mit solchen Kreis-Mitarbeitern/Innen, die nicht weiter denken können oder wollen? Was machen wir also mit den momentanen Realitäten, die bereits seit etlichen Jahrzehnten wirken und unsere Kinder prägen und begleiten? Und was können wir gegen die Macht solcher „Strukturen" in den entscheidenden Behörden tun, damit sie wieder ihren Auftrag ernst nehmen? Sich wieder dem Kind widmen? Und wieder alle Maßnahmen bewilligen, egal was sie auch kosten mögen, aber unbedingt erforderlich sind. Dies ist unser eigentlicher Auftrag. Wer die Genehmigung und Verteilung von Familienzentren in seiner Nähe einmal beobachtet hat, wird sehr schnell ernüchtert werden. Nach welchem System wurden die Einrichtungen ausgewählt?

Wurden die Standorte ausgewählt? Warum gibt es in unmittelbarer Nähe gleich zwei Familienzentren und an anderer Stelle, wo viel dringender ein solches gebraucht wird, gibt es keinen Zuschlag? Warum wurden die Anwohner/Innen solcher Stadtteile nicht beteiligt? Warum wurden teilweise noch nicht einmal die vor Ort sitzenden Kommunen beteiligt? Da berichten Kreis-Mitarbeiter/Innen, dass sie überfordert seien. Da berichten städtische Mitarbeiter/Innen das sie gar nicht mitentscheiden durften. Da werden Einrichtungen ausgesucht, die in keiner Weise dafür geeignet sind oder sein werden. Auch darüber gäbe es jetzt vieles zu berichten, doch möge dieser kurze Hinweis reichen. Die Pädagogik in Deutschland ist unprofessionell. Man könnte sie auch so zusammenfassen.

Das haben wir schon immer so gemacht!

Grundvoraussetzungen für den Kita-Beruf / unglaublich aber wahr ...

Die 10 Grundfragen der Elementarpädagogik könnten hierbei deutlich machen wie fundamental das eigene Berufsbild in einem Lebensphilosophischen Gesamtzusammenhang steht. Wozu sind wir wirklich berufen? In welchem Beruf können wir unsere Fähigkeiten einbringen und ausleben? Müssen die Entscheidungsträger vielleicht vielmehr Kontrolle ausüben, damit ein Mitarbeiter oder eine Mitarbeiterin auch noch im Sinne seiner/ihrer Aufgaben handelt. Oder gilt immer noch das Prinzip, Hauptsache die Sache läuft und Ruhe im Karton? Dann ist es letztlich egal wie etwas funktioniert, Hauptsache es funktioniert. Bedenkenswert finde ich dann allerdings, wie soll etwas gut funktionieren wenn immer nur am untersten Bereich der „Mindeststandards" gearbeitet wird. Wenn eine Langzeitstudie besagt, dass immer mehr Personalausfälle in den Kindertagesstätte die praktische Realität der Mitarbeitenden ist? Und sie immer wieder für Wochen allein in den Gruppen arbeiten müssen. Jede Handlung hat Konsequenzen ebenso wie nichts zu tun. Wir sind immer eingebunden in unsere Kultur und wir gestalten sie mit. In diesem Sinne tragen wir Verantwortung. Die 10 Grundfragen sind für mich letztlich Lebensfragen die, wenn wir sie gemeinsam mit ja beantworten können, wenn sie uns gemeinsam anregen unsere bisherige Arbeit einmal kritisch zu hinterfragen, ein Fundament schaffen, um uns neu im Dialog definieren zu können und unseren pädagogischen Auftrag wieder ernst nehmen. Und das wichtigste: Die

Kinder werden zu ebenbürtigen Partnern, ohne sie dabei zu überfordern. Wir wertschätzen ihren ganz eigenen Blick auf diese Welt und betrachten sie als gleichwertig und lediglich als anders. Weder besser noch schlechter, nur einfach anders. Die Einrichtungen, die sich diese Grundfragen zu Eigen gemacht haben, oder werden, können überrascht sein wie positiv sich die Auseinandersetzungen im Team, mit den Eltern und Trägervertretern, sowie mit den Kindern auswirken werden. Vor allem aber wird es vielen helfen sich selbst neu auszurichten. Ein weiterer Schritt könnte dann die gemeinsame Erarbeitung einer eigenen Verfassung für ihre Einrichtung sein. In der die Rechte der Kinder aber auch der Erwachsenen und der Eltern, transparent und offen verhandelt und festgeschrieben sind. Damit werden Sicherheiten für alle Beteiligten festgeschrieben und immer wieder neu ausgehandelt. Dies zusammen ist Qualitätsentwicklung von der Basis aus. Dafür bedarf es keiner Audits oder irgendwelcher Qualitätskataloge. Und es bedeutet auch eine wesentlich bessere Chancengleichheit zu garantieren, die nach allen bisherigen Rückmeldungen einerseits sehr anspruchsvoll, andererseits aber auch entlastender und zufriedener hat alle werden lassen. Weil sie aktiv ihre Einrichtung mitgestaltet haben, in einer für alle Beteiligten zukunftsweisenden Art. Auf gleicher Augenhöhe aller Beteiligten. Das hört sich doch völlig ungewohnt an. Gleiche Augenhöhe mit den Kindern? Mit den Kollegen/Innen? Mit den Eltern? Aber das geht doch nicht, das haben wir doch noch nie so gemacht. Dabei sind diese 10 Grundfragen weder etwas Neues noch Spezielles, sie spiegeln lediglich unser Zusammenleben wider und sie fordern uns zum Dialog auf ohne den keine wirkliche Veränderung realisierbar wäre. Allerdings zu einem offenen Dialog ohne vorgefertigten Schlüssen. Es ist schon erstaunlich wie schwer wir uns mit Gemeinsamkeiten tun. Ich erinnere mich an eine zweitägige Fachtagung der Mitarbeitervertretungen aus Schleswig-Holstein, Hamburg und Gästen aus Berlin. Die Arbeitgebervertreter mussten Stellung beziehen zu den Kürzungen im Pflegewesen, die Gewerkschafter und Mitarbeitervertretungen mahnten zu einheitlichen Tarifverträgen. Und alle gemeinsam wünschten sich dies, waren aber nicht bereit einen Schritt auf einander zuzugehen. Auch sie hatten auf beiden Seiten ihre Schlüsse schon gezogen. Sie waren nicht mehr offen für neue Möglichkeiten.

Allen Mitarbeitern/innen der Kindergärten und Kindertagesstätten aus den Kreisen Schleswig-Flensburg, Nordfriesland und Pinneberg die sich durch Fortbildungen, Weiterbildungen, Vorträge und Beratungen informiert haben, und die sich in zahlreichen Diskussionen diesen Grundfragen gestellt haben, sei an dieser Stelle gedankt. Sie haben mich bestärkt weiter an diesen Fragen zu arbeiten. Ebenso ihre Offenheit zu Hospitationen und Besuchen in ihrer und anderen Einrichtungen haben mir viele Einblicke gegeben. Die manchmal sehr kontroversen und intensiven Gespräche haben zu vielerlei Erkenntnissen geführt. Im besonderen Danke ich den Einrichtungen, die in ihrer Konzeption einige dieser Grundfragen mit eingearbeitet und reflektiert haben. Insbesondere die Kindertagesstätte in Böklund, die ich als erste Einrichtung in diese Richtung begleiten konnte. Die Rückmeldungen waren immer konstruktiv. Es ist anspruchsvoll aber auch gleichermaßen entlastend, weil neue Möglichkeiten aufgezeigt und eigene Stärken besser offenbar wurden. Und jeder kann seine Erkenntnisse mit einbeziehen. Es ist also ein Methodenmix der den eigentümlichen örtlichen Gegebenheiten Rechnung trägt, und der die neuesten Erkenntnisse aus der Kindheitsforschung, Sozialforschung, Hirnforschung, Erziehungswissenschaft u.a. Fachdisziplinen mitverarbeitet und zu einem zukunftsweisenden Modell miteinander verbindet. Es setzt natürlich mutige Pädagoginnen und Pädagogen voraus die sich auf diese Kind zentrierte Sichtweise einlassen wollen und darin eine Vielzahl von Entwicklungsmöglichkeiten für sich und die Kinder erkennen können.

Erzieher/innen mit der absoluten Bejahung der kindlichen eigenen Entwicklungsdynamik, haben die Regelgruppenarbeit in die Vergangenheit verbannt und arbeiten mit den Kindern visionär und zukunftsweisend in einem paritätischen Arbeitsklima. Auch dies klingt unglaublich nach Science Fiction. Ob 20 oder 25 Kinder in der jeweiligen Stammgruppe sind, sagt letztlich überhaupt nichts aus über die Qualität der Pädagogik. Hierzu empfehle ich auch dem interessierten Leser John Hattie und seine Forschungen und Erkenntnisse für einen guten Schul-Unterricht. John Hatties wissenschaftliche Studien erweitern unseren Horizont, unser Denken, wie wir bisher über Lernen gedacht haben. Dieses Wissen macht wieder einmal deutlich wie wichtig unsere dialogische Haltung den Kindern gegenüber von Bedeutung ist. Wie wichtig die einfache Rückfrage nach dem Ende des Tages für die Kinder war und ist? Was war gut? Was hat euch gefallen? Was hat euch weitergebracht? Wovon würdet ihr gern mehr haben? Was soll morgen oder nächste Woche passieren? Was braucht ihr noch? Solch einfache Fragen, egal ob am Ende einer Schulstunde oder am Ende des Kita-Tages nehmen die Kinder ernst. Nur darf es nicht bei den Fragen bleiben. Kinder müssen erleben und erfahren, dass ihre Meinung zählt und von Bedeutung ist. Von Bedeutung sein, braucht jeder Mensch. Egal ob groß oder klein. Selbstverständlich ist dies aber nur möglich mit ausreichendem Fachpersonal. Wir erleben zur Zeit allerdings einen dramatischen Fachkräftemangel. Anstatt die Kita Pädagogen/Innen mit den Grundschullehrern/Innen gleich zu stellen, liegen hier erhebliche Gehaltsunterschiede sowie beamtenrechtliche Sicherheitsvorzüge. Obwohl der Kindertagesstätten Bereich als die erste Stufe in unserem Bildungssystem gilt, gibt es diese Unterschiede.

Die Quantität darf und kann auch niemals etwas über die Qualität aussagen. Leider bleiben lieber alle betriebsblind und die verschreckten Erzieher/innen ziehen sich in ihre bekannten und vertrauten Regelgruppen zurück, um einem erneuten Angriff auf diese „verteufelten Veränderungen" entgegenzuwirken. Ich erinnere mich daran, wie ich als Praktikant ein Projekt mit einer Gleichstellungsbeauftragten der Stadt 2002 bis 2004 ins Leben gerufen hatte. „Papis in die Kitas", meine Idee: mehr Männer für die Kita-Arbeit zu interessieren und neugierig zu machen. Diese Idee wurde dankbar vom Sozialministerium Schleswig-Holstein in Kiel aufgegriffen und wir wurden finanziell dabei unterstützt. Ein weiteres Ministerium klinkte sich später auch noch dazu. So wurde eine Konzeption entwickelt, weitere Sponsoren gesucht und ein Landesweiter Wettbewerb wurde ausgerufen. Broschüren und Plakate wurden gedruckt und an alle Kitas verteilt. Die Kita-Leitungen und Mitarbeiter/Innen sollten so wenig wie möglich damit belastet werden. Die Männer mussten unterschiedliche Projekte in den Kitas selbständig durchführen, die möglichst nicht Jungenspezifisch sein sollten. Ansonsten wurden solche Projekte nicht zugelassen. Rund 100 Männer aus Schleswig-Holstein nahmen daran teil. Allerdings verwunderte mich, dass die Männer fast alle aus anderen Kreisen kamen und nicht aus unserem Kreisgebiet in dem ich selbst tätig war. Irgendwann, im weiteren Verlauf dieses Projekts erfuhr ich durch einige Kita-Leiterinnen, dass andere Leiterinnen aus anderen Einrichtungen die Broschüren des Ministeriums nicht an die Eltern weitergegeben hatten, sondern sie sogar teilweise in der Papiertonne entsorgt hatten. „Warum", fragte ich mich, ebenso das Radio. Der NDR interviewte mich und ich sprach über meine Enttäuschung, darüber das nun Frauen, Leiterinnen aus meinem Kreisgebiet anstatt sich mit der Gleichstellungsbeauftragten und mir auseinander zu setzen und ihre eventuellen kritischen Fragen oder Sorgen mitzuteilen, stattdessen boykottierten. Erschreckend fand ich dann die weiteren Reaktionen meines damaligen Vorgesetzten, der sich anstatt sich mit uns darüber zu ärgern, sich nur darüber echauffierte, dass die Kitas nun im Blickpunkt standen, mit einer negativen Handlung und Haltung. Ich wurde zum Gespräch gebeten und bekam mächtigen Ärger. Nun ging es mal wieder nicht um die Eltern oder Kinder für die dieses Projekt ja ursprünglich sein sollte, auch nicht darum, dass Kita-Leiterinnen dieses „Elternprojekt" einfach boykottierten, sondern es ging wieder einmal um den schönen Schein, der hier gewahrt bleiben sollte. Mir wurde sogar mit Abmahnungen gedroht und ich bekam diese auch einige Tage später per Post zugestellt.Ich kann diesen Vorgesetzten nicht wirklich glauben, dass er die Interessen der Kinder wirklich ernst nimmt, geschweige denn die Eltern. Hier demonstrierte ein Vorgesetzter seine Macht und seine Unsicherheit mit schlechter Presse umzugehen. Dass dabei Glaubwürdigkeit verloren gegangen ist, dass Menschen dabei verletzt wurden, all das war völlig egal. Es ging letztlich nur um den Schein. Das allerdings ist mehr als „Mittelalterlich!"

Veränderungen jeglicher Art verunsichern sicherlich, gleichzeitig fordern sie uns heraus sich diesen Veränderungen zu stellen, sie zu hinterfragen, sie zu implementieren oder gar sie auch zu verwerfen. Aber es setzt immer eine Auseinandersetzung voraus. Dieser Veränderung wollten sich die Leitungen nicht stellen.

Natürlich sind räumliche, organisatorische, strukturelle Veränderungen wichtig. Sind „Mindeststandards" bedeutungsvoll. Ist eine Gruppenreduzierung immer sinnvoll, da ganz real mehr Zeit für das einzelne Kind den Erzieherinnen zur Verfügung steht. Das dürfte allen Erwachsenen mittlerweile klar sein, wenn sie allein zu zweit oder in einer Kleingruppe etwas lernen, dass dies dann effektiver und nachhaltiger wirkt. Dennoch ist mehrfach mittlerweile bewiesen, das allein ist kein Kriterium für eine gute Förderung. An erster Stelle, egal ob Kindergarten oder Schule, ist immer die Erzieherpersönlichkeit oder Lehrerpersönlichkeit von Bedeutung. Denn Beziehungsarbeit und Bindungsarbeit ist unser tägliches Brot. Und wie diese Persönlichkeit gebildet, ausgebildet oder geprägt ist wird kaum in einem Bewerbungsgespräch sichtbar. Auch später gibt es selten bis gar keine Personalgespräche die solch eine Qualität dokumentieren und für Sicherheiten sorgen könnte. Mitarbeitergespräche finden dann vielleicht einmal im Jahr statt. Aber alle schreien, das sie doch gute Arbeit machen und das schon seit Jahrzehnten. Das ist sicherlich für einen kleinen Teil der hier in diesem Bereich tätigen Mitarbeiter/Innen richtig. Nur haben sich gerade die Erkenntnisse der letzten 10 – 20 – 30 Jahre rapide verändert und diese Veränderungen und Erkenntnisse sind leider nicht in adäquater weise erkannt bzw. in die Arbeit, weder in den Kindergärten noch in der Schule mit eingeflossen. Kaum ein Träger weiß um diese Erkenntnisse. Unsere Kinder werden irgendwie „gefördert". Das, was als gute Arbeit gepriesen wird, sind äußere Bedingungen, die Räume, das eine oder andere Projekt, der eine oder andere farbige Anstrich oder Pressebericht. Im Kern jedoch hat sich nichts verändert. Der situationsorientierte Ansatz wird weiterhin, Land auf und Land ab proklamiert als das non plus Ultra. Mythologische Geschichten werden als Fachlichkeit verkauft. Eine gezielte Einzelförderung sei nur in einer Regelgruppe und um es auf den Punkt zu bringen, nur in einer Gruppe von max. 20 Kindern möglich. Doch wer einmal in einer Regelgruppe war, wird wissen, dass dies eine große Lüge ist. 20 Kinder in einem Raum, 20 Kinder mit unterschiedlichen Entwicklungsständen und Bedürfnissen dessen Lärmpegel von der jeweiligen Befindlichkeit der Erzieher/in entschieden wird, die ebenso alle Abläufe entscheiden und die selten bis gar nicht ihr eigenes Leben reflektieren können oder wollen. In diesen Gruppen stecken dann Jungen und Mädchen im Alter von 3 bis 6 Jahren mit ganz unterschiedlichen Sozialisierungen, Förderbedarfen und Familiären Hintergründen, sowie Hemmnissen, offenen und versteckten Behinderungen als auch kulturellen Hintergründen. Die hier dann zusammentreffen und ein Stück leben und lernen wollen. Diese Regelgruppe ist der letzte Fluch unserer Kinder und die bequemste Art seine Unlust auszuleben. Dort wird die gezielte Einzelförderung im Abarbeiten von Mini-Lückkästen und irgendwelchen Farb- und Formübungen gestaltet. Frei nach dem alt bekannten Motto:

„**Das haben wir doch schon immer so gemacht!**"

Diese Haltung nimmt die Kinder nicht ernst und lebt trotzdem nach der tiefen Überzeugung ganz kindgerecht zu arbeiten. Unzählige Schablonen dokumentieren sehr eindringlich die Begrenztheit der Erwachsenen. Schauen sie sich die Fensterbilder einer Kita genau an, wer hat sie wirklich gemalt? Wer hat sie wirklich ausgeschnitten? Bestimmen die Erwachsenen oder die Kinder die Ästhetik des Raumes?

Die Erzieher/innen sind die wirklich rastlosen und unruhigen, sie bestimmen das Milieu und die Atmosphäre. Und sie bestimmen über das Vertrauen zu den Kindern, wobei sie letztlich lieber ihren eigenen Fähigkeiten und pädagogischen oder gar menschlichen Kenntnissen, sofern sie dies überhaupt erkennen und richtig einordnen können, mehr Vertrauen als den Entwicklungsmöglichkeiten und Entwicklungswünschen sowie Entwicklungssignalen der Kinder. Diese Einrichtungen strotzen nur so vor „didaktisierten" Spiel- und Lernmaterialien. Die Raumästhetik ist von den Erwachsenen geprägt und gestaltet. Die Werkstücke der Kinder werden lediglich als Alibi benutzt. Das fertige Produkt soll den Eltern gefallen und vor allem den Erzieherinnen. Ich kenne Einrichtungen die termingerecht zum Muttertag entsprechende Geschenke von den Kindern basteln lassen, damit sie die Bedürfnisse der Eltern befriedigen. Ist das nicht verrückt. Anstatt Spaß und Freude zu lehren müssen die Kinder mit Nachdruck etwas basteln das die Eltern erfreuen und überraschen soll. Aber wären sie wirklich erfreut über solch ein konstruiertes und vor allem manipuliertes Geschenk? Die Fachkräfte denken immer noch in Produkteinheiten und selten in Prozessqualitäten. Ebenso ist der Spielplatz gestaltet mit einer Vielzahl von vorgefertigten industriellen Teilen, die vorschreiben wie Kinder sich zu bewegen haben. Diese Spielplätze erinnern mich oft an ein Bundeswehr-Sportlercamp für Eliteeinheiten. Eine einfache Matschkuhle, Natursteine verschiedener Größen, eine nicht eingegrenzte Sandkiste, unterschiedliche Höhen und naturbewachsene Pflanzen und Bäumen sowie eine ständige Wasserpfütze die auch im Winter mal zu einer rutschigen Fläche zufrieren könnte, wären weitaus spannender, also all das was die Industrie uns weis machen will. Dabei könnte das, was wir als Kinder in unserer Kindheit bereits auch vorgefunden haben, schon ausreichen. Erinnern wir uns daran, was wir als Kinder zum Spielen brauchten. Ich wünsche mir von ganzem Herzen, dass die Kinder endlich mitreden dürfen in einem Bereich der für ihre Entwicklung entscheidend sein kann und ich wünsche mir Pädagogen/innen die bereit sind sich diesen neuen Herausforderungen zu stellen. Denn wir Erwachsenen können von den Kindern sehr viel lernen, wenn wir bereit dafür sind. Allerdings Partizipation und mehr Demokratie müssen wir erst erlernen. Eine demokratische Haltung fällt nicht vom Himmel.

Die 10 Grundfragen der Elementarpädagogik sind rudimentär anwendbar und enthalten pädagogisch wie menschlich einen anspruchsvollen Ansatz der fundamental Achtung, Wertschätzung und Würde gegenüber dem Kind, den Eltern, den Kollegen/innen sowie dem Träger und sich selbst gegenüber repräsentiert. Diese 10 Grundfragen könnten ein wichtiges Bindeglied für die Fachkräfte werden.

Sie stellen den Menschen, die Fachkraft, die Eltern, die Trägervertretungen gleichsam jeden Menschen, in den Mittelpunkt und weiten den Blick für neue Möglichkeiten. Vor allem fordern sie einen permanenten Perspektivwechsel heraus. Sie sind ebenso anwendbar im Grundschulbereich. Letztlich sind es ganz einfache „Qualitätsstandards" die gerade in ihrer Einfachheit verständlich und leicht nachvollziehbar, gleichermaßen aber auch nichts desto trotz, anspruchsvoll und herausfordernd sind. Das

Team macht einerseits eine anstrengende aber auch befreiende Erfahrung und völlig neue Ressourcen jedes Einzelnen werden dabei entdeckt. Die 10 Grundfragen gehen von der einfachen Annahme aus, dass nur im permanenten Dialog, allerdings in einer offenen und vertrauensvollen und ebenso ehrlichen Atmosphäre, ein gemeinsames Wachstum stattfinden kann. Jede Frage für sich bietet eine reichhaltige Auseinandersetzung und ein Zusammenfinden. Wie ein kleines Erkenntnispuzzle setzen sich die einzelnen Teile Stück für Stück zusammen und ergeben ein ganzheitliches Bild einer gemeinsamen Pädagogik. Hierbei gilt es sich gerade mit dem Anderssein der Kolleginnen und Kinder auseinanderzusetzen.

„Das Anderssein wurde aus der Kindergartenpädagogik ausgeklammert. Kognitive Ziele bis hin zur „schulischen" Förderung wurden zum pädagogischen Ziel erklärt. Dementsprechend stand nicht mehr das Spiel im Mittelpunkt des Kinderlebens. Auch wurde die Bezeichnung ‚Vorschule' eingeführt, erreichten ‚Methoden' wie Vorschulblätter eine schreckliche Dominanz. Integration im Kindergarten bedeutet auch die Integration bzw. das Zusammenführen von Methoden und pädagogischen Ansätzen. Dies ist eine Notwendigkeit, wenn Kinder verschiedensten Wesens gemeinsam erzogen werden sollen. Je nach Eigenart der Kinder brauchen sie unterschiedliche Rahmenbedingungen und Integrationshilfen .
Je mehr sich die Grenzen innerhalb Europas und darüber hinaus öffnen umso mehr Mobilität wird es auch auf dem Arbeitsmarkt geben. Verschiedenste Fähigkeiten und Fertigkeiten werden aufeinander stoßen und zu einem ganzheitlichen Handeln verschmelzen – dies gilt ebenfalls für den Bereich der Erziehung. So kann in einem Kindergartenteam ein ganzheitliches Konzept leichter umgesetzt werden, wenn die Individualität jeder pädagogischen Mitarbeiterin akzeptiert wird und im Erziehungsalltag ihren Platz findet. Das dies Offenheit und Öffnung im Team erforderlich macht, ist selbstverständlich. Aber gerade die Unterschiedlichkeit unter den Mitarbeitern/innen lässt die Arbeit im Team spannend werden. Probleme sind natürlich nicht ausgeschlossen. Supervision oder Praxisberatung kann bei der Überwindung von Problemen ebenso hilfreich sein wie bei der Konzeptentwicklung." (I. Becker-Textor und M. Textor – Der offene Kindergarten – Vielfalt der Formen, S. 14 + 20 im Herder Verlag erschienen)
Aber welche pädagogischen Ansätze werden eigentlich in „meiner" Kita umgesetzt? Welche Ausrichtung wird hier täglich favorisiert und praktiziert? Der situationsorientierte Ansatz? Was bedeutet dies dann konkret für die Haltung, Einstellung und Arbeit mit den Kindern? Schon allein

bei dieser Frage kommen die Mitarbeiterinnen an ihre Erklärungsgrenzen. Der fachliche Blindflug beginnt. Ein weiterer Schritt für diese Haltung ist das Wissen um die Geschichte meines Berufes. Wie hat sich der Kindergarten zur Kindertagesstätte entwickelt? Wie hat alles begonnen? Nicht alles Vergangene war schlecht. Nur aus der Vergangenheit können wir lernen und es für die Zukunft besser machen.

Fast hundert Jahre nach Fröbel und Pestalozzi scheint sich dieses defizitäre Denken weiter entwickelt zu haben. Die unterschiedlichsten didaktischen Lerneinheiten von Erwachsenen wurden entwickelt damit aus dem Kind endlich ein ordentlicher Mensch würde und die Industrie freute sich, wurde doch gleichfalls bis heute eine große Einnahmequelle geschaffen. Bis heute versucht uns die Industrie von eigens rekrutierten Pädagogen das ganze Spektrum pädagogisch sinnvollen Materials näher zu bringen damit der Rubel rollt. Das Kind allerdings steht dabei schon lange nicht mehr im Mittelpunkt. Vorgefertigte Materialien die einer erwachsenen Ästhetik entsprechen, überzeugen Tag für Tag viele Erzieher/innen und das Wirtschaftswachstum wird damit angekurbelt. Wenn man es einmal ganz genau nehmen würde, könnte deutlich werden, dass all diese herrlichen Materialien vielleicht sogar zu einem Konsumrausch verführen der bereits die meisten Erzieher/innen ergriffen hat. „Ach das könnten wir doch auch gebrauchen, das ist doch schön, damit könnten wir jenes oder welches machen." Und so weiter. Anstatt sich selbst etwas auszudenken oder gar die Kinder zu fragen, wird dieses selbständige Denken der Industrie überlassen die eine reichhaltige Palette all unserer Kreativität bereithält. Material statt immaterielle Beschäftigung, Masse statt individueller Erlebniswelt. Ich erinnere mich an eine „engagierte" Mitarbeiterin die unbedingt diesen neuen Elektrobaukasten für Kinder haben wollte. Sie sah darin den unglaublichen Nutzen, dass die Kinder damit besser das Licht und die Elektrik verstehen würden. Knapp 200,– Euro sollte der Spaß kosten. Nun verwies ich sehr eindrücklich darauf, dass solche Anschaffung auch dann genutzt werden und nicht bloß eine Eintagsfliege sein sollten, da der Preis nicht unerheblich sei und fragte, ob die anderen Kolleginnen dies ebenso sahen. Eine breite Mehrheit versprach sich eine gute Förderung für die Kinder. Die Mitarbeiter hatte eine kurze Gelegenheit von dem Hersteller eingewiesen zu werden und so wurde das Spielmaterial gekauft. Ganze zwei Wochen wurde sich damit beschäftigt und dann hatten weder die Erzieherinnen noch die Kinder Lust sich damit zu beschäftigen. Dies habe ich während meiner Kita-Laufbahn in unzähligen Fällen immer und immer wieder erlebt. Das Spiel an sich wird nicht mehr gesehen und heute beschäftigen sich immer weniger Menschen mit der Bedeutung des Spiels für die Kinder. Dem freien Spiel der Phantasie und ureigenen Kreativität. Keine vorgefertigten Teile der Industrie benötigten Generationen von Kindern vor unserer Zeit. Und waren sie unglücklich darüber? Hat ihre Seele dadurch Schaden erlitten? Ein „ZUVIEL" ist letztlich schlimmer als ein „ZUWENIG". Jedenfalls gilt dies für Spielmaterialien jeglicher Art. Außer die Industrie, die uns weis machen möchte was die Kinder denn alles bräuchten um Zärtlichkeit, Freude, Nähe, Lebendigkeit, Fröhlichkeit, Kreativität, Phantasie, Stärke und Gesundheit zu erlangen. Mit offenen Augen bestellen Pädagoginnen was ihnen die „Fachleute" alles so andrehen und einreden ohne sich bei den wirklichen Fachleuten (den Kindern) zu vergewissern. Die Rückschau auf die eigene Kindheit und das eigene Spielverhalten wäre vielleicht ein wichtiger Schlüsselreiz um diese bestehende Praktik einmal radikal zu hinterfragen. Wieweit können wir aber noch auf unser eigenes Spielverhalten zurückblicken? Mit wem haben wir damals besonders gern gespielt? Mit welchen Dingen haben wir uns beschäftigt und warum? Wie lange haben wir uns mit bestimmten Dingen beschäftigt? Welche Orte haben wir aufgesucht? Und waren es Dinge oder eher die Personen, Beziehungen unsere Freunde die wir für das Spiel brauchten? Wir haben alle diesen Schatz, nur leider sehr tief in unseren Seelen vergraben. Machen wir uns wieder auf die Suche danach und wir werden uns den uns anvertrauten Kindern endlich in einer Art und Weise nähern die weit über die normale Bindungs- und Beziehungsarbeit hinausgehen. Wir werden dann nämlich ein Teil der eigenen Erlebniswelten der Kinder. Leider haben wir unsere Erlebniswelt der Industrie übergeben und vertrauen auf deren Aussagen. Doch auf was Vertrauen wir da genau? Wir haben doch einmal diesen Beruf gewählt, aus einer Vielzahl von Möglichkeiten wollten wir genau jenen Beruf erlernen und ausüben in dem wir heute tätig sind? Hatte mein gewählter Beruf nicht auch sehr viel mit meiner inneren Berufung zu tun? Waren es nicht sehr hohe Beweggründe diesen Beruf zu ergreifen? Wollten die Pädagoginnen und Pädagogen nicht gerade das Gegenteil von dem tun was sie jetzt allerdings immer mehr zulassen? Die eigene Verantwortung übernehmen und sie nicht in irgendwelchen pädagogischen Abläufen und Strukturen überlassen? Ich möchte sie hiermit einladen, auf den folgenden Seiten des nächsten Kapitels, eine kurze philosophisch-pädagogische Betrachtung des Berufsbildes zu machen. Natürlich können sie dies auch überspringen und sich einem anderen Kapitel widmen. Dennoch glaube ich liegt hier oftmals der Schlüssel für eine gelungene und zufriedenstellende Pädagogik. Oder die befreiende Erkenntnis nicht im richtigen Beruf tätig zu sein. In all den Jahren habe ich erlebt wie Menschen diesen Beruf ausgeübt haben aber zutiefst frustriert und unglücklich dabei waren. Sie hatten irgendwann aufgehört diesen Beruf mit ihrem Lebenssinn und Sein zu verknüpfen. Wie zwei nebeneinander, nicht mehr zusammen gehörige Teile, arbeiteten sie ohne eine Verbindung wieder her zu stellen. Sie waren dabei zwar höchst unzufrieden, konnten aber nichts dagegen tun. Oder wollten nichts mehr dagegen tun. Resignation, Perspektivlosigkeit, Kräftemangel und Faulheit sind keine gute Verbindung. Sobald Vorgesetzte sich zeigen, genau in solchen Situationen zeigen auch sie dann ihren Arbeitseifer. Der allerdings sofort wieder verschwunden ist, wenn die vermeintliche Überwachung beendet wurde. Diese Mitarbeiter heucheln Nähe, spielen Interesse am Kind und seiner Entwicklung vor und beschäftigen sich nur mit sich selber. Von solchen Mitarbeitern/Innen gibt es in jeder Einrichtung mindestens eine/n. Wie gesagt, mindestens einen oftmals aber sind es mehrere Mitarbeiter/Innen die sich nicht wirklich mehr beteiligen können oder wollen. Glauben sie nicht? Vertrauen sie mir. Wahrheit ist der Raum einer Wirklichkeit, erinnern sie sich? Und es ist viel schwerer dieses Wissen auszuhalten, als für all jene die es bisher nicht gewusst hatten. Oder für all jene die trotz besseren Wissens keinerlei Veränderungen anstreben oder diese zumindest ansprechen, mutig und frei. Für einige mag dies wie „Nestbeschmutzer" wirken, da will jemand die unermüdlich wirkenden Fachkräfte verunglimpfen, diskreditieren oder einfach nur alles schlecht reden. All dies ist nicht meine Absicht. Es geht mir um die reale Wahrnehmung, um die Wirklichkeiten der Kinder und denen der Erwachsenen. Hier eine Einheit herzustellen, sich auf den Weg zu machen um dies zumindest anzustreben ist mein fester Wille und Wunsch.

Familienzentren: Wunsch und Wirklichkeit

Zurzeit entstehen eine Vielzahl von Familienzentren. Kindertagesstätten sollen sich umwandeln oder gar erweitern zu Familienzentren. In etlichen Bundesländern beginnt man die internationalen Erfahrungen auf dem Gebiet der Familienzentren Stück für Stück umzusetzen. Sie alle haben erkannt, es geht nur mit den Eltern. Und alle Pädagoginnen und Pädagogen, Träger und Leitungen müssen sich diesen Herausforderungen stellen. Doch auch hier wird gemogelt und getrickst. Die Bildungstäuscher und Bildungsfälscher haben ein neues Aufgabengebiet gefunden. Unvorbereitet wurden neue Gesetze entworfen, den Kommunen vor den Haushaltsgremien vor die Füße geworfen und möglichst Zack Zack in Umsetzung gebracht werden. In diesen tollen Familienzentren werden zwar Angebote für Eltern gemacht, aber diese sollen dann nicht unerhebliche Teilnahme-Gebühren zahlen um überhaupt mitzumachen. Ausgerechnet in sozialen Brennpunkten. Es ist das Denken von Belehrungen. Und wir Deutschen sind darin Weltmeister. Frau Merkel belehrt die anderen EU-Länder und Minister, Vorgesetzte belehren ihre Mitarbeiter/Innen, Lehrer/Innen ihre Schüler/Innen, Partner sich gegenseitig und im Kindergarten die Erzieherinnen, die einerseits die Kinder und andererseits die Eltern belehren. Hier sind die Lehrer und dort die Schüler. Die Pädagoginnen meinen den Eltern die Welt erklären zu müssen. Aber dieses Denken nimmt die Eltern nicht ernst. Wieder einmal werden Eltern für dumm verkauft.

Familienzentren, wie das Wort bereits beschreibt meint die ganze Familie und es bedeutet, diese auch einzulassen. Nicht nur in das Gebäude, sondern auch in die Haltungen und Einstellungen der dort tätigen Mitarbeiter und Mitarbeiterinnen. Elternarbeit ist zweifellos anspruchsvoll, anstrengend und herausfordernd. Wer aber ganz bei den ihnen anvertrauten Kindern sein will muss dies ebenfalls auch bei den Eltern sein. Dann können echte Partnerschaften entstehen. Und eine Vielzahl von Kooperationen. Die Mutter, die eine hervorragende Köchin ist könnte Kochkurse geben, während ihre Kinder betreut werden, dies alles in der Kita. Oder der begabte Handwerker-Vater bietet Werken für die Kinder an. Oder derer Beispiele sind letztlich unendlich, sofern die Verantwortlichen dies auch zulassen. Begabte Geschichtenerzähler/Innen, geübte Hobbybastler/Innen, abenteuerlustige Männer und Frauen die im Wald oder im Stadtteil auf Entdeckungstouren locken. Senioren die vielleicht wieder Lust an der Teilhabe und den Mitgestaltungsmöglichkeiten haben. Ich erinnere mich, wie wir als Familienzentrum in einem kleinen Zeitungsartikel der hiesigen Wurfsendungen kurz einen Aufruf gestartet hatten, welcher rüstige Rentner oder Rentnerin Lust und vor allem Zeit habe in unserer eigens eingerichteten Werkstatt in der Kita, für den Stadtteil uns zu unterstützen. Zwei Tage später meldeten sich gleich drei begeisterte Männer, wobei nur zwei von ihnen (ein Tischler und ein Elektromeister, beide im „Un"Ruhestand) auch bereit waren kontinuierlich und verlässlich Angebote von 1 bis 3 mal pro Woche von 15 bis 18 Uhr gemeinsam mit den Erzieherinnen zu realisieren. Dies macht aber sehr deutlich, Menschen um die Kindertagesstätten herum wollen sehr gern beteiligt sein und werden. Mittlerweile sind es zwei tolle Frauen die ihre Kreativität ausleben und einmal pro Woche Angebote in der Werkstatt (Stadtteilwerkstatt) machen. Und regelmäßig zwischen 15 und 25 Kindern im Alter von 5 bis 10 Jahren in der Werkstatt anleiten. Natürlich dies alles ehrenamtlich.

Grundfrage 7: Eltern und Fachkräfte

Als Kindergartenvater kann ich mich noch sehr gut daran erinnern, wenn ich meine Tochter aus der Kita abgeholt hatte und wissen wollte, was sie so alles erlebt und entdeckt hatte während ihrer Zeit in der Kita. Aber ihre Antworten waren spärlich. Ihrer ausgesprochen guten Laune entnahm ich allerdings das es ihr wohl gut ergangen war. Wenn ich allerdings die Erzieherinnen befragte, was meine Tochter so alles erlebt hatte wurde ich eher als ein Fremdkörper behandelt. Nach dem Motto, was will der denn? Mein Interesse und meine Fragen waren eher störend. Auch meine Frau erlebte ähnliches. Es wurde uns kein wirklicher Einblick gegeben. Ich erinnere mich noch mit leichtem Schmunzeln an eine Situation. Die Erzieherin meiner Tochter entdeckte, dass meine Tochter ihr Vollkorn-Schwarzbrot immer mit einer Schokocreme bestrichen aß. Nun hatten sie aber gerade die gesunde Ernährung als Thema in der Gruppe und hatten eine Liste gemacht, was gut und was weniger gut für die Gesundheit sei. Die Gruppenerzieherin wollte nun meiner Frau klar machen, dass ein Weißbrot mit einer Scheibe Käse (Gauda) doch wesentlich gesünder sei als das Brot meiner Tochter. Meine Frau und ich sollten belehrt werden. Nur leider war meine Frau eine Expertin auf dem Gebiet der Ernährung und konnte der staunenden Erzieherin anhand von Zahlen und Fakten deutlich machen wie ungesund ihre Käsebrot Variante in Wirklichkeit gewesen war. Aber ich will auf etwas anderes hinaus. Anstatt gemeinsam mit den Eltern sich diesem Thema zu stellen, wollten die Erzieherinnen lediglich ihre Meinung umgesetzt sehen. Sie versuchten Macht auszuüben, unter dem Deckmantel des vermeintlich Guten. Mittlerweile habe ich etliche Eltern befragt und ihre Erfahrungen sind ähnlicher Natur. Immer wenn die Erzieherinnen „uns" Eltern klar machen wollten, was wir alles falsch machen. In welchen Nöten unsere Kinder sind. Und welche Maßnahmen unbedingt ergriffen werden müssten, damit aus den Kindern noch ein brauchbarer und vor allem schulfähiger Mensch werde. In diesen Augenblicken waren die Erzieherinnen ganz präsent und wollten möglichst alles aus dem Leben der Eltern erfahren um endlich Rückschlüsse auf das Verhalten der Kinder ziehen zu können. Eigene Rückschlüsse aus ihrem eigenen Verhalten den Kindern gegenüber fehlten in diesen Gesprächen oftmals gänzlich. Beziehungen sind aber wechselseitig und Erzieherinnen stigmatisieren schnell. Der störende Peter, die verträumte Sabine, der wilde Bernd usw. Die Erzieherinnen haben schnell ein Bild vom Kind ohne sich wirklich ein Bild zu machen. Gemeint ist hier der intensive Austausch mit den Eltern, anderen Kolleginnen die das Kind in möglichst ganz anderen Kontexten erlebte. Ihr Bild vom Kind ist objektiv. An dieser Mauer ist es schwerlich hoch zu klettern. Und für viele Eltern oftmals unmöglich.

Hier scheint es mir unerlässlich endlich einen Perspektivwechsel der Erzieher/Innen zu verwirklichen. Solange wir, die in der Kita Tätigen nicht anerkennen, dass wir immer nur einen winzig kleinen Einblick in das jeweilige Kind bekommen und nur gemeinsam mit den Eltern, „das Kind" erfahren können, solange wird es keine echte Elternarbeit geben. Diese Grundhaltung ist Voraussetzung für eine echte Beziehung. Allerdings wollen die Erzieherinnen lieber alles im Griff haben und mit fester Hand die Kinder und die Eltern führen. Und immer mehr Eltern wehren sich gegen diese alten Rollenzuweisungen. Sie möchten endlich als Erziehungsexperten anerkannt werden. Sie wollen sich austauschen mit den Fachkräften, deren fachliche Autorität von den Eltern nicht angezweifelt wird. Und sie wollen erfahren, welche anderen Möglichkeiten sich für sie ergeben, in dem hoch komplexen Erziehungsauftrag. Sie suchen nach Antworten, auf die unendlich vielen Fragen der Erziehung, einer „guten" Erziehung. Diesen partnerschaftlichen Umgang wird ihnen per Gesetz bereits zugesprochen. In der Wirklichkeit allerdings geschieht hierbei wenig. Trotzdem muss ich auch die Eltern daran erinnern, für ihre Rechte zu kämpfen. Sie könnten mit den gewählten Kreis-Elternvertretungen eine Menge Dinge anschieben und auf den Weg bringen. Dies ist durchaus möglich. Nur tun müssen sie es. Die Komfortzone verlassen und sich engagieren. Den Mund aufmachen und sagen was sie wollen und vor allem was sie nicht wollen. Eltern hätten die Macht in ihren Händen. Wenn sie mit ihrer Unzufriedenheit die Rathäuser besuchen würden, mit ihren Kindern. So manch eine Veränderung würde schneller voran gehen. Gerade der letzte Streik zeigte doch sehr eindringlich, wenn Erzieher/Innen und Eltern zusammen stehen dann können sie viel bewegen. Natürlich habe ich als Kita-Leitung auch jene Eltern erlebt die nur immer alles besser wussten um sich selbst in Szene zu setzen. Auch diese Eltern gibt es durchaus. Hier sind wir Leitungen gefragt, dieses Spiel schnell zu durchschauen und trotzdem ihnen Möglichkeiten zu geben wie sie dennoch ihren Platz in „ihrer" Kita finden können ohne andere zu unterdrücken oder gar „Flurschäden" zu verursachen. Welche Grundvoraussetzungen, welche Bedingungen sind aber erforderlich für den Beruf des/der Erziehers/in?

Beruf hat ja bekanntermaßen immer etwas mit Berufung zu tun. Einem inneren oder äußeren Aufruf, der an die eigene Person gerichtet ist. Ob dieser Aufruf nun mehr eine von außen an uns heran getragene Forderung ist, dieses oder jenes zu tun um vielleicht anerkannt zu werden, viel-

GRUNDFRAGE 7: ELTERN UND FACHKRÄFTE

leicht den Vorstellungen unserer Eltern zu entsprechen oder einfach nur ein gesellschaftliches Mitglied zu werden, ist letztlich entscheidend ob wir unserem eigenen Antrieb zufolge handeln oder nur einfach funktionieren. Oder könnte es womöglich sogar sein, das dieses Anrufen, dieses angerufen werden unserer ureigenen Persönlichkeit entspricht, unserem Sehnen und suchen, unserem Fühlen und finden, unserer Sehnsucht ein Stück Selbstverwirklichung zu finden in diesem Beruf, in dieser Tätigkeit? Genau in dieser Tätigkeit, genau in diesem Beruf, in dieser Arbeit? In dieser Selbstverwirklichung findet man dann vielleicht die Gestalt der Berufung, das Bindeglied zwischen Können und wollen, die unser ganzes Sein ergriffen hat und der wir unbedingt folgen wollen und müssen, allen Hindernissen zum Trotz. Wenn ja, dann eignen wir uns weiteres Wissen an, suchen und forschen solange bis wir Erkenntnis und persönliche Qualifikation erworben haben um darauf aufzubauen und nun eine professionelle Ausbildung beginnen zu können oder gar ein Studium. Dies ist der Ursprung einer Berufung, vielleicht sogar aller Berufungen? Leider entspricht dies überhaupt nicht mehr der Realität unserer heutigen Zeit. Gerade im Berufsfeld der Erzieher/innen finden wir eine Vielzahl unterschiedlichster Motivationen. Vom schwer vermittelbaren Arbeitslosen, ehemaligen Bundeswehrmitarbeitern/innen, diversen Umschülern/innen von Fleisch- und Wurstverkäuferinnen, Mitarbeiterinnen aus dem Einzelhandel bis zu ehemaligen Sekretärinnen aus ebenfalls unterschiedlichen Betriebsbereichen usw. Der häufigste Grund für diese Berufswahl, ein Versagen auf dem bisherigen Arbeitsmarkt. In den seltensten Fällen sind es biografische Wünsche der Berufung entsprechende Gründe und Güte. Also gemeint ist die Erkenntnis, dass mein Lebensglück und meine persönliche Aufgabe in dem Dienst am Menschen liegen. In der Förderung, Wertschätzung und Begleitung von Kindern und Jugendlichen meine Bestimmung sichtbar wird und ich somit meine berufliche Erfüllung finde. Im Dienen den Kindern gegenüber. Allein dieser Satz hat schon zu etlichen Diskussionen geführt. „Was, ich soll mich den Kindern unterordnen?" war nur eine, solch ähnlicher Aussagen. Machtverlust ist nicht gewollt. Machterhalt ist das zentrale Moment aller Pädagogen/Innen. Berater und Unterstützer der Kinder, für dessen Leben zu sein, wird zwar mit vielen salbungsvollen Worten umschrieben, aber nicht wirklich gewollt. Die Fachkräfte wollen die „Bestimmer" sein und bleiben. Sie wollen entscheiden, was das Kind zu welcher Zeit gerade braucht und benötigt. Sie wissen genau wann die kleine Luise lieber ein Bild ausmalen sollte und der kleine Theodor lieber ein Puzzle legen sollte, anstatt sich gerade heftig mit anderen Kindern über die Rangfolge von Spielsachen oder Materialien zu streiten. Die Fachkräfte glauben an ihr profundes Wissen, an ihr übernommenes Wissen, an ihr gelerntes Wissen und letztlich an ihre Überzeugungen.

Ziemlich bunt zusammengewürfelt durchlaufen die Schüler und mehrfach die Schülerinnen der Erzieherfachschulen drei Jahre in einer alters gemischten Klasse, in der die Altersstruktur zum Beispiel von 18 bis 54 Jahren vertreten ist. In diesem Klassenverband erhalten alle gleichermaßen denselben Stoff und versuchen nun den schulischen Anforderungen eines Erziehers oder einer Erzieherin zu entsprechen. Die Lehrkräfte, selbst kaum noch weiter- oder gar fortgebildet, lediglich ihr Studium hinter sich lassend und seitdem kaum noch aktualisiert, versuchen nun ihre pädagogischen Überzeugungen zu vermitteln. Die Le(e)(h)rkörper haben natürlich auch ihre Überzeugungen und ihre Vorlieben und Abneigungen. Sie sortieren bereits und lehren die Schüler nicht ein umfängliches Wissen der Pädagogik sondern lediglich fade und oftmals bereits schon lange überholte Fakten. Sehr gut erinnere ich mich noch an die Unterrichtsstunden im Fach Psychologie, wo wir als „Schüler" fast ein ganzes Jahr über Enuresis und Klingelhosen sprechen und lernen mussten. Potenziale der Schüler/Innen sind nicht gefragt. Wissensdurst und Bildungsressourcen werden nicht erkannt oder gebraucht. Die Schule ist in erster Linie für sich und ihre Lehrer/Innen da. So jedenfalls meine Erlebnisse auf einer Erzieherfachschule in Schleswig-Holstein. Anstatt mit der gleichen Inbrunst, mit der sie früher einmal ihren eigenen beruflichen Werdegang bestritten haben, davon zu berichten. Von ihren Zweifeln und Siegen, von ihren Erfahrungen und Enttäuschungen, von ihren Irrtümern und Erkenntnissen. All das was Auszubildende unbedingt brauchen, wirkliche, leibhaftige Erfahrungen um sich daran selbst messen zu können, sich selbst zu relativieren und vielleicht auch neu auszurichten. Doch zurück zur Realität. Nach der Ausbildung beginnen die ausgebildeten Erzieher/Innen zum Beispiel in einem Kindergarten. Sie stürzen sich mit ihrem vermeintlich erworbenen Wissen auf den Arbeitsmarkt und denken wirklich genügend Wissen sich angeeignet zu haben, um den Anforderungen auch entsprechen zu können. Und nach wenigen Tagen oder Wochen werden die Kinder das tun, was ihnen die „Gruppenerzieher/Innen" vorgeben und von ihnen erwarten. Mit der Zeit wächst dann eine große Selbstzufriedenheit in den Köpfen dieser Erzieher/innen. Nach einiger Zeit werden unter Umständen einige Fortbildungen besucht. Zum Beispiel Mandalas malen (weil dies die Kinder mehr zur Ruhe bringen würde), Orffsche Instrumente, Rhythmik, Erlebnispädagogik, Naturpädagogik, wie im Wald gibts mehr zu sehen, Sprachförderung, Naturwissenschaftliche Seminare wie Luft, Wasser, Sonne, Erde mit entsprechender Nachhaltigkeit, Yoga für jedes Kind, usw. Sie bieten alle eine gelungene Abwechslung in diesem manchmal recht anstrengenden Berufsfeld. Zurück von solchen Fortbildungen und oftmals voll mit neuen Ideen erleben sie schnell wieder den Berufsalltag. Die Farben der Fortbildungen verblassen immer schneller und immer mehr. Plötzlich merken die ausgebildeten Pädagogen/Innen, dass die Wirklichkeit ihnen etliches abverlangen wird. All ihr Wissen und ihre Kenntnisse und Fertigkeiten können kaum so umgesetzt werden wie sie es sich gedacht hatten. Die Wirklichkeit ist real und fordert mehr als sie erwartet hätten. Und dann beginnt die innere Distanz. Ein kaum spürbarer Rückzug in innere Welten geschieht. Die eigene Lebenswirklichkeit überlagert dann schnell ihre eigentliche „Berufung". Die eigenen Problemlagen, familiärer Art, Beziehungsstress- oder Suche, finanzielle oder gesundheitliche Problemlagen rücken in den persönlichen Fokus. Sie sind dann zwar anwesend aber nicht mehr für die Kinder spürbar. Ich habe erlebt wie junge, frisch ausgebildete Männer und Frauen sich in Bewerbungsgesprächen dargestellt haben, wie sie um eine volle Stelle gerungen haben und dann nach einigen Wochen so erschöpft waren, dass sie ihre Stunden wieder reduziert haben und lediglich mit 30 oder sogar 24 Stunden zufrieden waren. Auf Rückfragen meinerseits sagten sie fast einhellig, sie wollten ja auch noch leben. Können sie das verstehen? 19, 20, 25-jährige Menschen die von Beginn an bereits erschöpft sind und einen vollen Arbeitstag nicht mehr schaffen? Auch das ist die Wirklichkeit. Oder ausgebildete Erzieher/Innen die heulend in der Gruppe sitzen, sich die Ohren zu halten und völlig verzweifelt keinerlei Strategie haben mit anstrengenden Situationen fertig zu werden.

Persönlichkeitsbildende Seminare allerdings oder gar eine Supervision des Teams werden vermieden. Es könnte ja sein ich müsste an meinem Verhalten, an meiner Einstellung, meinem Leben etwas ändern. Und ändern sollen schließlich sich an erster Stelle die Anderen. Vor allem die defizitären Kinder brauchen ja unsere Unterstützung und Begleitung. Wir haben doch das Werkzeug und das Wissen.

„Wohnt eine Weltanschauung im Kopf oder im ganzen Menschen? Lebt sie in den Stunden der Proklamation oder noch in den stillen Privatzeiten des Lebens? Verwendet er sie oder gibt er sich ihr her? Das ist die Scheidung zwischen Realgesinnung und Fiktivgesinnung, zwischen der Gesinnung, die verwirklicht wird, bis sie ganz in die Wirklichkeit eingegangen ist und der Gesinnung, die flott durchgesetzt ist und durchgesetzt wird, bis nichts von ihr übriggeblieben ist." (Martin Buber, S. 61, Reden über Erziehung, 1986, Heidelberg Verlag Lambert Schneider) Können wir aber noch unterscheiden zwischen Realgesinnung und Fiktivgesinnung? Solch eine hohe Form der Selbstreflektion wird nicht abgerufen. Weder von den Mitarbeitern/Innen selbst noch von den leitenden Verantwortlichen. Auch haben ganz offensichtlich die unterschiedlichen Träger überhaupt kein Interesse an einer fachlichen Weiterqualifizierung. So standen zum Beispiel in einer Kindertagesstätte den Mitarbeitern/Innen zwischen 50 und 150 Euro pro Jahr für Fortbildungen zur Verfügung. Dies macht sehr deutlich, wie unwichtig die Qualifizierungen in diesem doch so wichtigen Bereich liegen. Ein polizeiliches, erweitertes Führungszeugnis genügt, alles andere wird sich schon zeigen. So glauben alle, dass die erworbenen Fachkenntnisse für die nächsten 20 Jahre ausreichen. Pädagogik scheint immer noch eine Spielwiese für alles Mögliche zu sein. Kinder haben keinen Wert und dementsprechend haben alle Menschen die mit ihnen arbeiten, wirken, sich auseinandersetzen, ebenfalls keinen Wert. Jedenfalls im Elementar und Kleinkindbereich. Die Schule (später dazu mehr) ist die eigentliche Königsdisziplin, hier wird erst wirklich deutlich wer zum Menschen, zum wirklichen Teilhaber und Mitgestalter wird, der für unsere Gesellschaft wichtig sein könnte. Allerdings ist dies ein großer Irrtum.

„Wenn wir allerdings nicht für bessere Rahmenbedingungen in der Bildung sowie für eine bessere Qualifikation des Personals und ein besseres Weiterbildungsangebot sorgen, mache ich mir große Sorgen um dieses Land – denn Bildung ist auch der Schlüssel zum wirtschaftlichen Erfolg eines Landes. Bildung ist Zukunftspolitik, ist Wirtschaftspolitik und Arbeitsmarktpolitik. Stattdessen produzieren wir zurzeit Bildungsungerechtigkeit." Sagt Dr. Ilse Wehrmann in Kita aktuell, 05.2016, S. 111.

Unbestritten gilt, dass heute auch jene Fähigkeiten gefragt sind die einfach dazugehören, sich in ein Team überhaupt einzufinden. Fähigkeiten mit denen wir Konflikte aushalten und beseitigen können und gemeinsam Lösungen finden, die von allen getragen werden können. „Die Bedeutung von Soft Skills ist nicht zu leugnen!" Sagt Dirk Werner vom Institut der deutschen Wirtschaft in Köln. „Das heißt nicht, dass Abschlüsse entwertet würden oder andere Qualifikationen jetzt irrelevant sind." Dennoch die Veränderungen in der Gesellschaft haben ihre Auswirkungen im Elementarbereich und die sog. Sozialen Kompetenzen sind hier Grundvoraussetzung ebenso wie Kommunikationsfähigkeit und Konfliktmanagement. Diese Bereiche werden aber in der Erzieherausbildung bisher völlig außer

Grundfrage 7: Eltern und Fachkräfte

Acht gelassen. Jedenfalls in der bisherigen Vergangenheit. Wie es heute ganz aktuell aussehen mag, heute im Jahr 2020 kann ich leider nicht mehr beurteilen. Meine Gespräche allerdings mit Schülern und Schülerinnen die als Berufsanfänger in den Kindertagesstätten voller Elan beginnen wollen, oder als Praktikantin tätig werden, sie berichten mir immer noch von veralteten Inhalten und Unterrichtseinheiten die mich wenig überraschen. Im Jahr 2004 musste Deutschland aufgrund einer OECD-Studie in denen deutsche Kindertagesstätten im internationalen Vergleich betrachtet wurden, ziemlich frustrierend feststellen, dass weder die Ausbildung der Fachkräfte noch die Bildungsqualität aber auch die Betreuungsqualität im Vergleich zu internationalen Standards nicht entspricht. Dies erlebe ich immer bei ganz frisch ausgebildete Erzieher/Innen. Wenn ich dann solche Fragen stelle, die ich bereits weiter oben beschrieben habe. So komme ich immer wieder zu den gleichen trostlosen Ergebnissen. Die Erzieher/Innen Ausbildung sollte schleunigst reformiert werden. Kindertagesstätten könnten hierbei eine echte Ausbildungsstätte werden. In der dann Theorie und Praxis professionell begleitet werden. Bis dahin scheint aber noch ein weiter Weg zu liegen.

Tolle Zeugnisse allein überzeugen heute bei vielen Einstellungsgesprächen überhaupt nicht mehr. Motivationsfähigkeit und Planungskompetenz sind viel wichtigere Kompetenzen für den Beruf, als gute Kenntnisse in der Konditionierung von Kindern (aus dem Stoffplan einer Erzieherfachschule). Vorbei ist die Zeit in der man den einmal gelernten Beruf fürs ganze Leben pflegte. Das Wissen veraltet immer schneller (gerade im pädagogischen Arbeitsfeld gibt es zahllose neuere Erkenntnisse die in den letzten 10 bis 20 Jahren dramatisch zugenommen haben), und die wirtschaftlichen Veränderungen sowie sozialen Veränderungen fordern ständig neue Qualifikationen heraus. Wer mithalten will, muss sich bilden und zwar ein Leben lang. Lebenslanges Lernen und die Bereitschaft dafür Zeit und Energien zu opfern ohne dabei ständig auf die Uhr zu schauen, wann denn endlich der wohlverdiente Feierabend beginnt, ist unverzichtbar geworden und sollte als eine Selbstverständlichkeit gelebt werden. Um dies so leben zu können brauchen die Mitarbeiter/innen eine entsprechende Wertschätzung ihrer Arbeit. Diese Wertschätzung ist in unserer momentanen Gesellschaft jedoch nicht vorhanden. Das niedrige Lohnniveau zeigt sehr deutlich was uns unsere Kinder wirklich wert sind. Der soziale Status dieser Berufsgruppe ist kaum vorhanden. Erzieher/Innen sind leider nicht den Grundschullehrerinnen gleichgestellt. Die fehlende Vorbereitungszeit gegenüber den Lehrkräften in einer Grundschule machen ebenso deutlich welche Form wir höher bewerten. So erscheint also Berufung in einem neuen Licht. Ist man wirklich bereit sich mit seiner Berufung zu beschäftigen. Ist man mit dem gleichen „Neugierstreben" und „Forscherdrang" wie ihn die Kinder täglich praktizieren dabei? Nur so ist aber die Entscheidung dieses Berufes glaubhaft. Wenn man nicht mehr mit dem Gestern zufrieden ist und man im Heute das Morgen gestalten möchte. Und das mit den Kindern, Kollegen, den Eltern, dem Träger und allen in dieser Gemeinschaft lebenden Personen. Somit stellt sich hier die Frage nach unserem Menschenbild, jener Ursprungsfrage nach dem Gestalten unseres Lebens. Dies drückt sich natürlicherweise gerade im Elementarbereich aus und wird hier deutlich. Welchen Wert wir unseren Kindern geben.

„Die Bildungsarbeit, die ich meine, ist Führung zu Wirklichkeit und Verwirklichung. Der Mensch ist zu bilden, der zwischen Schein und Wirklichkeit, zwischen Scheinverwirklichung und echter Verwirklichung zu scheiden weiß, der den Schein verwirft und die Wirklichkeit erwählt und begreift, gleichviel welche Weltanschauung er erwähle. Diese Bildungsarbeit erzieht die Angehörigen aller Weltanschauungen zur Echtheit und zur Wahrheit. Sie erzieht jeden dazu, mit seiner Weltanschauung Ernst zu machen von der Echtheit des Grundes aus und auf die Wahrheit des Zieles zu." (Martin Buber, Reden über Erziehung, 1986, S 62+63 Heidelberg Verlag Lambert Schneider)

So wird neben der Frage nach meiner ureigenen Berufung ebenfalls die Frage nach meinem Menschenbild von Bedeutung sein. Dem ich mich im folgenden Kapitel stellen möchte, und aus meiner Sicht jeder Mensch der in diesem Beruf arbeiten möchte sich stellen sollte. Ohne ein gültiges und gemeinsames Menschenbild erziehen wir ins Nichts hinein. Dann ist keine Reflektion mehr möglich und die bloße Tat wird als Wesenstat bereits anerkannt sein. Ohne das unser Wesen daran beteiligt ist. Und das Wesen der Kinder noch viel weniger. Die frühkindliche Bildung erfährt zur zeit Hochkonjunktur. Leider nur in quantitativer Hinsicht und viel zu wenig in qualitativer Hinsicht. In Deutschland sind wir gewohnt in Kategorien zu denken, wie repariere ich dies oder jenes. Wann sollte ich reagieren um dieses oder jenes abzuwenden. Aber frühkindliche Bildung beginnt von Anfang an und somit ist Prävention gefragt. Ich habe gelesen das Experten ausgerechnet haben, wenn wir 10 Milliarden in das frühkindliche Bildungssystem jährlich investieren würden, dann hätten wir jenen Bildungsstandard erreicht, von dem alle Experten sprechen und für wichtig erachten. Eine Investition die weitreichende Bedeutung und letztlich volkswirtschaftlich gesehen unser Land voranbringen würde.

Grundfrage 7: Eltern und Fachkräfte

„Erziehung, die diesen Namen verdient, ist wesentlich Charaktererziehung. Denn der echte Erzieher hat nicht bloß einzelne Funktionen seines Zöglings im Auge, wie der, der ihm lediglich bestimmte Kenntnisse oder Fertigkeiten beizubringen beabsichtigt, sondern es ist ihm jedes Mal um den ganzen Menschen zu tun, und zwar um den ganzen Menschen sowohl seiner gegenwärtigen Tatsächlichkeit nach, in der er vor dir lebt, als auch seiner Möglichkeit nach, als was aus ihm werden kann." (Martin Buber, s. oben, S. 65)

Jeder Mensch der in einer Welt vorgegebener und erscheinender Dinge lebt, ohne sich jedoch der Voraussetzungen, die eine Orientierung in dieser Zeit begründen, bewusst zu sein, fragte bereits in ältesten Zeiten nach dem Wesen, dem Sinn, dem Grund und Zweck aller Dinge. Diese Ursprungsfragen aus denen unsere gesamten Geisteswissenschaften geboren wurden sind Lebensfragen aller Menschen, denen wir uns stellen müssen und auch sollten. Sie allein geben uns die Möglichkeit ein gemeinsames Menschenbild zu schaffen, welches uns einen sicheren Rahmen für unsere gesamte berufliche Lebensgestaltung geben könnte. Welches Menschenbild haben wir also? Haben wir überhaupt eins, oder ist es uns eigentlich völlig egal? Welche Ethik und welche Moral? Welche Grundfeste und Überzeugungen wollen wir zum Beispiel unseren anvertrauten Kindern vermitteln? Hier werden jetzt vielleicht schnell christliche Werte genannt, die eine Basis darstellen sollten. Aber leider liegt es in der allzu menschlichen Natur das jeder Mensch letztlich seine ganz eigenen Bewertungen vornimmt, für alle Lebensdinge und die dann in einem Team nicht unbedingt geäußert, aber durchaus anders und somit individuell und höchst subjektiv bewertet und praktiziert werden. Das wiederum führt zu vielen Ärgernissen und Missverständnissen, ja sogar zu Verletzungen, Ausgrenzungen und Mobbing können eine Folge daraus sein. Permanent bewerten wir Menschen, Dinge, Handlungen um uns herum. Wir entscheiden und sind die „Bestimmer", versuchen dann die anderen zu überzeugen ohne uns wirklich auf deren Sichtweise einzulassen. Denken sie an das Beispiel mit dem Projekt „Papis in die Kitas". Dort hatten Leiterinnen sich ein Bild gemacht, Entscheidungen getroffen und geurteilt ohne sich zu vergewissern. Weder sie noch der zuständige Propst war bereit sich selbst einmal in Frage zu stellen. Es ist unerlässlich sich im Team darüber zu einigen, welche Wertmaßstäbe, welche Bewertungen und Umgangsformen, welche Regeln und Absprachen als gemeinsam sinnvoll erachtet und praktiziert werden sollen. Manchmal ist es sinnvoll eine eigene Kita-Verfassung für die gesamte Einrichtung ins Leben zu rufen in der alle wichtigen Dinge transparent mit den Kindern erarbeitet wurden. Um hier besonders deutlich zu machen wie Demokratie verstanden und umgesetzt wird. Hierbei stellt eine „Kind zentrierte" Sicht eine besondere Herausforderung dar. In einem Team von 3, 5, 12 oder 20 pädagogischen Mitarbeitern/Innen werden vielleicht lediglich 2 oder 3 eine wirkliche Schnittmenge, also eine ähnliche Pädagogik verstehen. Der Rest wird es ganz anders sehen. Eine pädagogische Übereinstimmung in den alltäglichen Dingen, wann soll ein Kind was anziehen, die klassischen Buddelhosen zum Beispiel, empfindet jede Erzieherin anders. Für die einen gilt der Hosenzwang immer beim Rausgehen. Für andere nur bei Regen oder Kälte und wieder für andere überhaupt nicht. Wir sind in unserer Wahrnehmung und Bewertung von Lebensdingen so individuell wie die uns anvertrauten Kinder. Und da gibt es schnell frierende und weniger frierende Kinder. Dies ist aber auch eine Frage des jeweiligen Trägers. Welche Form, welche Art der Pädagogik soll hier in dieser Kita realisiert und umgesetzt werden. Dafür muss ich allerdings selbst profunde Kenntnisse über die verschiedenen pädagogischen Strömungen haben. Dies vermisse ich bei fast allen Trägervertreter/Innen. Ein verniedlichtes Verständnis aus dem vorigen Jahrhundert kommt dann manchmal zu Tage. Es erschaudert mich noch immer, als ich selbst im Kirchenvorstand berufen und tätig war. Überwiegend alte Frauen und Männer meinten allen Ernstes, daß sie genau wüssten was Kinder dieser unterschiedlichen Kulturen benötigten. Und ich erinnere mich noch sehr lebhaft welche Verbalerotik hierbei zelebriert wurde. „Die Kinder sind uns wichtig! Die Kinder sind doch der Grundpfeiler unserer Gemeinde! Wir waren doch alle mal Kinder!" Und viele andere Äußerungen. Aber sich mal Zeit genommen, selbst in die Kita gegangen, sich wirklich beteiligt am Kita-Alltag, das haben sie bis heute nicht getan.

Etliche Denker aus vielen Jahrhunderten versuchten ebenfalls diesem Problem der individuellen Bewertungen und unterschiedlichen Haltungen etwas Gemeinsames und Allgemeingültiges entgegen zu setzen.

„Das Kind, nicht etwa bloß das einzelne Kind, die einzelnen Kinder, sondern das Kind, ist freilich eine Wirklichkeit." (Martin Buber, s. oben)

Sokrates (469–399 v. Christus) war der Überzeugung, dass die Tugend lehrbar sei, dass das unmoralische Verhalten der Menschen auf einem Denkfehler beruhe und dass der Weg zur Tugend daher über die Weisheit führe, also über Wissen und Erkenntnis. So waren und sind viele Männer und Frauen, Denker/innen und Dichter/innen auf den Spuren allen Existierenden gewesen um Erklärungsmodelle für unser Verhalten, vor allem für positive Verhaltensänderungen im Sinne einer funktionierenden Gemeinschaft, zu finden. Es ist die Suche nach Strategien die uns helfen sollen das Leben hilfreich, gemeinnützig und friedvoll zu gestalten. Und jeder Einzelne und jede Einzelne fragt gerade zur Jahrtausendwende erneut nach den gleichen Dingen wie viele Philosophen/innen es bereits seit Angedenken tun. Wir wollen einen Sinn Wissen hinter all dem nicht begreifbaren und fassbaren. Die schnelllebige Zeit raubt uns oftmals den Moment des Innehaltens und der Kontemplation. Die gleiche wissbegierige Suche begegnet uns wieder mit aller Intensität im Kindergarten. Dort ist sie uns nicht fremd, sondern sehr vertraut, aber leider meist losgelöst von unseren eigenen Fragen. Hier wieder eine Einheit herzustellen wäre der erste Schritt einer „Kind zentrierten" Pädagogik. Es darf nicht bei unseren Erwachsenen Fragen bleiben, warum ein Kind jenes oder welches in einer bestimmten Art und Weise tut oder unterlässt. Wir müssen uns austauschen. Gemeinsam Fragen stellen auf die wir nicht sofort eine Antwort parat haben sollten. Bereit sein sich dieser Suche nach Antworten hinzugeben, ist ein Auftrag für alle Pädagogen/Innen in diesem Arbeitsfeld. Wir versuchen oftmals nur die Verhaltensweisen der Kinder zu ergründen wenn sie unseren Normen nicht entsprechen. Aber ein ganz normales Kind zu ergründen ist schon eine echte Herausforderung, denn wir müssen dabei unser Erwachsenen Denken verlassen und uns auf ein unbekanntes Terrain begeben. Einem fast vergessenen Landstrich unserer eigenen Kindheit. Was hat uns wirklich gut getan, als Kind? Eine durchaus berechtigte Frage, dessen Beantwortung uns einen wesentlichen Teil weiterbringen würde. Ebenso die Verhaltensweisen der Kollegen/innen, Eltern, Trägervertretern/innen und manchmal unsere eigenen. Solche Fragen allein helfen uns aber nicht weiter. Wir brauchen den Dialog mit Anderen. Den unmittelbaren Austausch mit anderen Fachkräften.

Unsere Gesellschaft kann mit solchen Fragen allein auch nichts anstellen, sie sind sogar eher hinderlich, weil wir keinen selbstreflektierten und kritischen Menschen brauchen. Unsere Gesellschaft funktioniert am „Besten" mit angepassten Individuen. Sie glauben gar nicht wie viele Gesprächskreise, Diskussionsrunden und Teamsitzungen ich mittlerweile besucht habe, in denen ganz mutige Fachkräfte versuchen gegen den Strom zu schwimmen und kaum eine Chance bekamen. Wir sollen funktionieren, die Kita soll funktionieren, das Team soll funktionieren. Ein kritischer Mensch ist sehr hinderlich für die Gesellschaft, für den Träger, für ein Team und letztlich für fast jedes System. Wir orientieren uns immer mehr an einer eher angepassten Gesellschaft und glorifizieren diese Konsumgütergesellschaftsindustrie. Dort gilt der Mensch schon lange nicht mehr als Mensch, sondern mehr als Produktionseinheit oder Konsument, als Mittel zum Zweck, als Stoff oder Ware. Und unsere Lebensfragen werden höchstens von perfiden Werbestrategen ausgenutzt um ein bestimmtes Produkt unserem Leben näher zu bringen mit dem wir dann unsere Seele befriedigen könnten. Unsere Gesellschaft fördert ein breites Massenbewusstsein, das eine leichte und formbare Masse entstehen lässt die für den unbegrenzten Markt der Möglichkeiten höchst empfänglich ist. Und vielleicht ist das ja auch schon die Antwort auf die Anfangsfrage, warum sich so wenige darum bemühen eine „Kind zentrierte" Sicht zu bekommen. Sie haben sich alle dem Gesetz untergeordnet, jenes Gesetz das besagt:

„**Das haben wir doch immer schon so gemacht!**"

Grundfrage 8: Verantwortung

Dies scheint eine der schwierigsten Kapitel zu werden, da es hier um einen großen und durchaus schwer definierbaren Bereich geht. Denn die „Verantwortung" liegt auch hier im Auge des jeweiligen Betrachters. Schließlich sind sich die in diesem Bereich Tätigen ja einig, dass sie bereits „verantwortungsvoll" handeln. An dieser Stelle sei aber auch auf die bisherigen Kapitel verwiesen. Und die Frage sei erlaubt, ob alle bisherigen Kapitel und deren Grundfragen bisher für sich allein genommen und gleichwohl auch gemeinschaftlich entschieden wurden, sie gemeinschaftlich zu beantworten sind? Konnten die Leser/Innen sich mit den bisherigen Ausführungen identifizieren und entsprechend reflektieren? Gibt es Übereinstimmungen und Veränderungswillen? Sehe ich überhaupt einen Handlungs- und Veränderungsbedarf? Wie sieht es mit „meiner" Verantwortung in diesem Berufsfeld aus? Gibt es ein eigenes Menschenbild? Ein gemeinsames Menschenbild in Abstimmung mit meinen Berufskolleginnen und Kollegen? Den Eltern und Trägern? Setze ich meine Erkenntnisse der Kommunikation entsprechend ein und um? Begebe ich mich auf den Pfad einer „Kind zentrierten" Sichtweise? Habe ich den reinen Willen meine Offenheit zu pflegen und sie mit anderen zu teilen? Kann ich die Anthropologischen Grundannahmen teilen und vielleicht sogar ergänzen? Weis ich um die Geschlechtsspezifischen Merkmale, Sichtweisen und Unterschiedlichkeiten? Bin ich sensibel genug darauf entsprechend zu reagieren, sowohl menschlich als auch programmatisch? Habe ich mein Bewegungsbedürfnis den allgemeingültigen Bewegungsbedürfnissen der „Erwachsenen" bereits angeglichen, oder erkenne ich meine Bewegungsarmut als entscheidenden Faktor für eine „unbewegte Pädagogik" an? Und bin ich bereit meine bisherige Bewegungsarmut zu verändern? Erkenne ich die Entwicklungskraft in jeder Bewegung? Begreife ich die Räume als „dritten Erzieher", als entscheidende Faktoren Entwicklungen zu fördern oder auch zu bremsen? Bin ich bereit für räumliche Veränderungen, Umstellungen und Neumöblierungen im Sinne der oben genannten Faktoren? Will ich meine Spielarmut erweitern und meine Spielfähigkeit wieder entdecken, fördern, fortbilden, ausbilden und mich dabei von den Kindern führen lassen? Erkenne ich die fundamentale Bedeutung des Spiels für alle Lebensbereiche an? Bin ich bereit mich von meinen subjektiven und höchst eindimensionalen Sichtweisen zu trennen und somit auch „neues" neugierig aufzunehmen? Vertraue ich all meinen Kolleginnen und Kollegen, den Eltern, den Trägern, den Kommunalvertretern und Vertreterinnen und letztlich der Führungsfähigkeit der Kinder? Sehe und bewerte ich die Eltern als wichtige Erziehungspartner ohne deren Mitbestimmung und Mitwirkung keine Pädagogik gelingen kann?

Wenn ich zu all diesen oben noch einmal angerissenen Fragen ein klares „JA" sagen kann oder zumindest ein „ich will aber", so haben sie aus meiner Sicht „Verantwortung" bereits übernommen. Natürlich könnten wir jetzt einen Exkurs über alle möglichen Verantwortlichkeiten der Gesellschaft, dem Leben, den Tieren, der Natur, den Alten, der Erde u.v.a. gegenüber führen, doch das würde an dieser Stelle wahrlich zu weit führen. Dieses Buch soll ja kein Ethikwerk werden und auch keine Benimmbibel. Es soll allerdings mit aller Inbrunst „uns" in den Zusammenhang bringen, mit all unseren Worten und Handlungen uns in die Beziehung zum Kind setzen. Und darin unsere „Verantwortung" deutlich werden lassen. Wie bereits das Wort „Verantwortung" das Wort „Antwort" beinhaltet, weist es uns auf einen möglichen Weg hin. Der Frage und Antwort. Dem Angesprochen werden und dem Angesprochen sein. Dem nicht alles wissen können aber auch dem gemeinsamen Suchen und Finden von Lösungen. Hierbei sind die Kinder unsere „Kollegen" im Welt erfassen und Welt begreifen. Verabschieden wir uns von unserer „Besserwisserei". Bleiben wir solange wie möglich ebenfalls „Fragende", deren Ergebnisse wir noch nicht wissen und deren Ergebnisse, all das was Kinder für richtig und wichtig erachten besonders zu würdigen und anzuerkennen. Unsere Lösungen werden immer „unsere" Lösungen sein. Die Kinder werden eigene Lösungen finden, auch solche die für uns absurd, falsch und ganz offensichtlich völlig daneben sind. „Na und?" Das dürfen sie auch, da es „Ihre" Lösungen oder Lösungsversuche sind. Sie müssen erfahren wie es vielleicht besser oder richtiger funktionieren könnte. Dabei sollten wir sie „begleiten". Als aufmerksamer Beobachter und Beschützer. Denn wir haben bereits Welten erfahren und Welt durchschritten. Aber Welt begreifen können und müssen wir ebenfalls immer wieder aufs Neue. In diesem Sinne wünsche ich Ihnen immer neue Weltensicht. Bewahren sie sich diesen Entdeckerwillen und dieser Entdeckerlust. Beide Antriebsfedern fordern uns heraus. Stellen wir uns dieser Herausforderung unvoreingenommen und frei, offen und mutig, neugierig und stets lernbereit. Dies ist unsere Verantwortung den

Kindern gegenüber und dem Leben gegenüber. Dies ist zugegebener Maßen keine leichte Haltung. Immer mehr Menschen übernehmen ja immer weniger Verantwortung. Und wenn etwas schief läuft suchen wir sofort nach Schuldigen und Verantwortlichen die immer außerhalb unserer Verantwortung stehen. Es fällt uns unsagbar schwer statt nach der Ursache oder dem Grund zunächst einmal nach der Heilung, Lösung oder Beruhigung zu suchen. Einer fast unauslöschlichen Wirklichkeit folgend streben wir sofort danach auf die Suche nach einem entlastenden Schuldigen für jedwede negative Handlung und seine Auswirkungen zu gehen. Doch nur wer seine Verantwortung wahrnimmt, seine eigene Beteiligung oder auch „Nicht"Beteiligung wahrnimmt, annimmt und sie ins Verhältnis zu seiner Haltung und Einstellungen bringt ist in der Lage frei und unabhängig Situationen und Handlungen zu betrachten. Dies bedeutet Verantwortung zu übernehmen. Diese Freiheit brauchen wir in jeder Situation der Pädagogik. Um dies aber auch immer wieder leisten zu können brauchen wir die Offenheit und die Bereitschaft einen Perspektivwechsel zu vollziehen. Dieser permanente Perspektivwechsel ist ein wichtiges Qualitätsmerkmal. Wer dies nicht kann muss es erlernen. Die Denkstrukturen unserer Gegenüber, egal ob Kind, Kollegin oder Eltern, gilt es einzunehmen, aufzuspüren und zu verstehen. Nur dann begreifen wir unsere Verantwortung wirklich. Verantwortung ist auch immer ein Bewegungsakt hin zu einem Gegenüber. Verantwortung ist somit auch Aufforderung zum Austausch.

Immer wieder komme ich auf die Haltung als feste Konstante für eine Qualität in der Kita zurück. Welche Haltung haben also die Fachkräfte? Die Träger? Die Politik? Und letzlich unsere ganze Gesellschaft? Welche Haltung hat der Einzelne, der Erzieher, die Erzieherin, der Träger, die Kommune?

Die Struktur des menschlichen Seins bringt es mit sich, dass wir nach etwas langen und verlangen das zunächst außerhalb unserer greifbaren Existenz ist. Das bringt es mit sich, dass wahrscheinlich jeder Mensch, irgendwann einmal in seinem Leben, im ursprünglichen Sinne, über sich selbst hinaus nach etwas verlangt, das nicht wieder er selbst ist und doch ein Teil seines Selbst. Vielleicht sucht er nach einem, seinem ureigenen Sinn den es zu erfüllen gilt, oder nach dem menschlichen Sinn den es zu verstehen gilt, oder dem immer wieder ganz persönlichen Sinn in einem anderen Menschen, den es gilt zu begegnen. Mit anderen Worten; der Mensch, ob in der Vergangenheit oder Gegenwart, bewegt – transzendiert – sich selbst in die Welt hinein und auf einen ureigenen Sinn hin. Je umfassender ein Sinn ist, umso weniger fasslich ist er. Und wieder stehen wir vor der Ursprungsfrage ob der unendliche Sinn für ein endliches Wesen überhaupt fassbar ist? Hier gibt die Wissenschaft auf und die Weisheit des Herzen hat das Wort. Sinn und Leben haben mit Freiheit zu tun. Die Freiheit meines Geistes, die Freiheit selbständige Entscheidungen zu treffen. Und natürlich die anstehenden Konsequenzen zu verantworten. Aber können dies unsere Kinder in einer Kindertagesstätte? Wenn die Erwachsenen stets vorgeben und fordern wie ein Kind zu sein hat? Was ein Kind wann und wie zu tun hat? Freiheit meines Geistes heißt nichts anderes als Verantwortung übernehmen. Und dies bedeutet auch wieder mitentscheiden zu dürfen, mitentscheiden zu können und somit Mitwirksamkeit zu erleben. Durch Mitwirksamkeit erfährt jeder Mensch Wertschätzung, Anerkennung und Zuwendung. Kinder brauchen diese Art der Verantwortung, sie müssen diese übernehmen können und erleben dürfen. Mit allen Sinnen erlebt der Mensch seine Teilnahme am Geschehen. Und erlebt somit Verantwortung in der Mitgestaltung. Dies brauchen unsere Kinder jeden Tag. Nur so können sie ihren Selbstwert erfahren. Aber zurück zur Ausgansfrage der Selbstbestimmung in meinem Berufsfeld als Erzieher/In.

Verantwortung für meinen Beruf und meine Berufung. Verantwortung gegenüber den gesellschaftlichen Anforderungen und meinem Selbstbild. Dieses Selbstbild hat etwas mit Selbstwahrnehmung zu tun und die steht manchmal im Widerspruch zur Fremdwahrnehmung, also der Wahrnehmung anderer. Wie nehmen die anderen uns wahr und wie wir uns selbst. Und können wir uns davon überhaupt frei machen? Im Vergleich zu „Anderen" können dazwischen Welten liegen und damit Widersprüche und eine Vielzahl von Problemen im täglichen Umgang miteinander. Diese Diskrepanz zwischen unserer Wahrnehmung und der Wahrnehmung unseres jeweiligen Gegenübers macht den feinen Unterschied aus, ob wir Verantwortung übernehmen oder nicht. Die darin bestehen könnte, sich nun über diese Andersartigkeit der Wahrnehmung auszutauschen und gemeinsam zu erforschen wie wir und der andere denn nun wirklich sind?

Es geht auch darum nicht jenes Menschenbild zu übernehmen das gerade gesellschaftlich gefordert wird und das von einem Menschen verlangt so schnell wie möglich wieder in einen Arbeitsprozess integriert zu werden, um reflexartig und unmittelbar auf Knopfdruck zu reagieren und letztlich zu funktionieren. Das Menschenbild der heutigen Zeit ist anscheinend der Homo Faber, der rastlos schaffende, mühende und vor allem immer wieder manipulierbare Mensch. Dieser Mensch vertraut nur noch auf sich selbst und glaubt auch nur noch an sich selbst, an seine eigene Schöpferkraft, an seine ureigene Wahrnehmung und baut damit seine Welt. Dieser Mensch ist allerdings eine biologische Zeitbombe. Oder um es mit Karl Jaspers spitzfindiger zu formulieren, „dann beginnt die Herrschaft des Apparates dessen Ansprüche sich der Mensch jetzt schon unterwirft. Ein gültiges Menschenbild scheint es nicht mehr zu geben."

Gerade in dem Beruf des/der Erziehers/in ist es erforderlich ein lebendiges und authentisches Menschenbild den Kindern vorzuleben und zu vermitteln. Ein Menschenbild das real und wirklich ist. Hier gilt es umfängliche Verantwortung zu übernehmen.

„Persönlichkeit ist eine Vollendung, aber nur Charakter ist eine Aufgabe, eine Persönlichkeit darf man pflegen und fördern, zu einem Charakter kann und soll man erziehen." (Martin Buber, s. oben, S, 66)

Dabei sind für mich 4 Punkte wesentlich die in all meinem Denken und Handeln präsent sein sollten.

Verantwortung für mein Tun oder nicht tun übernehmen.
Grenzenlose Kommunikation von Mensch zu Mensch suchen, finden und pflegen.

Herr und Herrin über unsere Gedanken bleiben und sie keinen Ideologien unterwerfen, d.h. eine disziplinierte Grundhaltung anstreben. Sowie alle neuen und alten Erkenntnisse immer wieder kritisch prüfen und den Erfordernissen anzupassen.

Die Liebe als letzte Führung anerkennen und dabei die Freiheit und Würde eines jeden Lebewesens wertschätzen. Im Sinne Albert Schweitzers, Ehrfurcht vor dem Leben, eines jeden Lebens.

Für viele Christen bedeutet es vielleicht noch weiterhin, dass die Gottes Ebenbildlichkeit nicht in der rationalen Vernunft, sondern in der Verantwortung liegt. Der Verantwortung vor Gott, für alles was wir tun oder unterlassen. Gerade in einer evangelischen Einrichtung sollte dies die Basis für unseren Berufsalltag sein. Vor Gott verantwortlich sein ist auch die einzige Basis von der aus die Reduzierung des Menschlichen in unserer Welt verhindert werden könnte. An diesem Maßstab muss sich alle Wissenschaft messen.

Und wir sollten in einen Dialog treten um gemeinsam neu zu philosophieren. Gerade infolge der Katastrophen des heutigen Abendlandes wird das Philosophieren sich erst wieder ganz seiner Unabhängigkeit bewusst im Finden des Zusammenhanges mit dem Ursprung und deren daraus resultierenden Fragen. Die Philosophie könnte hierbei wieder das Bindeglied zwischen Denken und Handeln sein. Einige Versuche auch philosophische Fragestellungen in Kitas zu bringen haben in der Vergangenheit zu erstaunlichen Prozessen geführt. Die Erwachsenen waren erstaunt mit welch einer natürlichen Leichtigkeit die Kinder sich diesen „großen" Lebensfragen gestellt und welche Antworten diese dabei für sich gefunden haben. Dabei klingt es doch so einfach, das Leben zu verantworten. Fragen und Antworten, genau dass, was Kinder täglich von uns wissen wollen, warum diese Welt genau so funktioniert. Es setzt ein hohes Maß an Aufmerksamkeit voraus. Aufmerksamkeit gegenüber meiner unmittelbaren Umwelt, den Menschen und Beziehungen. Vor allem der Aufmerksamkeit den Kindern gegenüber. Und nicht immer sofort eine typisch Erwachsenen-Antwort parat zu haben.

„Alles prägt; die Natur und die soziale Umwelt, das Haus und die Straße, die Sprache und die Sitte, die Welt der Geschichte und die Welt der täglichen Nachrichten aus Gerücht, Radio und Zeitung. Die Musik und die Technik, das Spiel und der Traum, alles miteinander, – manches, indem es Übereinstimmung, Nachahmung, Sehnsucht erweckt, anderes, indem es Fragen, Zweifel, Abneigung, Widerstand erzeugt; gerade durch das Ineinandergreifen der verschiedenartigen, einander entgegen gesetzten Wirkungen wird der Charakter geprägt. Und mitten drin in dieser prägenden Unendlichkeit steht der Erzieher." (Martin Buber, s. oben, S. 69)

Allein die Kinder zeigen uns wie weit wir wirklich bereits vom Leben entfernt sind. Sie allein stehen der Wirklichkeit des Lebens näher als jedes andere Lebewesen auf der Erde. Überlassen wir Erwachsenen aber diesen kompetenten Erdenbewohnern die Führung? Überlassen wir den Kindern die Entscheidungen über ihre Kommunikations- und Spielpartner? Über ihren Spiel- und Erfahrungsraum? Dass sie selbst entscheiden können in welchem Raum, mit wem sie und vor allem wie lange sie und was sie dort spielen (arbeiten) wollen? Jedes Wesen hat seine subjektive Erlebniswelt und die ist zweifelsohne eine ganz andere als die meines Gegenübers und schon gar die eines Kindes. Erkenne ich dies? Die subjektive Wirklichkeit eines Erwachsenen ist keineswegs besser als die eines Kindes. Dennoch bewerten die Erwachsenen dies jeden Tag aufs Neue.

Jedes Kind lernt einmal laufen, aber nur zu dem ureigenen Zeitpunkt. Kein Erwachsener wird einem Kind vorschreiben oder gar bestimmen können wann es zu laufen hat! Und wir Erwachsenen müssen dies respektieren und darauf vertrauen, dass sich das jeweilige „Entwicklungsfenster" öffnen wird oder auch nicht. Die kindliche Gesetzmäßigkeit seiner Entwicklung können wir nicht unterlaufen oder erpressen. Sie geschieht ganz einfach und unmittelbar. Diese Gesetzmäßigkeit sollte uns sensibel und aufmerksam machen. Wann und wie welche Verschaltungen in unserem

Gehirn stattfinden und welche Intensität oder Komplexität dabei sich entfaltet, können wir nur erahnen. Einige Wissenschaftszweige beschäftigen sich seit gut einem Jahrzehnt mit den Erkenntnissen der Neurobiologen. Gehirnforscher haben dabei herausgefunden, dass unser Gehirn in den letzten Jahrzehnten geschrumpft ist. Ist das die Erklärung für unser ganzes Dilemma? Das wir schon lange nicht mehr unser Gehirn voll ausschöpfen oder besser gesagt permanent behindern? Mit reinem Erwachsenendenken. Im Kindergarten scheinen wir damit zu beginnen? Also welche Richtung schlagen wir ein? Welchen Weg wollen wir gehen? Welche Richtung ermöglichen wir den Kindern? Richtung hat Weisungscharakter und jede Richtung hat mit richtig oder falsch zu tun und führt uns zu Konsequenzen. Aber verstehen wir diese Konsequenzen überhaupt? Im Elementarbereich habe ich da so meine Zweifel. Ich erinnere mich noch an die Aussage einer entscheidenden Mitarbeiterin im Amt für Kinder, Jugend, Schule und Sport, sowie ebenfalls einer Mitarbeiterin der Heimaufsicht. Diese waren mit allem Ernst der Ansicht, eine Kindertagesstätte in einem sozialen Brennpunkt mit einer Migrationsrate von über 80% und entsprechenden Familien sei absolut gleich wie eine Einrichtung auf dem Land mit Kindern aus der Mittelschicht und die eine Migrationsquote von lediglich 8% hatte. Solange solche Ansichten bestehen und die Verantwortlichen in Behörden, Kommunen, Trägern oder Vereinen die Wahrheiten prägen, solange werden die Kinder Konsequenzen ausbaden müssen die wir Erwachsenen ihnen eingebrockt haben. Die gleiche Heimaufsicht hatte einen Antrag auf mehr Personal gem. eines Erlasses des Landes Schleswig-Holstein von 1996 abgelehnt, in dem ganz klar definiert stand, welche Voraussetzungen eine Einrichtung erfüllen musste um eine halbe Stelle zusätzlich genehmigt zu bekommen. Da waren unter anderem genannt, ein hoher Migrationsanteil, hoher Pflegeaufwand, verhaltensauffällige Kinder die nicht heilpädagogisch gefördert werden, Kinder die heilpädagogisch gefördert werden, Kinder die über drei Jahre sind und dennoch nicht „trocken" sind. Einer dieser Punkte würde reichen um diese halbe Stelle genehmigt zu bekommen. Unsere Einrichtung erfüllte alle diese Punkte und hatte ein Jahr zuvor ohne Schwierigkeiten diese zusätzliche halbe Stelle bewilligt bekommen. Doch die damalige Heimaufsichtsmitarbeiterin ging in den Ruhestand und eine „Neue" wollte sogleich ihr Statement abgeben. Diese neue Heimaufsicht bewertete dies nun ganz anders, ohne die Kinder, die Mitarbeiter oder die Leitung dazu genauer zu befragen. Fachkräfte entscheiden über das Wohl und Wehe der Kinder. Erwachsene entscheiden *über* die Kinder, anstatt *mit* ihnen oder überhaupt für sie. Eigentlich müssten die Mitarbeiterinnen der Heimaufsichten in die Kindertagesstätten gehen und sich direkt vor Ort erkundigen was die wirklichen Bedarfe sind. Ich habe eher den Eindruck das nur derjenige gewinnt der am meisten Geld einspart. Egal zu welchem Preis. Auch hier spielen monetäre Gründe eine so große Rolle, dass die wirklichen Bedarfe und Bedürfnisse der Kinder, jene Entwicklungswege und Möglichkeiten permanent den Fachkräften abgesprochen werden. Welche Verantwortung wird hier gelebt? Als wenn nur jemand vom Schreibtisch aus entscheiden könnte was wirklich benötigt wird. Das zuständige Amt entscheidet und dabei spielen die realen Gründe, Wirklichkeiten und Problemlagen überhaupt keine Rolle. Es wird aller Orten immer und immer wieder gegen die Kinder entschieden. Wenige Trägervertreter/Innen gibt es die sich permanent für die Kinder und Mitarbeiter/Innen einsetzen und für bessere Bedingungen kämpfen und sich von der Macht der Schreibtischtäter nicht beeindrucken lassen. Sie gehen oftmals andere Wege, über die Politik oder über Beziehungen.

Somit stehen wir im ewigen Pro und Contra und wir müssen uns entscheiden. Entscheiden kann aber nur derjenige der sich seiner selbst bewusst ist. Der sich seiner Verantwortung voll bewusst ist. Sich seiner Stärken bewusst ist. Und das heißt zunächst einmal mit sich selbst in Kontakt zu stehen, selbst Mitschwingen und in Bewegung sein. Ein stetiges hin und hergehen zwischen mir und einem Gegenüber. Dies kann die Natur, oder ein Mensch, oder eine Melodie oder eine Empfindung sein. Ich konzentriere mich, nehme es in mir auf, atme es ein und spüre die unmittelbare Resonanz in mir. Dass Du begegnet mir von Gnaden, hatte Martin Buber einst geschrieben. Können wir uns in diesem Sinne auf die Kinder einlassen? Ich begebe mich zu dem anderen. Ich sehe genau hin, höre genau hin, schmecke, rieche, berühre, fühle und antworte auf all diese Eindrücke offen und ehrlich. Ich spüre ein tiefes Miteinander und eine Lebendigkeit. Dabei muss ich natürlich riskieren in Kontakt zu treten um einen Gesprächspartner zu finden, jemanden ansprechen und bereit sein selbst angesprochen zu werden. Mich ganz persönlich von Worten anfassen zu lassen, denn dann erst habe ich die Möglichkeit mein Gegenüber mit seinem ganzen Wesen zu erfassen. Sich selbst zunächst einmal wahrnehmen, wie einfach klingt dies und wie unglaublich schwierig ist es in der Wirklichkeit. Unser erster Eindruck über einen anderen Menschen entscheidet sich blitzartig, innerhalb von ca. 100 bis 150 Millisekunden. Erst nach ca. 90 bis 100 weiteren Sekunden kommt der erste Gedanke zur Überprüfung unseres bereits getroffenen Urteils. Ein netter Mensch, offen und ehrlich, kompetent und selbstsicher etc. Oder ganz anders? Aber gerade dieser erste Eindruck hat auf all unsere folgenden Gedanken und Bewertungen einen Einfluss, dessen Objektivität nicht mehr gegeben ist. Wir kennen, wenn wir ganz ehrlich sind doch nur unsere subjektiven Wahrnehmungen, die wir oftmals höher bewerten als die unseres Gegenübers, die zweifelsohne auch etwas seelisches sind, die wir aber gewohnheitsmäßig in dem uns umgebenden Rahmen zwar lokalisieren und von deren Objektivität wir nur deshalb überzeugt sind, weil vielleicht andere Menschen es mit demselben sprachlichen Mitteln zum Ausdruck bringen. Alles wahrnehmen ist ein Widererkennen und Benennen. Das setzt allerdings voraus, dass unsere Seele, mit Hilfe unseres Gehirns, einmal gemachte Erfahrungen speichern und reproduzieren kann, also dass sie jene wunderbare Eigenschaft besitzt die wir das Gedächtnis nennen. Das Gedächtnis und das Gewissen hausen wohl in der gleichen Wohnung unserer Existenz. Unser Gewissen nun verursacht wohl die zahllosesten Gefühle und zumeist die Gegensätzlichsten. Es scheint also etwas zu geben, das nichts mit den bloßen Gedanken zu tun hat, sondern geradezu sogar manchmal als das krasse Gegenteil davon erlebt wird. Ein ominöses Gefühl, vor dem wir uns ebenso oft scheuen es überhaupt wahrnehmen zu wollen oder gar zu können. Alles Gefühl ist schließlich wertend und mit Entscheidend. Es bewegt sich hin und her zwischen den Polen angenehm und unangenehm, zwischen Lust und Unlust, zwischen Bejahung und Ablehnung. Unsere Beziehung zwischen Leib und Seele ist hier keineswegs als simple Einheit zu verstehen, sondern kann im Gegenteil als höchst komplizierte Polarität aufgefasst werden, in der beiden Polen die gleiche Bedeutung, die gleiche Autonomie, die gleiche Wertigkeit zugestanden wird. Aus dieser Spannung heraus entsteht die Orientierung zur Persönlichkeit des Menschen, von der man nicht sagen kann, sie habe einen Leib und eine Seele, sondern von der es nur heißen kann, sie ist Leib und Seele zugleich. Eine Grundfähigkeit dieser Einheit besteht darin überhaupt diese Welt wahrzunehmen. Der menschliche Organismus ist ein lebendiges Beziehungsgeflecht der verschiedensten Organe, Säfte und Strukturen. Würden wir nur einen Teil davon entfernen, so würden wir aus dem Gleichgewicht kommen. So hochkomplex und doch so leicht störanfällig wir auch sind, macht deutlich wie behutsam wir im Besonderen mit unseren Kindern, den eigenen oder den uns anvertrauten umzugehen haben.

So stehen wir also staunend vor unserer Existenz. „Aus dem Staunen folgt die Frage und die Erkenntnis, aus dem Zweifel am Erkannten die kritische Prüfung und die klare Gewissheit, aus der Erschütterung des Menschen und dem Bewusstsein der Verlorenheit die Frage nach sich selbst." (Karl Jaspers)

Diese Grundfragen stellen Kinder permanent und sie suchen Antworten, ihre eigenen Antworten und dabei sollten wir darauf verzichten ihnen unsere vorgefertigten Antworten mitzuteilen ohne ihre eigenen Erkenntnisse ernst zu nehmen. Wenn der natürliche Wechsel zwischen Fragen und Antworten, zwischen Angesprochen sein und Antwortgeben, zwischen Geben und Nehmen, Fühlen und Mitfühlen, Denken und Mitdenken, Erklären und Verstehen immer nur einseitig abläuft, also von der Erwachsenen Ebene zur Kind Ebene, dann ist damit bereits die Bereitschaft zum aufeinander zugehen verhindert. Und wir Erwachsenen haben dies verhindert. Die Selbstbezogenheit und Egozentrische Sichtweisen können als Folge den gesamten Entwicklungsverlauf einer Kindertagesstätte hemmen. Unglaublich viele Missverständnisse entstehen in kürzester Zeit und werden sorgsam gepflegt ohne sie jemals anzusprechen. Sie werden gehegt und gepflegt solange bis der Zeitpunkt für eine Klärung nicht mehr möglich ist und nur noch aussichtslose Grabenkriege geführt werden. Solche Haltungen habe ich immer wieder in Kita-Teams kennen gelernt. Gerade in diesem Berufsfeld, wo immer noch Frauen dominieren und die Männer sich ihrer Erziehungsverantwortung entziehen, (auch wenn sie dort weniger verdienen als in anderen Berufen) ist die Kommunikation natürlicherweise geschlechtsspezifisch strukturiert. Immer wieder werden Aussagen sofort und unverzüglich als persönlicher Angriff bewertet. Auf der Beziehungsebene sind die weiblichen Fachkräfte Hyper-Sensibel. Ohne klärende Rückfragen. Diese erhebliche Einseitigkeit führt mit der Zeit in allen dialogischen Prozessen zu einer Begrenztheit der Begegnung. Viele Mitarbeiterinnen fühlen sich dann ausgebrannt und am Ende. Und eine neue Sicht für eine Veränderung wird nicht mehr wahrgenommen.

„Ich stelle mein Unglück fest, das ist eine Realität. Diese Realität ist nicht aus dem Nichts entsprungen, sondern ist geworden. Ich bin nicht ‚halt eben' unglücklich, ich habe nicht Pech gehabt, es ist kein Zufall, dass ich unglücklich bin, man hat mich unglücklich gemacht. Das ich unglücklich bin, ist nicht nur Resultat eines Zufalls oder Unfalls sondern eines Vergehens. Es ist nicht passiert, sondern bewusst geworden, es ist nicht Schicksal, sondern Schuld."

Dies sind bittere Worte des Fritz Zorn aus dem Buch Mars. Bittere Worte die mir durchaus bekannt vorkommen und die ich schon oft gehört habe bei den Beratungen der Kita-Teams. Solch eine Sichtweise ist allerdings wenig hilfreich und zerstörerisch. Sie kann der Grundstein für eine seelische Krankheit bilden. Ursache und Wirkung werden nicht klar gesehen und die verschiedenen Seilschaften und Klüngeleien tragen ihren

Anteil ebenso dazu bei wie die Unsicherheiten in der gesamten Kommunikation untereinander. Hier nochmals Fritz Zorn:
„Es genügt nicht zu existieren, man muss auch darauf aufmerksam machen, dass man existiert. Es genügt nicht bloß zu sein, man muss auch wirken. Wer aber wirkt, der stört, und zwar in des Wortes edelster Bedeutung."
Stören wir also die allzu bequemlichen Teamsitzungen und Arrangements die bereits seit Jahrhunderten zu bestehen scheinen. **„Das haben wir aber schon immer so gemacht"**, ist eine der häufigsten Äußerungen von Kita-Teams. Vielleicht sogar die zentralste Aussage all ihrer bisherigen Pädagogik. Durch meine vielen Fort- und Weiterbildungen der unterschiedlichsten Träger von Kindertagesstätten ist mir immer wieder dieses große Spannungsfeld begegnet. Auf der einen Seite engagierte und manchmal sogar über Engagierte und in Aktionismus verfallene Mitarbeiterinnen die fordernd und „Bibeltreu" ihre Überzeugungen sofort umgesetzt sehen wollen und auf der anderen Seite eine überaus große Zahl „alter Pädagoginnen" die doch bisher eine gute Arbeit gemacht haben und die immer wieder den Kindern zunächst eine Überforderung unterstellen, bevor sie ihre eigene anerkennen. Sowie eine große Zahl von bereits verunsicherten Mitarbeitern/Innen die all diese pädagogischen Strömungen und Hausregeln zwar umsetzen aber überhaupt nicht verstehen oder tief im Inneren ganz andere Erkenntnisse mit sich herumtragen ohne sie jemals frei geäußert zu haben.

„Natur und Gesellschaft, „erzieht" den Menschen: Sie zieht seine Kräfte herauf, lässt sie ihre, der Welt Einwürfe fassen und durchdringen. Was wir Erziehung nennen, die gewusste und gewollte, bedeutet Auslese der wirkenden Welt durch den Menschen; bedeutet; einer Auslese der Welt, gesammelt und dargelebt im Erzieher, die entscheidende Wirkungsmacht verleihen. Herausgeht ist das erzieherische Verhältnis aus der absichtslos strömenden All-Erziehung: Als Absicht. So wird die Welt erst im Erzieher zum wahren Subjekt ihres Wirken." (Martin Buber, s. oben, S. 24)

UPS, jetzt sind auf einmal die Pädagoginnen und Pädagogen und Lehrer/Innen die Verantwortlichen? Das kann doch nicht sein. Dabei wird natürlich dann schnell die Schuldfrage aufgeworfen. Warum etwas nicht funktioniert. Und jeder versucht zunächst einmal die „Schuld" für das bestehende Problem bei all den andern zu finden um selbst zunächst entlastet zu sein. Der Träger ist schuld. Die Leitung ist schuld. Die Bedingungen sind schuld. Deutschland ist schuld. Die Politiker sind schuld. Die Kolleginnen sind schuld. Die Eltern sind schuld. Die Kinder sind schuld. Eine sofortige Schuldverschiebung ist die Folge und wir schaffen Distanz zu unserem Gegenüber und all denen, wo wir annehmen, dass sie verantwortlich für das bestehende Dilemma sind. Aber jegliche Schuldfragen zeigen uns ganz deutlich wie weit wir noch von jeglicher Autonomie entfernt sind. Alle bestehenden Divergenzen haben zunächst etwas mit uns selbst zu tun. Mit unserer Perspektive und Sichtweise. Dabei entwerten wir die Meinungen, Äußerungen und Sichtweisen unseres Gegenübers vehement um nur nicht in den Verdacht zu geraten selbst vielleicht sogar einen großen Anteil an der bestehenden Misere zu haben. Aber wir brauchen wieder diesen Mut und die Erfahrungen zu uns selbst mit all diesen Widersprüchen zu stehen. Uns selbst als Unwissender anzuerkennen und uns auf eine gemeinsame Suche zu begeben nach dem was gut und richtig für die uns anvertrauten Kinder und Jugendliche sein könnte. Gewinnen wir wieder Vertrauen zu dem Wert der Menschlichkeit, einem Wert der in unserer schnelllebigen Welt, in der offensichtlich äußerer Schein und „Haben" immer noch mehr geschätzt werden als die einfache unmittelbare Begegnung und das gemeinsame Ringen nach dem „Besten" für unsere Kinder und Jugendliche. Gerade Mitarbeiter/innen im Elementarbereich und Schule haben immer schon eine ganz besondere Verantwortung. Geben wir diese Verantwortung zurück an eine imaginäre Gesellschaft, wird sich in diesem Jahrhundert nichts mehr verändern.

„Eine hohe Askese bedeutet also das Erzieherische: die weltfreudige um der Verantwortung für einen uns anvertrauten Lebensbereich willen, auf den wir zu wirken und in den wir nicht einzugreifen haben, weder machtwillig noch erotisch. Der Dienst des Geistes am Leben kann sich wahrhaft nur in dem System einer zuverlässigen, von den Gesetzen der verschiedenen Verhältnisformen bestimmten Kontrapunktik von Hingabe und Zurückhaltung, Vertrautheit und Distanz vollziehen, die freilich nicht von einer Reflexion angeordnet, sondern aus dem Wesensakt des natürlichgeistigen Menschen aufgestiegen sein muss." (Martin Buber. S. o. S. 34)

Unser ganz persönlicher Einsatz darf nicht genährt sein von irgendwelchen zur Verfügung gestellten Mitteln, finanzieller oder materieller Art. Dabei brauchen wir nur die Biografien vergangener Pädagogen/innen aufmerksam zu studieren und dann sollten wir in aller Bescheidenheit erkennen wie viel Zeit, Liebe und Energie sie dabei sogar ihr persönliches Hab und Gut eingesetzt haben um ihre Überzeugung zu realisieren. Dies entspricht sicherlich nicht mehr der sozialen Wirklichkeit unserer Zeit. Dennoch hier gilt es wieder kongruent zu sein. Unsere Vorbildfunktion darf nie aufgesetzt oder institutionalisiert sein, sondern muss wirklichkeitsnah und realistisch sein. Kinder haben ein feines Gespür dafür was echt oder was nur aufgesetzt ist. Hier ist die Eindeutigkeit der Person gefragt, mehr als in jedem anderen Berufsfeld. Die Kindertagesstätten-Laufbahn oder Schullaufbahn ist nicht vom Wesen des Kindes abhängig sondern vom Wesen der jeweiligen Pädagogen/innen. Diese Verantwortung gilt es wieder zu sehen, anzuerkennen und ganz bewusst zu leben.

„Vertrauen, Vertrauen zur Welt, weil es diesen Menschen gibt – das ist das innerlichste Werk des erzieherischen Verhältnisses. Weil es diesen Menschen gibt, kann der Widersinn nicht die Wahrheit sein, so hart er einen bedrängt. Weil es diesen Menschen gibt, ist gewiss in der Finsternis das Licht, im Schrecken das Heil und in der Stumpfheit der Mitlebenden die große Liebe verborgen. Und so muss denn aber dieser Mensch auch wirklich da sein."

„Wenn Erziehung bedeutet, eine Auslese der Welt durch das Medium einer Person auf eine andere Person einwirken zu lassen, so ist die Person, durch die dies geschieht, vielmehr, die es durch sich geschehen macht, einer eigentümlichen Paradoxie verhaftet. Was sonst nur als Gnade, in die Falten des Lebens eingelegt, besteht; mit dem eigenen Sein auf das Sein anderer einzuwirken, ist hier Amt und Gesetz geworden. Damit aber, das solchermaßen an die Stelle des meisterlichen Menschen der erzieherische getreten ist, hat sich die Gefahr aufgetan, dass das neue Phänomen, der erzieherische Wille, in Willkür ausartet; dass der Erzieher von sich und von seinem Begriff des Zöglings, nicht aber von dessen Wirklichkeit aus die Auslese und Einwirkung vollziehe. Man braucht nur die Berichte über Pestalozzis Unterricht zu lesen, um zu merken, wie leicht sich bei den edelsten Pädagogen die Willkür in den Willen mengt." (Martin Buber, s.o. S. 40)

Diese Zeilen machen für mich sehr deutlich wie aufmerksam wir unsere Verantwortung wahrzunehmen haben. Martin Bubers Worte mögen im ersten Augenblick altmodisch, philosophisch oder sogar nicht mehr in diese Zeit passend gesehen werden. Wer aber mal all diese Worte etwas länger auf und in sich wirken lässt wird feststellen wie hoch aktuelle diese Worte immer noch sind. Tief in sich spürt jeder Mensch, dass er etwas Einzigartiges und Wunderbares ist, ohne dass wir irgendwelche Leistungen erbringen müssten. Dieses Grundgefühl wird uns teilweise ganz massiv in Schule und Kindergarten abgesprochen, weil wir verlernt haben, Vertrauen in die Entwicklungsdynamik eines jeden Kindes, zu sehen. Wir bewerten und beurteilen nach Skalen und Bewertungstabellen. Wir übersehen das Kind und seine Entwicklungsbemühungen, weil sie der Norm vielleicht nicht entsprechen. Achtsamkeit ist hier gefordert.

„Erziehung von Menschen durch Menschen bedeutet Auslese der wirkenden Welt durch eine Person und in ihr. Der Erzieher sammelt die aufbauenden Kräfte der Welt ein. In sich selber, in seinem welterfüllten Selbst scheidet er, lehnt ab und bestätigt. Die aufbauenden Kräfte – es sind die ewig gleichen, es ist die Welt in der Verbundenheit, die Gott zugewandte. Der Erzieher erzieht sich zu ihrem Organ.

Das ist die wahre Autonomie des Menschen, das Erzeugnis der Freiheit, die nicht mehr verrät, sondern verantwortet. Der Mensch, das Geschöpf, welches Geschaffenes gestaltet und umgestaltet, kann nicht schaffen. Aber er kann, jeder kann sich und kann andere dem Schöpferischen öffnen" (Martin Buber s. oben, S. 46 + 49)

Natürlich habe ich mehrfach versucht dies mit meinen eigenen Worten auszudrücken, bin aber immer wieder an der Wortgewaltigkeit und Intensität seiner Sprache, Martin Bubers gescheitert, deshalb ist es mir sehr wichtig diesen Ur-Text zu erhalten. In der Hoffnung, dass der Text ebenso auf den Leser wirken wird wie er auf mich bis heute wirkt.

Und dies bedeutet eine besondere Achtsamkeit dem Grundgefühl eines jeden Kindes gegenüber zu haben und gleichsam unserem eigenen Grundgefühl aufspürend wahrzunehmen. Dieses Grundgefühl wird also durch eine Vielzahl von Sozialisierungen verändert oder sogar zerstört. Schule und sogar der Kindergarten versuchen dieses Grundgefühl zu einer formbaren Masse zu missbrauchen. Eine Vielzahl von Sozialisierungen sind bemüht darum einen brauchbaren Menschen zu formen. Im Grunde gilt die Forderung an jeden. Nehme dein Schicksal in die Hand, gebe dich nicht mit den vorgegebenen Bedingungen zufrieden und höre auf dein Herz. Das wiederum können wir nur gemeinsam, mit anderen Menschen. Dieses Bewusstsein stachelt jeden an, seinen ureigenen Weg zu gehen und ihn immer wieder suchend zu finden ohne dabei den Weg der anderen nachzuahmen. Ehrlichkeit der eigenen Person gegenüber ist hier der Grundstein für eine konstruktive Kommunikation. Wer aber auf einer Fassadenhaften Ebene lebt und ebenso Maskenhaft mit seinen Mitmenschen umgeht, der hat nicht zu seiner Individualität, seiner ureigenen Existenz und seinem ureigenen Sinn gefunden. Wir müssen uns auf den schwierigen Weg machen all das zu lieben was hinter der eingeübten Fassade unseres Gegenübers liegt. Also genau hinschauen, hinsehen und hinhören, es geht um unsere Überzeugungen, das Schwingen unserer Seele. Das Wahrnehmen unserer Berufung im ursprünglichen Sinne. Und dabei geht es darum, die Gewohnheit endgültig zu verlassen.

„Das Leben also in der Tradition, die Glorifikation der Phrase, die die Gewohnheit auf den Thron der Welt setzt ist ein Fluch der Menschheit. Dieser Wortdienst schläfert den menschlichen Verstand ein bis er nichts mehr vermag, über Leichtgläubigkeit, Trägheit und Stumpfheit, er höhlt ihn aus, bis er nichts mehr vermag, bis er aufhört tote Worte von lebendigen Gedanken zu unterscheiden und ein Hanswurst ihm ebenso viel oder mehr gilt als der wahre Denker. Erworbene falsche Vorstellungen, Vorurteile, wenn sie Jahrhunderte oder gar Jahrtausende überdauert haben, versteinern gleichsam und werden von den Menschen Gesetzen gleichsam geachtet. Und doch ist diese so unscheinbar, unauslösliche Schrift nichts als eine poetische Fiktion aus den Kindheitstagen der Völker, sie erlischen vor dem Hauch eines kühnen Wortes, sie wird Staub vor dem Lichtschimmer eines wirklichen Gedanken. Denn Wahrhaftigkeit wohnt nur in den Seelen freier Menschen." (Hedwig Dohm 1876 Eigenschaften der Frau, frühe Texte zur Psychologie der Frau, Brinker/Gabler, Fischerverlag).

Sind wir aber noch freie Menschen, die Verantwortung übernehmen, die es wagen auch gegen den Strom zu schwimmen? Gehen wir das Wagnis unserer Überzeugung ein, auch allen Widrigkeiten zum Trotz und riskieren wir eine Unzahl von Auseinandersetzungen mit Kollegen, Vorgesetzten, Trägern, Schulverbänden, Eltern und allen die an diesen wichtigen Prozessen beteiligt sein sollten? Dies geschieht ganz offensichtlich leider nicht mehr. In unzähligen Gesprächen äußern sich Leitungen und Mitarbeiter/Innen über die Misere in den Kindertagesstätten. Wenn ich ihnen dann kleine aber feine Hinweise gebe, in diesem oder einem anderen Bereich sich mal anders zu verhalten, dann versteifen sie sich oftmals und meinen, das würde nicht gehen. Sie haben das Scheitern bereits in ihrem Kopf und all ihren Mut bereits vor Jahrzehnten heruntergeschluckt. Nun kauen sie wie auf Kautabak herum. Kauen und spucken aber verändern rein gar nichts. Ich bin, aber begreife meine Verantwortung nicht, charakterisiert und erklärt die momentane menschliche Situation in unserem Dasein. Wir sind, aber haben uns nicht, ist philosophisch und dialektisch zugleich. Erst durch diesen Unterschied und Abstand aber in mir und zu mir, wird mir erst die wirkliche Möglichkeit und mein Sein bewusst und gibt mir den nötigen Ausblick, diesen Abstand, sofern ich es erkenne, auch gemeinsam zu überwinden. Die Teilung meines im Grunde ungeteilten Selbst, ist zum Teil durch mich selbst gemacht und vollzogen worden. Diese Teilung ist aber keinesfalls Natur bedingt vorhanden oder angelegt. Sie ist vielmehr eine Herausforderung und der Ansporn unserer Bemühungen selbständig zu werden. Das jeder ist, aber sich selbst nicht hat und eigentlich nur über einen anderen überhaupt sich selbst haben kann, gibt dem Menschen seine urexistenzielle Bedeutung, seinen Sinn und seinen wahren Charakter wieder. Dass jeder Mensch sich also nur über einen anderen Menschen erleben und erfahren kann bedeutet Mitverantwortung. Mitverantwortung und Mitverhältnisse tragen alles was lebt. Dem Menschen allein ist es gestattet Mitverhältnisse zu gestalten die zwar nie eine stabilisierte Wirklichkeit haben werden und die in allen Wechselfällen, stetig verlebendigt werden aber dadurch erst eine gewachsenen Mitwelt, entstehen lassen. Eine Mitwelt wo **ich und du** aufgehen in einem WIR ohne sich dabei zu verlieren. In jeder tieferen Begegnung mit einem anderen Menschen (und Begegnung ist die eigentliche Hauptaufgabe aller Pädagogen/innen, Beziehungen sowie Bindungen aufzubauen und herzustellen) sind viele Entscheidungen wichtig. Entscheidungen über den Raum, die Zeit und die uneingeschränkte Aufmerksamkeit. Sehr belastend kann dann die Angst vor zu viel Nähe und Intimität, vor zu viel Offenheit sein. Gewaltige Vorsicht anstelle von Spontaneität und wirklichem Interesse. Ich will aber über alle Abgrenzungen, Hindernisse, Verbote und Gebote hinweg zu dir. Will dich erleben in aller Schwere und Leichtigkeit, will mitleiden und mitlachen. Ich habe wirkliches Interesse an dir und trete in Beziehung zu dir, mit all den eigentlichen Gefahren und Ängsten. Ich will durch alle Fassaden und Hüllen hindurch zu deinem Kern. Schaue mich an, höre mich an, berühre mich sowie ich dich berühre, spüre mein Glück und meine Trauer, meine Freude und meinen Ärger. Offenbaren wir uns ein Stück unserer Träume und Visionen. Nutzen wir die Zeit auch des gemeinsamen Schweigens. Dies ist zugegebener weise keine leichte Aufgabe und setzt vielfältige Reflektionen voraus. Es ist aber die eigentliche Aufgabe, trotz aller Lehr- und Lernpläne, immer wieder Beziehung zum Gegenüber herzustellen. Sie ist die Basis für alles Wissen und Lernen. Das klingt einfach und ist schwierig, unendlich schwierig, weil es jedem an die Substanz geht. Hierbei ist uns die Sprache hilfreich, wenn wir sie entsprechend nutzen können und wollen.

Grundfrage 9: Transparenz

Dies ist eine der einfachsten Kapitel, da dieses Wort sich bereits selbst erläutert und erklärt. Nur allein meine Haltung und Einstellung entscheidet darüber ob ich dies wirken lassen möchte oder nicht. Dennoch ist dies ein Faktor der nicht zu unterschätzen ist. Transparentes Arbeiten und Wirken hat ebenfalls Konsequenzen die nicht bei Seite gelegt werden sollten. Denn auch hierin wird Haltung und Einstellung deutlich. Meine Haltung und Einstellung in meiner Arbeit, meiner pädagogischen Arbeitsweise, Sichtweise und Ausdrucksweise. Wenn ich mir sicher bin in meiner Arbeit, in meinen Äußerungen und Entscheidungen, dann kann und werde ich „offen" und Transparent arbeiten. Und ich kann eventuelle Fehler oder Irrtümer meinerseits offen ansprechen, mich zurücknehmen oder gar entschuldigen, wenn ich wirklich etwas „fehlerhaft" gesagt oder getan habe. Wie bei allen vorherigen Kapiteln und den Grundfragen der Elementarpädagogik geht es immer wieder um eine Entscheidung, meine Entscheidung, dieses oder jenes zu tun oder zu lassen. Vielleicht wird der eine oder die andere zu dem Ergebnis kommen, dass bereits einige der Punkte schon gelebt werden! Vielleicht kommt aber auch die Erkenntnis, dass es vielleicht gar nicht so wichtig ist alle diese Bereiche gleichermaßen abzudecken! Es durchaus ausreichend ist, sich auf zwei oder drei wesentliche Punkte zu beschränken. Ein gemeinsames Menschenbild könnte überhaupt ausreichend sein. Alles andere wird sich dann schon finden oder ergeben. Ganz von selbst, dann wenn „unsere" Entwicklungsfenster dafür offen sind. Leider wird dies nicht der Fall sein. Wir haben nämlich diese Entwicklungsfenster bereits zu gemacht, verschlossen und verrammelt. Die Fenster sind gesichert und das bereits seit vielen Jahren. Wir belügen uns in diesem Punkt sehr eindrucksvoll und nachhaltig. Für mich kann es nur die Gesamtheit geben und jeder einzelne Punkt ist ein wichtiger Baustein für den weiteren Bereich. Nur zusammen können sie ihre positive Wirkungsgestalt erreichen. Also entscheiden sie sich, wie wollen sie künftig ihre Arbeit ausrichten? Wie viel Engagement und Enthusiasmus sind wir bereit für diesen Beruf einzusetzen? Das kann und wird jeder sicherlich nur für sich allein entscheiden. Dieses Buch soll ihnen lediglich dabei helfen, mehr

Klarheit für sich zu bekommen. Jede Klarheit hat immer einen Aufforderungscharakter. Denn vorher wussten wir es ja auch nicht besser, oder waren zu träge uns mehr darüber zu informieren. Es ist schon seltsam bis eigenartig in wie vielen anderen Berufsfeldern die ständige Weiterbildung fast selbständig praktiziert und umgesetzt wird. Wie viele Einrichtungen gibt es, wo Fortbildungsangebote überhaupt nicht mehr wahrgenommen werden, weil die Mitarbeiter/Innen mittlerweile ganz andere Lebensinteressen haben, als sich in diesem Berufszweig weiter zu qualifizieren. Hier wird immer noch nach Gefühl und Wellenschlag gearbeitet und mit den Kindern der Kita-Alltag gestaltet. Und dann wundern sich die Erzieher/Innen wenn die Kinder ihnen ganz deutlich zeigen, was sie wollen und was nicht. Schwupps, schon haben wir das „auffällige" Kind und leider nicht die „auffälligen" Erzieher/Innen. Verkehrte Welt, verkehrte Wirklichkeit. Echte Transparenz ist verantwortliches Handeln und Wirken. Ich gebe jederzeit Einblicke in mein berufliches Wirken. Lasse jeden daran teilnehmen, wann immer jemand Interesse und Lust dazu hat. Warum auch nicht? Was tun wir in unserem Beruf? Was könnte denn passieren wenn wir solche Einblicke geben? Was würde geschehen? Ich bin der festen Überzeugung, dass es uns und alle Beteiligten wesentlich weiter bringen würde. Denn wir würden etwas erfahren, Resonanz erfahren in unserem Wirkungsfeld. Nicht nur die strahlenden oder nachdenklichen Gesichter der Kinder. Gleichgesinnte Erwachsene geben uns Rückmeldung für unser wirken. Was kann es schöneres gebe? Brauchen wir nicht alle solche Resonanz? Aber wir haben riesige Angst davor. Angst bewertet und beurteil zu werden. Wir sind uns unserer Handlungen, Entscheidungen und Arbeitsweisen nicht sicher und wollen auch gar keine objektive Sicherheit. Es genügt uns, wenn wir uns selbst belügen. Einen professionellen Austausch, eine Reflektion, eine kritische Auseinandersetzung vermeiden wir wie die Pest. Obwohl sämtliche pädagogischen Prozesse fließende sind. Es gibt nichts statisches, nichts Feststehendes sondern immer nur frei verhandelbares. Was wir in einer Gemeinschaft umsetzen oder erreichen wollen. Finden wir wieder diesen Mut unsere Arbeit, unsere tägliche Arbeit zu zeigen. Tue Gutes und rede darüber. Genau in jenem Bereich in dem die Öffentlichkeit immer noch der Meinung ist, die basteln, spielen und toben doch nur. Lassen sie die Menschen teilhaben an diesen hoch komplexen Prozessen des Lernens und des Lebens. Auch wir sind lernende Wesen und lernen durch die Kinder und Kollegen/Innen. Wenn wir diese Grundhaltung nicht einnehmen können oder wollen, begegnen wir uns nicht wirklich. Eine lernende Grundhaltung, ehrlich und wissbegierig hilft allen. Das setzt natürlich sehr gut fortgebildete und ausgebildete Leitungen und Mitarbeiter/Innen voraus. Und jeder Träger tut gut daran ein hausinternes System zu implementieren, damit er den Überblick behält, wer, welche, Fortbildungen, wann, wie lange, mitgemacht hat. Nur so kann er Einfluss nehmen und sollte auch Einfluss nehmen. Denn jede ungeprüfte Handlung kann mehr Schaden als Nutzen anrichten. Wären die Kinder ein kostbarer Rohstoff, der etliche „zigtausend" Euro an Wert hätte, dann würde wohl jeder verantwortliche Träger sehr genau die Arbeitsschritte überwachen und begutachten. Da dürfte kein Fehler passieren und nichts würde dem Zufall überlassen werden. Ist doch seltsam, oder?

Grundfrage 10: Veränderungen

Unser Bild von der Wirklichkeit und vom Kind. Kinder sind Mängelexemplare.

Die Jahrtausendwende hat begonnen und die Zeit scheint mit jedem neuen Jahr schneller und schneller zu rasen. Unaufhaltsam und mit epochalen Veränderungen die vor keinem Kinderzimmer halt machen. In fast jedem Kinderzimmer von Kita-Kindern stehen die Stereoanlagen, CD-Player, Gameboys und Playstation und oftmals schon der eigene Fernseher und Computer. Zu guter Letzt, das angehimmelte und dringend erforderliche Handy, welches laut einer dieser viel sagenden Statistiken bereits bei über 80% der Kids im Alter von 5 bis 14 Jahren vorhanden ist. Selbst im Kindergarten erlebe ich Kinder bereits unter drei Jahren die mit Handys umgehen können. So sind unsere Kinder bestens ausgestattet, mit dem was das Leben ihnen künftig abverlangen wird. Sie sind gewappnet und gesegnet, denn sie haben den Bogen raus und beherrschen die Dinge und Materialien mit einer verblüffenden Leichtigkeit. So sind unsere Kinder verdrahtet, und scheinbar kommunikativ miteinander verbunden. Es lebe der Chatroom wo man insgeheim und versteckt offene Kommunikation pflegen kann. Immer erreichbar und nie mehr allein. Die Medienzeiten der Kinder grenzen bereits an Kindesmisshandlung. Sie werden den Medien zum Fraß vorgeworfen. Etliche Stunden werden sie vor der Glotze geparkt und sehen am Abend oftmals dann noch gemeinsam mit den Eltern „Erwachsenenfilme", weil sie noch nicht schlafen wollen. Die Grenzen verschwinden immer mehr, werden fließender, die Trends und Moden kommen ebenso schnell wie sie wieder spurlos verschwinden und alles ist im gleichen Moment bedeutungslos und völlig veraltet oder out. Technologische Orgasmen überströmen den scheinbar ungesättigten Markt der Möglichkeiten und alles, wirklich alles scheint möglich, erreichbar, machbar, alles!? Spätestens seit es die SIMS und URBZ gibt (Playstationspiele) zeigt dies uns eine virtuelle Welt und unseren Kindern wie leicht das Leben sein kann. Aber ist das unsere eigentliche Zukunft? Sind unsere heranwachsenden Generationen noch in der Lage miteinander wirklich zu kommunizieren? Dabei erlebe ich eher, das die Kinder wie ihre PC-Spiele Vorbilder, lösen sie schlagkräftig ihre Probleme. Sind unsere Kinder noch Kinder? Oder nur der dringend erforderliche Konsument von Morgen? Welches Bild vom Kind haben wir noch in unserem Kopf und in unserem Herzen? Eine durchaus wichtige Frage. Leider stellen sich die Fachkräfte diese Frage nach ihrer eigenen Kindheit kaum noch. Aber genau solche Fragen würden uns dem Kind wieder näherbringen. Die eigenen Erfahrungen, unsere Erlebnisse, unsere Geschichte der Kindheit würde uns wieder dem Bewusstsein der Kinder näherbringen. So schwelgen wir manchmal als Erwachsenen der 60iger und 70iger Jahre und vielleicht sogar der 80iger Jahre also in Erinnerungen und sehen uns mit einer Horde von anderen Kindern durch die Siedlung ziehen, hier und dort an den Türen klingeln um unsere Freunde zum Spielen abzuholen. Dann kämpften wir als Cowboys und Indianer in der Wildnis, waren Ritter und Seeräuber und immer wieder auf Abenteuerreise unterwegs. Oder wir pflückten Gras, verteilten die Rollen zwischen Mädchen und Jungen, sammelten große Blätter und wickelten das Gras in diese ein, steckten einen Stock hindurch und legten die, als leckere Rouladen auf unser imaginäres Feuer. Die Welt um uns herum verschwand und ein Abenteuerland wurde sichtbar und spürbar, unmittelbar erlebbar ohne das wir jemals in irgendeinem „Erlebnispark" gewesen waren. Wir spielten in des Wortes edelster Bedeutung. Unser Spiel war unsere Wirklichkeit und wir gestalteten diese nach unserer Phantasie und unseren Regeln, die nicht immer einfach mit unseren Freunden ausgehandelt wurden, sondern die immer wieder auch erstritten werden mussten. Letztlich konnten wir noch absichtslos Kind sein. Keiner der Erwachsenen hat uns vorgeschrieben wie wir zu spielen hatten, was wir zu spielen hatten und mit wem wir zu spielen hatten. Auch die Zeit für unser Spiel wurde lediglich durch unsere Mütter oder Väter vorgezeichnet, indem wir zum Mittag oder zum Abendbrot, und später nach den Hausaufgaben, wenn wir draußen tobten, zu Hause sein mussten ansonsten bekamen wir Ärger.

„Es gab in unserem Leben eine Zeit, in der wir unser Glück und unser Wohlbefinden selbst in die Hand genommen haben: Jeden Tag aufs Neue. Und wir waren dabei immer erfolgreich. In all unseren Spielen als Kind!" (Claus-Dieter Weiß, Projekt Broschüre Stärken stärken, ESF Europäischer Sozial Fonds 2010, Seite 5)

Unsere Kindheit war einfach aber intensiv und so manches Mal kommen die Erlebnisse ganz plötzlich wieder nach oben und lassen einen schmunzeln und Gänsehaut erleben. Dann schaue ich mir meine Tochter und ihre Freundinnen an. Erinnere mich an ihre Kindheit. Meine Tochter ist Gott sei Dank sehr lange ein Spielkind geblieben. Bis zum Anfang ihres zwölften Lebensjahres spielten wir immer noch fröhlich mit den Bauerntieren oder Zootieren, eines bekannten Spielzeugherstellers aus Deutschland, sprachen durch diese Figuren und hauchten ihnen immer wieder neues Leben ein. So erlebten wir immer wieder neue spannende und aufregende Abenteuer. Meine Tochter verstand es auch mit den Jahren all ihren Freunden und Freundinnen dieses phantasievolle Spielen schon sehr früh näher zu bringen und nach einigen Treffen konnten sie ebenfalls abtauchen in das Land der Phantasie. Gleichermaßen beobachtete ich immer wieder wie unsagbar schwer es einigen Kindern fiel überhaupt zu spielen. Rastlos und ziellos begannen sie kurz ein Spiel um schnell wieder etwas anderes zu machen und dies in permanentem Wechsel. Sie fragten dann, ob sie etwas anderes spielen könnten. Sich diesem einen Spiel über einen längeren Zeitraum (mehr als eine halbe Stunde) zu widmen, war ihnen nicht mehr möglich. Später als Leitung einer Kindertagesstätte gab es in meinem Büro immer eine größere Arbeitsplatte auf der die unterschiedlichen Spielwelten aufgebaut waren und mit denen die Kinder auch während meiner Arbeit (ganz wie zu Hause) auch spielen konnten. So konnte ich immer wieder beobachten wie wenig die Kinder noch spielen konnten. Irgendwann begannen sie eher die Spielmaterialien auseinander zu nehmen, die Landschaften, wie Bauernhof, Burgen und Schlösser, Zoos etc. zu zerstören. Sie konnten nur noch für eine kurze Zeit gemeinsam spielen. Dazu gäbe es noch vieles zu berichten, ich möchte jedoch meinen Schwerpunkt auf den Elementarbereich, insbesondere den Kindertagesstätten Bereich legen. Und meine Beobachtungen und Erfahrungen als Erzieher und Gruppenerzieher als auch Kindertagesstätten Leiter, Fachberater und Coach für Kindertagesstätten und Leiter des Instituts für Personalentwicklung, Fort- und Weiterbildung in Schleswig-Holstein (WWW.IPF-SH.de) hier zusammenfassend betrachten, sowie die Bedeutung dieser sich heraus kristallisierenden 10 Grundfragen der Elementarpädagogik näher erläutern.

Nun will ich Ihnen ein kleines Geheimnis anvertrauen. Indem sie dieses Buch bis hierher gelesen haben, hat sich unweigerlich etwas bei ihnen verändert. Entweder sie haben eine Vielzahl von neuen Erkenntnissen gewonnen, oder bereits erworbene Kenntnisse vertiefen und erweitern können oder gar Widerstände und Ablehnung mobilisiert, um diesem Buch etwas entgegen setzen zu können. Was auch immer, es hat bereits bei ihnen, in ihnen gewirkt, sofern sie nicht eine seelenlose Maschine oder ein Apparat sind. Irgendetwas hat sich verändert. Nun spüren sie dieser Veränderung nach. Versuchen sie soweit wie möglich diesen Gedanken und Empfindungen nach zu spüren. Was könnte sich verändert haben? Was möchten sie verändern? Was soll sich auf gar keinen Fall verändern? Oder wer in ihrem beruflichen Umfeld sollte sich dahin gehend verändern? Lösen solche Veränderungen Angst und Unsicherheit bei ihnen und ihren Berufskollegen/Innen aus? Das war und ist keine Absicht von mir gewesen. Wie bereits am Anfang dieses Buches erwähnt, ist meine Absicht, eine Streitschrift zu formulieren, die nicht gleich wieder zur Seite gelegt wird oder nur als Zustimmung ins Regal verbannt wird, es soll und will als alltägliche Beschäftigung verstanden werden. Jeden Tag aufs Neue sollen die einzelnen Kapitel eine Menge von Auseinandersetzungen anregen. Denn Auseinandersetzen heißt bekanntermaßen auch zueinanderfinden. Dies ist die eigentliche Absicht, zueinanderfinden. In aller Vielfältigkeit und Möglichkeit des Machbaren und wirklichen Leben. Stellen sie sich und ihre Meinung der Meinungsvielfalt in ihrer jeweiligen Einrichtung. Diskutieren und Philosophieren sie mit allen Beteiligten darum, was hier an dieser Stelle, an diesem Ort für „ihre" Kinder möglich gemacht werden sollte oder könnte. Und das bedeutet ganz sicher „Veränderung". Grundlegende Veränderung. Natürlich bedeutet dies auch sich zu informieren. Sich fortzubilden. Sich weiter zu bilden. Sich Wissen anzueignen. Dieses Wissen zu teilen und sich auszutauschen. Aber wir scheinen unglaubliche Ängste davor zu haben. Vielleicht weil wir uns ohnmächtig fühlen. Weil es Entscheidungsträger/Innen gibt die uns sagen wie wir es zu machen haben. Genau dieses ist der Tod im Topf. Stagnation statt Veränderung. Knechtschaft statt Freiheit. Und kämpfen sie mit den Eltern gemeinsam für bessere Startbedingungen der ihnen anvertrauten Kinder und somit für bessere Arbeitsbedingungen für die Fachkräfte. So bleibt auch hier die letzte Frage, wollen sie solche Veränderungen zum Wohle ihrer Kinder? Auch wenn dies bedeuten könnte (nicht zwingend auch so sein muss) sich immer wieder mit ihren Mitmenschen auseinanderzusetzen? Nur das ist unsere eigentliche Aufgabe als Pädagogen und Pädagoginnen, als Erzieher/Innen. Beziehungsarbeit um der Wahrheit willen. Das gemeinsame Suchen, Finden, Ringen und Aushandeln von Lösungsmöglichkeiten. Im Sinne eines Konsensverfahrens und nicht durch bloße Mehrheiten. Natürlich ist diese Form des Miteinanders anstrengender und auch manchmal Kräftezehrender. Allerdings der einzige mir vertraute Weg in echter Gemeinschaft mit den Kindern gleichwertige und zukunftsweisende Erfahrungen zu machen. Hören wir

Grundfrage 10: Veränderungen

endlich auf damit unsere Egoismen über die Bedürfnisse der uns anvertrauten Kinder zu stellen. Stellen wir uns auf die gleiche Ebene der Kinder. Seien wir echte Forscher und Entdecker. Im gemeinsamen Suchen werden wir finden. Und es wird mehr sein als nur Erkenntnisse. Alles Leben ist Begegnung, hatte Martin Buber einst geschrieben. Darin liegt für mich das Geheimnis des Lebens, jedes Lebens.

Ich wünsche Ihnen und all ihren Kollegen/Innen, den Eltern, den Trägervertretungen, Gemeinderäten, Ratsversammlungen, Kollegiums Sitzungen, Ausschüssen und allen Verantwortlichen in diesem so wichtigen Bereich, einen intensiven und erlebnisreichen vor allem aber erkenntnisreichen Austausch sowie eine wirklichkeitsnahe Umsetzung all ihrer Wünsche und Bedürfnisse für die Entwicklungsmöglichkeiten der ihnen anvertrauten Kinder.

Wie wirklich ist die Wirklichkeit?
Oder das dicke Ende!

Diesen von Paul Watzlawick entliehenen Satz können wir ohne Umschweife auch für die momentane Kitalandschaft verwenden. Diese Wirklichkeit ist unwirklich. Ich habe versucht, in den oben beschriebenen Kapiteln einen Teil der Wirklichkeit aufzuschreiben. Vielleicht werden sie bei vielen Kapitel sich gedacht haben, nein, das kann doch nicht wahr sein. Oder, so etwas gibt es nicht. Oder gar, das alles entspricht nur meiner subjektiven Wirklichkeit. Wenn das wirklich so wäre, dann hätten doch, nein haben sie nicht. Das möge jede Leserin und jeder Leser selbst herausfinden. Doch ich habe zahllose Gespräche mit Kita-Leitungen und Mitarbeitern/Innen führen dürfen. Verwunderlich für all meine Recherchen, Gespräche, Fortbildungen und Begegnungen war für mich, das die Mitarbeitenden und überhaupt alle Verantwortlichen in diesem Bereich, sich damit abgefunden haben, so wie es ist, so zu arbeiten. Sich abgefunden haben, einerseits die erste Stufe im Bildungssystem zu sein und andererseits in keiner Weise personell als auch finanziell entsprechend ausgestattet zu werden. Sie alle sind mit diesen verteufelten Mindeststandards zufrieden auch wenn es ganz real bedeutet die Kinder zu beaufsichtigen und keinerlei Bildungsarbeit umzusetzen. Alle Fachleute, Eltern, insgesamt die gesamte Republik und sogar die ganze Welt ist sich darin einig, dass die ersten Lebensjahre eines Kindes nicht nur einfach prägend, sondern sogar Lebensentscheidend, für die Kinder, für ihr Leben sind. Wieso müssen dann die Eltern so viel Geld dafür bezahlen, wenn sie keine echte Leistung dafür erhalten? Nach wie vor immer noch nur die Schule als wirklich wichtig angesehen wird und eigentlich dort ein Schulgeld viel angebrachter wäre? Wieso kostet ein Kita-Platz überhaupt etwas und die Schule gar nichts? Wobei die Lehrer doch eigentlich darauf angewiesen sind, von gut ausgebildeten Fachkräften mit entsprechendem Gehalt, geförderte und vorgebildete Kinder zu bekommen, um dann diese Anlagen weiter zu vertiefen und zu fördern. Und sollten die Lehrer letztlich wirklich nur dann ihr Einkommen erhalten, wenn sie auch den schwächsten Schüler oder die schwierigste Schülerin zum Schulabschluss begleiten konnten? Warum werden unsere Kinder in Kindertagesstätten nur aufbewahrt? Warum ist es uns so unglaublich egal was in den Kindertagesstätten und Kindergärten wirklich so passiert. Da helfen auch keine QM Standards oder irgendwelche Verschriftlichungen die den Leser/Innen eine Qualität vorgaukeln ohne jeglichen Wahrheitsgehalt. Hauptsache die kleinen Pflänzchen wachsen und gedeihen. Wobei es auch egal scheint mit welcher Nahrung sie versorgt werden. Ich habe erlebt wie in einigen Kitas Catering Firmen das Essen für die Kinder geliefert haben, das oftmals nicht nur schlecht gerochen, sondern auch schlecht geschmeckt hatte. Es musste das „Billigste Essen" genommen werden, da die veranschlagten Kosten ansonsten nicht gedeckt wären. Teilweise mussten dann diese bestellten Portionen sogar noch einmal geteilt werden, weil die Kosten sonst zu hoch lagen. Und ich erinnere mich noch sehr genau daran wie die zuständige Geschäftsführerin diese katastrophalen Bedingungen versuchte unter den Tisch zu kehren, weil sie sich nicht getraut hatte mit der zuständigen Kommune dies neu zu verhandeln. Die Kinder und Mitarbeiter/Innen mussten Monate leiden, ein ganzes Jahr, bevor sich durch einen Wechsel in der Geschäftsführung endlich was verändern konnte. Auch unfähige Geschäftsführungen können sich schädlich auf die Kinder auswirken. Warum keine Instrumente der Qualitätskontrolle oder Qualitätssicherung die auch wirklich regelmäßig (hier wäre eine halbjährige Überprüfung durchaus angebracht. Denn unsere Kinder sollten doch wichtiger als unsere PKWs sein?

Aber warum belügen sich die in diesem Bereich Tätigen immer noch so selbstsicher und selbstbewusst? Warum grenzt sich Schule immer noch so vehement ab und will diesen Unterschied beibehalten zwischen der Kita „unten" und der Schule „oben". Dass verstehe ich bis heute nicht. Niemand wird diese Wirklichkeit jemals ändern, solange nicht die Einsicht besteht, diesen Missstand und diese Missverhältnisse ändern zu müssen. Und wenn dann doch eines Tages in ferner Zukunft diese Einsicht vorherrschen sollte, wie könnte dann eine Kindertagesstätte der Zukunft aussehen? Denn eigentlich wäre alles möglich, hier und heute. Schließen sie also ihre Augen und lassen sie uns gemeinsam einmal diese besondere und eigentlich selbstverständliche Kindertagesstätte erträumen.

Die Kita erträumen .

Zunächst einmal gibt es in dieser Phantasie-Kita ein ausreichend großes Gelände, für dieses Beispiel gehen wir von gut 115 Kindern in dieser Einrichtung einmal aus. Kinder im Alter von 1 bis 12 Jahren. Das Außengelände mit Bäumen, Büschen und Hecken. Vielleicht sogar verschiedenen Hügel und Mulden. Darüber hinaus schattige und sonnige Plätze, mindestens zwei verschiedene Sandkuhlen-Sandkisten in ausreichender Größe, mindestens drei Schaukeln, zwei Wippen, Natursteine verschiedener Größen, Wasserspielmöglichkeiten (Pumpe, Wasserfall etc.), verschiedene Baumöglichkeiten für Holzhütten (die natürlich von den Kindern selbst gezimmert werden). Ausreichend Klettermöglichkeiten (Boulderwände, Klettergerüste, etc.). Vor allem aber keinen vollgestellten Spielplatz mit sogenannten Bewegungsbaustellen, dies brauchen eher die Erwachsenen, aber auf gar keinen Fall die Kinder. Das Ganze mit einem schönen und sicheren Zaun umgeben und der Möglichkeit, das nach Kita-Betrieb die Kinder aus dem Dorf, dem Stadtteil selbstverständlich diesen Platz ebenfalls nutzen dürfen. Ein Platz eben für „alle" Kinder. Die Pflege der Geräte und des Grundstückes muss natürlich dauerhaft gewährleistet sein. Natürlich muss die Außenanlage der Anzahl der Kinder entsprechen. Nun gehen wir also einmal hinein, oder besser gesagt schauen uns den Grundriss einer „Traum Kita" von oben an.

Da gibt es eine freundliche Eingangshalle mit ausreichend Sitzmöglichkeiten für die Eltern, abgeteilte Ecken und Nischen in denen die Eltern sich austauschen können über Gott und die Welt, Erziehungsfragen aller Art. Natürlich gibt es Kaffee, Tee und andere Erfrischungsgetränke sowie eine Mitarbeiterin die diesen ständigen Kontakt auch pflegt und vielleicht sogar Themen anregt, natürlich mit ausreichend Stunden ausgestattet ist um auch wirklich präsent zu sein. In vielen Einrichtungen gibt es mittlerweile die sogenannte niedrigschwellige Elternberatung, aber diese Kolleginnen haben lediglich 4 bis 8 Stunden pro Woche dafür zur Verfügung. Diese Zeit reicht kaum aus um ein vertiefendes Kennenlernen zu ermöglichen oder auch eine Kontinuität zu gewährleisten. Bindung und Beziehung zu Eltern bedeutet auch Zeit dafür zu haben, ausreichend Zeit.

Daneben gibt es das Büro der Leitung, das ebenfalls offen, glasklar und freundlich gestaltet ist und den Eltern jederzeit ermöglicht Kontakt zu der Leiterin oder dem Leiter aufzunehmen. Bisherige Praxis, abgelegene und geschlossene Büros die selten groß genug sind um sich mit einer ganzen Familie einmal ungestört unterhalten zu können. In der Eingangshalle gibt es eine großflächige Informationswand mit Fotografien der aktuellen Mitarbeiter/Innen mit den entsprechenden Zuordnungen von Aufgaben und Gruppen. Aber auch Reinigungskräfte, Küchenpersonal, Hausmeister und ehrenamtliche Mitarbeiter/Innen informieren dort über ihr Aufgabenfeld. Darüber hinaus gibt es 1–2 Kunstpädagogen/Innen, 1–2

Heilpädagogen/Innen und 1–2 Sport- und/oder Motopädagogen/Innen die nicht im Gruppendienst eingesetzt sind, sondern frei allen Kindern in dieser Einrichtung zur Verfügung stehen und Angebote für Kinder und Mitarbeiter/Innen anbieten. Als zusätzliche Mitarbeiter/Innen die nicht im normalen Stellenplan drin sind aber als zusätzliche, wichtige Bildungsvoraussetzung angesehen werden.

Des Weiteren gibt es einen klaren Wegweiser, der genau und sehr leicht verständlich die weiteren Räumlichkeiten aufzeigt und erklärt. Sowie eine Kindertageszeitung, aus der genauestens hervorgeht, was, wer, wann, heute in welchem Raum anbietet. Diese Kindertageszeitung wird immer wieder aktualisiert. Also jeden Tag vor Kita Beginn. Die Bilder, Fotos, Zeichnungen sind so gestaltet das jedes Kind diese auch verstehen kann. Also stellen wir uns einmal vor solch einen Wegweiser und schauen einmal was es hier für Räume und Angebote so gibt.

Eine große Turnhalle oder Bewegungsraum von mindestens 100m². Mit einem separaten Abstellraum für Sportmatten, Hocker, Kästen etc. Dieser Raum ist auch hoch genug um einen Ball in die Luft zu schleudern ohne gleich wieder irgendwo anzustoßen. Es gibt sowohl feste Bewegungsangebote als auch freie Möglichkeiten der Teilnahme. Selbst Sportangebote am Abend, für die Eltern mit einer verlässlichen Kinderbetreuung gibt es.

Eine ausreichend große Kinder-Cafeteria, wo Kinder all ihre Mahlzeiten zu der von ihnen gewünschten Zeit einnehmen können. Die Mittagszeit ist natürlich festgelegt aber dennoch freiwillig. Das Essen wird ausschließlich frisch zubereitet von entsprechendem Küchenpersonal und es werden ebenfalls ausschließlich BIO-Produkte verwendet. Und es besteht die Möglichkeit dort mit den Kindern zu kochen oder zu backen, da zusätzlich eine komplette Küchenzeile für die Kinder vorhanden ist.

Therapieräume für all jene Kinder die einen besonderen Förderbedarf benötigen stehen ebenfalls bereit und sind entsprechend der Gesamtanzahl der Kinder so ausgestattet, dass jederzeit interne oder externe Heilpädagogen/Innen ihre Arbeit im Hause ungestört tätigen können. Das bedeutet mindestens 1 bis zu 3 Therapieräume. Je nach Größe der Einrichtung und Anzahl der zu betreuenden Kinder.

Ein geräumiges Atelier, wo gemalt, gebastelt und gestaltet werden kann und alle Materialien für alle Kinder zugänglich sind und Projekte von Kunstpädagogen/Innen angeboten werden, neben der freien Wahlmöglichkeit hier etwas zu schaffen. Im Flurbereich stehen viele Ausstellungsvitrinen in denen die Werke der Kinder stolz präsentiert werden. So können jeden Monat neue Ausstellungen gestaltet werden, von den Kindern natürlich.

Wie wirklich ist die Wirklichkeit? Oder das dicke Ende!

Eine Werkstatt die auch komplett ausgestattet ist mit all jenen Maschinen und Werkzeugen die dafür notwendig sind. Eine Lernwerkstatt (s. hierzu im Internet Lernwerkstätten) die so ausgestattet und jederzeit immer wieder den Bedürfnissen der Kinder entsprechend veränderbar ist.

Ein Ruheraum, in dem Kinder Bücher vorgelesen bekommen, oder sich Hörspiele anhören können oder einfach nur ausruhen dürfen von dieser anstrengenden Kita-Zeit. Vielleicht kombiniert mit einer ausreichenden Bücherei.

Die Gruppenräume bieten Schwerpunkte an, neben ihrem gemütlichen Wohnzimmercharakter. Jeder Gruppenraum hat einen kleineren Nebenraum indem ebenfalls gespielt werden kann und somit eine Entzerrung des Lärmpegels stattfindet. Diese Schwerpunkte könnten folgende sein:

Bauen und Konstruieren (nach meinen Erfahrungen können dies oftmals sogar zwei Räume anbieten, einer mit Holzklötzen, Tieren und anderen Baumaterialien und ein weiterer Raum mit Duplosteinen, Legosteinen, Eisenbahn und anderen ähnlichen Materialien, Theater- und Rollenspiel mit verkleiden, Musik-Rhythmus und Gesang (obwohl dies durchaus auch ein eigener Raum sein könnte). Ein Bastel- Kreativraum. Ihrer Phantasie und vor allem der Phantasie der Kinder sind hier keine Grenzen gesetzt. Diese Schwerpunkte bieten allein schon durch ihre Ausstattungen eine Vielzahl von Beschäftigungsmöglichkeiten zum Lernen und entdecken. Jeder Raum bietet also einen Aufforderungscharakter.

In den Wohnzimmerbereichen gibt es natürlich Puzzle, Gesellschaftsspiele und alles Weitere was es auch zu Hause geben könnte, in jenen Wohnzimmern die vielleicht in ihrer Familie auch zu finden sind. Von hier aus starten die Kinder jeden Tag aufs Neue um die verschiedenen Angebote wahrnehmen zu können. Die regelmäßig stattfindenden Morgenkreise bieten ausreichen Austausch und Information für den heutigen Tag in dieser Einrichtung. Das Kinderparlament trifft sich wöchentlich und die gewählten Kindersprecher informieren die Erwachsenen und die Kinder. Die Stammerzieher/Innen geben den Kindern Sicherheit und Selbstvertrauen beim gemeinsamen Entdecken der vielen Möglichkeiten an diesem Tag, in dieser Woche, in diesem Monat. Darüber hinaus gibt es auch Gruppenübergreifende Angebote und ebenso gruppeninterne Angebote (Ausflüge, Räuberfrühstück, Geburtstagsfeiern etc.).

Als wichtiges Mitbestimmungsinstrument gibt es ein gewähltes Kinderparlament das die Erwachsenen begleiten und alle nötigen Informationen für die Kinder vorher aufbereiten, damit alle auch verstehen um was es überhaupt geht. Dies alles ist in einer gemeinsamen Verfassung geregelt. Hierbei haben natürlich auch die Eltern mitgearbeitet.

Eltern, Großeltern und alle anderen Erwachsenen können und dürfen an der Gestaltung dieser Angebote teilnehmen. Gemeinsam werden die Schwerpunktthemen beschlossen und umgesetzt. Gegebenenfalls aber auch immer wieder an den wirklichen Bedürfnissen der Kinder angepasst. Die Öffnungszeiten sind von 6.30 Uhr bis 19:30 Uhr und bieten somit allen berufstätigen Eltern eine ruhige und entspannte Möglichkeit ihre Kinder gut versorgt zu wissen. Der Personalschlüssel in solch einer Einrichtung beträgt ein Betreuungsverhältnis von 1 zu 5, mit anderen Worten, eine Erzieherin ist primär verantwortlich für maximal fünf Kinder. Damit kann nun wirklich Betreuung, Bildung und Erziehung stattfinden. Vor allem kann wirklich und wahrhaftig Bildung erlebt, Bildung geteilt und Bildung vermittelt werden. Selbst wenn Mitarbeiter/Innen durch Krankzeiten ausfallen oder die Urlaubszeiten wieder einmal Lücken schlagen in die geplanten Projekte und Vorhaben.

Wie fragil ein Kitasystem wirklich ist wird immer wieder dann deutlich, wenn Kita-Leitungen gehen. Dann bleiben die vielleicht gut funktionierenden Systeme, wie offene Arbeit, Kind zentrierter Ansatz, Partizipation, Kita-verfassung lediglich ein paar Wochen oder manchmal nur ein paar Tage erhalten und dann wechselt man ohne großen Probleme wieder zurück in den klassischen Kita-Gruppenalltag zurück. Weil es ja einfacher ist. Nicht so herausfordernd. Erstaunlich, da ich ja auch geglaubt hatte dass die Träger darüber wachen würden, welche Qualitäten in einer Kita gelebt werden. Aber das tun sie nicht. Sie haben kein Interesse und keine Zeit. Vor allem haben sie überhaupt nicht das Wissen darüber. Es gibt in diesen Gremien selten bis gar nicht Fachleute. In kirchlichen Strukturen oder Vereinen und Verbänden sind es oftmals ehrenamtlich gewählte Kirchenvorstände oder Kirchenräte oder Vorstände. In diesen Gremien sitzen Hausfrauen, ehemalige Steuerberater/Innen, Lehrer/Innen, Rentner/Innen und viele Andere die jetzt ihre große Chance wittern, auch einmal Entscheidungsträger zu sein. Die jetzt endlich einmal Macht ausüben können und dies auch vielfältig tun. Die Folge davon erleben wir vieler Orten. Ein Versuch diesem Dilemma zu entkommen die Gründung von Kita-Werken. Zusammenschlüssen von mehreren Kindertagesstätten die dann professionell geleitet werden sollen. In erster Linie „wirtschaftlich" geleitet werden sollen. Auch hier fehlt oftmals jeglicher pädagogischer Einfluss.

Ein Beispiel für die grenzenlose Interessenlosigkeit der Träger und Mitarbeiter/Innen. Geschlossene Gruppen die für eine bestimmte Zeit mal ihre Türen öffnen, aber ansonsten mit der wirklichen Öffnung rein gar nichts mehr zu tun haben. Da helfen auch keine noch so perfekten Bildungspläne des Landes oder der Welt. Jedes System funktioniert auf die gleiche Weise. Es wird gut oder schlecht gearbeitet, wenn niemand dies wahrnimmt, beobachtet, bewertet und bespricht mit den dort Tätigen. Möglichst autonom und nicht in einem abhängigen Beschäftigungsverhältnis des jeweiligen Trägers. Jemanden der aber auch dafür ausgebildet oder fortgebildet wurde. Jemanden der Tag ein Tag aus darüber wacht, dass alle Tätigen im Sinne der optimalen Förderung von den ihnen anvertrauten Kindern auch wirklich wirkt, in des Wortes edelster Bedeutung. Und wenn dann jemand die Leitung übernimmt, und er oder sie nicht die Bohne einer Ahnung von kindlichen Lernprozessen hat, dann dieses Wächteramt auch greift und solche Leitungen auch wieder entlässt oder aber fördert und fortbildet. Ansonsten wird es immer so weiter gehen wie bisher. Genauso ist es seit über dreißig Jahren, oder länger, jedenfalls seit ich mich intensiv mit diesem Bereich unserer Bildung auseinandersetze. Erzieherinnen die einige Jahre als Gruppenerzieherin gearbeitet haben werden irgendwann zu Leitungen, Leitungen von Kindertagesstätten. Ob sie nun geeignet sind oder nicht. Der Fachkräftemangel beschert uns eine Vielzahl von solchen Leitungen die nun ihre Wirkung entfalten. Vielleicht werden Sie jetzt überrascht sein und antworten, das kann doch nicht sein. Es muss doch egal sein wer oder was eine Kita leitet. Die Personen müssen austauschbar bleiben aber die Qualität darf darunter nicht leiden, geschweige denn grundlegend anders werden. Dafür müsste doch eigentlich der Träger, die Stadt oder wer auch immer Sorge tragen. Das wäre ja so, als wenn ich mein Auto in eine Werkstatt bringe und statt ausgebildeter KFZ-Mechatroniker würden jetzt Fahrrad-Spezialisten herumwerkeln. Niemand würde sich das gefallen lassen. Das Auto ist uns heilig. Unsere Kinder leider nicht. Hier dürfen Menschen aller Couleur sich ausprobieren und herumprobieren. Hauptsache die Sache, die Kita, läuft. Qualitäten werden beschrieben aber nicht gelebt. Und keinen Erwachsenen, zumindest sehr wenige Erwachsene wollen und werden etwas Grundlegendes im Kita-Bereich verändern. Hauptsache die Zahlen stimmen.

Aber warum ist das so? Warum nehmen wir Erwachsenen den Kita-Bereich nicht so wichtig? Warum betreiben wir unendlich viel Verbalerotik ohne wirklich etwas für die Kinder zu verändern? Trotz besseren Wissens? Warum investieren wir nur 0,4 % unseres BIP in unsere Bildung obwohl wir, also Deutschland, uns innerhalb der EU verpflichtet haben mindestens 1,0 % davon in die Bildung zu investieren? Warum lügen wir uns immer wieder in diesem doch so wichtigen Bereich an? Warum interessieren uns die Entwicklungswege innerhalb einer Kita so wenig bis gar nicht? Warum rebellieren die in diesem Bereich Tätigen nicht gegen diese Bedingungen? Warum bieten wir der echten Chancengleichheit keine wirkliche Chance? Warum grenzen wir immer wieder aus und bilden soziale Brennpunkte heraus die wir dann stetig ruhig halten? Warum ist Inklusion keine gelebte Wirklichkeit sondern auch nur ein schönes Modell für eine „Irgendwann Zukunft"? Warum schauen wir immer nur auf die Schule ohne zu verstehen das Kita-Kinder künftige Schuldkinder sind und wenn diese nicht optimal gefördert und begleitet werden bei ihrer ureigenen Entwicklung auch eine Schule nichts mehr retten kann, was vorher bereits beschädigt wurde? Warum schauen wir, also alle Erwachsenen immer wieder weg, wenn es um Mindeststandards, Personalschlüssel, Gruppengröße und Inhalte einer Kita geht? Weil uns das Geld wichtiger ist. Weil wir Geld in all die toten Dinge wie Straßenbau, Straßenbeleuchtung, Radwege etc. investieren. Dinge sind uns wichtiger als unsere Kinder. So einfach ist das. Wie viele Milliarden werden in die Rüstungsindustrie gepumpt, wie viele Millionen immer und immer wieder in Projekte (Flughafen Berlin, die Hamburger Philharmonie oder die Restaurierung der Gorch Fock oder andere) gesteckt die Unsummen verschlingen und deren Sinnhaftigkeit oftmals angezweifelt werden. Für alles „Unlebendige" haben wir Geld über, wird Geld bereitgestellt nur für unsere Kinder und dessen Förderbereiche ist immer wieder zu hören, kein Geld da. Ist das noch zu verstehen? Ist diese Wirklichkeit unsere Wahrheit? Die Banken crashen und Schwupps sind Millionen/Milliarden da zur Rettung. Griechenland crasht, und Schwupps sind Millionen da zur Rettung. Flüchtlinge kommen und Schwupps sind Millionen da zur Rettung. Da frage ich mich wirklich, wo kommt das ganze Geld plötzlich her? Wieso war es nicht auch schon vorher da? Für die Bildung unserer Kinder? Warum werden Millionen in Subventionen gesteckt aber im Verhältnis nur Cent-Beträge in die Bildung „unserer" Kinder?

Da werden Kita-Konzeptionen von den Heimaufsichten Land auf Land ab eingefordert, die eine regelrechte Papierflut auslöste, mit unzähligen Seiten in denen ja drin steht wie eine Kita arbeitet. Die mich aber eher an eine lebendige Märchenkultur erinnert. Und die Heimaufsichten glauben diese Geschichten, halten sie für wahr und wirklich. Haben weder ein Konzept zur Überprüfung von Qualitäten in den Kindertagesstätten noch genügend Personal um dies überhaupt prüfen zu können. Wobei wir wieder bei unserer Ausgangsfrage stehen, was ist wirklich? Prof. Dr. Dr. Wassilios E. Fthenakis vom Staatsinstitut für Frühpädagogik hat noch einmal sehr deutlich gemacht wie es um die Qualität in unseren Kindertagesstätten aussieht. Ich zitiere aus dem Buch von Ilse Wehrmann, Kindergärten und ihre Zukunft, 2004, S. 565–567.

„In Deutschland gibt es bislang keine ernst zu nehmenden Bemühungen, pädagogische Qualität in den Tageseinrichtungen zu evaluieren. Dies hängt eng mit einem weit verbreiteten Verständnis von vorschulischer Erziehung und mit einer Forschungstradition zusammen, die sich mehr dem sozialpädagogischen und einem eher handlungsorientieren Ansatz verpflichtet fühlt

Ein chronisches Problem bleibt jedoch ungelöst. Die Kultusministerkonferenz hat zwar im Jahre 2000 neue Ausbildungsempfehlungen verabschiedet, die einen Schritt in die richtige Richtung darstellen, das Problem wird jedoch nach wie vor in seiner Tragweite nicht erkannt und infolgedessen auch nicht angemessen behandelt. Wenn frühe Lernprozesse so bedeutsam sind, wenn die Bildung und Erziehung von Kindern in den ersten sechs Lebensjahren für so bedeutsam betrachtet werden, ist es nicht nachzuvollziehen, warum diese frühen Bildungsprozesse nicht durch eine bestmöglich ausgebildete Fachkraft begleitet und gefördert werden, sondern hierfür das formell niedrigste Ausbildungsniveau gerade gut genug sein soll. Das Gegenteil sollte der Fall sein: Die am besten ausgebildeten Fachkräfte sollten für diesen Bereich des Bildungsverlaufes Verantwortung übernehmen. Es gibt keinen anderen Bereich in der vorschulischen Entwicklung, der aus der Bildungsreform so ausgegrenzt wurde wie der Ausbildungssektor für Erzieher/Innen. Die Politik erweist sich auf eine bemerkenswerte Weise veränderungsresistent wie in keinem anderen Bereich des Bildungssystems. Auch die jüngste OECD-Studie „Bildung auf einen Blick 2003" bestätigt erneut, dass die Ausbildung der Fachkräfte in Deutschland bezüglich ihrer Dauer zu kurz ist und auf niedrigem Niveau stattfindet."

Klare und sehr deutliche Worte, wissenschaftlich untermauert und vielfach belegt. In Deutschland gibt es keine ernsthaften Bemühungen. Was für ein Satz. Man will es nicht wirklich wissen, wie es in den Kindertagesstätten aussieht, man will es nicht feststellen oder gar evaluieren. Weder Fachkräfte noch Politik, weder Eltern noch die breite Öffentlichkeit sind daran interessiert. Mehr gibt es dazu nicht zu sagen, obwohl ich vieles dazu sagen, es regelrecht rausschreien möchte. Deshalb dieses Buch, deshalb diese Zusammenfassung und meine Gedanken und Erfahrungen hierzu. Das gute Kita Gesetz was ganz aktuell 2020 in Kraft getreten ist hat ebenfalls vollmundig Versprechungen gemacht, uns Millionen von Euro vor die Füße geworfen und alle „Nichtsahnenden" belogen und betrogen. Sie alle glauben diesen Worten aber die Realität sieht wieder einmal ganz anders aus. Was bei den Kindern wirklich ankommt sind wieder einmal große Versprechungen und wenige Centbeträge. Aber wirklich mehr Zeit für das einzelne Kind zur Bildung, Betreuung und Erziehung gibt es nicht, immer noch nicht.

Spannend sei aber noch zu guter Letzt die Frage zu stellen, inwieweit unsere Wahrnehmung der Wirklichkeit auch mit Intelligenz und Charakter zu tun hat und ob diese von wirklicher Bedeutung sind. Zurzeit gibt es einen dramatischen Schwerpunkt vieler wissenschaftlicher Ausrichtungen allein auf die kognitive Intelligenz. Der Blick richtet sich fast ausschließlich darauf, welchen IQ ein Mensch hat und somit befähigt scheint, seinen Job oder gar die Zukunft der Firma und sogar der Welt, zu verbessern. Menschen werden immer wieder hauptsächlich danach beurteilt. Somit bleiben viele andere Kriterien auf der Strecke. Nach dieser Lehrmeinung sind die intelligenten Banker die einen dramatischen Verfall der Währungen verursacht haben, ganz einfach nicht intelligent gewesen. Nach ihren wissenschaftlichen Ausführungen hätte dies nichts mit Intelligenz zu tun sondern eher das Gegenteil wäre hier der Fall gewesen, da sie keine Nachhaltigkeit bedacht hatten wären sie wohl nicht intelligent gewesen. So einfach und für mich ebenso ganz einfach zu kurz gedacht. Die Misere unserer Zeit ist ja gerade die Ausgrenzung all jener Aspekte unserer Persönlichkeit die uns zum Menschen machen. Auch wenn es vielleicht zutreffend ist, dass unsere gesamten Kulturtechniken auf Lesen, Schreiben und Rechnen beruhen, so bezweifle ich doch das diese bestehende Dominanz der Bewertung auf jene Bildungsbereiche uns wirklich weiter helfen. Und die Ausgrenzung all der anderen Kulturtechniken, der Kunst und Musik, der Mitmenschlichkeit und des Einfühlungsvermögens, die Kunst der guten Lebensführung und des Glücks, der Empathie und vieles andere mehr unsere Welt in genau jene Katastrophe geführt haben und weiterführen werden wenn wir nicht endlich aufhören dieser Dominanz immer noch zu entsprechen ohne etwas entgegen zu setzen. Unsere Intelligenz ist sehr plastisch, also formbar und veränderbar dies aber primär in den ersten 8 Lebensjahren, danach ist der Zug weitestgehend abgefahren. Diese Erkenntnis sollte uns auffordern jetzt, hier und heute endlich zu handeln. Denn jedes Kind hat diese Chance verdient. Erschreckend stellte die Intelligenzforschung fest, dass Kinder „der gehoben Schicht" im Schnitt 5 positive Rückmeldungen und 1 negative Rückmeldung bekommen. Kinder aus der Mittelschicht 2 positive Rückmeldungen und 1 negative Rückmeldung. Kinder der „Unterschicht" 2 negative Rückmeldungen und lediglich 1 positive Rückmeldung. Und genau dieser Umgang, diese Kommunikation hat Auswirkungen auf die Intelligenz Bildung. Deshalb weiter oben dieses ausführliche Kapitel dazu, Kommunikation und Sprache. Die Fachkräfte haben also entscheidenden Einfluss allein durch ihre Sprachgewalt den Kindern gegenüber, ob und wie sich ihre Persönlichkeitsentwicklung vollzieht. Und welche Haltung den Kindern vorgelebt wird.

Selbstsicherheit und Selbstbewusstsein sind aber Grundvoraussetzungen für eine gesunde Intelligenzentwicklung. Und wie bereits im Kapitel Kommunikation beschrieben sowie meine Ausführungen zur Spielfähigkeit und Partizipation sollten bereits sehr deutlich gemacht haben, welche Rolle dies im Zusammenspiel mit der Haltung und Einstellung des pädagogischen Personals, hat. Gerd Scobel hatte in einer seiner vielfach interessanten und gleichnamigen Sendungen gerade diese Grundfrage gestellt. Ob nicht eher unser Charakter vielversprechender ist als immer wieder dieser Blick auf unsere Intelligenz. Drei Wissenschaftler/Innen saßen dort und diskutierten die verschiedenen Aspekte und neuesten Erkenntnisse der Intelligenzforschung. Und für mich wurde hierbei sehr schnell deutlich, dass ein objektiver Blick nur im Austausch aller Fachdisziplinen wirklich weitestgehend für Objektivität sorgen könnte aber auf gar keinen Fall die Sichtweise einer einzelnen Disziplin. Ein Philosoph, eine Intelligenzforscherin, ein Psychologe und Gerd Scobel diskutierten höchst spannend die jeweiligen Aspekte. Dennoch blieb ein erschreckender Eindruck bei mir haften. Unser jetziges Bildungssystem baut genau auf jene Errungenschaften die für mich immer wieder viel zu kurz greifen. Und die im Sinne eines Thilo Sarazzin eine Welt verwirklichen wollen die von permanenter Ausgrenzung lebt und diese aktive Ausgrenzung auch noch wissenschaftlich untermauert sehen. Der alte Streit zwischen Anlagen und Umwelt ist noch verbitterter entbrannt als ich es je gedacht hätte. Hören wir doch endlich einmal damit auf immer und immer wieder Menschen auszugrenzen. Machen wir es uns doch endlich einmal zur echten Aufgabe keinen einzigen Menschen, vor allem kein einziges Kind, egal welcher Herkunft und Geschichte, welches Land oder welche Historie dieses Kind mitbringt, kein einziges Kind in unserer Bildungslandschaft zurück zu lassen. Wir uns verpflichten jedes Kind mitzunehmen und ungeachtet wessen familiärer Status dem Kinde anhängt, unabhängig davon, dieses Kind nach seinen Gaben und Fähigkeiten wirklich und wahrhaftig zu fördern. Egal was es auch für Kosten bedeuten würde. Ungeachtet welche Intelligenz wir vermuten und annehmen. Leben wir endlich eine inklusive Gesellschaft in der wir erst unsere Berechtigung erfahren indem wir Kinder zu ihrem Glück verhelfen und ihnen eine echte Chancengleichheit ermöglichen. Dazu bedarf es natürlich auch die entsprechenden Ressourcen bereit zu stellen. Und hier allein entscheidet es sich, wird deutlich und sichtbar für alle, wie wichtig wir unsere Kinder nehmen. Nur gemeinsame Haltungen in Politik, Wirtschaft und Bildungssystemen können hier Veränderungen umsetzen. Und hören wir endlich auf mit der permanenten Lüge es würde kein Geld dafür zur Verfügung stehen. Wenn wir allein jene Gelder zusammenlegen würden die im jährlichen Schwarzbuch der Steuer-Geldverschwendungen aufgelistet werden, dann wären wir schon ein ganzes Stück weiter. Überall werden Verwaltungen aufgebläht, bekommen Verwaltungen mehr und mehr Mitarbeiter/Innen und unser Bildungssektor blutet langsam aber sicher aus.

Nun haben Sie einen kleinen aber hoffentlich wichtigen Einblick in die Welt der Kindertagesstätten bekommen. Und je mehr ich dazu gelesen hatte umso mehr wollte ich dazu schreiben. Doch letztlich kann kein Buch wirklich und umfassend Kunde darüber geben wie wirklich diese Wirklichkeit ist. Die breite Öffentlichkeit vertraut auf die „Fachleute" in den entsprechenden Gremien. Sie alle wollen uns eine heile Kita-Welt verkaufen. Überall wird von Bildungsqualitäten gesprochen nur im Kita-Bereich gibt es diese nicht. Zurzeit (2015) wird gerade zwischen den Gewerkschaften und Arbeitgeberverbänden verhandelt und gestreikt, darüber was dieser Beruf wert ist. Welcher Lohn für diese Arbeit angemessen sei. Heute 2019 geht diese Diskussion unvermindert weiter. Das „Gute-Kita-Gesetz" soll zum 01.08.2020 beginnen. Wenn denn auch alle mitmachen und für die Kinder entscheiden. Aber es gibt natürlich auch Widerstand. Sollen nicht lieber die Eltern das Geld bekommen, indem sie keinen Beitrag mehr bezahlen und dafür der Personalschlüssel so bleibt wie er ist? Hier wird immer noch verkannt und ausgeblendet das der Schlüssel letztlich im Personalschlüssel liegt. Keine andere Maßnahme kann gewähren das Bildung auch wirklich von Mensch zu Mensch passiert, geschieht und Wirklichkeit wird. Bildung hat immer mit Beziehung zu tun und diese kann man nicht zu 20 Kindern gleichzeitig haben. Fast allen scheint klar zu sein, jedenfalls den Eltern und Erziehern/Innen, das es so nicht weitergehen kann. Immer

WIE WIRKLICH IST DIE WIRKLICHKEIT? ODER DAS DICKE ENDE!

weniger Menschen wollen unter diesen Bedingungen in diesem Bereich arbeiten. Der Kleinkindbereich hat so keine Zukunftschancen. Kein Mann wird solch einen schlecht bezahlten Job jemals annehmen. Die wenigen Exoten zehren mehr aus ihren Idealen. Seit über 30 Jahren beschäftige ich mich nun mit diesem Arbeitsbereich und sehe keine Veränderungen. Sie sind nicht gewollt. Die Kinder haben keine Lobby und keine Mehrheiten für ihre Interessen. Da werden Millionen und Milliarden für Baudenkmäler verpulvert anstatt diese Gelder in die wirkliche Zukunft unseres Landes zu stecken. Obwohl jeder Politiker weiß, dass jeder investierte Euro in die Kinder und Jugendarbeit in unmittelbarer Zukunft 4 Euro an Einsparungen bringen würde. In den Sozialausgaben, der Kinder- und Jugendhilfe, und vielen anderen Bereichen der sozialen Sicherungssystemen. Diese Berechnungen sind seriös und bekannt. Trotzdem scheint es uns allen egal zu sein. Die Welt der Erwachsenen sucht nach Produktionseinheiten und Gewinnen. Der reine Wert des Menschlichen, des „Seins" ist uns schon lange Abhandengekommen. Selbst unsere Kinder sollen ja eigentlich für die Gewinnmaximierung geschult und gefördert werden. Die heutige Kindheit ist geprägt von den Zukunftsängsten unserer Eltern. Absichtsloses Kind sein, absichtsloses Mensch sein verschwindet aus unserer Sprachlichkeit. Bedingungsloses Grundeinkommen war ein letztes Aufbäumen einiger Idealisten, unser Mensch sein noch einmal völlig neu zu bewerten. Aber auch dieser Versuch ist gescheitert. Die Gier nach Macht und Reichtum verblendet jeden guten Gedanken. Dass lediglich 62 Menschen die Hälfte des gesamten Erdvermögens besitzen, sollte uns sehr nachdenklich machen. Und wir verschleudern damit unendliche Ressourcen unseres „Seins". Die Kinder bleiben dabei auf der Strecke. Und das bereits seit mehreren Jahrzehnten. All die wunderbaren Pädagoginnen und Pädagogen, all jene Visionäre mussten diese bittere Pille schlucken. Vielleicht wird an dieser Stelle der eine oder andere sich aufbäumen, das Buch wütend zusammenklappen und in die Ecke pfeffern. Weil „man" all dies nicht glauben will. All dies nicht wahr sein darf. Alle diese geschriebenen Worte auf gar keinen Fall die Wirklichkeit abbilden darf. Es wäre wirklich sehr schön wenn ich mich irren würde, wenn all meine Ausführungen rein subjektiv und nicht übertragbar wären. Aber leider muss ich sie enttäuschen. Die Kita-Landschaft, so wie ich sie ihnen ungeschminkt beschrieben habe ist wirklich. Dies ist eine traurige Wirklichkeit und eine bittere Wahrheit.

Auch das ist etwas, das eher nach einem Schildbürgerstreich aussieht. Wenn eine Erzieherin krank wird und die „Zweitkraft" allein in der Gruppe zurückbleibt muss sie allein mit den Kindern irgendwie fertig werden und all ihren Bedürfnissen entsprechen. Und das wiederrum so für 1, 2, 3 bis 6 Wochen, allein mit 20 bis 22 Kindern. So wird dies als durchaus akzeptabel angesehen und oftmals zwischen Trägern und Kommunen so vereinbart. Wenn man dann einmal die Heimaufsicht fragt ob sie denn solch einen Betreuungsschlüssel für ausreichend hält, erklärt diese dann, nein. Maximal 1 Tag dürften so die Kinder betreut werden. Länger auf gar keinen Fall. Dann müsste die Gruppe geschlossen werden. Denn es könnte weder eine ordentliche Betreuung noch Bildung stattfinden. Und der Träger muss ausreichend Personal vorhalten. Trotzdem ist dies überall in Deutschland Realität und Wirklichkeit. Wenn allerdings eine Reinigungskraft krank ist kann sofort eine Aushilfe eingestellt werden. Dann braucht niemand auf eine Vertretung bis zu 6 Wochen warten. Denn das würde ja nicht gehen. Die Hygienevorschriften sind da eindeutig. Die Bildungsvorschriften gibt es leider gar nicht. Warum diese Unterschiede?

Es macht wieder einmal deutlich wie wir Kinderbetreuung bewerten und andererseits andere Tätigkeiten ebenfalls bewerten. Wir treffen die Entscheidungen wie wir etwas bewerten. Und die Reinigung der Räume scheint uns wichtiger zu sein als die Bildung unserer Kinder.

Und noch ein kleiner Ausschnitt aus dieser Wirklichkeit. Erzieherin A sitzt auf dem Bauteppich. Der kleine Marlon 4 Jahre fragt ob er ein Puzzle nehmen darf. Erzieherin A erlaubt dies mit dem Hinweis, Marlon solle sich an den Tisch damit setzen. Susan fragt ebenfalls, ob sie mit der Puppe spielen darf, zusammen mit ihrer besten Freundin Mia. Auch Mareike möchte mitspielen. Dies erlaubt Erzieherin A. Stefan, 5 Jahre, hat gerade sein Bild fertig getuscht und wird von der „Zweitkraft", einer SPA (Sozialpädagogischen Assistentin) gebeten den Pinsel gründlich auszuwaschen. Während Petra, Jason und Melvin (4, 5, 5 Jahre) noch ganz vertieft beim tuschen sind. Fritz 3,5 Jahre kneift die Beine zusammen und man sieht ihm an, er muss mal auf die Toilette. Auch dies fragt er ordnungsgemäß bei Erzieherin A ab. Inzwischen streiten Mia und Susan, wer die Puppe anziehen darf. Mareike schimpft mit beiden. Erzieherin A ermahnt die Kinder kurz und als Mareike anfängt zu weinen müssen alle drei das Spiel beenden und die Puppensachen wegräumen. Danach sollen sie sich ein anderes Spiel suchen.

Solche Beobachtungen mache ich überall und ständig. Die Kinder werden zu Bittstellern erzogen. Sie dürfen kaum etwas selbst entscheiden. Jede Handlung, jede Idee, jeder Schritt und jeder Gedanke müssen mit den Erwachsenen abgestimmt werden. Jeden Tag und zu jeder Stunde. In allen Gruppen. Versuchen sie mal einen Perspektivwechsel. Wie würde es ihnen dabei gehen? Welche Gefühle und Emotionen werden dadurch bei ihnen wachgerufen? Dass ich ein eigenständiger und selbständiger Mensch bin? Der genau weiß was er kann und will? Oder bin ich eher ein verunsichertes Wesen dem die Erwachsenen jeden Tag aufs Neue, von morgens bis abends, zeigen was ich kann und darf? Diese Behandlung macht etwas mit unseren Seelen und unserem Bewusstsein. Alle Empfindungen, Bedürfnisse, Sichtweisen, Meinungen und Entscheidungen müssen sich immer wieder am Willen der Erwachsenen messen lassen. Von der Kita aus danach zu Hause ebenfalls. Und den Rest geben wir unseren Kindern in der Schule.

Die Bildungstäuscher und das Geld

Immer wieder tauchen sie auf, die Millionen von Euro die für den Kita-Bereich bereitgestellt werden. Politiker aller Parteien brüsten sich mit diesen Zahlen, wieviel sie doch dieses oder nächstes Jahr gerade für den Kita-Bereich investieren wollen oder werden. Und ganz dreist erklären sie dem staunenden Volk, was sie alles bereits schon unter aller größten Anstrengungen, geleistet haben. Und das Volk? Sie glauben diesen salbungsvollen und grundehrlichen Zauberklängen einer soliden und zukunftsweisenden Kita-Landschaft. Nur die dort Tätigen, all jene die an der Basis arbeiten, die täglich die mehrfach eingeschränkten und verloren gegangenen Mindeststandards suchen und nicht finden, all jene die Arbeitsbedingungen vorfinden, die dem Hüten einer Schafherde gleichen aber eine pädagogische Arbeit kaum noch möglich machen, müssen dies ausbaden. Keine Bildungsarbeit, keine Erziehungsarbeit sondern lediglich ein füttern und grasen lassen auf staubigen und sandigen, öden Kita-Spielplätzen. Sie wissen um diese Lügenpaläste. Oder wie eine Geschäftsführerin eines Kirchengemeindeverbandes einem Kita-Leiter gegenüber äußerte, „satt und sauber müsse reichen!" Solche Aussagen sagen etwas über genau jene Personen aus die an entscheidender Stelle gewichtige Entscheidungen über die Kinder und Fachkräfte treffen. Und es macht sehr deutlich welchen Stellenwert das Kind (oder Schaf) hier in Wirklichkeit hat. All diese Zahlenspielereien täuschen die Menschen darüber hinweg, wie wenig ganz real für die Kinder investiert wird. All diese Millionen sagen nichts aus. Sie belegen lediglich, dass die Politiker mit aller Kraft versuchen, die gesetzlichen Grundlagen für ausreichend Kita- und Krippenplätze vorzuhalten auch umzusetzen. Das gesamte Geld wird für den Ausbau dieser Gruppen eingesetzt. Für die Masse statt die Klasse. Und schon klingen die Worte der Politiker ganz anders. Anstatt die Mindeststandards zu verbessern, im Sinne eines besseren

Betreuungsschlüssels, gerade und vor allem in all jenen Kindertagesstätten die „besondere Bedingungen" erfüllen (hoher Migrationsanteil, auffällige Familien und Kinder, Sprachschwierigkeiten, Soziale Schwierigkeiten, Inklusion als Realität und nicht als Verheißung einer irgendwann Zukunft, u.v.a.m.), sog. Soziale Brennpunkte, all jene Einrichtungen, die bereits seit Jahrzehnten auf dem Zahnfleisch kriechend trotz allem Bildungsarbeit realisieren möchten, blieben diese unberücksichtigt. Sie verstummen vor so viel Lügenpotential. Die Entscheidungsträger müssen endlich begreifen, dass die Kindertagesstätten nicht nach einem Gießkannenprinzip die Gelder verteilen dürfen. Sondern jede Einrichtung muss unbedingt einzeln gesehen und bewertet werden. Ich erinnere mich noch sehr genau an jene Veranstaltung in Hamburg, als die Schwerpunkt-Kitas sich trafen, um über dieses Projekt weiter informiert zu werden. Jede Schwerpunkt-Kita bekam eine halbe Stelle voll finanziert vom Bund, weil sie eine Sprach-Kita werden sollten. Auf die Frage einiger Leitungen, warum eine zwei oder drei-gruppige Einrichtung eine dieser Stellen bekam und eine größere, die fünf, sechs oder sieben Gruppen und mehr zur Betreuung hatten, ebenfalls nur eine halbe Stelle finanziert bekamen? Da antwortete der nette Herr vom Ministerium, „Die Welt ist nicht gerecht!" und damit war allen klar, es geht mal wieder nicht um die Kinder und die realen Bedarfe, sondern um Zahlenspielereien und mehr nicht. Man hätte natürlich sehr genau die Bedarfe ermitteln können, zumal jedes Jahr eine Statistik in allen Kindertagesstätten erhoben wird. Aus diesem Datenmaterial hätte man sehr leicht die genauen Bedarfe ableiten können und dann hätten wesentlich mehr Kinder diese Unterstützung erhalten als nur wieder eine statistische Zahl von 4000 Einrichtungen die versorgt seien. Eine Zahl ohne echte Substanz. Aber wir lassen uns ja leider auch immer wieder blenden von solchen Zahlen und je höher sie klingen umso mehr scheint es doch den Kindern zugute zu kommen. Leider nicht. Die Bildungsfälscher sind ja schlau, schlauer wie die meisten, zumindest wie all jene, die dies einfach so glauben und hinnehmen. Aber wollen die Menschen dies überhaupt wissen? Wollen wir nicht alle viel lieber belogen werden, weil wir ja ansonsten unsere Wahl korrigieren müssten? Oder zumindest zugeben, dass wir eine falsche Wahl getroffen hatten? Lieber eine gute Lüge als eine schlechte Wahrheit. Eine bittere Erkenntnis für alle die letztlich mehr wollen für unsere Kinder. Für alle, die immer wieder scheitern an den Lügen der Bildungsfälscher. Und dieses Täuschen hat System. Wir wissen sehr wohl was unsere Kinder für eine optimale Förderung bräuchten. Wir wissen welchen finanziellen Einsatz wir bezahlen müssten um all unseren Kindern eine wirkliche Chancengleichheit zu gewährleisten. Wir wissen so viel und machen letztlich so wenig. Die Antwort darauf müsste mittlerweile allen klar sein, weil unsere Kinder es uns nicht wert sind. Kinder bekommen erst wieder einen Wert, wenn wir sie als vollwertigen Konsumenten für irgendwelche Produkte gebrauchen können. Das ist Deutschland, das ist die Wirklichkeit.

Die Angst des Schweigers vor der Wahrheit. Das Dilemma der Erzieherin

Sie bleiben stumm und unverbindlich. Sie wissen ja um das schlechte Gewissen. Aber dennoch schweigen sie. Jeden Tag aufs Neue. Obwohl sie etwas verändern müssten, etwas verändern könnten. Aber sie tun nichts. Ihr „Credo" ein ihnen und mir bekannter Satz, **„das haben wir schon immer so gemacht!"** Aber dieser Satz wird noch übertroffen von „wer schweigt, der bleibt!" Ein dialogisches Prinzip oder Konzept? Gibt es nicht. Es wird alles totgeschwiegen. Sie sind dabei nicht glücklicher oder gar zufriedener, oh nein. Nur müssen sie nicht mehr kämpfen. Die Angst vor Veränderung, alles scheint immer noch besser als sich dieser Wirklichkeit zu stellen. Dies ist eine permanente Missachtung kindlicher Entwicklungsprozesse. In unzähligen Gesprächen haben sie mir berichtet, was sie alles erleben, erdulden und sogar erleiden. Sie haben keine Kraft und keinen Mut das Wort zu erheben, sich zu Wort zu melden, ein offenes Wort zu finden. Sie haben nach außen und innen kapituliert. Sie haben sich gnadenlos angepasst, unterworfen und entschieden. Alles soll so bleiben wie es ist. Und dieses „ist" scheint immer noch besser als sich auf den Weg zu machen, aufzustehen und für die Kinder ihre Rechte einzufordern. Sie erzählen mir von Angst, Ausgrenzungen, Repressalien, Ironie, Unterdrückung, Mobbing, Bossing, Abmahnungen, Suspendierungen und schließlich nicht mehr aushaltbaren Arbeitsbedingungen. Sie sagen mir, immer all jene seien an der Macht, die nichts verändern wollen. Und ich kann sie verstehen, nichtsdestotrotz könnten auch sie Veränderungen anstoßen. Hierzu wären Vernetzungen hilfreich. Die Herrschenden nehmen zur Kenntnis: Unruhe, Streitereien, Zwistigkeiten, Kommunikationsschwierigkeiten, und vieles mehr. Aber sie wollen nichts ändern. Machtroutinen und Trägheiten werden auf die gesamte Kita übertragen. Warum heißen die Träger wohl Träger? Das Wort offenbart oftmals die Wirklichkeit. Was bleibt den Beteiligten auch übrig? Kampf oder Flucht? Dann lieber Resignation und gnadenlose Anpassung. Die Mitarbeiter/Innen, die Fachkräfte, „navigieren" im fachlichen Blindflug, da sie beide Augen zu machen und denken, das ist so, das war so, das haben wir schon immer so gemacht.

Der Mensch will seine Ruhe, jeder Mensch. Das ist nachvollziehbar und natürlich. Das haben wir schon immer so gemacht ist ihr Lebensmotto. Ein Lebensmotto aller Fachkräfte. Lebenswille und Lebenshaltung. Weder autonom noch selbstbestimmt. Nur angepasst. Deshalb funktioniert diese Starrheit seit über drei Jahrzehnten. 1980 begannen gravierende Veränderungen in der Kita-Landschaft, in der Pädagogik. Erste Kindergärten, die zu Kindertagesstätten wurden und statt einer reinen Halbtagsbetreuung nun auch ganztags ihre Türen öffneten. Partizipation und Offene Arbeit wurden ausprobiert und funktionierten. In Berlin gab es Kinderläden und erste Familienzentren. Neue Konzepte wurden ausprobiert und erarbeitet. Immer schneller wurden neue Erkenntnisse und Forschungszweige in der Öffentlichkeit diskutiert und verarbeitet. Auf der einen Seite all diese Erkenntnisse und auf der anderen Seite, niemanden der es wirklich hören, es wirklich wissen wollte.

Wie beschreibt man eine Realität, die keiner wissen und kaum einer wahrnehmen kann und will? So wie das Wissen um die gesundheitsschädigenden Wirkungen des Rauchens. So wurde viele Jahrzehnte dieses Wissen verleugnet, seit den frühen fünfziger Jahren, verdrängt und verbogen. Unser Massenbewusstsein wurde belogen und betrogen. Wir wollten es nicht glauben. Wir wollten es auch gar nicht wissen. Rauchen ist gesundheitsschädlich und kann zum Tode führen. Oder schwere, vielfältige Gesundheitsschäden verursachen. Mittlerweile steht es bereits auf allen Verpackungen gut lesbar drauf. Wie sieht es nun in der Pädagogik aus? Die Kindertagesstätten mit ihrer momentanen „pädagogischen" Ausrichtung, die Fachkräfte, das gesamte Kita-System ist bildungshemmend, oder sogar bildungsschädigend. Die Kleinkindpädagogik in Deutschland ist beängstigend schlecht. Eine Parallelwelt der besonderen Art. Dieses System wirkt bildungsschädigend auf unsere Kinder. Was bleibt? Das Gefühl des Unbehagens. Wir Erwachsenen sind fest davon überzeugt, diese Welt weiterhin bereits entdeckt, erforscht, durchschaut und verstanden zu haben. Für uns gibt es den Realismus und keine magischen Momente, keine nützlichen Phantasien. Wir unterscheiden zwischen sinnvollem und sinnlosen Handlungen und Materialien.

Thomas Sattelberger, ehem. Personalvorstand der Telekom, sagte in 3 Sat, in der Sendung „alphabet" vom 06.06.2016 folgendes:
„Wir haben immer mehr Menschen die einen Bildungsabschluss haben aber nicht gebildet sind. Kinder werden unterrichtet, also gerichtet, gerade

gebogen anstatt bei ihnen die unentdeckten Entwicklungsressourcen und Entwicklungsreserven zu fördern." Das jetzige Bildungssystem passt nicht mehr zum heutigen Mensch-Sein. Wir haben das Zeitalter der Akademiker und Nicht-Akademiker. Kluge oder weniger kluge Menschen. Gewinner und somit auch Verlierer. Diese Grenzziehung schafft Chaos. Ein „dazwischen" scheint es nicht zu geben. Genau diese Bewertung und Erwartungshaltung lauert auf unsere Kinder. Beginnend im Kindergarten und weitergeführt in der Schule. Arno Stern, der Begründer des „Malraum" und Ausdrucksmalen erklärte in der oben genannten Sendung: „Kinder beginnen unvoreingenommen mit ihren Bildern, mit ihrem Ausdruck und ihrer Ausdrucksform. Sie bewerten ihre Werke nicht sondern sind lediglich schöpferisch tätig. Dieses bloße Sein verändert sich mit zunehmendem Alter. Sie beginnen sehr schnell zu spüren, dass die Erwachsenen etwas ganz anderes erwarten. Ein perfektes Bild, ein besseres Bild, ein Bild der Zustimmung. Sie spüren ganz tief diese Erwartung und passen sich gnadenlos an. Der Erwachsene nimmt dies gar nicht richtig wahr, aber verstärkt mit Worten und Taten die Handlung der Kinder." So werden absichtsloses „Kind sein", absichtsloses, schöpferisches Sein in Gestalt vorgegebene Bilder umgewandelt und bewertet. Und jene Veränderungen in den Bildern finden wir gut auch wenn diese Bilder gar nichts mehr mit dem ursprünglichen Werk des Kindes zu tun haben. Das Kind kann aber von diesem Moment an nicht mehr frei und unabhängig wirken. Der Lehrer nutzt diese Anpassungsleistung und beginnt Noten dafür zu verteilen. Während das Kind, welches sich seine ursprüngliche Art noch für einige Zeit bewahrt, vom Lehrer bestraft, sanktioniert und negativ bewertet wird wenn es nicht die vorgegebenen Normen des Lehrplanes einhalten. Deshalb sehen oftmals die Bilder einer Schulklasse alle fast gleich aus. Der gleiche Fisch, mit der gleichen Proportion in gleichem Umfeld mit gleichen Farben. Diese Gleichheit wird dann bewertet und jeder individuelle Fisch ist dann eine Störung. Damit verursachen wir letztlich eine Krise der menschlichen Ressourcen. Hier brauchen wir Menschen die dieses alte Bildungssystem zertrümmern. Mit starken Worten und Aufklärung. Es ist ein Irrtum wenn wir denken das Menschen mit Bildungsabschlüssen auch wirklich gebildet sind. Umfänglich gebildet sind. Gerald Hüther warnt in diesem Zusammenhang davor, Kinder immer wieder diesem Wettbewerb auszusetzen. „Jedes Kind ist hochbegabt. Nur wir zerstören durch unsere Haltungen und Einstellungen dieses Gut." Kinder haben diese unbändigen Kräfte des Lebens. Und wir teilen es ein, bleiben den Kindern etwas schuldig. Durch unsere Belehrungen und Erziehungs- sowie Bildungszielen stressen wir unsere Kinder, anstatt ihnen den Freiraum für ihre Entfaltungen zu geben. Ein faszinierendes Beispiel dafür ist Pablo Pineda, Lehrer, Dr. der Pädagogik, Psychologe und „Verhaltensoriginell", da er das Downsyndrom hat. Nur hatte er großes Glück da die Lehrer und die Menschen in seinem Umfeld an ihn geglaubt, ihn nicht bewertet haben. Dies hat er allein geschafft, als erster in der EU.

Der Bildungsforscher Ken Robinson meint hierzu, „wenn Menschen nach ihrem Ermessen handeln, wovon sie begeistert sind, bringen sie es zu Höchstleistungen!" Dies möchte ich noch ergänzen, dass dies jeden Menschen betrifft. Dann fügte er noch hinzu, es gäbe Menschen „die sind beweglich und Menschen die sind unbeweglich. Und dann gibt es noch Menschen die sich bewegen". In diesem Sinne wünsche ich mir mehr jener Menschen die sich bewegen und etwas tun, Veränderungen angehen und somit wirken und Wirkung zeigen, für Mitwirkung sorgen, für und mit den Kindern.

Nun haben sie einen kleinen aber feinen Ausschnitt aus der Kita-Realität erfahren. Was werden sie tun? Zu was werden sie bereit sein? Das Buch lesen und zurück ins Regal? Vielleicht mit ihrer Partnerin oder ihrem Partner kurz darüber sprechen? Eine Hospitation in einer Kita machen? Kita-Mitarbeiter/Innen befragen? Kita-Leitungen befragen? Sich selbst in einen Gemeinderat wählen lassen, um mitentscheiden zu können? Eine Petition an die Regierung schreiben, und um die Umsetzung echter Bildungskriterien bitten? Aufklärung betreiben? Das Buch vielleicht nutzen um Argumente all jenen entgegen zu schleudern die sie aktiv belügen? Und das jeden Tag? „Das wäre meine Sehnsucht, aber ich befürchte Sie werden nicht von alledem tun." **NICHTS!**

So sind wir Menschen, insbesondere wir Erwachsenen gestrickt, geprägt, haben uns dafür entschieden. Unsere Welt soll so bleiben wie sie ist. Unsere Kinder sollen weiterhin genau so funktionieren wie bisher. Bloß keine Experimente. Bloß keine Veränderungen. Bloß keine unkalkulierbaren Wege beschreiten. Bloß keine neuen Wirklichkeiten schaffen. Bloß keine Wahrheiten der Öffentlichkeit preisgeben. So ausgeträumt, stellen wir uns der Realität und der Wirklichkeit. Wir haben es in der Hand. Aber wir wollen es auf gar keinen Fall, nicht aus der Hand geben.

Mit frustrierten und dennoch hoffnungsvollen Grüßen

Claus-Dieter Weiß
(Kita-Leitung, Fortbildner, Coach, Vater und noch ganz viel Kind)

Was ein Kind den Erwachsenen zu sagen hat ...

Gebt mir Nahrung und sättigt mich mit gesunden Lebensmitteln, gebt mir Wärme, frische Luft und Trost, wann immer ich dies benötige.

Schenkt mir Geborgenheit in eurer Liebe, denn alles verändert sich so schnell um mich herum und wirkt fremd auf mich, manchmal beängstigend, auch wenn ihr das nicht so versteht, erlebt und empfindet.

Lasst mich die Freude über all meine Sinne auskosten, gerade am Anfang meines Lebens und dass ich langsam lerne alles zu erfahren was meine Sinne gebrauchen können.

Gebt mir viel in die Hände, damit ich die Dinge befühlen, erfassen und begreifen kann. Und vertraut mir dabei, dass ich mit diesen Dingen auch umsichtig umgehen werde. Dazu gehört auch das ich viel berieche, berühre, betaste, höre und schmecke. auch wenn so manches dabei zerbricht oder kaputt geht. Ich will es ja lernen damit umzugehen, aber ich brauche meine Zeit dafür, und meine Zeit ist immer eine andere als eure. Bewahrt mich vor euren Erwartungen, Ansprüchen und Vorhaltungen.

Ich möchte meine neuen Kräfte ausprobieren die mein wachsender Körper mir schenkt. Ich möchte sitzen, kriechen, springen, hüpfen, stehen, gehen, laufen, rennen, schreien, lachen, weinen und wenn ich es schaffe auch klettern und schwierige Dinge meistern.

Unterdrückt nicht die vielfältigen und natürlichen Bedürfnisse meines Körpers nur weil ihr anderer Meinung seid, sie mit euren Gedanken und Gefühlen und Empfindungen sowie euren Meinungen, Ansichten und Werten, letztlich somit eurer Vernunft nicht entsprechen. Oder eure Ängste mir nichts erlauben.

Lasst mich aber auch nicht zuviel Erleben und auch nicht zu lange, da ich vieles noch gar nicht aufnehmen kann, verstehen kann in dieser schnelllebigen Zeit.

Straft mich nicht, wenn ich mal in euren Augen als böse erscheine und wirke, ich habe immer einen wichtigen Grund für mein Verhalten. Vielleicht wurde ich wieder einmal enttäuscht und man hatte mir Versprechungen gemacht die dann noch nicht eingetroffen sind. Oder ich bin traurig weil ich vieles noch gar nicht richtig begreife und verstehe. Vielleicht bin ich frustriert oder mir wurde etwas vorenthalten, und das habt ihr gar nicht bemerkt. Das ist für mich schon schlimm genug, denn ich kann mich ja noch nicht so richtig ausdrücken damit ihr Erwachsenen auch alles versteht was ich wirklich meine.

Versucht immer mich zu verstehen, aber auf meiner Ebene, nicht immer mit eurer Erwachsenenvernunft. Sprecht mit euren Herzen und mit euren Händen, sprecht mit eurem ganzen Körper zu mir.

Gebt mir ein Beispiel eures Friedens, zeigt mit euren Frieden ich muss ihn sehen, spüren und erleben in eurer Nähe damit ich meinen Frieden entdecken und auch leben und mitteilen kann.

Gebt mir einen Raum für mich allein in dem ich mich einrichten und entfalten kann und die Welt so konstruiere wie ich sie sehe und verstehe.

Gebt mir die Aufmerksamkeit die ich brauche um als wichtiger Mensch verstanden zu werden.

Gebt mir die Fürsorge die ich täglich brauche.

Erlaubt mir zu fragen wann immer ich Antworten suche und gebt mir ehrliche Antworten nach eurem besten Wissen und Gewissen, nach eurem Vermögen. Auch wenn ihr keine Antwort habt so brauche ich eure Grenze der Antwortmöglichkeiten.

Erlaubt mir immer wieder alles selbst auszuprobieren, ich möchte vieles selbst herausfinden.

Lasst mir die Freude auch an kleinen Dingen, auch wenn sie für Euch töricht erscheinen. Für mich haben die Dinge oftmals eine ganz andere Wertigkeit.

Macht mir immer wieder Mut, etwas zu vollbringen auch und gerade wenn ich es noch nicht kann.

Lasst mich Verantwortung tragen, teilt sie mir zu nach meiner Größe und meinem Verstehen.

Lasst mich im Spiel euch zeigen wie ich die Welt verstehe und wie ich mit Problemen umgehe und sogar fertig werde.

Wenn ihr mir sagt was ich tun oder lassen soll dann sagt mir immer auch warum und wieso.

Lasst mich spüren dass ich ernst genommen werde und das ihr auch mich braucht und ich euch wichtig bin. Gebt mir Aufgaben die ich auch leisten kann.

Seid freundlich und loyal zu mir, damit ich lerne dies auch anderen gegenüber zu sein.

Seid mutig und zeigt mir eure Schwäche, euren Wut und euren Ärger. Auch eure Ängste, natürlich in solchen Portionen die ich auch verstehen kann. Denn ich brauche diesen Mut, damit auch ich all diese Gefühle wahrnehmen und ausdrücken kann. Damit ich lerne solche Gefühle haben zu dürfen und durch euer Vorbild erlebe wie man damit umzugehen hat. Bereitet eure Sorgen aber nicht so vor mir aus, dass sie mich bedrücken oder ängstigen. Gebt mir genügend Zeit eure Probleme auch wirklich zu verstehen, denn ich habe ja mit mir und dem Welt-verstehen schon genug zu tun.

Beweist mir dass man ein Versprechen immer einhält und jede Veränderung rechtzeitig mitteilt.

Betrachtet mich nicht immer als euren Kleinen oder eure Kleine gerade dann wenn in mir das Bewusstsein erwacht, größer oder erwachsen zu werden, erwachsen zu sein.

Lasst mich nicht fürchten eure Liebe jemals zu verlieren. Und bestraft mich niemals mit Liebesentzug, denn das hinterlässt tiefe Spuren in meiner Seele für mein ganzes Leben.

Lehrt mich Täuschen und Wirklichkeit zu unterscheiden und helft mir dabei nicht im Zorn zu handeln. Macht mir aber auch vor dem Zorngefühl nicht solche Angst, dass ich nicht lerne damit umzugehen.

Lasst mich auch nach und nach Schmerzen ertragen und lenkt nicht immer gleich meine Aufmerksamkeit ab, sobald ich Scherz empfinde.

Lehrt mich Wünsche und Bedürfnisse zurückstellen zu können, zu warten, Geduld zu haben. Dafür brauche ich viel, viel Zeit.

Nehmt all meine Sorgen und Fragen ernst, es sind die gleichen Fragen und Sorgen die ihr auch hattet als Kind.

Lehrt mich mein eigenes individuelles Wesen zu entwickeln, zu gestalten und zu beleben und dies alles in einer Gemeinschaft zu erleben und zu teilen

Nehmt mir die Scheu vor dem Geben, dem Vertrauen, der Ehrlichkeit und Offenheit, der Liebe und dem Leben.

Dies gilt für alle Kinder dieser Welt.

Euer (großes Kind) Claus-Dieter Weiß

Literaturliste

Aden-Grossmann, Wilma, Der Kindergarten, Beltz, 2011.
Ariely, Dan, Wer denken will, muss fühlen, Knaur, 2012.
Armbrust, Wisbar, Schmalzried, Kita aktuell, Konflikte managen im Team-Verständigungsprozesse in der Kita, Carl Link, 2013.
Ayres, A. Jean, Bausteine der kindlichen Entwicklung, Springer, 1998.
Baacke, Dieter, Die 0–5 Jährigen – Einführung in die Probleme der frühen Kindheit, Beltz, 1999.
Bach, George R., Streiten verbindet, Fischer, 1992.
Beck, A.v.d., Matthias Buck, Anneli Rutnach, Kinderräume bilden, Cornelsen, 2007.
Becker, Textar, Ingeborg, Martin R. Textar, Der offene Kindergarten – Vielfalt der Formen, Herder, 1998.
Beek, A.v.d., Matthias Rufenach, Kinderräume bilden, Cornelsen, 2007.
Bergemann, Wolfgang, Gute Autorität, Beust, 2001.
Berndt, Christina, Resilienz, Das Geheimnis der psychischen Widerstandskraft, dtv, 2013.
Berry, T., Brazelton Stanley/Greenspan, Die sieben Grundbedürfnisse von Kindern, Beltz, 2008.
Bettelheim, Bruno, Die Kinder der Zukunft, dtv, 1973.
Bettelheim, Bruno, Ein Leben für Kinder, dtv, 1990.
Bettelheim, Bruno, Kinder brauchen Märchen, dtv, 1990.
Bettelheim, Bruno, Kinder brauchen Werte, dtv, 1992.
Biddulph, Steve, Jungen!, Heyne, 2002.
BmFSF + Jugend, Bildung in der Kita, Kohlhammer, 1999.
Bock, Kathrin, Dieter Timmermann, Wie teuer sind unsere Kindergärten, Luchterhand, 2000.
Bort-Gesella, W., Räume gestalten – Spielräume schaffen, Ökotopia Verlag, 1994.
Branden, Nathaniel, Die 6 Säulen des Selbstwertgefühls, Piper, 2005.
Brannmühl, Ekkehard v., Zur Vernunft kommen – Eine Anti-Psychopädagogik, Beltz, 1990.
Coles, Robert, Kinder brauchen Werte, rororo, 2001.
div. Autoren, Offensive Sozialpädagogik, Vandenhoeck, 1981.
div. Autoren, Talentsignale erkennen, Begabungen fördern, Südwest, 1984.
Dorrance, Carmen, Kita aktuell, Inklusion in der Kita, Carl Link, 2014.

Dreikurs, Rudolf, Ermutigung an jedem Tag, Herder, 2001.
Egl, J. und Thurmaier F., Wie redest du mit mir?, Herder, 1995.
Eicke, U. und Eicke, W., Medienkinder, Knesebeck, 1994.
Elschenbroich, Donata, Weltwissen der Siebenjährigen, 2004.
Erath, Peter/Claudia Amberger, Das Kita Management Konzept, Herder, 2001.
Finger, G. und Simon-Wendt, T., Was auffällige Kinder uns sagen, Klett-Cotta, 2002.
Fischer, Helga, Teamarbeiten im Kindergarten, Herder, 1983.
Flitner, Andreas, Spielen lernen, Praxis und Deutung des Kinderspiels, Piper, 1996.
Fthenakis, W. E., Elementarpädagogik nach PISA, Herder, 2003.
Fthenakis, W.E., Martin Textar, Qualität von Kinderbetreuung, Beltz praxis, 1998.
Gladwell, Malcolm, Blink, Die Macht des Moments, Piper, 2008.
Gonzales-Mena, Janet und Widmeyer Eyer, Dianne, Säuglinge, Kleinkinder und ihre Betreuung, Erziehung und Pflege, arbor, 2008.
Grant, Vernon W., Der verunsicherte Mensch, Walter Verlag, 1977.
Grefe, Christiane, Ende der Spielzeit, rororo, 1997.
Hattie, John, Lernen sichtbar machen, Schneider, 2013.
Hebenstreit, Sigurd, Kindzentrierte Kindergartenarbeit, Herder, 1994.
Henneberg, Rosy, Helke+Lothar Klein, Herbert Vogt, Mit Kindern leben, lernen, forschen und arbeiten – Kindzentrierung in der Praxis, TPS, 2004.
Huizinga, Johan, Vom Ursprung der Kultur im Spiel, rororo, 1994.
Hüther, Gerald, Hirnforschung, Was wir sind und was wir sein könnten, Fischer, 2011.
Hüther, Gerald, Die Macht der inneren Bilder, Vandenhoeck, 2010.
Hüther, Gerald, Biologie der Angst, Vandenhoeck, 2011.
Hüther, Gerald, Die Evolution der Liebe, Vandenhoeck, 2010.
Hüther, Gerald, Bedienungsanleitung für ein menschliches Gehirn, Vandenhoeck, 2010.
Hüther, Gerald, Männer das schwache geschlecht und sein Gehirn, Vandenhoeck, 2009.
Hüther, Gerald und Bonney, Helmut, Neues vom Zappelphilipp, Walter Verlag, 2010.
Hüther, Gerald und Uli Hauser, Jedes Kind ist hoch begabt, btb, 2014.
Juul, Jesper, Dein kompetentes Kind, rororo, 2011.
Kapperz, Hilde, Kreatives Leben mit Kindern, Herder, 1995.
Kazemi-Veisari, E., Partizipation – Hier entscheiden Kinder mit, Herder, 1998.
Kegler, Ulrike, In Zukunft lernen wir anders – Wenn die Schule schön wird, Beltz praxis, 2009.
Kiphard, E.J., Wie weit ist ein Kind entwickelt?, Modernes Lernen, 1984.
Kittel, Claudia, Kinderrechte, Kösel, 2008.

Krenz, Armin, Schläft der Wind wenn er nicht weht, Kösel, 2001.
Krenz, Armin, Handbuch Öffentlichkeitsarbeit, Herder, 1999.
Krenz, Armin, Sehr doch, was ich alles kann, Kösel, 2001.
Kühne, Thomas und Regel, Gerhard, Bildungsansätze im offenen Kindergarten, ebv, 2000.
Künkel, A. und Watermann, R, Management im Kindergarten, Herder, 1999.
Künkel, A., Gegen-, Neben-, Miteinander. Erfolgreiche Zusammenarbeit in Kita's, Herder, 1999.
Lay, Rupert, Führen durch das Wort, rororo, 1981.
L'Habitant, Bettina, Du machst Schule, warum das Bildungssystem versagt, Süd-West, 2012.
Lill, Gerlinde, Bildungswerkstatt Kita, Beltz, 2004.
Linden, David J., Das Gehirn, rororo, 2011.
Loewen, H.J. und Andres Beate, Band 1, Bildung und Erziehung in der frühen Kindheit, Luchterhand, 2002.
Loewen, H.J. und Andres Beate, Band 2, Künstler, Forscher, Konstrukteure, Luchterhand, 2002.
Mann, Leon, Sozialpsychologie, Beltz, 1974.
Merz, Christine/Hartmut Schmidt, Lernschritte ins Leben – Entwicklungspsychologische Stationen in Bildern, Herder, 2007.
Mischo, Cristoph und Weltzien, Dörte sowie Fröhlich-Gildhoff Klaus, Kita aktuell, Kindliche Entwicklung im Kontext erfassen, Carl Link, 2011.
Montessori, Maria, Biografie, rororo, 1991.
Montessori, Maria, Kinder sind anders, Klett-Cotta dtv, 1991.
Neuss, Norbert, Bildung und Lerngeschichten im Kindergarten, Cornelsen, 2007.
Petzold, H.G. und Brown, G.I., Gestalt-Pädagogik, Pfeiffer, 1977.
Piaget, Jean, Meine Theorie der geistigen Entwicklung, Beltz, 2003.
Pieritz und Spahn, Reden muss man miteinander, Econ, 1982.
Plessner, Helmuth, Die Frage nach der Conditio humana, Suhrkamp, 1976.
Pohlmann-Rother Sanna, Franz Ute, Kita aktuell, Übergang von Kita und Grundschule gestalten, Carl Link, 2012.
Prekop, Jirina, Der kleine Tyrann, dtv, 1991.
Prekop, Jirina, Gerald Hüther, Auf Schatzsuche bei unseren Kindern, Kögel, 2006/2009.
Raith, Werner und Xenia, Moral ist, was Große dürfen, Patmos, 1994.
Regel, G. und Kühne, T., Pädagogische Arbeit im offenen Kindergarten, Herder, 2007.
Reheis, Fritz, Entschleunigung, Goldmann, 2006.
Rogge, Jan Uwe, Eltern setzen Grenzen, rororo, 1996.
Schäfer, Gerd E., Bildung beginnt mit der Geburt, Beltz, 2005.
Schmidbauer, Wolfgang, Die Angst vor Nähe, rororo, 1986.
Schnabel, Dr. G.H., Wie man Kinder von Anfang an stark macht, Oberstebrink, 2002.

Schnack, Dieter und Neutzling Rainer, Kleine Helden in Not, rororo, 1992.
Schneider, Sylvia, Lauter starke Mädchen, rororo, 2002.
Schwäbisch, L., Siems, M., Anleitung zum sozialen Lernen, rororo, 1974.
Seelmann, Kurt, Kind, Sexualität und Erziehung, Kindler, 1979.
Spitzer, Manfred, Lernen, Gehirnforschung und die Schule des Lebens, Spektrum, 2007.
Stamer-Brandt, Petra, Kita aktuell, Beteiligung von Kindern am Kita-Alltag, Partizipation erleben, Carl Link, 2012.
Stern, Andre, Und ich war nie in der Schule, Zabert Sandmann, 2009.
Stern, E. und Neubauer, A., Intelligenz, DVA, 2013.
Textor, Maria, Verhaltensauffällige Kinder fördern, Beltz, 2004.
Thiesen, Peter, Beobachten und Beurteilen im Kindergarten, Hort und Heim, Beltz, 2003.
Tietgens, H. und Weinberg, J., Theorie und Praxis der Erwachsenenbildung, Westermann, 1979.
TPS 10, In Beziehung: Beobachten und dokumentieren, Friedrich, 2013.
TPS 3, Beste Aussichten? Älter werden im Beruf, Friedrich, 2014.
TPS 4, Draußen sein, Friedrich, 2014.
TPS 5, Kinderschutz, Friedrich, 2014.
TPS 6, Belastete Eltern, Friedrich, 2014.
TPS 9, Vom Kind aus denken, Ästhetische Bildung, Friedrich, 2013.
Verdi, Bildung in Kindertagesstätten, Uni Lüneburg, Institut für Sozialpädagogik, Verdi, 2004.
von Thun, Friedemann Schulz, Miteinander reden, Störungen und Klärungen, rororo, 1982.
Vortragsreihe, München-Berlin, Die Sprache, 1959.
Watzlawick, Paul, Wie wirklich ist die Wirklichkeit, Piper, 1983.
Weber, Andreas, Mehr Matsch, Kinder brauchen Natur, Ullstein, 2011.
Weber, Sigrid, Die Bildungsbereiche im Kindergarten, Herder, 2003.
Winterhoff, Michael, Warum unsere Kinder Tyrannen werden, Gütersloher Verlagshaus, 2008.
Wössmann, Ludger, Letzte Chance für gute Schulen, Zabert Sandmann, 2007.
Ziesche, U., Herrnberger, Grit, Qualitätswerkstatt, Kita-Zusammenarbeit von Kita und Familie, Beltz, 2003.
Zimmer, Renate, Sinneswerkstatt, Herder, 1997.